Konkrete Gefährdungen außerhalb des Straßenverkehrs

Schriften zum Verkehrsstrafrecht

Herausgegeben von Jan Zopfs

Band 3

Zur Qualitätssicherung und Peer Review der vorliegenden Publikation

Die Qualität der in dieser Reihe erscheinenden Arbeiten wird vor der Publikation durch den Herausgeber der Reihe geprüft.

Notes on the quality assurance and peer review of this publication

Prior to publication, the quality of the work published in this series is reviewed by the editors of the series.

Sebastian Tauber

Konkrete Gefährdungen außerhalb des Straßenverkehrs

Zur Gefahr für die Sicherheit des Straßenverkehrs insbesondere beim verkehrsfremden Inneneingriff (§ 315b StGB)

PETER LANG

Bibliografische Information der Deutschen Nationalbibliothek
Die Deutsche Nationalbibliothek verzeichnet diese Publikation in der Deutschen Nationalbibliografie; detaillierte bibliografische Daten sind im Internet über http://dnb.d-nb.de abrufbar.

Zugl.: Mainz, Univ., Diss., 2017

D 77
ISSN 1861-2229
ISBN 978-3-631-74200-6 (Print)
E-ISBN 978-3-631-74211-2 (E-Book)
E-ISBN 978-3-631-74212-9 (E-Book)
E-ISBN 978-3-631-74213-6 (E-Book)
DOI 10.3726/ b13040

Peter Lang – Berlin · Bern · Bruxelles · New York · Oxford · Warszawa · Wien

Diese Publikation wurde begutachtet.

www.peterlang.com

Vorwort

Die vorliegende Arbeit wurde im Sommersemester 2017 vom Fachbereich Rechts- und Wirtschaftswissenschaften der Johannes Gutenberg-Universität Mainz als Dissertation angenommen. Das straßenverkehrsrechtliche Thema wurde von Herrn Prof. Dr. Jan Zopfs angeregt.

Hinsichtlich der Bearbeitung meines Promotionsvorhabens hatte ich alle Freiheiten, doch habe ich kritische Anregungen von Herrn Prof. Dr. Zopfs gerne angenommen. So danke ich auch meinem Kollegen Dr. Sven Henseler für zahlreiche Diskussionen über meine Ideen und Denkweisen.

Herrn Prof. Dr. Jörg Scheinfeld danke ich für die Übernahme und zügige Erstellung des Zweitgutachtens.

Ein besonderer Dank geht an die Prof. Dr. Lang-Hinrichsen-Stiftung in Mainz für die finanzielle Unterstützung bei der Veröffentlichung dieser Arbeit.

Herrn Prof. Dr. Jan Zopfs danke ich nicht nur für die umfangreiche und geduldige Betreuung meiner Arbeit; ganz besonders werde ich mich an die persönlich und wissenschaftlich in vieler Hinsicht lehrreichen fünf Jahre an seinem Lehrstuhl erinnern: Eine engagierte (studentenfreundliche) eigene Lehre nach seinem Vorbild hat mir im Rahmen meiner Arbeitsgemeinschaften sehr viel Freude bereitet!

Mainz im Oktober 2017 *Sebastian Tauber*

Inhaltsverzeichnis

Literaturverzeichnis

Amtliche Sonderveröffentlichung der Justiz: Nr. 10, Die Strafrechtsnovellen v. 28. Juni 1935: Gesetz zur Änderung des Strafgesetzbuchs (RGBl.I S. 839); Gesetz zur Änderung von Vorschriften des Strafverfahrens und des Gerichtsverfassungsgesetzes (RGBl.I S. 844); und die amtlichen Begründungen zu diesen Gesetzen, Berlin 1935, zitiert: Amtliche Begründung zur Strafrechtsnovelle vom 28. Juni 1935.

Arzt, Gunter / Weber, Ulrich / Heinrich, Bernd / Hilgendorf, Eric: Strafrecht, Besonderer Teil, 3. Auflage, Bielefeld 2015, zitiert: A/W/H/H-*Bearbeiter*.

Arzt, Gunther / Backes, Otto / Baumann, Jürgen u. a.: Alternativ-Entwurf eines Strafgesetzbuches, Besonderer Teil, Straftaten gegen die Person, Zweiter Halbband, Tübingen, 1971, zitiert: *Arzt*, Alternativentwurf.

Aschrott, Paul Felix: Die Reform des Reichsstrafgesetzbuches: kritische Besprechung des Vorentwurfs zu einem Strafgesetzbuch für das Deutsche Reich unter vergleichender Berücksichtigung des österreichischen und schweizerischen Entwurfs, Band 2: Besonderer Teil, Berlin 1910, zitiert: *Aschrott*, Reform des RStGB.

Asholt, Martin: Straßenverkehrsstrafrecht, Reformdiskussion und Gesetzgebung seit dem Ausgang des 19. Jahrhunderts, Berlin 2007.

Baumann, Jürgen: *Haltet den Dieb!*, DAR 1962, 93–100.

Beck'scher Online-Kommentar StGB: *[Hrsg. v. Heintschel-Heinegg, Bernd]*, Edition 33, Stand 1.12.2016, München 2016, zitiert: BeckOK-*Bearbeiter*.

Beck'scher Online-Kommentar ZPO: *[Hrsg. Vorwerk, Volkert / Wolf, Christian]*, 23. Edition, Stand: 1.12.2016, München 2016, zitiert: BeckOK-ZPO-*Bearbeiter*.

Beling, Ernst von: Die Lehre vom Verbrechen, Aalen 1964.

Bender, Elias: Normzweck und Deliktstypus der einfachen und schweren Brandstiftung gem. §§ 306, 306a StGB n. F., Berlin 2014.

Bender, Walter: Die Unterscheidung zwischen Gemeingefahr und Sonder- oder Individual-gefahr und ihre Folgen, NJW 1959, 326 f.

Berz, Ulrich: Zur konkreten Gefahr im Verkehrsstrafrecht, NZV 1989, 409–415.

Bickelhaupt, Werner: Einwilligung in die Trunkenheitsfahrt, NJW 1967, 713 f.

Binding, Karl: Lehrbuch des Gemeinen Deutschen Strafrechts, Besonderer Teil, Band 2, Abt. 1, Leipzig 1905.

– : Lehrbuch des Gemeinen Deutschen Strafrechts, Besonderer Teil, Band 2, Abt. 2, Leipzig 1905.

Birkmeyer, Karl von [Hrsg.]: Vergleichende Darstellung des deutschen und ausländischen Strafrechts, Vorarbeiten zur Deutschen Strafrechtsreform, Besonderer Teil, IX. Band: Gemeingefährliche Verbrechen und Vergehen. Verbrechen und Vergehen im Amte, Berlin 1906, zitiert: *Vergleichende Darstellung*.

Blei, Hermann: Die Beeinträchtigung der Straßenverkehrssicherheit als Tatbestandsmerkmal des § 315a StGB, NJW 1957, 620 f.

Blum, Hans: Das Strafgesetzbuch für den Norddeutschen Bund nebst dem Einführungs-gesetz, Nachdruck der Ausgabe Zürich, Schulthess und Leipzig, Steinacker, 1870 - Goldbach 1997.

Blum, Heribert: Rechtfertigungsgründe bei Verkehrsstraftaten und Verkehrsordnungswidrigkeiten, NZV 2011, 378–383.

Brand, Christian / Albrecht, Christoph: Zur Reichweite des § 315b StGB, ZStW 2014 (126), 669–694.

Bundesminister der Justiz: Materialien zur Strafrechtsreform, Band 2, Teil 2: Besonderer Teil, Rechtsvergleichende Arbeiten, Bonn 1955, zitiert: Materialien zur Strafrechtsreform Band 2/2.

— : Materialien zur Strafrechtsreform, Band 3, Amtlicher Entwurf eines Allgemeinen Deutschen Strafgesetzbuchs nebst Begründung 1925 (Reichstagsvorlage), Nachdruck, Bonn 1954, zitiert: Materialien zur Strafrechtsreform, Band 3.

— : Materialien zur Strafrechtsreform, Band 4, Entwurf eines Allgemeinen Deutschen Strafgesetzbuchs 1927 mit Begründung und 2 Anlagen (Reichstagsvorlage), Nachdruck, Bonn 1954, zitiert: Materialien zur Strafrechtsreform, Band 4.

Bundesrepublik Deutschland (Große Strafrechtskommission): Niederschriften über die Sitzungen der Großen Strafrechtskommission, Band 5, Anhang B (Vorläufige Zusammenstellung für einen Besonderen Teil), Bonn 1959, zitiert: Niederschriften, Band 5.

— : Niederschriften über die Sitzungen der Großen Strafrechtskommission, Band 8, Besonderer Teil, 76. bis 90. Sitzung, Bonn 1959, zitiert: Niederschriften, Band 8.

— : Niederschriften über die Sitzungen der Großen Strafrechtskommission, Band 9, Besonderer Teil, 91. bis 103. Sitzung, Bonn 1959, zitiert: Niederschriften, Band 9.

Burmann, Michael /Heß, Rainer / Hühnermann, Katrin / Jahnke, Jürgen / Janker, Helmut: Straßenverkehrsrecht, 24. Auflage, München 2016, zitiert: B/H/H/J/J-*Bearbeiter*.

Busch, Tim: Die deutsche Strafrechtsreform: ein Rückblick auf die sechs Reformen des Deutschen Strafrechts (1969–1998), Baden-Baden 2005.

Cramer, Peter: Anmerkung zu BGH 4 StR 126/83, JZ 1983, 812–814.

Dedes, Christos: Gemeingefahr und gemeingefährliche Straftaten, MDR 1984, 100–103.

Dencker, Friedrich: Zur Tatbestandsstruktur des § 315b StGB, in: Festschrift für Kay Nehm, S. 373–386, Berlin 2016, zitiert: *Dencker*, FS-Nehm.

Deutscher Juristentag: Verhandlungen des sechsundzwanzigsten Deutschen Juristentages, Band 1–3, Berlin 1902.

Duttge, Gunnar: Strafrechtliche Rätsel, Zur Bedeutung der Rechtsgutslehre für Einwilligung und Gesetzeskonkurrenz, Jura 2006, 15–22.

Eisele, Jörg: Der Tatbestand der Gefährdung des Straßenverkehrs (§ 315c StGB), JA 2007, 168–173.

Eisele, Jörg: Strafrecht – Besonderer Teil I, 3. Auflage, Stuttgart 2014.

Fabricius, Dirk: Zur Präzisierung des Terminus „ähnlicher, ebenso gefährlicher Eingriff" im Sinne des §§ 315, 315b StGB, GA 1994, 164–184.

Finger, August: Begriff der Gefahr und Gemeingefahr im Strafrecht, in: Festgabe für Reinhard von Frank, Band 1, Tübingen 1930, S. 230–250, zitiert: *Finger*, FG-Frank.

Fischer, Thomas: Strafgesetzbuch, 63. Auflage, München 2016.

Fleischer, Wolfgang: Die strafrechtliche Beurteilung provozierter Autounfälle, NJW 1976, 878–891.

Floegel, Johannes / Hartung, Fritz: Straßenverkehrsrecht, 11. Auflage, München 1958.

— : Straßenverkehrsrecht, 14. Auflage, München 1963.

— : Straßenverkehrsrecht, 15. Auflage, München 1965.

Frank, Reinhard: Das Gesetzbuch für das Deutsche Reich, 18. Auflage, Tübingen 1931.

Franzheim, Horst: Zum Begriff der Individualgefahr in § 315a StGB nach dem Entwurf des 2. Gesetzes zur Sicherung des Straßenverkehrs, in: Zeitschrift für Verkehrswissenschaft, 1961, S. 97–100.

Fraunholz, Uwe: Motorphobia: anti-automobiler Protest in Kaiserreich und Weimarer Republik, Göttingen 2002.

Freisler, Roland: Denkschrift des Zentralausschusses der Strafrechtsabteilung der Akademie für Deutsches Recht über die Grundzüge eines allgemeinen deutschen Strafrechts, Berlin 1934, zitiert: *Freisler*, Denkschrift des Zentralausschusses.

Freund, Georg: Äußerlich verkehrsgerechtes Verhalten als Straftat? – BGH NJW 1999, 3132, in: JuS 2000, 754–759.

Frey, Bruno: Die Sachgemeingefährdung, DAR 1957, 87–93.

Geerds, Friedrich: Konkurrenzprobleme der neuen Strafvorschriften zum Schutze des Verkehrs unter besonderer Berücksichtigung der Trunkenheit im Steuer, Blutalkohol 1965, 124–140.

Geppert, Klaus: Rechtfertigende „Einwilligung" des verletzten Mitfahrers bei Fahrlässigkeitsstrafbarkeiten im Straßenverkehr?, ZStW 83 (1971), 947–1001.

Geppert, Klaus: Tatbestandsverwirklichung bei Gefährdung mehrerer Personen, Anmerkung zu BGH 4 StR 335/88, in: NStZ 1989, 320–323.

Geppert, Klaus: Zu examensrelevanten Fragen im Rahmen alkoholbedingter Straßenverkehrsgefährdung (§ 315c Abs. 1 Nr. 1a StGB) durch Gefährdung von Mitfahrern, Jura 1996, 47–52.

Geppert, Klaus: Der gefährliche Eingriff in den Straßenverkehr (§ 315b StGB), Jura 1996, 639–648.

Geppert, Klaus: Gefährdung des Straßenverkehrs (§ 315c) und Trunkenheit im Verkehr (§ 316), Jura 2001, 559–567.

Geppert, Klaus: Zur Anwendbarkeit von § 315b StGB in Fällen, in denen der Schadens- oder Gefährdungserfolg außerhalb des öffentlichen Straßenverkehrs eintritt, DAR 2012, 372–376.

Graul, Eva: Abstrakte Gefährdungsdelikte und Präsumtionen im Strafrecht, Berlin 1991.

Graul, Eva: Der praktische Fall: Alkohol am Steuer, JuS 1992, 321–326.

Greco, Luís / Roger, Benjamin: Strafrechtsreform als Wissenschaft – zum 50-jährigen Jubiläum des Alternativ-Entwurfs eines Strafgesetzbuches 1966, JZ 2016, 1125–1133.

Gürtner, Franz [Hrsg.]: Das kommende deutsche Strafrecht, Besonderer Teil, Bericht über die Arbeit der amtlichen Strafrechtskommission, 2. Auflage, Berlin 1936.

Hartung, Fritz: Gemeingefahr bei Straßenverkehrsgefährdung, JZ 1954, 486 f.

Hartung, Fritz: Gemeingefahr!, NJW 1960, 1417–1419.

Hartung, Fritz: Zweites Gesetz zur Sicherung des Straßenverkehrs: mit Gesetzesmaterialien und kurzen Anmerkungen, München und Berlin 1965.

Hartung, Fritz: „Fremde Sachen von bedeutendem Wert" in den §§ 315a, 315c und 315d StGB n.F., NJW 1966, 15–18.

Hartung, Fritz: Nochmals: „Fremde Sachen von bedeutendem Wert" in den §§ 315a, 315c und 315d StGB n.F., NJW 1967, 909–911.

Hartwig, Alfredo: Die §§ 181–212 des deutschen Vorentwurfes, ZStW 33 (1912), 507–532.

Hecker, Bernd: Anmerkung zu BGH 4 StR 373/09, in: JuS 2010, 364–366.

Hecker, Bernd: Der provozierte Auffahrunfall durch äußerlich verkehrsgerechtes Verhalten – ein Fall des § 315b Abs. 1 Nr. 2 StGB?, DAR 2011, 186–190.

Hefendehl, Roland: Kollektive Rechtsgüter im Strafrecht, Köln 2002.

Hefendehl, Roland: Die Materialisierung von Rechtsgut und Deliktsstruktur, GA 2002, 21–28.

Henseler, Sven: § 142 IV StGB – Ist eine tätige Reue des Gesetzgebers erforderlich?, Frankfurt a.M. 2011.

Hentschel, Peter / König, Peter / Dauer, Peter: Straßenverkehrsrecht, 44. Auflage, 2017, zitiert: H/K/D-*Bearbeiter*.

Hillenkamp, Thomas: Verkehrsgefährdung durch Gefährdung des Tatbeteiligten – OLG Stuttgart, NJW 1976, 1904, in: JuS 1977, 166–172.

Hippel, Robert von: Deutsches Strafrecht, Band 1: Allgemeine Grundlagen, Aalen 1971.

Horn, Eckard: Der „Einzelne" in Gemeingefahr, JZ 1964, 646–650.

Hörtz, Martin: Die Gefährdung von Tatbeteiligten im Anwendungsbereich der §§ 315b, 315c StGB, Frankfurt am Main 2016.

Isenbeck, Helmut: Der „ähnliche" Eingriff nach § 315b Abs. 1 Nr. 3 StGB, NJW 1969, 174–176.

Janker, Helmut: Strafrecht gegen Verkehrsrowdys – rechtliche und rechtspolitische Aspekte, DAR 2005, 121–129.

Janiszewski, Horst: Verkehrsstrafrecht, 5. Auflage, München 2004.

Jescheck, Hans-Heinrich [Hrsg.]: Die Vorverlegung des Strafrechtsschutzes durch Gefährdungs- und Unternehmensdelikte, Beiheft zur ZStW 1987, Berlin 1987, zitiert: *Jescheck*, Vorverlegung.

Jescheck, Hans-Heinrich / Weigend, Thomas: Lehrbuch des Strafrechts: Allgemeiner Teil, 5. Auflage, Berlin 1996.

Joecks, Wolfgang: StGB, Studienkommentar, 11. Auflage, München 2014.

Kahl, Wilhelm: Zum neuesten Strafgesetzentwurf, Deutsche Juristen-Zeitung 1921, Spalte 145 f.

Kahl, Wilhelm / Kriegsmann, Nikolaus Hermann: Gegenentwurf zum Vorentwurf eines deutschen Strafgesetzbuchs, aufgestellt von Kahl, v. Lilienthal, v. Liszt und Goldschmidt, Begründung, Berlin 1911, zitiert: Begründung *Gegenentwurf*.

Kaspar, Johannes: Anmerkung zu BGH 4 StR 213/14 = JZ 2015, 310, in: JZ 2015, 312–316.

Kerrl, Hanns: Nationalsozialistisches Strafrecht: Denkschrift des Preußischen Justizministers, Berlin 1933.

Kirschbaum, Klaus: Der Vertrauensschutz im deutschen Straßenverkehrsrecht, Berlin 1980.

Klaus, Stefan: Das vom Täter geführte Fahrzeug als Gefährdungsobjekt des § 315c StGB, Aachen 2001.

König, Peter: Gefährlicher Eingriff in den Straßenverkehr durch „Verkehrsgerechtes Verhalten", Ergänzende Anmerkungen zu BGH NJW 1999, 3132, in: JA 2000, 777–779.

König, Peter: Verkehrsfeindlicher Inneneingriff und Gefährdungsvorsatz – Zugleich Besprechung von BGH, NStZ 2003, 486, in: NStZ 2004, 175–179.

König, Peter: Anmerkung zu BGH, Beschluss vom 8.6.2004 (StrR 160/04), in: DAR 2004, 656 f.

König, Peter: Zum Einsatz des Strafrechts gegen Verkehrsrowdys, NZV 2005, 27–30.

König, Peter: Zum Ende ders Fortbewegungszwecks beim verkehrsfeindlichen Inneneingriff, in: Festschrift für Klaus Geppert, S. 259–267, Berlin 2011, zitiert: *König*, FS-Geppert.

Krey, Volker / Heinrich, Manfred / Hellmann, Uwe: Strafrecht Besonderer Teil 1, 16. Auflage, Stuttgart 2015, zitiert: K/H/H-*Bearbeiter.*

Kropp, Christian: Schärfung der Nötigung im Straßenverkehr, ZRP 2004, 4 f.

Krumm, Carsten: Strafschärfung der Nötigung im Straßenverkehr, ZRP 2004, 132.

Kudlich, Hans: Anmerkung zu BGH 4 StR 90/99, in: StV 2000, 23–25.

Kühn, Denise: „Steinwürfe" auf den Straßenverkehr: eine strafrechtlich-kriminologische Untersuchung, Baden-Baden 2012.

Küper, Wilfried / Zopfs, Jan: Strafrecht, Besonderer Teil: Definitionen mit Erläuterungen, 9. Auflage, Heidelberg 2015.

Lackner, Karl: Der Strafrechtsteil des Gesetzes zur Sicherung des Straßenverkehrs, MDR 1953, 73–75.

Lackner, Karl: Das konkrete Gefährdungsdelikt im Straßenverkehr, Berlin 1967.

Lackner, Karl / Kühl, Kristian / Heger, Martin: Strafgesetzbuch, Kommentar, 28. Auflage, München 2014, zitiert: L/K-*Bearbeiter.*

Langrock, Günter: Zur Einwilligung in die Verkehrsgefährdung – BGHG MDR 1970, 689, in: MDR 1970, 982–984.

Leipziger Kommentar: [*Hrsg. Laufhütte, Heinrich Wilhelm; Rissing-van Saan, Ruth, Tiedemann, Klaus*], Strafgesetzbuch,

— : Erster Band, §§ 1–31, 12. Auflage, Berlin 2007, zitiert: LK-*Bearbeiter.*

— : Elfter Band, §§ 306–323, 12. Auflage, Berlin 2008, zitiert: LK-*Bearbeiter.*

Lilienthal, Karl. v.: Der Vorentwurf zu einem deutschen Strafgesetzbuch, ZStW 30 (1910), 224–249.

Liszt, Franz von: Lehrbuch des Deutschen Strafrechts, 25. Auflage, Berlin 1927.

Maatz, Rüdiger: Nötigung im Straßenverkehr, NZV 2006, 337–347.

Maassen: Die strafrechtlichen Bestimmungen des Gesetzes zur Sicherung des Straßenverkehrs, NJW 1953, 201–203.

Matt, Holger / Renzikowski, Joachim: Strafgesetzbuch, 1. Auflage, München 2013, zit: M/R-*Bearbeiter.*

Maurach, Reinhard / Schroeder, Friedrich-Christian / Maiwald, Manfred: Strafrecht Besonderer Teil, Teilband 2: Straftaten gegen Gemeinschaftswerte, 10. Auflage, Heidelberg 2012.

Mayr, Christian: Die Tatbestände der Straßenverkehrsgefährdung in der Rechtsentwicklung, in: 25 Jahre Bundesgerichtshof, München 1975, S. 273–280, zitiert: *Mayr*, FG-BGH (1975).

Müller, Henning Ernst / Kraus, Florian: Unfallflucht nach vorsätzlichem Rammen durch ein Polizeifahrzeug, NZV 2003, 559–561.

Münchener Kommentar zum Strafgesetzbuch: [*Hrsg. Joecks, Wolfgang / Miebach, Klaus*], Fünfter Band, §§ 263–358, 1. Auflage, München 2006, zitiert: MK[1]-*Bearbeiter.*

Münchener Kommentar zum Strafgesetzbuch: [*Hrsg. Joecks, Wolfgang / Miebach, Klaus*], Fünfter Band, §§ 263–358, 2. Auflage, München 2014, zitiert: MK-*Bearbeiter.*

Münchener Kommentar zum Strafgesetzbuch: [*Hrsg. Joecks, Wolfgang / Miebach, Klaus*], Erster Band, §§ 1–37, 3. Auflage, München 2017, zitiert: MK-*Bearbeiter.*

Nomos Kommentar Strafgesetzbuch: [*Hrsg. Kindhäuser, Urs / Neumann, Ulfried / Paeffgen, Hans Ulrich*], Strafgesetzbuch,

— : Band 1, §§ 1–79b, 4. Auflage, Baden-Baden 2013, zitiert: NK-*Bearbeiter.*

— : Band 3, §§ 232–358, 4. Auflage, Baden-Baden 2013, zitiert: NK-*Bearbeiter.*

Nüse, Karl-Heinz: Zu den neuen Vorschriften zur Sicherung des Straßenverkehrs, JR 1965, 41–45.

Obermann, Torsten: Gefährliche Eingriffe in den Straßenverkehr: Tatmodalitäten des § 315 Abs. 1 StGB, Hamburg 2005.

Obermann, Torsten: Wildwest auf der Autobahn, Zur Strafbarkeit von Schüssen im bzw. auf den Straßenverkehr nach § 315b StGB – zgl. Anm. zu BGH, Beschl. v. 4. 11. 2008–4 StR 411/08, in: NStZ 2009, 539–541.

Oehler, Dietrich: Wurzel, Wandel und Wert der strafrechtlichen Legalordnung, Münsterische Beiträge zur Rechts- und Staatswisssenschaft, Berlin 1950.

Olshausen, Justus von: Kommentar zum Strafgesetzbuch für das Deutsche Reich, einschließlich der Strafbestimmungen der Konkursordnung, 10. Auflage, Berlin 1916.

Oppenhoff, Friedrich Christian: Strafgesetzbuch für die preußischen Staaten nebst den Gesetzen und Verordnungen über die Einführung desselben, Reprint [der Ausg.] Berlin, Reimer, 1867 – Frankfurt am Main : Keip, 1991, zitiert: *Oppenhoff.*

Otto, Harro: Die einzelnen Delikte, 7. Auflage, Berlin 2005.

Puhm, Günther: Strafbarkeit gemäß § 315c bei Gefährdung des Mitfahrers, Passau 1990.

Radtke, Henning: Das Brandstrafrecht des 6. Strafrechtsreformgesetzes – eine Annäherung, ZStW 110 (1998), 848–883.

Radtke, Henning: Die Dogmatik der Brandstiftungsdelikte, Berlin 1998.

Ranft, Otfried: Delikte im Straßenverkehr, Jura 1987, 608–616.

Rath, Jürgen: Gesinnungsstrafrecht, Hamburg 2002.

Reichsjustizamt: Vorentwurf zu einem Deutschen Strafgesetzbuch, Begründung, Besonderer Teil, bearbeitet von der hierzu bestellten Sachverständigen-Kommission, Berlin 1909, zitiert: Begründung des *Vorentwurfs.*

Reichsjustizministerium: Entwürfe zu einem Deutschen Strafgesetzbuch, Dritter Teil, Denkschrift zu dem Entwurf von 1919, Berlin 1920.

Rengier, Rudolf: Strafrecht Besonderer Teil II, 17. Auflage, München 2016.

Roxin, Claus: Strafrecht, Allgemeiner Teil, Band 1, Grundlagen, der Aufbau der Verbrechenslehre, 4. Auflage, München 2006.

Rüth, K.: Anmerkung zu BGHSt 27, 40 ff., in: JR 1977, 432–433.

Rüth, K.: Anmerkung zu BGHSt 28, 87, in: JR 1979, 519.

Saal, Martin: Zur strafrechtlichen Bewertung des Autosurfens, NZV 1998, 49–54.

Satzger, Helmut / Schluckebier, Wilhelm / Widmaier, Gunter: Strafgesetzbuch, 3. Auflage, Köln 2016, zitiert: S/S/W-*Bearbeiter*.

Schneider, Wolfgang: Kriminelle Straßenverkehrsgefährdungen (§ 315c Abs. 1 Ziff 2, Abs. 3 StGB), Frankfurt am Main 1978.

Schönke, Adolf / Schröder Horst [Hrsg.]: Strafgesetzbuch, 29. Auflage, München 2014, zitiert: S/S-*Bearbeiter*.

Schroeder, Friedrich-Christian: Die Teilnahme des Beifahrers an der gefährlichen Trunkenheitsfahrt, JuS 1994, 846–849.

Schubert, Werner [Hrsg.]: Entwurf eines Strafgesetzbuches für den Norddeutschen Bund vom Juli 1869 und Motive zu diesem Entwurf, Reprint, Frankfurt am Main, 1992.

Schubert, Werner [Hrsg.]: Strafgesetzbuch für den Norddeutschen Bund: Entwurf vom 14.2.1870 (Reichstagsvorlage), Reprint, Frankfurt am Main 1992.

Schubert, Werner / Regge, Jürgen [Hrsg.],

— : Quellen zur Reform des Straf- und Strafprozessrechts, Abteilung 2, NS-Zeit (1933–1939) – Strafgesetzbuch, Band 1, Entwürfe eines Strafgesetzbuches, Teil 2, Berlin 1990, zitiert: *Schubert/Regge*.

— : Quellen zur Reform des Straf- und Strafprozessrechts, Abteilung 2, NS-Zeit (1933–1939) – Strafgesetzbuch, Band 2, Protokolle der Strafrechtskommission des Reichsjustizministeriums, Teil 2, Berlin 1989, zitiert: *Schubert/Regge*.

— : Quellen zur Reform des Straf- und Strafprozessrechts, Abteilung 2, NS-Zeit (1933–1939) – Strafgesetzbuch, Band 2, Protokolle der Strafrechtskommission des Reichsjustizministeriums, Teil 4, Berlin 1994, zitiert: *Schubert/Regge*.

Schumann, Hans-Heinrich: Trunkenheit am Steuer, Kiel 1964.

Seier, Jürgen: Rücksichtsloses Verhalten im Straßenverkehr, JA 1983, 473 f.

Seier, Jürgen: Gefährlicher Verkehrseingriff bei Provokation eines Auffahrunfalls, Anmerkung zu BGH 4 StR 488/91, in: NZV 1992, 158 f.

Seier, Jürgen / Hillebrand, Katharina: Eingriff in den Straßenverkehr durch Einsatz des Fahrzeugs als Waffe, NZV 2003, 490 f.

Seier, Jürgen: Verteidigung in Straßenverkehrssachen, Köln 2012.

Solbach, Günter / Kugler, Klaus F.: Fehlverhalten von Verkehrsteilnehmern im Straßenverkehr als „Hindernis-bereiten" und „ähnlicher, ebenso gefährlicher Eingriff" gemäß § 315 b StGB?, JR 1970, 121–124.

Sowada, Christoph: Die natürliche Handlungseinheit – ein Rechtsinstitut mit ungewisser Zukunft, NZV 1995, 465–469.

Stenglein, Melchior: Sammlung der deutschen Strafgesetzbücher, Band 3, München 1858.

Stenographische Berichte über die Verhandlungen des Reichstags,

— : 10. Legislaturperiode, II. Session, 1900/19002, fünfter Band, 140. Sitzung, 11.02.1902: http://www.reichstagsprotokolle.de/Blatt_k10_bsb00002794_00278.html.

— : 11. Legislaturperiode, Aktenstück Nr. 203: http://www.reichstagsprotokolle.de/Blatt_k11_bsb00002816_00087.html.

— : 11. Legislaturperiode, I. Session, erster Sessionsabschnitt, 1903/1904, zweiter Band, 43. Sitzung vom 26.02.1904: http://www.reichstagsprotokolle.de/Blatt_k11_bsb00002808_00436.html.

— : 11. Legislaturperiode, I. Session 1903/1905, zweiter Sessionsabschnitt, siebender Band, 157. Sitzung vom 7.3.1905: http://www.reichstagsprotokolle.de/Blatt_k11_bsb00002813_00186.html.

Sternberg-Lieben, Irene: Der praktische Fall – Strafrecht: Alkohol im Blut, JuS 1998, 428–434.

Swoboda, Sabine: Die Lehre vom Rechtsgut und ihre Alternativen, ZStW 122 (2010), 24–50.

Systematischer Kommentar zum StGB: [*Hrsg. Rudolphi, Hans-Joachim*], Systematischer Kommentar zum Strafgesetzbuch,

— : Band 1 §§ 1–45b, 8. Auflage, Köln 2012, SK-*Bearbeiter.*

— : Band 6 §§ 303–358, 9. Auflage, Köln 2016, zitiert: SK-*Bearbeiter.*

Vogel, Joachim: Strafrechtsgüter und Rechtsgüterschutz durch Strafrecht im Spiegel der Rechtsprechung des Bundesverfassungsgerichts, StV 1996, 110–115.

Voigt, Fritz: Verkehr, Zweiter Band, Die Entwicklung des Verkehrssystems, Erste Hälfte, Berlin 1965.

Vormbaum, Thomas [Hrsg.]: Reform des Strafgesetzbuches, Sammlung der Reformentwürfe: Band 1 (1909–1919), Band 2 (1922–1939), Band 3 (1959–1996), Berlin 2008.

Walter, Tonio: Die Lehre von der „einverständlichen Fremdgefährdung" und ihre Schwächen – eine Verteidigung der Rechtsprechung, NStZ 2013, 673–680.

Wassermann, Rudolf [Hrsg.]: Reihe Alternativkommentare, Kommentar zum Strafgesetzbuch in Lieferungen, Neuwied 1990, zitiert.: AK-*Bearbeiter.*

Weis, Ludwig,: Das Strafgesetzbuch für das Königreich Bayern, Teil 2, Nördlingen 1865.

Wessels, Johannes / Beulke, Werner / Satzger, Helmut: Strafrecht Allgemeiner Teil, 46. Auflage, Heidelberg 2016.

Wessels, Johannes / Hettinger, Michael: Strafrecht Besonderer Teil, Straftaten gegen Persönlichkeits- und Gemeinschaftswerte, 40. Auflage, Heidelberg 2016.

Wirsch, Stefan: Tatbeteiligte als Tatopfer, JuS 2006, 400–404.

Zieschang, Frank: Die Gefährdungsdelikte, Berlin 1998.

Zimmermann, Frank: Die Straßenverkehrsgefährdung (§ 315c StGB), JuS 2010, 22–26.

Abkürzungsverzeichnis

a.A.	andere Auffassung
a. a. O.	am angegebenen Ort
a.E.	am Ende
a.F.	alte Fassung
A/W/H/H	Arzt/Weber/Heinrich/Hilgendorf
Abs.	Absatz
AE	Alternativentwurf
AK	Alternativkommentar
ALR	Allgemeines Landrecht von Preußen
Anm.	Anmerkung
Art.	Artikel
AT	Allgemeiner Teil
B/H/H/J/J	Burmann/Heß/Hühnermann/Jahnke/Janker
BA	Blutalkohol
bay.	bayerisch
BeckOK	Beck'scher Onlinekommentar
BeckRS	Beck Online Rechtsprechung
BGBl.	Bundesgesetzblatt
BGH	Bundesgerichtshof
BGHSt	Entscheidungen des Bundesgerichtshofs in Strafsachen
BR-Drucks.	Bundesratsdrucksache
BT	Besonderer Teil
BT-Drucks.	Bundestagsdrucksache
BVerfG	Bundesverfassungsgericht
BVerfGE	Entscheidung des Bundesverfassungsgerichts
d. h.	das heißt
DAR	Deutsches Autorecht
ders.	derselbe
E	Entwurf
ebd.	ebenda
Einl.	Einleitung
f.	folgende
ff.	fortfolgende
FG	Festgabe
Fn.	Fußnote
FS	Festschrift
GA	Goltdammer's Archiv für Strafrecht
GG	Grundgesetz
h.M.	herrschende Meinung
H/K/D	Hentschel/König/Dauer

i. d. R.	in der Regel
i.S.	im Sinne
i.S.v.	im Sinne von
i.S.v.	im Sinne von
i.V.m.	in Verbindung mit
insb.	insbesondere
JA	Juristische Arbeitsblätter
JM-Bl. NRW	Justizministerialblatt für das Land Nordrhein-Westfalen
JR	Juristische Rundschau
Jura	Juristische Ausbildung
JuS	Juristische Schulung
JZ	Juristenzeitung
K/H/H	Krey/Heinrich/Hellmann
KFG	Kraftfahrzeuggesetz
km/h	Kilometer in der Stunde
L/K	Lackner/Kühl
LG	Landgericht
LK	Leipziger Kommentar
m. E.	meines Erachtens
m.w.N.	mit weiteren Nachweisen
M/R	Matt/Renzikowski
MK	Münchener Kommentar
n.F.	neue Fassung
NJW	Neue Juristische Wochenschrift
NK	Nomos Kommentar
Nr.	Nummer
NStZ	Neue Zeitschrift für Strafrecht
NStZ-RR	Neue Zeitschrift für Strafrecht – Rechtsprechungsreport
NZV	Neue Zeitschrift für Verkehrsrecht
o. g.	oben genannten
OLG	Oberlandesgericht
Pkw	Personenkraftwagen
preuß.	preußisch
RGBl.	Reichsgesetzblatt
RGSt	Entscheidungen des Reichsgerichts in Strafsachen
Rn.	Randnummer
Rspr.	Rechtsprechung
RStGB	Reichsstrafgesetzbuch
RStVO	Reichsstraßenverkehrsordnung
S.	Satz/Seite
S/S	Schönke/Schröder
S/S/W	Satzger/Schluckebier/Widmaier
SK	Systematischer Kommentar
StGB	Strafgesetzbuch

StPO	Strafprozessordnung
StVG	Straßenverkehrsgesetz
StVO	Straßenverkehrsordnung
u. a.	unter anderem
u.s.w.	und so weiter
v.	von
v. a.	vor allem
VerkMitt	Verkehrsrechtliche Mitteilungen
vgl.	vergleiche
VRS	Verkehrsrechts-Sammlung
z. B.	zum Beispiel
ZPO	Zivilprozessordnung
ZStW	Zeitschrift für die gesamte deutsche Strafrechtwissenschaft

A. Einleitung

Anlass für diese Arbeit haben zwei Entscheidungen[1] des Bundesgerichtshofs (BGH) zum verkehrsfremden Inneneingriff nach § 315b Abs. 1 Nr. 3 StGB geboten. Diese beschäftigten sich mit der Frage, *ob* und *wann* ein außerhalb des öffentlichen Straßenverkehrs befindliches Gefährdungsobjekt für einen verkehrsfremden Inneneingriff ein taugliches sein kann. Der BGH verlangt dafür nicht nur, dass die Tathandlung, d. h. der Eingriff vom öffentlichen Verkehrsraum ausgeht, sondern darüber hinaus, dass sich „das Opfer in dem *Zeitpunkt*, in dem der Täter zur Verwirklichung des Tatbestandes der Straßenverkehrsgefährdung durch zweckwidrigen Einsatz des Fahrzeugs als Waffe oder Schadenswerkzeug [meint eigentlich: zum Eingriff in den Straßenverkehr] *unmittelbar ansetzt*, noch im öffentlichen Raum befindet, die abstrakte Gefahr also noch im öffentlichen Verkehrsraum entsteht".[2]

Ob nun diese vom BGH aufgestellte opferbezogene Bedingung dem Wesen der Straßenverkehrsdelikte (hier § 315b Abs. 1 Nr. 3 StGB) gerecht wird, ist im Rahmen dieser Arbeit zu hinterfragen: Ist schon die Begründung einer abstrakten Sicherheitsbeeinträchtigung (Verkehrsgefahr) abhängig vom Aufenthaltsort eines später konkret gefährdeten Objekts?

Die Beantwortung dieser Frage hängt zunächst ab vom Rechtsgut der Straßenverkehrsdelikte nach §§ 315b, 315c StGB, deren jeweiliger Tatbestandsstruktur und deren Verhältnis untereinander: So ist das den Straßenverkehrsdelikten zugrunde liegende Rechtsgut richtungsweisend für die Bestimmung der Reichweite des Anwendungs- und Schutzbereichs des § 315b StGB als hier näher zu untersuchende Norm. Die Bestimmung des Anwendungsbereichs des § 315b StGB unter Berücksichtigung des Schutzzwecks hat wiederum in Abgrenzung zu § 315c StGB zu erfolgen. Zuletzt ist es die Tatbestandsstruktur des § 315b StGB selbst, die über die Lösung hier aufgeworfener problematischer Fallkonstellationen entscheidet, in denen ein konkreter Gefahrerfolg im Sinne eines Beinaheunfalls außerhalb des öffentlichen Verkehrsraums eintritt.

Dem Wortlaut nach verlangt § 315b Abs. 1 StGB eine (abstrakte) Beeinträchtigung der Sicherheit des Straßenverkehrs und eine darüber vermittelte konkrete Gefahr für Leib oder Leben eines anderen Menschen oder für fremde Sachen von bedeutendem Wert.

Im Zuge der vorliegenden Arbeit wird daher die Sicherheit des Straßenverkehrs als (mögliches) Rechtsgut der (gemeingefährlichen) Straßenverkehrsdelikte herausgearbeitet (B.) und begründet (C.). Der Inhalt dieses Rechtsguts als Schutzziel der Norm ist sodann Grundlage zur Bestimmung der einzelnen Tatbestandselemente der Straßenverkehrsdelikte (D.). So sind die Anforderungen an eine abstrakte Verkehrs-

1 BGH 4 StR 160/04 = NStZ 2004, 625 und BGH 4 StR 401/11 = NZV 2012, 394 f.
2 BGH NZV 2012, 394 (394).

gefahr herauszuarbeiten. Da sich diese abstrakte Sicherheitsbeeinträchtigung zu einer konkreten Gefahr für ein individuelles Objekt zu verdichten hat („dadurch"), ist zu klären, welche Objekte eine so geforderte Sicherheitsbeeinträchtigung über ihre konkrete Gefährdung widerspiegeln können. Mit dieser Frage ist dann auch der Aufenthaltsort des betroffenen Objekts verknüpft. Die Tauglichkeit potentieller Gefährdungsobjekte bestimmt sich hier auch nach der Reichweite des Schutzbereichs. Tritt eine konkrete Gefährdung eines tauglichen Objekts ein, verlangt der Tatbestand schließlich eine verkehrsspezifische Verknüpfung. Das Opfer eines Eingriffs i.S.v. § 315b StGB muss demnach verkehrsspezifisch betroffen sein. Diese *verkehrsspezifische Betroffenheit* ist wiederum in Abhängigkeit der möglichen Tatmodalitäten des § 315b Abs. 1 StGB zu bestimmen.

Gerade beim verkehrsfremden Inneneingriff, der auch aus dem Verkehr heraus erfolgen kann, ergibt sich die oben aufgeworfene Frage nach der Reichweite der Straßenverkehrsdelikte. Bei der Beantwortung der ausgewählten Fragestellungen bildet diese Ausnahmefigur folglich den wesentlichen Schwerpunkt. Über die historische Entwicklung und Abgrenzung der Straßenverkehrsdelikte wird diese Form des Eingriffs in die Sicherheit des Straßenverkehrs bestätigt. Die objektiven und subjektiven Voraussetzungen, die an einen „pervertierten Verkehrsvorgang" zu stellen sind, werden herausgearbeitet.

Angestrebt wird ein Gleichlauf des Anwendungsbereichs der Straßenverkehrsdelikte. Denn die heute getrennten Straßenverkehrsdelikte der §§ 315b, 315c StGB gehen auf die gemeinsame Vorschrift des § 315a StGB a.F. zurück. Mit der Umgestaltung dieses § 315a StGB a.F. im Zuge des Zweiten Gesetzes zur Sicherung des Straßenverkehrs vom 26.11.1964 wurden die Straßenverkehrsdelikte neu strukturiert. Und eben diese Umstrukturierung und Aufspaltung der Straßenverkehrsdelikte haben zu Ungereimtheiten hinsichtlich des Rechtsguts und der Reichweite der Straßenverkehrsdelikte geführt. Daher werden Fälle der Straßenverkehrsgefährdung nach § 315c StGB und Fälle des klassischen Außeneingriffs in die Sicherheit des Straßenverkehrs nach § 315b StGB vergleichsweise zu den problematischen Fällen des verkehrsfremden Inneingriffs herangezogen. Die Besonderheiten der übrigen Verkehrsdelikte der §§ 315 ff. StGB werden ebenfalls berücksichtigt.

Ziel ist es, ein für § 315b Abs. 1 StGB schlüssiges Gesamtkonzept zu präsentieren, das die Gesetzeshistorie, die Einordnung der Straßenverkehrsdelikte als gemeingefährliche Delikte, die innere Systematik, den Sinn und Zweck der Straßenverkehrsdelikte, den Wortlaut und schließlich eben das Rechtsgut widerspruchsfrei zu berücksichtigen versucht. Mit dem Anspruch, dass jedes Kapitel für sich verständlich ist, werden neben den zahlreichen Verweisen auch für notwendig erachtete Rückblicke und Zusammenfassungen den Leser ins Bild setzen. Dies auch deshalb, weil für die zu behandelnde Thematik viele Einzelfragen zu klären sind, deren Zwischenergebnisse rekapituliert werden.

B. Historischer Rückblick zum Rechtsgutsverständnis

Zu Beginn der Arbeit wird die historische Entwicklung der heutigen Straßenverkehrsdelikte im engeren Sinn[3] nach den Vorschriften der §§ 315b, 315c StGB in ihren wesentlichen Zügen[4] nachgezeichnet. Aus dem historischen Werdegang ist der Anwendungsbereich sowie das Verhältnis des heutigen normierten gefährlichen Eingriffs in den Straßenverkehr (§ 315b StGB) und der Straßenverkehrsgefährdung (§ 315c StGB) untereinander festzulegen. Dazu muss jedoch zunächst deren Schutzgedanke aus den historischen Erkenntnissen abgeleitet und das dahinterstehende Rechtsgut bestimmt werden. Dessen Anknüpfungspunkt bewegt sich zwischen dem Schutz des Verkehrsträgers als solchem, dem Schutz des Verkehrs vor Eingriffen von außen, dem Schutz der Nichtverkehrsteilnehmer vor dem Verkehr und dem Schutz der Verkehrsteilnehmer untereinander. Abhängig davon, wie die Gesellschaft das Kraftfahrzeug wahrnahm, dieses als Fortbewegungsmittel akzeptierte und Zugang zu demselben erhielt, unterlag der Blickwinkel auf das zu schützende Rechtsgut einem stetigen Wandel hinsichtlich der Frage, ob hinter einem Verkehrsschutz ein Individualrechtsgüterschutz steht oder sich auch ein überindividuelles Rechtsgut begründen lässt.[5]

---

3 Unter die Straßenverkehrsdelikte im engeren Sinne fallen nach der Einordnung von *Asholt* – dort S. 4 f. – die Vorschriften der §§ 315b, 315c und 316 StGB, sowie §§ 21–22b, 24, 24a StVG einerseits und die verkehrsspezifischen Rechtsfolgen (§ 44 und § 69 StGB bzw. § 25 StVG) andererseits. Zu den Straßenverkehrsdelikten im weiteren Sinne gehören diejenigen, die im Zusammenhang mit dem Straßenverkehr stehen, aber einen Rechtsgüterschutz außerhalb des Straßenverkehrs verfolgen (z. B.: §§ 248b, 316a, 142 StGB). Hinzu kommen diejenigen Delikte, die im Straßenverkehr begangen werden, z. B. §§ 222, 229, 240, 185 StGB.

4 Zum ausführlichen historischen Hintergrund des Straßenverkehrsstrafrechts wird auf die Darstellung von *Asholt* verwiesen. An dieser orientiert sich das folgende Kapitel mit abweichender Schwerpunktsetzung und Konzentration auf die hier relevanten Vorschriften der §§ 315b und 315c StGB. Ausführlich ist auch – mit anderer Schwerpunktsetzung – die zwischenzeitlich erschienene Ausarbeitung von *Hörtz*, S. 57–114. Eine knappere Darstellung der historischen Entwicklung seit Reichsgründung ist bei *Obermann*, S. 4–15, zu finden; siehe auch LK-*König*, Vorbemerkungen zu §§ 315, 315b, 315c StGB. Einen kurzen Abspann hinsichtlich der Reformbewegungen bietet auch *Busch*, S. 27–50. Ebenso zur Rechtsgeschichte siehe *Hippel*, Band 1, § 17, § 18, S. 287 ff. bzw. S. 341 ff. Kompakt zu den Entwürfen nach Reichsgründung z. B. die Begründung zum Entwurf von 1927, in: Materialien zur Strafrechtsreform, Band 4, S. 1–6. Zu internationalen Bezügen und Orientierungspunkten empfiehlt sich die *Vergleichende Darstellung*, S. 1–30, 85–94. Zu den Vorarbeiten der Großen Strafrechtsreform siehe *Gollek*, in: Materialien zur Strafrechtsreform, Band 2, Teil 2, S. 459–478.

5 Siehe *Asholt*, S. 3 und S. 7.

§§ 315b und 315c StGB sind Teil eines bis in das Deutsche Kaiserreich zurückreichenden, sich also über mehrere Jahrzehnte erstreckenden Reformbestrebens zur Schaffung eines neuen Strafgesetzbuchs. Gerade die strafrechtliche Erfassung des Straßenverkehrs stellte durch den zunehmenden technischen Fortschritt und der sich in stetigem Wandel befindlichen nationalen, aber auch internationalen Umstände und Einflüsse eine große Herausforderung dar. So lässt sich einleitend die historische Entwicklung auch des Straßenverkehrsstrafrechts mit den folgenden Zitaten aus der Reformbewegung zum deutschen Strafrecht im Ganzen treffend beschreiben:

> „Wie die gesamte menschliche Entwicklung, so schreitet auch die Rechtsanwendung nicht sprungweise, sondern schrittweise und stufenweise vorwärts. Wer sich vermessen wollte, dieses natürliche Gesetz nicht zu beachten, würde den sicheren Boden unter den Füßen verlieren und ein Strafrecht schaffen, das vielleicht überhaupt nicht, oder nur für eine ferne Zukunft, jedenfalls aber nicht für die Gegenwart, für die er schaffen soll, brauchbar und möglich wäre. Der Entwurf hält es daher für seine richtig verstandene Aufgabe, in strenger Anknüpfung an das historisch Gewordene das allgemeine Strafrecht auf diejenige Stufe zu heben, die nach den jetzt herrschenden Überzeugungen als die nächst höhere anzusehen ist."[6]

Welche „Stufe" das Verkehrsstrafrecht mit seiner derzeitigen und neuen Ausprägung des Straßenverkehrs betreten sollte, war Diskussionsgegenstand zahlreicher folgender Gesetzesentwürfe. Der historische Gesetzgeber war sich dabei auch bewusst, dass er beim Betreten der nächsthöheren Stufe stets den Blick über die eigenen Landesgrenzen hinaus wagen musste:

> „Wenn der Gesetzgeber seiner Aufgabe gerecht werden will, so muß er einen Standpunkt zu gewinnen suchen, der nicht nur das eigene Recht vollkommen übersehen, sondern über dessen Schranken hinaus alle Zusammenhänge erkennen und das heimische Recht als ein individuell gestaltetes Gebilde der allgemeinen Rechtsentwicklung aller Kulturvölker erfassen läßt. Soll der fortschreitenden Entwicklung und den Bedürfnissen der Gegenwart voll Rechnung getragen werden, so darf bei einer Reform des deutschen Strafrechts die Gestaltung, die das Strafrecht in anderen Kulturstaaten gewonnen hat oder zu gewinnen bestrebt ist, unter keinen Umständen außer Betracht bleiben."[7]

Mit Blick auf die Entwicklung des Straßenverkehrs auch in anderen Ländern und legislativen Reaktionen darauf war es an dem Gesetzgeber, ein der Zeit entsprechendes Straßenverkehrsstrafrecht zu formulieren.

---

6 Begründung des *Vorentwurfs*, Einleitung, S. IX.

7 *Vergleichende Darstellung*, Vorwort, S. V.

I. Entstehungsgeschichte des Straßenverkehrsstrafrechts im Überblick

Ausgehend vom Allgemeinen Preußischen Landrecht von 1794 führt der Weg des Straßenverkehrsstrafrechts über das preußische Strafgesetzbuch (1851) weiter zum Norddeutschen Bund (Entwurf von 1869 und Gesetzbuch von 1870) und schließlich zum Strafgesetzbuch des Deutschen Reiches (1871), das sodann die Vorläufer der heutigen (Straßen)Verkehrsdelikte beinhaltete.

Mit dem Vorentwurf von 1909 und zahlreichen darauf folgenden Entwürfen begannen die Vorarbeiten zur Reform und Schaffung eines neuen Strafgesetzbuches. Über die Zeit des Ersten Weltkriegs, den Nationalsozialismus und den Zweiten Weltkrieg hinweg fanden sämtliche Entwürfe keine Erledigung. Mit dem Gesetz über den Verkehr mit Kraftfahrzeugen vom 03.05.1909[8] („Kraftfahrzeuggesetz") wurden aber neben zivilrechtlichen Haftungsnormen schon erste spezifische (reichseinheitliche) Strafnormen für den Straßenverkehr geschaffen. Mit dem Gesetz zur Änderung des Strafgesetzbuches vom 28.06.1935[9] wurden die bisherigen Strafvorschriften des Reichsstrafgesetzbuches betreffend den Eisenbahn- und Schiffsverkehr überarbeitet. Erst nach dem Zweiten Weltkrieg beginnt mit dem Gesetz zur Sicherung des Straßenverkehrs vom 19.12.1952[10] die eigentliche Gesetzgebung zum Straßenverkehrsstrafrecht. Hierauf folgte das Zweite Gesetz zur Sicherung des Straßenverkehrs vom 21.11.1964[11], das die in den Entwürfen zu einem neuen Strafgesetzbuch von 1960 und 1962 angestrebten Reformierungen wegen der bestehenden Dringlichkeit vorwegnahm. Letzte kleine Änderungen wurden schließlich durch das Sechste Strafrechtsreformgesetz von 1998 vollzogen.

Dieser – sich im Kern über mehr als neunzig Jahre (1871 bis 1964) erstreckende – historische Rückblick hat die Suche nach Grundansätzen und Motiven zum heutigen Straßenverkehrsstrafrecht im Fokus. Aufgezeigt wird der Wandel der Gesetzgebungsentwürfe, bedingt durch die unterschiedliche und zeitlich versetzte Entwicklung der verschiedenen Verkehrsträger, nämlich des Schienen-, Schiffs-, Luft- und Straßenverkehrs. Diese bewegte mit jeweils zunehmender Intensität den Gesetzgeber dazu, strafrechtlich auf die Verkehrsentwicklung einzuwirken, indem bereits geschaffenes Verkehrsstrafrecht ausgeweitet wurde oder neue Bereiche erstmals ins strafrechtliche Blickfeld gerieten.

---

8 RGBl. I. S. 437 ff. Diese Strafvorschriften sind Vorgänger der heutigen Vorschriften des Straßenverkehrsgesetzes (StVG).

9 RGBl. I. S. 839 ff.

10 BGBl. I. S. 832 ff.

11 BGBl. I. S. 921 ff.

II. Die Entwicklung des Straßenverkehrsstrafrechts im Einzelnen

Im Reichsstrafgesetzbuch von 1871 finden sich Vorschriften zur Transportgefährdung und zur Beschädigung von Einrichtungen der Verkehrsträger. Diese dienen aber noch vorrangig dem Schutz des Eisenbahn- und Schiffsverkehrs – vgl. z.B. §§ 305, 315, 316, 321 RStGB. Dennoch sind diese Vorschriften Ausgangspunkt der angestrebten Reform des Reichsstrafgesetzbuchs und damit Vorläufer der heutigen Straßenverkehrsdelikte im engeren Sinne.

Doch auch die im Reichsstrafgesetzbuch bestehenden Vorschriften gehen auf eine frühere Gesetzgebung zurück:

1. Vom Allgemeinen Preußischen Landrecht bis zum Deutschen Kaiserreich (1794–1871)

a. *Allgemeines Preußisches Landrecht (1794)*

Der Blick fällt zunächst auf das Allgemeine Preußische Landrecht vom 01.06.1794 („ALR") als gesetzlicher Vorläufer. Dieses enthielt zum einen „Vorschriften wegen des Ausweichens auf den Straßen" (Zweiter Teil, 15. Titel, 1. Abschnitt, §§ 25 ff. ALR), wonach der jedem freistehende Gebrauch der Landstraßen von jedem so auszuüben war, dass andere am gleichmäßigen Gebrauch des Weges nicht gehindert werden und es keinen Anlass zu Zankereien oder gar Tätlichkeiten über das Ausweichen gibt, vgl. § 25 ALR. Diese Grundregel für den Straßenverkehr gilt auch heute noch in erweiterter Form, vgl. § 1 Abs. 2 StVO.[12]

Zum anderen finden sich im Allgemeinen Preußischen Landrecht auch Vorschriften zur Beschädigung mit einer gemeinen Gefahr (Zweiter Teil, 20. Titel, 17. Abschnitt, §§ 1497–1499 ALR), welche das vorsätzliche Beschädigen von Gebäuden, Wegen und Brücken bestrafen, wenn dadurch Vieh und Gut der Einwohner oder Reisenden in Gefahr versetzt wird (§ 1497 ALR) oder die Beschädigung darauf zielt, jemandem an seinem Leibe zu beschädigen oder gar zu töten (§§ 1498, 1499 ALR).

Im Hinblick auf den § 315b StGB (*hier:* § 315b Abs. 1 Nr. 1 StGB – Zerstören, Beschädigen oder Beseitigen von *Anlagen* oder Fahrzeugen) wird deutlich, dass schon früh eine schädigende Einflussnahme auf den Verkehrsträger mit Gefährdungscharakter („In-Gefahr-Setzen") für Personen und Eigentum ins Blickfeld gesetzlicher Normierung fiel. Dass dem Merkmal der Gemeinschädlichkeit und der Gemeingefährlichkeit bestimmter Verhaltensweisen Bedeutung zugemessen wird, ist dabei nicht neu.

---

12 § 1 Abs. 2 StVO: „Wer am Verkehr teilnimmt hat sich so zu verhalten, dass kein Anderer geschädigt, gefährdet oder mehr, als nach den Umständen unvermeidbar, behindert oder belästigt wird." – Daneben finden sich im Allgemeinen Preußischen Landrecht Regeln zur Vorfahrt und zum Überholen (§§ 25–34) sowie Haftungsvorschriften bei regelwidrigem Verhalten (§§ 35–37).

Doch der Gedanke, „den Begriff der Gemeingefahr zur Bildung einer selbständigen Gruppe strafbarer Handlungen zu verwerten, ist ein Produkt der deutschen Rechtsentwicklung der Aufklärungszeit, zuerst – und ohne erkennbare Beeinflussung durch die zeitgenössische Rechtswissenschaft – verwirklicht im Preußischen Landrecht von 1794."[13] So zeichnen sich die gemeingefährlichen Delikte nach preußischem Recht mit dem Grundgedanken einer Verletzung aus, die mit der Gefährdung Mehrerer oder des Publikums an Leben, Gesundheit oder Vermögen verbunden ist.[14] Im Gegensatz zu den sonstigen Privatverbrechen erkannte der preußische Gesetzgeber, dass bei den gemeingefährlichen Delikten das Charakteristikum der „Unbestimmtheit des verletzten Personenkreises" hinzukommt,[15] weil „der Täter bei Vornahme der beschriebenen Handlung die Folge derselben nie ganz überblicken kann und es insbesondere nicht in seiner Macht hat, ein Hinausgreifen der Folgen seiner Handlung über das in seinem Vorstellungsleben Erfasste zu verhindern."[16]

Naturgemäß fehlten im preußischen Recht aber noch die strafbaren Handlungen, welche die modernen Verkehrsmittel betreffen. Dennoch ist schon an dieser Stelle die *zweispurige* Schutzrichtung der angesprochenen Normen des Allgemeinen Preußischen Landrechts festzuhalten: Einerseits war der Schutz des Verkehrsträgers selbst bezweckt (Substanzschutz), andererseits aber auch die Erfassung verkehrswidrigen Verhaltens, wobei das Motiv dieser Regelungen (noch) nicht der Schutz der Sicherheit der Verkehrsteilnehmer untereinander war (Sicherheit *im* Straßenverkehr). Im Vordergrund stand vielmehr der Schutz *vor* dem Verkehr in belebten Gebieten.[17]

b. Die preußische Verordnung wegen Bestrafung der Beschädiger der Eisenbahn-Anlagen (1840)

Zunächst beschränkte sich der strafrechtliche Blick auf einzelne Verkehrsträger. In der preußischen Verordnung wegen Bestrafung der Beschädiger der Eisenbahn-Anlagen vom 30.11.1840 wurde bei Strafe verboten, durch Beschädigungshand-

13 *Kitzinger*, in: *Vergleichende Darstellung*, S. 1 f.

14 *Kitzinger*, in: *Vergleichende Darstellung*, S. 1 f. – Dieser Gedanke wird nicht konsequent durchgehalten, denn es finden sich auch Vorschriften bei den gemeingefährlichen Delikten, die auch an eine nur individuelle Gefährdung anknüpfen. So z. B. im Bereich der Brandstiftung. Nach § 1511 ALR wurde die vorsätzliche Brandstiftung in der Regel mit Todesstrafe (!) bestraft, durch die das Leben *eines* oder mehrerer Menschen, oder ganze Städte, Flecken, Dörfer oder sonst beieinander liegende Wohngebäude, oder Schiffe in Gefahr gesetzt werden.

15 Vgl. *Oehler*, S. 125.

16 *Finger*, FG Frank (Band 1), S. 230 (249).

17 Vgl. *Asholt*, S. 9 und 11.

lungen oder das Bereiten von Hindernissen in irgendeiner Weise den Transport auf Eisenbahnanlagen in Gefahr zu setzen[18]:

> §. 1.: Wer vorsätzlich an Eisenbahn-Anlagen, an deren Transportmitteln oder sonstigem Zubehör solche Beschädigungen verübt oder auf der Fahrbahn in irgend einer Weise, durch Aufstellen, Hinlegen oder Hinwerfen von Gegenständen, durch Verrückung der Schienen u.s.w., solche Hindernisse bereitet, durch welche der Transport auf diesen Bahnen in Gefahr gesetzt wird, hat Straf-Arbeit oder Zuchthausstrafe von Einem bis zu zehn Jahren verwirkt.

So enthält § 1 der Verordnung eine allgemeine Formulierung des Hindernisbereitens („in irgend einer Weise") mit nicht abschließender Aufzählung („u.s.w."). Eine ähnliche Generalklausel findet sich heute noch – wenn auch losgelöst vom Begriff des Hindernisbereitens – in § 315 Abs. 1 Nr. 4 StGB für den Eisenbahn-, Schiffs- und Luftverkehr und in § 315b Abs. 1 Nr. 3 StGB für den Straßenverkehr als „ähnlicher, ebenso gefährlicher Eingriff" wieder, um besonders geartete Eingriffe in den Verkehr erfassen zu können. Die grundlegende Tatbestandsstruktur der heutigen §§ 315, 315b StGB ist damit auch hinsichtlich der damals noch nicht näher ausdifferenzierten Absichtsqualifikationen, § 3 der Verordnung, schon vorgezeichnet; auch wenn sich die Verordnung damals noch auf den wichtigsten und mit besonderen Gefahren verbundenen *Eisenbahnverkehr* beschränkte. Während sich das Preußische Landrecht auf die Schaffung einer Gefährdungslage („gemeine Gefahr") für Gebäude, Wege und Brücken durch eine vorsätzliche Beschädigungshandlung bezog, differenzierte die Verordnung zum Schutz des Transports auf Eisenbahnanlagen die Einflussnahme auf den Verkehrsträger weiter aus und drohte erheblichere Strafen an.

Mit der Verordnung wird der Schutzgedanke der gemeingefährlichen Delikte aber treffend veranschaulicht. Die Norm stellt schon im Wortlaut nicht die Güter eines Einzelnen heraus, sondern fordert ganz abstrakt die Gefährdung eines Eisenbahntransports. Damit wird nicht nur die Gemein*gefährlichkeit* der Tathandlung betont, sondern auch die Gemein*schädlichkeit* eines Erfolgs infolge tatbestandsmäßiger Eingriffe. So geht es hier um den *Betriebs*schutz und die ungestörte Brauchbarkeit des Verkehrswegs der Eisenbahn mit ihrer wirtschaftlichen und internationalen Funktion. Mit der Verordnung reagiert der preußische Gesetzgeber damit auf die potentiellen Gefahren, die aus der Schnelligkeit der Bewegung der Eisenbahn als Transportmittel und der hierbei schwer zu beherrschenden Kräfte herrühren können. Vor diesen (Gemein)gefahren mit ihren gemeinschädlichen Auswirkungen ist die Allgemeinheit zu schützen (Kollektivschutz).[19]

---

18 Strafrechtlich erfasst werden nicht nur vorsätzliches (§ 1) und fahrlässiges Handeln (§ 4), sondern ebenso qualifizierende Umstände, wie die Herbeiführung der besonderen Folge einer erheblichen Gesundheitsbeschädigung oder der Tötung eines Menschen (§ 2) sowie strafschärfend die *absichtliche* Transportgefährdung (§ 3). Ausdrücklich erfasst ist zudem das Unterlassen angestellter Personen in besonderer Stellung (§ 5).

19 Siehe hierzu ausführlicher *Hörtz*, S. 71 ff. (74 f.) m.w.N.

c. *Das Strafgesetzbuch von Preußen (1851)*

Im 27. Titel „*Gemeingefährliche* Verbrechen und Vergehen“ des späteren preußischen Strafgesetzbuchs von 1851[20] sind sodann Vorschriften zur vorsätzlichen (§ 294) und fahrlässigen (§ 295 Abs. 1) Transportgefährdung auf Eisenbahnen auch durch Vernachlässigung der Pflichten durch Eisenbahnbeamte (§ 295 Abs. 2) enthalten:

> **§ 294**
>
> Wer vorsätzlich an Eisenbahnanlagen, deren Transportmitteln oder anderem Zubehör solche Beschädigungen verübt, oder auf der Fahrbahn durch Aufstellen, Hinlegen oder Hinwerfen von Gegenständen, oder durch Verrückung von Schienen oder auf andere Weise solche Hindernisse bereitet, dass dadurch der Transport auf der Bahn in Gefahr gesetzt wird, hat Zuchthaus bis zu zehn Jahren verwirkt.
>
> Hat die Handlung die schwere Körperverletzung eines Menschen (§. 193.) zur Folge gehabt, so tritt Zuchthausstrafe von zehn bis zwanzig Jahren, und hat in Folge der Handlung ein Mensch das Leben verloren, die Todesstrafe ein.

Eine allgemeine Sachbeschädigungsvorschrift mit dem Merkmal der *Gemeingefahr*, wie sie zuvor in § 1497 ALR galt, findet sich im preußischen Strafgesetzbuch nicht (mehr). Zwar regelt § 283 preuß. StGB als qualifiziertes Sachbeschädigungsdelikt die Beschädigung (fremder) öffentlicher Bauwerke – erfasst sind dabei sowohl „gebaute Straßen“ als auch die „Eisenbahn“ – allerdings *ohne* Gefährdungstatbestand. Stattdessen hat der Eisenbahnverkehr mit dem Tatbestand der Transportgefährdung wie schon durch die vorangegangene Verordnung intensiven und umfangreichen strafrechtlichen Schutz vor Gefährdungen erfahren. Dabei gelte, dass der ganze Transport in Gefahr gesetzt werden müsse; die Vorschrift sie dagegen nicht einschlägig, wenn eine einzelne Person auf dem Transporte (etwa ein auf dem Tritte stehender Schaffner) in Gefahr gesetzt werde.[21]

Neben dem Eisenbahnverkehr sieht das preußische Strafgesetzbuch auch Vorschriften zum Schutz des Schiffsverkehrs vor, §§ 301–303 preuß. StGB.[22]

Hinsichtlich des Straßenverkehrs findet sich in § 344 preuß. StGB lediglich eine Übertretung[23] zur Verkehrsgefährdung: So wird etwa „mit Geldbuße bis zu zwanzig Thalern oder Gefängniß bis zu vierzehn Tagen [...] bestraft: 1) wer in Städten oder Dörfern übermäßig schnell fährt oder reitet, oder auf öffentlichen Straßen oder Plätzen der Städte oder Dörfer mit gemeiner Gefahr Pferde einfährt oder zureitet; 2) wer auf öffentlichen Straßen oder Wegen das Vorbeifahren Anderer muthwillig verhindert; [... oder] 7) wer auf öffentlichen Straßen oder Plätzen Gegenstände, welche den freien Verkehr hindern, aufstellt, hinlegt oder liegen läßt.“

---

20 Abgedruckt in: *Stenglein*, S. 133 ff.

21 *Oppenhoff*, Anm. 2 zu § 294 preuß. StGB.

22 Im Folgenden beschränken sich die Ausführungen aber auf den Eisenbahnverkehr, soweit er für das spätere Straßenverkehrsstrafrecht Aufschluss gibt.

23 § 1 S. 3 preuß. StGB: „Eine Handlung, welche die Gesetze mit Gefängnißstrafe bis zu sechs Wochen oder mit Geldbuße bis zu fünfzig Thalern bedrohen“.

Abgesehen vom Fehlen einer konkreten Gefährdungslage für Leib und Leben oder Eigentum, wie sie heute in §§ 315b, 315c StGB vorausgesetzt ist, zeigt diese als Gefährdungstatbestand ausgestaltete Übertretungsvorschrift erste Ansätze einer *abstrakten* Verkehrsgefährdung durch fehlerhaftes Verhalten *im* Straßenverkehr (vgl. § 315c StGB) sowie das „Einwirken" auf den Verkehr von *außen* durch Hindernisbereiten (vgl. § 315b StGB). Freilich zeigt die niedrige Einordnung der Vorschrift (nur) als Übertretung nach § 1 S. 3 preuß. StGB, dass der damalige Straßenverkehr im Vergleich zu anderen Verkehrsträgern (Eisenbahnverkehr und Schifffahrt) hinsichtlich der Gefahrenpotentiale noch nachrangige Bedeutung hatte. Für den Gesetzgeber bestand noch kein „dringendes" Bedürfnis, nachdrücklich mit den Mitteln des Strafrechts einzugreifen. Dennoch wird die schon oben ausgeführte zweispurige Schutzrichtung im Verkehrsstrafrecht (Substanzschutz und der Schutz vor dem Verkehr) bestätigt und weitergeführt.

d. Das bayerische Strafgesetzbuch (1861)

Das bayerische Strafgesetzbuch von 1861 hat dieses preußische Spezialrecht aufgegriffen und durch den intensiven Schutz der betroffenen Interessen erweitert. Denn die Strafdrohung des Art. 356 richtete sich nicht nur gegen die Gefährdung des Eisenbahntransports, sondern auch gegen Störungen des Eisenbahnbetriebs als solchen, durch dessen Störung öffentliche und private Interessen verschiedener Art beeinträchtigt werden können, ohne dass die Tat jenen Charakter einer Transportgefährdung (s. Art. 357) hat.[24]

Art. 356

Wer widerrechtlich die Möglichkeit der Benutzung einer zum öffentlichen Gebrauche bestimmten Eisenbahn aufhebt oder beschränkt oder einen Transport auf derselben ganz oder teilweise verhindert, soll mit Gefängniß nicht unter drei Monaten bestraft werden, womit Geldstrafe bis zu fünfhundert Gulden verbunden werden kann. Der Versuch dieses Vergehens ist strafbar.

Art. 357

Wer an Eisenbahnen, deren Transportmitteln oder anderem Zubehör solche Beschädigungen verübt oder durch Aufstellen, Hinlegen oder Hinwerfen von Gegenständen auf die Fahrbahn, durch Verrücken von Schienen, durch falsche Zeichen oder Signale oder auf andere Weise solche Hindernisse oder Störungen bereitet, daß dadurch der Transport auf der Bahn in Gefahr gesetzt wird, ist mit Zuchthaus bis zu zwölf Jahren zu bestrafen.

Hat in Folge der That ein Mensch das Leben verloren oder eine der in Art. 239 Abs. 1 bezeichneten Beschädigungen erlitten, so ist auf Zuchthaus nicht unter zwölf Jahren zu erkennen.

---

24 So *v. Ullmann*, in: *Vergleichende Darstellung*, S. 85.

Damit ist Art. 356 ein (subsidiärer) Auffangtatbestand für diejenigen Fälle, in denen ein In-Gefahr-Setzen nach Art. 357 nicht eintritt. In beiden Vorschriften kommt es nicht darauf an, ob die Bahn tatsächlich benutzt wird oder ein Transport wirklich abgefertigt werden soll. Geschützt ist schon die hypothetisch mögliche Benutzung bzw. der hypothetisch mögliche Transport[25], sodass der Eisenbahnbetrieb unabhängig von stattfindenden Transporten weitreichend geschützt war.

e. Das Strafgesetzbuch für den Norddeutschen Bund (1870)

Auch der Entwurf eines Strafgesetzbuchs für den Norddeutschen Bund vom Juli 1869 verfolgte die Bestrafung wegen vorsätzlicher oder fahrlässiger Transportgefährdung des Eisenbahnverkehrs[26] (§§ 295, 296) als gemeingefährliche Verbrechen und Vergehen weiter. Dieser Entwurf orientierte sich stark am Vorbild des preußischen Strafgesetzbuches, das wiederum auch das bayerische Strafgesetzbuch von 1861 beeinflusst hatte und somit den Beitritt Süddeutschlands zum Norddeutschen Bund erleichterte.[27]

Abweichend vom preußischen Strafgesetzbuch behielt der Norddeutsche Bund aber die Rechtsfolge der *Todesstrafe* für den Fall der vorsätzlichen Gefährdung von Eisenbahntransporten mit der Folge des Todes eines Menschen nicht bei. Vielmehr entschied er sich für die lebenslange Zuchthausstrafe, da die Annahme, dass der in Folge eines vorsätzlich begangenen gemeingefährlichen Verbrechens herbeigeführte Tod eines Menschen stets mit Vorsatz und Überlegung bewirkt sei, eine Fiktion und darum ungerechtfertigt sei.[28] Die schon aus dem preußischen Strafgesetzbuch bekannte (qualifizierte) Sachbeschädigung, § 283, wurde zum Schutz der Sachsubstanz beibehalten. Der Verkehr auf Straßen und Wegen war weiterhin nur von einer Übertretungsvorschrift erfasst, § 352.

Im Gesetzbuch für den Norddeutschen Bund vom 31.05.1870[29] wurde die Transportgefährdung der Eisenbahn, § 315 und § 316, noch um das Geben falscher Zeichen oder Signale erweitert und der Wortlaut leicht variiert. Durch die beschriebene Handlung musste – wie schon im preußischen Recht – der Transport im Ganzen in Gefahr gesetzt werden, nicht bloß einige Güter oder Personen.[30] Die angedrohte

25 *Weis*, S. 266 f. – Trete einer der genannten Erfolge der Art. 356, 357 nicht ein, so kommen die allgemeinen Bestimmungen über Eigentumsbeschädigung in Betracht (S. 265). In Art. 359 war auch das fahrlässige Handeln erfasst.

26 Aber auch der Schiffsverkehr war – wie schon im preußischen Strafgesetzbuch – in den Art. 302–304 bay. StGB strafrechtlichem Schutz unterworfen.

27 Siehe *Hippel*, S. 289 ff. (295, 300, 326 f., 341).

28 *Schubert*, Entwurf eines Strafgesetzbuches für den Norddeutschen Bund, S. 299 f.

29 Abgedruckt in *Blum*, Das Strafgesetzbuch für den Norddeutschen Bund nebst dem Einführungsgesetz, 1870. Zur Reichstagsvorlage vom 14.2.1870 mit anderer abweichender Nummerierung der Vorschriften siehe *Schubert*, Strafgesetzbuch für den Norddeutschen Bund.

30 *Blum*, S. 445 (Anm. 3).

Todesstrafe wurde dem Entwurf folgend kassiert. Die weite Ausdehnung des Schutzbereichs, wie sie sich im bayerischen Strafgesetzbuch von 1861 findet (Art. 356 und Art. 357), wurde in diesem Maße nicht fortgeführt. Vielmehr setzte sich das engere preußische Recht durch.

f. Das Reichsstrafgesetzbuch (1871)

Durch die Reichsgründung am 18.01.1871 musste der Geltungsbereich des Strafgesetzbuches für den Norddeutschen Bund von 1870 ausgeweitet werden. Daher wurde es durch § 2 Abs. 2 des Gesetzes über die Reichsverfassung vom 16.04.1871[31] zum Reichsgesetz erklärt und als Strafgesetzbuch für das Deutsche Reich am 15.05.1871 mit Wirkung zum 01.01.1872 neu verkündet. Inhaltlich hatte sich damit – bis auf redaktionelle Änderungen – nichts geändert. So fand die Transportgefährdung im Eisenbahnverkehr aus dem Gesetzbuch des Norddeutschen Bundes inhaltsgleichen Eingang in das Reichsstrafgesetzbuch.[32] Ab 1953 wird dieses durch das 3. Strafrechtsänderungsgesetz nur noch als Strafgesetzbuch bezeichnet werden.[33]

In den §§ 315, 316 des 27. Abschnitts des Reichsstrafgesetzbuches waren die historisch gewachsenen gemeingefährlichen vorsätzlichen Verbrechen und Vergehen für den Eisenbahnverkehr (zum Schiffsverkehr siehe §§ 321 ff.) wie nachfolgend gefasst. Daneben stand § 305 RStGB als ein qualifiziertes Sachbeschädigungsdelikt. Motiv für den qualifizierten Schutz der Eisenbahn ist dabei deren wichtige Funktion als Kriegsmittel und deren Bedeutung für die Landesverteidigung vor Zerstörungen und der Unbrauchbarmachung zum Vorteil des Feindes.[34]

Sechsundzwanzigster Abschnitt – Sachbeschädigung

[...]

§ 305 RStGB

Wer vorsätzlich und rechtswidrig ein Gebäude, ein Schiff, eine Brücke, einen Damm, eine gebaute Straße, eine Eisenbahn oder ein anderes Bauwerk, welches fremdes Eigenthum sind, ganz oder theilweise zerstört, wird mit Gefängnis nicht unter Einem Monat bestraft.

Der Versuch ist strafbar.

Siebenundzwanzigster Abschnitt – Gemeingefährliche Verbrechen und Vergehen

[...]

§ 315 RStGB

Wer vorsätzlich Eisenbahnanlagen, Beförderungsmittel oder sonstiges Zubehör derselben dergestalt beschädigt, oder auf der Fahrbahn durch falsche Zeichen oder Signale

---

31 RGBl. 1871 I. S. 63.

32 RGBl. 1871 I. S. 186. Zur Normentwicklung des heutigen § 315 StGB siehe LK-*König*, § 315 (Entstehungsgeschichte, I.), *Hippel*, § 18, S. 345.

33 Siehe *Busch*, S. 28.

34 *v. Ullmann*, in: *Vergleichende Darstellung*, S. 85 f.

oder auf andere Weise Hindernisse bereitet, dass dadurch der Transport in Gefahr gesetzt wird, wird mit Zuchthaus bis zu zehn Jahren bestraft.
Ist durch die Handlung eine schwere Körperverletzung verursacht worden, so tritt Zuchthausstrafe nicht unter fünf Jahren und, wenn der Tod eines Menschen verursacht worden ist, Zuchthausstrafe nicht unter zehn Jahren oder lebenslängliche Zuchthausstrafe ein.

§ 316 RStGB

Wer fahrlässigerweise durch eine der vorbenannten Handlungen den Transport auf einer Eisenbahn in Gefahr setzt, wird mit Gefängniß bis zu Einem Jahre und, wenn durch die Handlung der Tod eines Menschen verursacht worden ist, mit Gefängniß von Einem Monat bis zu drei Jahren bestraft.
Gleiche Strafe trifft die zur Leitung der Eisenbahnfahrten und zur Aufsicht über die Bahn und den Beförderungsbetrieb angestellten Personen, wenn sie durch Vernachlässigung der ihnen obliegenden Pflichten einen Transport in Gefahr setzen.

(...)

§ 321 RStGB

Wer vorsätzlich Wasserleitungen, Schleusen, Wehre, Deiche, Dämme oder andere Wasserbauten oder Brücken, Fähren, Wege oder Schutzwehre zerstört oder beschädigt, oder in schiffbaren Strömen, Flüssen oder Kanälen das Fahrwasser stört und durch eine dieser Handlungen Gefahr für das Leben oder die Gesundheit Anderer herbeiführt, wird mit Gefängniß nicht unter drei Monaten bestraft.
Ist durch eine dieser Handlungen eine schwere Körperverletzung verursacht worden, so tritt Zuchthausstrafe bis zu fünf Jahren und, wenn der Tod eines anderen Menschen verursacht worden ist, Zuchthausstrafe nicht unter fünf Jahren ein.

(...)

§ 326 RStGB

Ist eine der in den §§. 321. bis 324. bezeichneten Handlungen aus Fahrlässigkeit begangen worden, so ist, wenn durch die Handlung ein Schaden verursacht worden ist, auf Gefängniß bis zu Einem Jahre und, wenn der Tod eines Menschen verursacht worden ist, auf Gefängniß von Einem Monat bis zu drei Jahren zu erkennen.

Durch die Vorschriften betreffend die Gefährdung des Eisenbahn*betriebs*[35] sollen das Leben, die Körperintegrität und das Eigentum gegen Gefährdungen durch den

---

35 Auch wenn das Gesetz von der Gefährdung des/eines Transports spricht, so geht es insgesamt doch um die Sicherstellung des ganzen Betriebs. Insofern ist „Transport" die ungenaue Bezeichnung für den Betrieb; die Tathandlung ist demnach die Gefährdung des Betriebs einer Eisenbahn, vgl. *Binding*, § 215, S. 39 m.w.N. Richtigerweise ist daher von einer Betriebsgefährdung zu sprechen, siehe auch *v. Liszt*, § 150, S. 713. Der Begriff des Transports hat damit einen doppelten Sinn: Er bezeichnet nicht nur das, was überführt oder übergeführt wird, sondern auch die Tätigkeit des Überführens selbst, also den Überführungsbetrieb. Das Gesetz legt sich nicht auf eine Deutung des Begriffs fest, sodass danach die Gefährdung eines konkreten Transports wie auch

Transport geschützt werden.[36] Der Gesetzgeber berücksichtige mit den betreffenden Angriffshandlungen (Beschädigung usw.) die praktischen Beziehungen, in welche der Eisenbahnbetrieb zu jenen Gütern treten kann. Denn aufgrund der technischen Beschaffenheit des Verkehrsmittels Eisenbahn könne es zu Gefährdungen gerade dieser Güter kommen. Im Gegensatz zu anderen Verkehrsmitteln stelle die Gefahr durch den Angriff auf die Eisenbahn eine „viel dringendere und schwer zu vermeidende" dar. Die herbeigeführten Verletzungen seien viel umfangreicher, was auf die Eigenarten der jeweils bewegenden Kraft (Dampf, Elektrizität etc.) als auch auf die Art und Weise des Betriebs, also auf dessen Schnelligkeit, Größe und Wucht zurückgeführt werden könne. Im Gegensatz zur qualifizierten Sachbeschädigung an der Eisenbahn nach § 305 RStGB, bei welcher der verletzende Charakter der Handlung entscheidet, rechtfertige der Gesichtspunkt der Herbeiführung von gemeiner Gefahr für Menschenleben, Körperintegrität und Eigentum durch die Beschädigung von Eisenbahnanlagen, durch welche der Transport (Personen, Sachen, Fahrmittel und Fahrpersonal) in Gefahr gesetzt werde, eine schwere Strafe.[37]

Zum Schutz des Verkehrs auf Landwegen blieb es neben dem Substanzschutz nach § 305 RStGB („gebaute Straßen") und § 321 RStGB („Wege") bei den schon aus dem preußischen Strafgesetzbuch bekannten Übertretungen; nun in erweiterter Form geregelt in §§ 366, 367 RStGB.

§ 366 RStGB

Mit Geldstrafe bis zu zwanzig Thalern oder mit Haft bis zu vierzehn Tagen wird bestraft: [...]

2. wer in Städten oder Dörfern übermäßig schnell fährt oder reitet, oder auf öffentlichen Straßen oder Plätzen der Städte oder Dörfer mit gemeiner Gefahr Pferde einfährt oder zureitet;

3. wer auf öffentlichen Wegen, Straßen oder Plätzen das Vorbeifahren Anderer muthwillig verhindert; ...

9. wer auf öffentlichen Wegen, Straßen oder Plätzen Gegenstände, durch welche der freie Verkehr gehindert wird, aufstellt, hinlegt oder liegen läßt;

10. wer die zur Erhaltung der Sicherheit, Bequemlichkeit, Reinlichkeit und Ruhe auf den öffentlichen Wegen, Straßen und Plätzen erlassenen Polizeiverordnungen übertritt.

§ 367 RStGB

Mit Geldstrafe bis zu fünfzig Thalern oder mit Haft wird bestraft: [...]

12. wer auf öffentlichen Straßen, Wegen oder Plätzen, auf Höfen, in Häusern und überhaupt an Orten, an welchen Menschen verkehren, Brunnen, Keller, Gruben, Oeff-

---

die Gefährdung des Betriebs erfasst ist, wobei letztere eben auch dann gegeben ist, wenn ein nur möglicherweise fahrender Transport gefährdet sein würde, vgl. *Frank*, § 315, S. 731. Siehe auch *Olshausen*, § 315, Rn. 7; RGSt 30, 178 (179).

36 Daneben bleibt es wohl aber auch beim Schutz der im preußischen Recht genannten überindividuellen Interessen (Landesverteidigung), da das preußische Recht ja fortgeführt wurde.

37 So *v. Ullmann*, in: *Vergleichende Darstellung*, S. 86 f.

nungen oder Abhänge dergestalt unverdeckt oder unverwahrt läßt, daß daraus Gefahr für Andere entstehen kann; […]

g. *Zwischenfazit*

Festzuhalten bleibt zunächst, dass seit dem Allgemeinen Preußischen Landrecht der vermehrt aufkommende Verkehr – abhängig von den sich jeweils unterschiedlich entwickelnden Verkehrsträgern – abgestuften strafrechtlichen Regelungen unterworfen wurde, indem die Strafvorschrift je nach Schwere der Gefährdung als Verbrechen oder Vergehen oder gar nur als Übertretung eingeordnet wurde.

Am umfangreichsten erfuhr dabei zunächst der Eisenbahnverkehr – diesem folgend auch schon der Schiffsverkehr – im Vergehens- und Verbrechensbereich eine gesetzliche Normierung. Der Verkehr in Dörfern und Städten auf Straßen und Wegen wurde hingegen – aufgrund der noch relativ geringen Gefährlichkeit – im milderen Bereich der Übertretungen geregelt. Andererseits zeigt sich aber auch, dass der Gesetzgeber hinsichtlich der getroffenen Rechtsfolgen (mögliche Todesstrafe) ein (zu) hartes und daher korrekturbedürftiges Maß anlegte.

Der Straßenverkehr wurde wie schon zuvor verschiedenartig geschützt: Die Sachbeschädigungsdelikte als Vergehen bezweckten die Sicherstellung des Verkehrs, indem der Straßenkörper selbst unter strafrechtlichem Schutz stand. Abgemildert durch die Form der Übertretungen wurde dem Fehlverhalten der Verkehrsteilnehmer entgegengewirkt.[38] Die Übertretung durch das Bereiten von Hindernissen, durch die der freie Verkehr gehindert wird, schützte diesen zudem vor Einwirkungen von „außen“ bzw. durch Außenstehende. Allerdings scheint nach dem Wortlaut hier der *[hindernis-]freie* Verkehr als Ergänzung zum freien Verkehr auf einem integren Verkehrsträger der dahinter stehende Schutzgedanke gewesen zu sein; nicht dagegen die Verkehrssicherheit zum Schutze der Verkehrsteilnehmer.

An der Regelung zur Gefährdung des Eisenbahnbetriebs zeigt sich, dass die Eisenbahn große Bedeutung für die Interessen der Gesamtheit, des Einzelnen und für den nationalen sowie internationalen Verkehr hat. Da die Gefährdung einzelner Personen oder Sachen zur Strafbarkeit nicht ausreicht, sondern dazu der Transport als solcher in Gefahr gesetzt werden muss, wird der Einzelne mit seinen Rechtsgütern allenfalls mittelbar geschützt. Im Vordergrund steht vielmehr der Betrieb der Eisenbahn, „der als eine besondere Art des modernen öffentlichen Verkehrs nach seiner ganzen Einrichtung und bei der Gewalt der bewegenden Kraft einen besonderen Schutz erfordert“.[39] Betroffenes Rechtsgut ist daher der öffentliche Verkehr bzw. der Eisenbahnverkehr, allgemeiner formuliert: die „Sicherheit des Verkehrs“.[40]

---

38 *Asholt*, S. 12, der darauf abstellt, dass es primär noch um den Schutz *vor* dem Verkehr durch zu schnelles Fahren ging.

39 RGSt 30, 178 (179).

40 In systematischer Hinsicht waren andere Länder hinsichtlich des Schutzguts deutlicher, indem sie die Gefährdung der Eisenbahn in eine besondere Gruppe einstellten,

Dennoch wurden in der Rechtslehre meist Leib, Leben und Eigentum als die angegriffenen *Rechtsgüter* bezeichnet. Nach *Binding*[41] etwa sei der Begriff der Gemeingefahr im 19. Jahrhundert auf eine Gefahr für Leben, Gesundheit und Eigentum beschränkt worden. Die Gruppe der gemeingefährlichen Delikte könne damit eine systematische Selbständigkeit nicht für sich beanspruchen, sondern ergänze nur die großen Gruppen der Verbrechen gegen die Person und das Vermögen.

Ein solches Rechtsgutsverständnis stieß aber bereits damals auf Widerspruch: Denn bei den gemeingefährlichen Delikten – und insbesondere hier bei den Verkehrsdelikten – erscheine mehr als bei den Delikten gegen Leib, Leben und Eigentum die Gesellschaft als solche in ihren wirtschaftlichen wie in ihren ideellen Interessen mitbeteiligt. Es gehe um „eine Reihe von weiteren Rechtsgütern, deren Bestand oder Gedeihen von der Sicherheit des Verkehrs abhängig ist". Dies hänge nicht nur mit der Größe und der Unbestimmtheit der Gefahr, sondern auch mit den mannigfachen indirekten Folgen von Verkehrsstörungen zusammen. Dies sei mitbestimmend für die Bezeichnung als gemeingefährliches Delikt mit erhöhter Strafe.[42]

Erklärt man also die Sicherheit des Eisenbahnverkehrs wegen seiner herausragenden Bedeutung zum Schutzgut, so stehen Leben, Leib und Eigentum zwar als Güter in praktischer Beziehung zur Transportgefährdung. Doch diese Güter fungieren lediglich als Objekte der durch die Angriffshandlung hervorgerufenen Gefährdung (= Gefährdungsobjekte), an denen sich das Ausmaß einer geschaffenen Gemeingefahr konkretisiert.[43]

Dass mit den Vorschriften zum Schutz des Eisenbahnverkehrs nicht auf einen Individualrechtsgüterschutz abgestellt wurde, ist dabei dem neuen Gesellschaftsverständnis geschuldet. Denn die gewandelte soziale Struktur und die zunehmende Industrialisierung formen die Gesellschaft zu einem Kollektiv, dem ein Wert an sich zuzumessen ist: „Der Mensch im Recht ist ... nicht mehr Robinson oder Adam, nicht mehr das isolierte Individuum, sondern der Kollektivmensch."[44] Es ist der soziale Typ bzw. der gesellschaftliche Mensch, dem das Recht nunmehr die Aufmerksamkeit schenkt. Mit der Auffassung vom Menschen in der Gesellschaft, im Kollektiv, lässt sich damit auch die systematische Einordung der gemeingefährlichen Delikte neben die Delikte gegen eine *bestimmte* Person rechtfertigen.[45]

---

nämlich in die Verbrechen gegen die *Sicherheit des Personen-, Güter- und Nachrichtenverkehrs* (Schweiz) oder *die Verbrechen gegen die Sicherheit der Beförderungs- oder Verkehrsmittel* (Italien). Gerade die Schweiz bekannte sich zu dem Schutzobjekt „Eisenbahnverkehr", hierzu *v. Ullmann*, in: *Vergleichende Darstellung*, S. 87, 90.

41 *Binding*, Besonderer Teil II/1, S. 2, 35 f.

42 *Kitzinger*, in: *Vergleichende Darstellung*, S. 8 mit Einzelnachweisen.

43 Zur Unterscheidung von Rechtsgut und Rechtsgutsobjekt (hier Gefährdungsobjekt) siehe unter C.I.4.

44 Vgl. hierzu *Oehler*, S. 178 f. mit einem Zitat von *Radbruch*.

45 Vgl. *Oehler*, S. 196 f.

Das vorgestellte verallgemeinerte Schutzinteresse (besondere Gefahrenlage und Bedeutung des Verkehrsträgers) kann für den noch weniger stark ausgeprägten Straßenverkehr zwar nicht in gleicher Weise fruchtbar gemacht werden. Doch lässt sich damit im Umkehrschluss im Hinblick auf das geringere Allgemeininteresse an einem (hindernis-)freien Straßenverkehr das niedrigere Schutzbedürfnis auf Übertretungsebene erklären.

Die eigenständige Gruppe der gemeingefährlichen Delikte setzte sich über die Gesetzgebung in den Partikularstaaten – wenn auch mit unterschiedlicher Ausprägung – durch. Insbesondere nach dem Vorbild des späteren preußischen Rechts fanden die gemeingefährlichen Delikte sodann Eingang in das Reichsstrafgesetzbuch.[46] Nach den Motiven sind als strafbare Handlungen dieser Art diejenigen aufgeführt, mit deren Begehung die Wahrscheinlichkeit einer allgemeinen Gefahr für Menschen oder Sachen gegeben ist.[47] Dabei bestand jedoch die Schwierigkeit, die „mannigfachen und mannigfach formulierten Tatbestände unter einheitliche Gesichtspunkte zu bringen, sei es durch die Feststellung gemeinsamer Tatbestandsmerkmale oder auch nur durch Aufdeckung einer inneren Wesensgemeinschaft".[48] So wurde der Begriff der Gemeingefahr kontrovers diskutiert:[49]

Einerseits sollte die Gefährdung eines unbestimmt großen Personen- oder Sachkreises, also eine Gefahr in unbestimmtem Umfang über das Vorliegen einer Gemeingefahr entscheiden. Andererseits wurde nicht auf die Unbestimmtheit des Umfangs der Gefahr abgestellt, sondern auf die Unbestimmtheit des Objekts. Gefordert wurde daher eine Gefahr nicht für unbestimmt viele, sondern eine Gefahr für unbestimmte Personen oder Sachen, sodass auch eine Gefahr für ein einzelnes oder eine bestimmte Mehrheit von Objekten genügt, wenn diese nicht individuell bestimmt sind (Gefahr für beliebige Person oder Sache). Beide Gefahrbegriffe wurden auch miteinander verbunden. Da das Gesetz selbst in den Einzeltatbeständen weder eine Gefahr in dem einen noch in dem anderen Sinn fordert, wurde die abstrakte Gemeingefahr nicht als ein gemeinsames Tatbestandsmerkmal verstanden, sondern als ein die Gruppe der gemeingefährlichen Delikte allenfalls innerlich zusammenhaltendes gesetzgeberisches Motiv. Bei den einzelnen Delikten entschied dann der jeweilige Sondertatbestand über die Bedeutung in die eine oder andere Richtung. Der Hinweis auf die Theorien zeigt aber, dass der „Begriff der Gemeingefahr sich nur äußerst schwer fassen lässt" und „als in sich unbestimmt einer exakten Formulierung geradezu spottet" und den Gesetzgeber vor eine schwer zu lösende Aufgabe stellte.

---

46 *Kitzinger*, in: *Vergleichende Darstellung*, S. 2 f.

47 *Kitzinger*, in: *Vergleichende Darstellung*, S. 4.

48 *Kitzinger*, in: *Vergleichende Darstellung*, S. 5.

49 Zur folgenden zusammenfassenden kontroversen Bestimmung der Gemeingefahr siehe *Kitzinger*, in: *Vergleichende Darstellung*, S. 5 ff. m.w.N. und dem angegebenen Zitat auf S. 8.

2. Die Strafrechtsreform während des deutschen Kaiserreiches

Diese Regelungen des Reichsstrafgesetzbuches[50] waren nun Ausgangspunkt für die Reform des Strafgesetzbuchs. In der Zeit des Deutschen Reichs gab es zahlreiche Entwürfe[51] zu einem neuen Strafgesetzbuch, in denen auch die Verkehrsdelikte überdacht und überarbeitet wurden.

a. Der sog. Schulenstreit als Auslöser der Reformbewegung

Ausgelöst wurde das Reformbestreben etwa ein Jahrzehnt nach dem Inkrafttreten des Reichsstrafgesetzbuchs vom 15.05.1871. Angeschoben wurde die deutsche Reformbewegung durch *Franz v. Liszt* im Jahre 1882 und dem *sog. Schulenstreit* um den straftheoretischen Ansatz eines Strafgesetzbuchs. Auf der einen Seite stand die sog. klassische Schule mit dem alleinigen Strafzweck der Vergeltung. Demgegenüber verfolgte die sog. moderne Schule präventive Strafzwecke.[52]

b. Das Automobil als Fremdling im Straßenverkehr

Neben diesen Grundsatzfragen warfen aber auch veränderte Lebensbedingungen neue Probleme auf: Durch die fortschreitende technische Entwicklung im Kaiserreich nehmen der Kraftfahrzeugbestand (vor allem in Städten) und die Fahrzeugdichte zu. Durch den zusätzlichen ungewohnten Umgang mit dem Automobil,

---

50 Dieses ging im Kern auf das durch in langjähriger sorgsamer Arbeit geschaffene Preußische Strafgesetzbuch von 1851 zurück und war damit ein Werk, durch das zwar die Einheit des Strafrechts in Deutschland gewonnen worden ist, das aber andererseits jedoch mehr eine vorausgegangene Entwicklung bedeutungsvoll abschloss als dass es eine künftige Entwicklung eröffnete, so in der Begründung zu E 1960, Einleitung, A. I., S. 89. – „Inhaltlich steht das Reichsstrafgesetzbuch von 1871 im Banne der Gedanken, die in der Strafrechtswissenschaft durch die geistige Bewegung der Aufklärung nach fast ein Jahrhundert währenden Ringen zur Herrschaft gelangt waren; es ist ein Kind der Zeit, die stolz darauf war, mit der Willkür und der Grausamkeit der Strafjustiz, die aus dem Mittelalter überkommen war, endgültig aufgeräumt und die Strafrechtspflege in die lichteren Höhen der Gerechtigkeit und der Menschlichkeit erhoben zu haben." Doch etwa ein Jahrzehnt später war der Kampf um die Aufgaben des Strafrechts neu entbrannt, wesentlich verursacht durch die jähe Verschiebung der Lebensverhältnisse und das Vordringen des sozialen Gedankens, siehe hierzu die Begründung des Entwurfs von 1927, Materialien zur Strafrechtsreform, Band 4, Begründung S. 1.

51 Überblicksartig zu den relevanten Entwürfen zur Strafrechtsreform siehe z.B. die Begründung des E 1960, Einleitung, A. I., S. 89 f.

52 Siehe *Hippel*, § 18, S. 358 – Der *Schulenstreit* um den Rechtsgrund und den Zweck der Strafe wird hier nicht weiter verfolgt bzw. vertieft. Es wird lediglich angedeutet, dass der Gesetzgeber sich im Hinblick auf die Reformierung des Strafrechts mit neuen wissenschaftlichen Ansichten auseinandersetzen musste. Im Vordergrund steht hier allein die Entwicklung der Straßenverkehrsdelikte.

dessen Geschwindigkeit und Gewicht bei der sich verändernden Art der Straßennutzung und insbesondere durch unvorsichtiges oder gar rücksichtsloses Verhalten[53] steigen die Unfallzahlen an. So rückt das Kraftfahrzeug mit seinem wachsenden Gefahrenpotential näher in das Blickfeld des Gesetzgebers.

Das Automobil wurde in seinen frühen Jahren noch als „Eindringling" in den Verkehrsraum „Straße" empfunden, an den sich die übrigen Verkehrsteilnehmer noch nicht gewöhnt hatten. Denn mit dem Automobil wandelte sich die Straße vom Ort des alltäglichen Lebens zu einem solchen der Fortbewegung.[54] Die Bevölkerung reagierte hierauf ablehnend und äußerte dies in Protesten aus Neid, in genereller Fortschrittsfeindlichkeit gegenüber der Urbanisierung und Technisierung und in der Sorge sowohl um die Gefährlichkeit des Automobils als auch um die eigene Position im Wirtschaftssystem, welche diejenigen ohne Zugang zum Automobil gefährdet sahen. Durch verdeckte Kontrollen, vermehrte Anzeigen begangener Übertretungen und durch gewaltsame Aktionen wie das Steinewerfen, das Spannen von Drahtseilen in der Dunkelheit und das Streuen von Nägeln auf die Straße wurde diese ablehnende Haltung offenbart. Aber auch Behörden reagierten mit Verboten und Einschränkungen wie Sperrungen von Straßen für den motorisierten Verkehr sowie mit Pflasterzöllen. So war mit der Jahrhundertwende eine Diskussion über ein Gesetz zur Regelung des Verkehrs mit Kraftfahrzeugen entbrannt.[55] Beispielsweise äußerte sich der Abgeordnete *v. Maltzan*[56] im Jahre 1902 im Deutschen Reichstag dahingehend, dass es einer reichseinheitlichen Regelung des Verkehrs mit Automobilen bedürfe. Diese war jedoch mit dem Ruf nach einer Haftungsregelung vergleichbar dem Eisenbahnverkehr im Schwerpunkt zivilrechtlicher Natur.[57] Durch die Schaffung solcher Regelungen versprach sich *v. Maltzan*, dass die Automobil-

---

53 So bewegten sich insbesondere die sog. „Herrenfahrer" besonders unvorsichtig und rücksichtslos im Straßenverkehr; siehe zum (sportlichen) Überfahren von Hunden und Kleinvieh, *Fraunholz*, S. 55, zur Skepsis der Landbevölkerung, S. 57.

54 Siehe hierzu ausführlicher *Asholt*, S. 15–21 jeweils m.w.N. Zur Wirkung der Motorisierung auf die Verkehrssicherheit siehe auch *Fraunholz*, S. 63, auch unter dem Hinweis auf die Disziplinlosigkeit und das Fehlverhalten der Fußgänger (S. 62) mit der Folge, dass die Anerkennung der Vorrangstellung des Autos... erst „im Zuge eines Zivilisationsprozesses" habe erlernt werden müssen.

55 Ausführliche Darstellung bei *Asholt*, S. 23–27 m.w.N.

56 Stenographische Berichte, 10. Legislaturperiode, II. Session, 1900/1902, 5. Band, 140. Sitzung, 11.2.1902, S. 4097 f.

57 Zwar wurden Bestimmungen über Geschwindigkeitsregelung in bewohnten Ortschaften, über die Begegnung mit Fuhrwerken und die Auferlegung eines Befähigungsnachweises gefordert; im Vordergrund stand aber der Ruf nach einer Haftungsregelung für den Fall, dass bei einer Fahrt mit einem Automobil oder einem Fahrrad ein Mensch getötet oder körperlich verletzt wird. Der Fahrer soll für den dadurch entstandenen Schaden in gleicher Weise wie der Unternehmer eines Eisenbahnbetriebes nach dem Reichsgesetz vom 7. Juni 1871 haften, um – hinsichtlich des Beweisrechts – eine Übereinstimmung mit den Grundgedanken des Bürgerlichen Gesetzbuchs zu erreichen. Verwiesen wird dabei auf bereits erlassene Vorschriften

fahrer sehr viel sorgfältiger und vorsichtiger fahren, und die Unfälle sich wesentlich verringern.[58] Der Automobilsport war seiner Ansicht nach nicht zu verurteilen, sondern musste nur in vernünftige gesunde Bahnen zurückgedrängt werden; die Automobilisten durften nicht glauben, dass sie, wie es vielfach der Fall war, ganz allein Herr auf den Straßen sind.[59]

Eine Gleichstellung des Automobilverkehrs mit dem Eisenbahnverkehr in Haftungsfragen schien aber zweifelhaft, da sich letzterer als Massenverkehr vom noch vereinzelten Automobil wesentlich unterschied, was eine identische strafrechtliche Schutzweite nicht rechtfertigte.[60] Das Automobil war schlicht noch nicht als *allgemeines* Verkehrsmittel anerkannt, sondern bewegte sich neben der teils gewerbsmäßigen Nutzung doch als Mittel des Sports[61] als „Fremdling“ im Straßenverkehr.

c. Haftungsrechtliche Überlegungen und Reaktionen

Dennoch wurde die Bedeutung des Automobils nicht verkannt: So wurde auf dem 26. Deutschen Juristentag von 1902 die Frage zur Ausdehnung der Haftpflicht auf Kraftfahrzeuge näher diskutiert. In seinem dazu erstellten Gutachten führt *Hilse*[62] an, dass das Kraftfahrzeug als wirtschaftlicher Fortschritt von Bestand sein werde, doch bestehe die Notwendigkeit, die Gefahren und Nachteile durch das Einbürgern der Kraftfahrzeuge und die üblichen Verkehrsmittel nach Grund und Wirkung zu beobachten und danach gesetzgeberisch einzugreifen. Gegenmaßregeln zum *Schutz der Verkehrssicherheit* dürften nicht aus der falschen Besorgnis unterbleiben, die künftige Entwicklung der Kraftfahrzeuge zurückzuhalten

im Postgesetz von 28.10.1871 sowie die Regelungen im Reichsgesetz vom 7.6.1871 zum Eisenbahnbetrieb.

58 Dabei verweist er, S. 4098 (B), auf die Radfahrer. Denn auch im Radfahrer*sport* sei die Rücksichtslosigkeit der Radfahrer beklagt worden. Die Beschwerden hätten wesentlich aufgehört, als man sich entschied, Bestimmungen darüber zu erlassen, wie sich Radfahrer zu benehmen hätten, und indem Räder mit Nummern versehen worden seien.

59 *v. Maltzan*, Stenographische Berichte, 10. Legislaturperiode, II. Session, 1900/1902, 5. Band, 140. Sitzung, 11.2.1902, S. 4098 (B).

60 Hinsichtlich einer Gleichstellung der Haftung des Automobilfahrers mit den Eisenbahnen wurde schon auf dem 26. Juristentag (1902) darauf hingewiesen, dass es dann im Gegenzug für den Kraftfahrzeugverkehr den gleichen Schutz geben, also auch der Kraftfahrzeugverkehr vor Gefährdungen unter strafrechtlichen Schutz gestellt werden müsse. Dabei stellt sich die Frage nach der Vergleichbarkeit dieser beiden Verkehrsarten. Herausgestellt wurde der Unterschied, dass es sich beim Kraftfahrzeugverkehr [noch] nicht um einen Massenverkehr handele – hierzu *Vossen*, Verhandlungen des 26. Deutschen Juristentages, Band 3, S. 179.

61 Zur ablehnenden Haltung siehe z.B. *Korn*, Verhandlungen des 26. Deutschen Juristentages, Band 3, S. 191.

62 *Hilse*, Verhandlungen des 26. Deutschen Juristentages, Band 1, S. 27–35. Im Anschluss (S. 35–56) folgt die Beurteilung der Notwendigkeit einer Haftpflichtregelung.

und der Verbreitung des neuen Beförderungsmittels Schwierigkeiten zu bereiten. Aufgrund der Wirkungen der Unfälle und zu erwartenden steigenden Unfallgefahren sei man aber bestrebt, die wirtschaftlichen Nachteile bei Schädigungen insbesondere der am Verkehr mit Automobilen nicht Beteiligten durch eine Haftpflicht auszugleichen.

Der Inhalt dieser Haftpflicht wird hier nicht näher vertieft. Verdeutlicht werden soll an dieser Stelle nur, wie das Automobil durch die von ihm gesteigerte Gefahr im Straßenverkehr zu Reaktionen aufforderte, auch wenn die Einstellung gegenüber diesem neuen Verkehrsmittel gespalten war[63] und dieses eine vergleichbare Bedeutung zum Eisenbahnverkehr (als Massenverkehr) noch nicht erreicht hatte.

---

63 So gab es neben den doch verkehrsfreundlichen auch solche Stimmen, die sich dafür einsetzten, das Automobil aus den geschlossenen Ortschaften wegen seiner Gefährlichkeit, Geruchs- und Geräuschbelastung zu verbannen. Beispielhaft erwähnt seien die Ausführungen von *Korn*, Verhandlungen des 26. Deutschen Juristentages, Band 3, S. 190: „[I]ch bin für jede gesetzgeberische Reform, die die Haftung der Automobileigenthümer gegenüber dem bisherigen Rechtszustande verschärft. Prinzipiell stehe ich aber auf dem Standpunkte, daß das Automobil innerhalb der öffentlichen Straßen der geschlossenen Ortschaften überhaupt nichts zu suchen hat, und daß ein Gesetz, welches das Befahren derartiger öffentlicher Straßen innerhalb der Ortschaften direkt bei Strafe verbieten würde, durchaus das Richtige treffen würde. Ich meine, daß sich ein solches Gesetz nicht nur auf eine Statistik der Unfälle zu stützen brauchte, sondern namentlich auch auf andere Unannehmlichkeiten, die durch den Verkehr der Automobile entstehen, insbesondere durch das außerordentlich nervenerschütternde Geräusch, welches durch die Automobile verursacht wird, das stärker ist als das gewöhnlicher Fahrzeuge, und durch die Belästigung der Geruchsnerven, welche durch infernalischen Benzin- und Petroleumgeruch verursacht wird. Gegen äußere Gefahr kann man sich schützen, indem man Straßen aufsucht, die Eisenbahngleise nicht haben; dagegen kann man sich nicht schützen, auch wenn man noch so sehr ruheliebend ist, gegen das Geräusch und den Geruch dieser Kraftfahrzeuge." – Zur Problematik der verschiedenen Belastungen durch Staub, Geruch und Lärm sowie zur Schädigung der Straßen siehe *Fraunholz*, S. 81 ff. Zur spezifischen Gefährlichkeit des Kraftfahrzeuges siehe *Eger*, Verhandlungen des 26. Deutschen Juristentages, Band 3, S. 164 f.: „Die eigenartige und außergewöhnliche Gefährlichkeit der Kraftfahrzeuge besteht im Vergleiche mit durch thierische Kraft bewegten gewöhnlichen Fahrzeugen in der bei weitem größeren Betriebskraft, Schnelligkeit und Schwere, welche Unfälle durch Zusammenstöße und Überfahren häufiger, umfassender und intensiver machen – im Vergleiche mit Eisenbahnen, Klein- und Straßenbahnen in der Unabhängigkeit vom Schienenstrange, welche eine Beschränkung des Laufes auf bestimmte Straßentheile oder gesonderte Bahnkörper ausschließt, und in der in der Regel mangelhaften oder fehlenden Qualifikationen der Führer. Hierzu tritt noch die Möglichkeit einer weit größeren Fahrgeschwindigkeit, nicht nur im Vergleich mit gewöhnlichem Fuhrwerk, sondern auch mit Bahnen, welche an vorgeschriebene, durch Betriebsordnungen, Fahrpläne und Strafbestimmungen genau geregelte Fahrzeiten gebunden sind, ferner die Leichtigkeit des Inbrandgerathens der zur Krafterzeugung im Fahrzeuge befindlichen Stoffe durch Explosion und bei Zusammenstößen."

Der Bundesrat verabschiedete daraufhin am 04.05.1906 die sog. „Grundzüge". In strafrechtlicher Hinsicht regelten diese [in § 28] mit deklaratorischer Wirkung diejenigen Regelverletzungen, die schon als Übertretung nach § 366 Nr. 10 RStGB über Polizeiverordnungen mit gleicher Strafe bedroht waren.

d. Das Kraftfahrzeuggesetz von 1909

Nachdem *v. Maltzan* 1902 die Diskussion über den Kraftfahrzeugverkehr in Gang gesetzt hatte und ein vielschichtiges Meinungsbild entstanden war, wurde zunächst vom Reichsjustizamt im März 1906 ein rein zivilrechtlicher Entwurf vorgelegt. Infolge der Reichstagsauflösung im Dezember 1906 und weil nach dem Erlass der „Grundzüge" einen Rückgang der Unfallzahlen nicht zu beobachten war, wurde schließlich im Oktober 1906 erneut ein Gesetzesentwurf vorgelegt, der zur Verabschiedung des Gesetzes über den Verkehr mit Kraftfahrzeugen vom 03.05.1909[64] („Kraftfahrzeuggesetz") führte.[65]

Im Vorfeld der Verabschiedung dieses Gesetzes brachte neben anderen *Schönaich-Carolath* eine Resolution mit dem Ziel ein, dass Bestimmungen erlassen würden, die geeignet sind, das Leben, die Gesundheit und das Eigentum der Reichseingesessenen vor Unfällen und Schädigungen, die bedingt durch übermäßig schnelles Fahren von Automobilen auf öffentlichen Straßen und Plätzen verursacht werden, in stärkerem Maße zu schützen, als dies bisher der Fall gewesen sei.[66] Zwar war *Schönaich-Carolath*[67] der Auffassung, dass das Automobil eine große Zukunft hat und einen großen oder vielleicht den größten Teil des Personen-, Lasten- und Frachtverkehrs übernehmen wird. Zu berücksichtigen waren seiner Meinung nach auch die Belange der Automobilindustrie, die einer großen Anzahl an Arbeitern [ca. 180 000] Beschäftigung und Broterwerb bietet.[68] Dennoch sieht er „das Publikum seines Lebens nicht mehr sicher" und meint, dass ein „allgemeiner, großer und lebhafter Unwille" über die „außerordentliche Rücksichtslosigkeit besteht, mit der Seitens eines großen Teils der Automobilfahr-

---

64 RGBl. I. S. 437.

65 Zum Zustandekommen und den Diskussionen um den Regelungsgehalt dieses Gesetzes, *Asholt*, S. 28–42 m.w.N.

66 Stenographische Berichte, 11. Legislaturperiode, Aktenstück Nr. 203.

67 Stenographische Berichte, 11. Legislaturperiode, I. Session, 1. Sessionsabschnitt, 1903, 1904 – Band II, 43. Sitzung vom 26.02.1904, S. 1287 (D). Bei der Suche nach Lösungen wurde der Vorschlag einer Begrenzung der zu erreichenden Geschwindigkeit der Automobile kritisch beäugt, mit der Sorge, die Automobilindustrie könnte infolge der Beschränkung Schaden nehmen – *Gröber*, S. 1295 (C) auch die Alternativen aufzeigend; siehe auch *Schönaich-Corolath*, S. 1290.

68 So wird dem Einwand, die Fabrikation der Automobile könne durch eine Änderung der Gesetzgebung notleiden, entgegnet, dass eine Industrie, die nur auf Kosten von Leben und Gesundheit der Nebenmenschen profitieren könnte, nicht zu begrüßen wäre und eine Existenzberechtigung nicht hätte, so *Gröber*, ebd., S. 1294 (B).

zeuge in unserem Deutschen Reiche verfahren" wird und der endlich energisch „ein Ziel" gesetzt werden muss[69]. Daher will *Schönaich-Carolath* die Sicherheit des Publikums – des Fußgängers wie der Fahrenden – in höherem Maße gewährleistet wissen, da nach seinem Empfinden das Automobil auf den Straßen eine Art Herrenrecht beansprucht, das es vielfach missbraucht.[70]

Das schließlich verabschiedete Gesetz über den Verkehr mit Kraftfahrzeugen enthält Verkehrsvorschriften (§§ 1–6), aber auch Regelungen zur Haftpflicht (§§ 7–20) sowie Strafbestimmungen (§§ 21–25) zum Beispiel zur Unfallflucht, dem Fahren ohne Fahrerlaubnis und dem Kennzeichenmissbrauch. Straßenverkehrsdelikte in Richtung der heutigen § 315b und § 315c StGB finden sich noch nicht; die anstehende Revision des Strafrechts sollte nicht vorweggenommen werden.[71] Vielmehr wurde § 21 der Generalklausel der Übertretung in § 366 Nr. 10 RStGB nachempfunden und sah eine ihr gegenüber höhere Strafe vor.

e. *Zwischenfazit*

So bestätigt sich im Zuge der Vorarbeiten zum Kraftfahrzeuggesetz die verbreitete (noch) ablehnende Haltung gegenüber dem Kraftfahrzeug, das zuweilen neben den (anständigen) Gewerbetreibenden als Mittel des Sports exzessiv und rücksichtslos genutzt wurde. Die besonderen Gefahren im Zusammenhang mit dem Betrieb und dem ungewohnten Umgang mit dem Kraftfahrzeug sowie die Geräusch- und Geruchsbelästigung schmälerten die Akzeptanz des Kraftfahrzeugs als neues allgemeines Verkehrsmittel. Da dem Kraftfahrzeug aber enormes Zukunftspotential zugesprochen wurde, sollte die aufstrebende Automobilindustrie durch gesetzliche Regelungen nicht (übermäßig) beeinträchtigt werden. So ist zwar die bestehende und künftige Gefahrenlage des Kraftfahrzeugbetriebs erkannt worden, mit der Folge, dass vehement – wenn auch nicht für weiterreichende (reichseinheitliche) strafrechtliche Konsequenzen hinsichtlich des Verhaltens im Verkehr – auf zivilrechtlicher Seite eine reichseinheitliche Haftungsregelung für Kraftfahrzeuge gefordert und für unerlässlich gehalten wurde.

---

69 Stenographische Berichte, 11. Legislaturperiode, I. Session, 1. Sessionsabschnitt, 1903, 1904 – Band II, 43. Sitzung vom 26.02.1904, S. 1288 (A), (B).

70 Ebd., S. 1288 (B). Kritisiert wird vor allem das Verhalten der „sportsmen" und weniger das der Gewerbetreibenden, vgl. *Gröber*, S. 1294 (B) und (C). Zu diesem äußert sich auch *Müller-Meiningen* dahingehend, dass die gewisse Unpopularität dieser großartigen Erfindung, des Zukunftsvehikels, schwinde, wenn sportliche Exzesse und die großen Belästigungen für das Publikum wegfielen, stenographische Berichte, 11. Legislaturperiode – Band VII, 157. Sitzung vom 07.03.1905, S. 5048 (C).

71 Da die präventiven Polizeivorschriften und die repressiven Kriminalvorschriften dem Geschädigten aber keinen Ersatz gäben, sei die Frage nach der Haftpflichtregelung umso wichtiger, vgl. *Gröber*, Stenographische Berichte, 11. Legislaturperiode, I. Session, 1. Sessionsabschnitt, 1903, 1904 – Band II, 43. Sitzung vom 26.02.1904, S. 1296 (B).

Dabei wird in der Terminologie das Motiv zur gesetzgeberischen Reaktion nicht einheitlich benannt. Während einerseits von Gegenmaßregeln zum Schutze der Verkehrssicherheit und gerade der am Verkehr mit Automobilen nicht Beteiligten gesprochen wurde (Schutz vor dem Verkehr)[72], so ist andererseits von Bestimmungen die Rede, die geeignet sind, das Leben, die Gesundheit und das Eigentum der Reichseingesessenen vor Unfällen mit den Automobilen zu schützen.[73] Wenn dabei aber verallgemeinert vom „Publikum" die Rede ist, das seines Lebens nicht mehr sicher sei, so spricht dies für ein zu schützendes weit gefasstes allgemeines Interesse der Gesellschaft an der Verkehrssicherheit und gegen den engeren Schutz von Individualrechtsgütern.[74]

Festzuhalten ist aber auch, dass das Bedürfnis nach strafrechtlicher Gesetzgebung nicht ignoriert wurde, zumal durch das Kraftfahrzeuggesetz ja bestimmte Strafvorschriften im weiteren Sinne geschaffen wurden. Lediglich der anstehenden Reform des Reichsstrafgesetzbuchs selbst sollte nicht vorgegriffen werden. Eine Intention, welche die Entwicklung des Verkehrsstrafrechts bis über die Mitte des zwanzigsten Jahrhunderts hinaus verzögerte.

f. Der Vorentwurf von 1909

Die eigentliche Reformbewegung des deutschen Strafrechts unter Ausklammerung des Nebenstrafrechts begann mit dem Vorentwurf zu einem Deutschen Strafgesetzbuch von 1909.

(1) Der Vorentwurf als Kompromissentwurf

Dieser nicht amtliche Entwurf einer Sachverständigenkommission zog das zuvor erstellte Sammelwerk „Vergleichende Darstellung des deutschen und ausländischen Strafrechts" von 1906 bis 1909 als wertvolle sowie hauptsächliche Grundlage und Erkenntnisquelle heran, um bei der Reform des Reichsstrafgesetzbuches den Rechtsstand einiger Nachbarländer zu berücksichtigen.[75] Dabei arbeitete die Kommission losgelöst vom Standpunkt einer bestimmten wissenschaftlichen Richtung, bezog im Schulenstreit also keine ausschließliche Stellung, sondern legte vielmehr einen Kompromissentwurf vor. Denn man war der Auffassung, dass der Gesetzgeber alle Strafzwecke[76] zu beachten und entsprechend zu beurteilen hat, inwieweit das bestehende Recht einer Änderung bedarf.[77]

---

72 So im Gutachten von *Hilse*, vgl. zuvor unter c.

73 Vgl. die Auffassung von *Schönaich-Carolath* zuvor unter d.

74 Siehe schon das Zwischenfazit mit einer Befürwortung der Verkehrssicherheit als Schutzgut oben unter B.II.1.g.

75 Begründung des *Vorentwurfs*, Besonderer Teil, Einleitung, S. IV und V.

76 Begründung des *Vorentwurfs*, Besonderer Teil, Einleitung, S. IX. Gemeint sind Vergeltung, Besserung, Schutz der Gesellschaft, General- und Spezialprävention.

77 Begründung des *Vorentwurfs*, Besonderer Teil, Einleitung, S. IX und X.

(2) Verbrechen und Vergehen gegen die Sicherheit des öffentlichen Verkehrs

Im Zweiten Buch zum Schutze der Einrichtungen des Staates regelt der Entwurf in seinem 13. Abschnitt die „Verbrechen und Vergehen gegen die Sicherheit des öffentlichen Verkehrs“; erst im 14. Abschnitt sind die gemeingefährlichen Verbrechen geregelt. Dies aus der Überlegung heraus, dass der 27. Abschnitt des RStGB eine Anzahl von strafbaren (gemeingefährlichen) Handlungen zusammenfasst, doch diese nicht alle untereinander wesensverwandt und auch nicht etwa durch das gemeinsame Merkmal der Gemeingefahr verbunden sind[78], deren Verursachung vielmehr bei der Mehrzahl von ihnen gar nicht gefordert wird. Der innere Grund dieser schon aus dem preußischen Strafgesetzbuch übernommenen Zusammenfassung wird darin gesehen, dass den Handlungen allen eine besondere Gefährlichkeit innewohnt, welche namentlich darin besteht, dass sie häufig einen größeren Kreis von [Rechts-]Gütern, und nicht nur die eines Einzelnen gefährden können.[79] Die Verkehrsdelikte mit einem – neben diesem inneren Grund – speziellen Schutzgedanken (Verkehrssicherheit) wurden systematisch als eigenständige Gruppe einem eigenen Abschnitt unterstellt:

§ 181

Wer vorsätzlich Wasserleitungen, Schleusen, Wehre, Deiche, Dämme oder andere Wasserbauten oder Schutzvorrichtungen gegen Natureingriffe oder Brücken, Straßen, Wege, Fähren, Schutzwehren oder ähnliche dem öffentlichen Verkehr dienende Einrichtungen zerstört oder beschädigt und dadurch Gefahr für Menschenleben oder in bedeutendem Umfange für fremdes Eigentum herbeiführt, wird mit Gefängnis oder Haft, in besonders schweren Fällen (§ 84) mit Zuchthaus bestraft.

Ist die Handlung aus Fahrlässigkeit begangen, so ist die Strafe Gefängnis oder Haft bis zu einem Jahr oder Geldstrafe bis zu dreitausend Mark.

§ 182

Wer, abgesehen von den Fällen des § 181, absichtlich die Sicherheit des öffentlichen Verkehrs auf Straßen, Wegen oder Plätzen stört und dadurch Gefahr für Menschenleben herbeiführt, wird mit Gefängnis, in besonders schweren Fällen (§ 84) mit Zuchthaus bestraft.

§ 183

Wer vorsätzlich die Sicherheit des Betriebs einer Eisenbahn stört und dadurch Gefahr für Menschenleben oder in bedeutendem Umfange für fremdes Eigentum herbeiführt, wird mit Zuchthaus bis zu zehn Jahren, bei mildernden Umständen mit Gefängnis nicht unter drei Monaten bestraft.

In besonders schweren Fällen (§ 84) ist die Strafe Zuchthaus nicht unter fünf Jahren oder lebenslängliches Zuchthaus.

---

78 Dazu schon im Zwischenfazit, oben unter B.II.1.g.

79 Begründung des *Vorentwurfs*, Besonderer Teil, S. 599 f.

Ist die Handlung aus Fahrlässigkeit begangen, so tritt Gefängnis bis zu drei Jahren oder Haft oder Geldstrafe bis zu fünftausend Mark ein.

§ 184

Wer vorsätzlich den Betrieb einer dem öffentlichen Verkehr dienenden Eisenbahn oder der Post oder einer zur öffentlichen Versorgung mit Wasser oder Beleuchtung dienenden Anstalt verhindert, wird mit Gefängnis bis zu drei Jahren oder mit Haft, bei mildernden Umständen mit Geldstrafe bis zu eintausend Mark bestraft.

§ 185 (betreffend Telegraphen-, Fernsprech- oder Rohrpostanlagen)

§ 186

Wer absichtlich die Sicherheit der Schiffahrt stört und dadurch Gefahr für Menschenleben oder in bedeutendem Umfange für fremdes Eigentum herbeiführt, wird mit Zuchthaus bis zu fünf Jahren, bei mildernden Umständen mit Gefängnis nicht unter drei Monaten bestraft.
In besonders schweren Fällen (§ 84) ist die Strafe Zuchthaus nicht unter fünf Jahren oder lebenslängliches Zuchthaus.

§ 84

Soweit besonders schwere Fälle auf die Bestimmung der Art oder der gesetzlichen Grenzen der Strafe von Einfluß sind, ist dies im Gesetz ausdrücklich vorgesehen.
Ein besonders schwerer Fall liegt vor, wenn die rechtswidrigen Folgen der Tat ungewöhnlich bedeutend sind und der verbrecherische Wille des Täters ungewöhnlich stark und verwerflich erscheint.

Übertretungen

§ 307[80]

Mit Geldstrafe bis zu zweihundert Mark oder mit Haft bis zu zwei Monaten wird bestraft: (...)
13. wer die zum Zwecke der Sicherheit, Ordnung, Bequemlichkeit, Reinlichkeit oder Ruhe auf öffentlichen Wegen, Straßen, Plätzen oder Wasserstraßen erlassenen Vorschriften übertritt.

(3) Zum Rechtsgutsverständnis

Motiv dieser Vorschriften des Vorentwurfs war es, die *Sicherheit des Verkehrs* auf den öffentlichen Verkehrswegen, den Landwegen, den Eisenbahnen und den Wasserstraßen sowie den ungestörten Betrieb der großen Verkehrsanstalten nachdrück-

80 Im Gegensatz zu § 366 RStGB findet sich hinsichtlich des Straßenverkehrs in § 307 Nr. 13 nur noch eine um die „Ordnung“ erweiterte Blankettbestimmung. Der Vorentwurf sieht von der bisherigen kasuistischen Regelung ab, denn in polizeilichen Dingen sei der Landesgesetzgebung mit Rücksicht auf die Verschiedenheit von Anschauung und Bedürfnis, je nach Ort und Zeit, möglichst Spielraum zu lassen und nur die Gleichmäßigkeit durch eine einheitliche Strafdrohung zu wahren, siehe Begründung des *Vorentwurfs*, Besonderer Teil, S. 865.

lich zu schützen. Denn die Störung dieser Sicherheit führe schwere Gefahren für Menschenleben und fremdes Eigentum herbei. Zudem beeinträchtige und verletze die Hinderung des Betriebs einer der großen Verkehrsanstalten, insbesondere der Eisenbahn und der Post, vgl. § 184, wichtige und weitreichende Interessen großer Bevölkerungsteile.[81]

Im Übrigen hat der Entwurf an den geschichtlich hergebrachten gemeingefährlichen Delikten festgehalten. Unter Gefahr versteht der Entwurf dabei einen Zustand, der die ernste und naheliegende Besorgnis eines Schadens begründet. Dabei muss die Gefahr für Menschenleben oder in bedeutendem Umfang für fremdes Eigentum herbeigeführt sein, wobei eine Lebensgefahr für nur einen Menschen genügt; nur bei der Eigentumsgefahr (für verschiedene Eigentümer) wird ein größerer Umfang verlangt. Von einer Gemeingefahr wurde aber absichtlich nicht gesprochen, da dies nach den Verfassern ein noch nicht fest bestimmter und begrenzter Begriff ist.[82]

Im Hinblick auf das zu schützende Rechtsgut ist festzuhalten: Orientiert an der „Vergleichenden Darstellung“ und den dort beschriebenen Regelungen anderer Länder – die Systematik und Charakterisierung der Eisenbahngefährdung fällt unterschiedlich aus[83] – stellt der Vorentwurf mit seiner Systematik die „Sicherheit des öffentlichen Verkehrs“ als Schutzgut heraus und setzt die Verkehrsdelikte von den gemeingefährlichen Delikten ab.

> So wurde in der „Vergleichenden Darstellung“ zum Schweizer Recht darauf hingewiesen, dass damit eine „sehr weite Auslegung des Gesetzes“ verbunden ist. Denn: „Störungen des Eisenbahnverkehrs im allgemeinen gefährden nicht bloß Leben, Körperintegrität und Eigentum; sie äußern vielmehr auch andere gemeinschädliche Wirkungen durch Störungen des internen und internationalen Verkehrs als solchen.“ Dementsprechend habe der schweizerische Gesetzgeber mit der Überschrift des Abschnitts (Sicherheit des *Personen-*, *Güter-* und Nachrichtenverkehrs) auch kein engeres Verständnis des Verkehrs angestrebt (im Sinn eines Schutzes der beförderten Individuen und Güter), sondern sich für den *öffentlichen Verkehr* als zu schützendes Objekt ausgesprochen.[84]

Für den Vorentwurf lässt sich vermuten, dass er dieser schweizerischen Vorstellung folgt und die Verkehrssicherheit als Rechtsgut anerkennt. Entscheidend ist nämlich eine *Betriebsstörung*, die sich darin zeigt, dass die genannten Objekte in erheblichem Ausmaß in Gefahr geraten.

Bei der Frage nach dem Rechtsgüterschutz ist aber zu beachten, dass nach dem Vorentwurf der umfangreiche Schutzgedanke auf den ungestörten Betrieb der großen Verkehrsanstalten beschränkt ist. Ob dem „schlichten“ Straßenverkehr schon in gleichem Maße ein überindividueller Schutzgedanke zugesprochen werden kann, ist fraglich, handelt es sich doch noch nicht um einen Massenverkehr. Dennoch

---

81 So die Begründung des *Vorentwurfs*, Besonderer Teil, S. 584.
82 Begründung des *Vorentwurfs*, Besonderer Teil, S. 600 f. Zum Streitstand oben B.II.1.g.
83 Vgl. Fn. 40.
84 *v. Ullmann*, in: *Vergleichende Darstellung*, S. 90 f.

ist hier der Grundgedanke eines überindividuellen Rechtsguts der „Sicherheit des Verkehrs“ zu finden, der im Weiteren wieder aufzugreifen ist.

(4) Die Verkehrsdelikte des Vorentwurfs im Überblick

Die Vorschriften der §§ 181 ff. des Vorentwurfs umfassen (erstmals) – bis auf den Luftverkehr – alle allgemeinen Verkehrsmittel. In § 183 wird jedoch die Eisenbahn gegen Störungen ihrer Betriebssicherheit besonderem Schutz unterworfen.[85] Störungen der öffentlichen Verkehrssicherheit auf Land- und Wasserwegen, werden nur bei *absichtlicher* Verursachung unter Strafe gestellt, vgl. §§ 182, 186. Insoweit zeigt sich erneut, wie unterschiedlich die Verkehrsträger an Bedeutung gewinnen und gefährliches Verhalten abhängig vom jeweiligen Schutzinteresse strafrechtlich normiert wird.

(a) § 181 im Vergleich zu §§ 305, 321 StGB

Um Lücken in der bisherigen kasuistischen Aufzählung der §§ 305, 321 RStGB zu schließen, wird der Anwendungsbereich des § 181 in Anlehnung an §§ 305, 321 RStGB auf „Schutzvorrichtungen gegen Naturereignisse“ und „ähnliche dem öffentlichen Verkehr dienende Einrichtungen“ erweitert.[86]

Statt besonders schwere Folgen einer Störung wie bisher gesetzlich zu formulieren, schafft der Entwurf die Regelungsfigur der „besonders schweren Fälle“. Ein solcher liegt nach § 84 Abs. 2 vor, „wenn die rechtswidrigen Folgen der Tat ungewöhnlich bedeutend sind und der verbrecherische Wille des Täters ungewöhnlich stark und verwerflich erscheint“. Eine sachgerechte Praxis soll dadurch gesichert werden, dass die Tat sich an Schwere nur über das Maß des Gewöhnlichen erhebt, wenn sowohl das objektive Merkmal (ungewöhnlich bedeutende rechtswidrige Folgen) als auch das subjektive Merkmal (ungewöhnlich starker und verwerflicher verbrecherischer Wille) der Vorschrift erfüllt ist.[87]

---

85 Begründung des *Vorentwurfs*, Besonderer Teil, S. 584.

86 Begründung des *Vorentwurfs*, Besonderer Teil, S. 585.

87 Begründung des *Vorentwurfs*, Besonderer Teil, S. 586 – Ein besonders schwerer Fall liegt vor, „wenn verwerflicher Wille des Täters und Umfang des angerichteten Schaden in außergewöhnlicher Stärke zusammentreffen, z.B. wenn der Täter in einer nebligen Nacht, an einer gefährlichen Straßenstelle ein Schutzgeländer beseitigt oder eine Brücke durchsägt, damit ein erwarteter Wagentransport und mit diesem eine Anzahl von Menschen verunglücken oder viele Güter verloren gehen.“ Die gesetzliche Regelung über (unbenannte) besonders schwere Fälle ist neu und ersetzt die in den bisherigen Tatbeständen *explizit* aufgeführten schweren Folgen und umfasst darüber hinaus die Intensität und Qualität des verbrecherischen Willens. Dabei stellt nach Ansicht der Kommission die Vorschrift keinen allgemeinen Strafschärfungsgrund nach freiem Ermessen dar, sondern beschränkt sich nach § 84 Abs. 1 des Vorentwurfs auf die nach dem Gesetz ausdrücklich vorgesehenen Fälle, in denen auf eine schwerere Strafe als die sonst im Gesetz angedrohte erkannt werden muss oder erkannt werden kann. Insoweit greift die Kommission auf eine ergänzen-

(b) § 182 als neue Vorschrift für den Straßenverkehr

Zugleich stellt die Kommission fest, dass hinsichtlich der Taten im Straßenverkehr die Strafbestimmungen gegen Mord, schwere Körperverletzung usw. nicht immer anwendbar sind oder ausreichen. Damit macht die Kommission deutlich, dass die allgemeinen Verletzungsdelikte in Fällen, in denen der Verkehr tangiert wird, das begangene Unrecht nicht immer vollständig widerspiegeln (können) und es daher eines zusätzlichen strafrechtlichen Schutzes bedarf.[88]

So wurden in § 181 des Entwurfs nicht nur Lücken geschlossen, sondern in § 182 sollte spezifisch die Störung der öffentlichen Verkehrssicherheit auf Straßen usw. nun eine gesetzliche Fixierung oberhalb der – nicht mehr für ausreichend erachteten – Übertretungen (vgl. § 366 RStGB) erfahren. Damit bestätigt sich, dass auch die Sicherheit des *Straßen*verkehrs (als spezifisches Rechtsgut) an Bedeutung gewinnt. Denn die Kommission erkannte, dass insbesondere im Straßenverkehr Gefährdungslagen denkbar und strafwürdig sind, obwohl diese nicht auf eine in § 181 genannte Beschädigungs- oder Zerstörungshandlung[89] zurückzuführen sind. Daher spricht § 182 nur pauschal, d.h. ohne nähere Bestimmung der Tathandlung, von der (absichtlichen) Störung der Sicherheit des öffentlichen Verkehrs auf Straßen, Wegen oder Plätzen. Dies um eben auch von der Sachsubstanz des Verkehrsträgers losgelöste *gröbliche* Gefährdungen der Verkehrssicherheit strafen zu können.[90] Aus der Begründung tritt hervor, dass die Kommission das verwendete Absichtserfordernis dahingehend versteht und spezifiziert, dass der Täter absichtlich „gröbliche Gefährdungen" durch „rücksichtsloses Verhalten" in „gewissenloser Weise" verursacht. Ähnliche tatbestandliche Einschränkungen finden sich heute in § 315c Abs. 1 Nr. 2 StGB, der hinsichtlich der fehlerhaften Verkehrsteilnahme objektiv ein grob verkehrswidriges und subjektiv ein rücksichtsloses Verhalten fordert. Der Vorentwurf liefert danach schon Ansätze für die heutige Tatbestandsstruktur der Straßenverkehrsgefährdung.

---

de Generalklausel zu den (benannten) „erschwerenden Umständen" zurück, deren Kasuistik oft unzureichend bzw. lückenhaft sei, da es Fälle außerhalb der getroffenen Formulierungen gebe, die doch gleich schwer oder gar schwerer erscheinen (S. 325). Die außerordentliche Strafe wird dadurch bestimmt, dass entweder eine schwerere Strafart angedroht oder das Mindest- und/oder Höchstmaß der Strafe erhöht ist. Um Rechtsunsicherheiten im Interesse des Angeklagten zu vermeiden, liefert § 84 Abs. 2 die angegebene Definition, da die Annahme eines besonders schweren Falles nicht *ausschließlich* dem Richter im einzelnen Fall überlassen werden dürfe, Begründung des *Vorentwurfs*, Besonderer Teil, S. 326.

88 Begründung des *Vorentwurfs*, Besonderer Teil, S. 586.

89 Z.B. ohne Beschädigung des Weges durch Bereitung in der Dunkelheit, durch nicht oder nur schwer wahrnehmbarer Hindernisse, wie durch Ziehen von Drähten, Hinlegen von Balken und dergleichen oder durch Beseitigung oder Änderung von Wegezeichen oder Warnungstafeln, vgl. Begründung des *Vorentwurfs*, Besonderer Teil, S. 586 f.

90 Begründung des *Vorentwurfs*, Besonderer Teil, S. 586–588.

Aus rechtsvergleichender Sicht[91] stellt die Kommission fest, dass auch die ausländische Gesetzgebung (z. B. Norwegen, Italien und die Niederlande) aus den oben genannten Erwägungen heraus dazu veranlasst wurde, die Strafdrohungen gegen gefährdende Handlungen zu vermehren und insbesondere die Zerstörung, Wegnahme oder Beschädigung von Wege- und Warnungszeichen, sowie das Anbringen falscher Zeichen darin aufzunehmen. Dabei kam die Kommission zur Erkenntnis, dass solche Gefährdungen zu berücksichtigen sind, die auf das Verhalten der *Benutzer der Wege selbst* zurückzuführen sind. Erst der Schweizer Entwurf trägt dem Bedürfnis Rechnung, auch gegen die Benutzer der Wege nachdrücklichen Schutz zu gewähren, indem dort der Tatbestand offen formuliert wird. So bestimmt Art. 155 in § 1, dass mit Gefängnis bestraft wird, wer die Sicherheit des öffentlichen Verkehrs... auf Straßen, Wegen oder Plätzen... vorsätzlich so gefährde, dass dadurch das Leben von Menschen in Gefahr kommt.

Orientierend an dieser Vorschrift, formulierte die Kommission die Vorschrift des § 182. Erfasst werden soll ganz allgemein *jede* Gefahr für Menschenleben, die mit einer Störung der Sicherheit des öffentlichen Straßenverkehrs verbunden ist, unabhängig davon, durch welches Mittel die Störung herbeigeführt wird. Dies deshalb, weil nur so ein ausreichender, alle strafwürdigen Fälle treffender nachdrücklicher Schutz des öffentlichen Verkehrs auf den Landwegen erzielt werden kann, der umso notwendiger wird, je mehr zu erwarten ist, dass sich durch die fortschreitende Technik die Schnelligkeit und Gefährlichkeit der Verkehrsmittel auf Landstraßen erhöhen wird.[92] Damit verfolgt die Kommission durch eine generalisierte Tathandlung *objektiv* einen generalpräventiven „Rundumschutz" des Straßenverkehrs. Dieser findet aber auf subjektiver Seite keine Entsprechung. Denn hier wird in doppelter Hinsicht *absichtliches* Handeln verlangt, nämlich sowohl hinsichtlich der Störung der öffentlichen Verkehrssicherheit als auch der Gefährdung von Menschenleben.[93]

Die Kommission hätte, wie schon der Schweizer Gesetzgeber, zwar auch schlicht vorsätzliches Handeln unter Strafe stellen können. Nach dem Entwurf sollten aber „nur die schwersten Ausschreitungen unter Strafe gestellt werden, deren besondere Strafwürdigkeit nicht in Zweifel gezogen werden kann". Die Einschränkung in subjektiver Hinsicht ist dem Umstand geschuldet, dass nach Ansicht der Kommission nach den äußeren Umständen zwischen grober Fahrlässigkeit und einem bloßen Eventualvorsatz schwer zu unterscheiden sein wird. Um eine schwer übersehbare Tragweite und Härte zu vermeiden, hat die Kommission die Strafdrohung auf die

91 Hierzu die Begründung des *Vorentwurfs*, Besonderer Teil, S. 587 f.

92 Näher dazu die Begründung des *Vorentwurfs*, Besonderer Teil, S. 587: Hinsichtlich rücksichtslosen Verhaltens seien die geringfügigen Übertretungsstrafen nicht ausreichend, wenn die herbeigeführte schwere Gefährdung zu einem erheblichen Schaden geführt habe. Dabei hat die Kommission solche Kutscher, Radfahrer und Automobilfahrer im Auge, die mit ihrem Gespann oder ihrer Maschine in gewissenloser Weise durch menschenerfüllte Straßen dahinjagen.

93 So die Begründung des *Vorentwurfs*, Besonderer Teil, S. 587 und 596.

Fälle beschränkt, „in denen der böse Wille des Täters direkt auf die Herbeiführung der Gefahr, deren mögliche Folgen ihm bewußt waren, gerichtet war".[94]

Die Verursachung einer schweren Folge wird auch hier in Form besonders schwerer Fälle nach § 84 des Entwurfs formuliert. Die Annahme eines besonders schweren Falls soll dann geboten sein, „wenn die Absicht des Täters auf Gefährdung oder gar Vernichtung zahlreicher Menschenleben gerichtet war und dieser Erfolg ganz oder zum Teil erreicht ist". Gleichzeitig ist durch die subjektive Einschränkung eine Strafbarkeit durch fahrlässiges Verhalten ausgeschlossen. Die Kommission sieht hierfür aber kein dringendes Bedürfnis, denn diese Fälle sind ihrer Ansicht nach von den allgemeinen Strafbestimmungen ausreichend erfasst. Daneben sind die Übertretungen weiterhin für die Fälle einer nicht feststellbaren Gefährdung anwendbar.[95]

Während der Schutz des Eisenbahnbetriebs hauptsächlich[96] gegen Störungen von außen gerichtet ist, wird im Straßenverkehr schon zwischen vorsätzlichen Eingriffen von außen auf die Straßensubstanz, vgl. § 181, und allen anderen – auch internen, jedoch absichtlichen – Störungen, vgl. § 182, differenziert. Der fortschreitenden Technik, Geschwindigkeit und Gefährlichkeit der Verkehrsmittel auf Landwegen wird dadurch schon früh in (objektiv) größtmöglichem Umfang begegnet.

(c) Auswirkungen für den Schutz des Eisenbahnverkehrs (§ 183)

Die neue Vorschrift zum Schutz des öffentlichen Verkehrs auf Landwegen beeinflusste damit auch die Entwürfe zur Umgestaltung der bisherigen Vorschriften zur Eisenbahngefährdung nach §§ 315, 316 RStGB: In § 183 des Entwurfs wird – wie in § 182 – auf die Aufzählung diverser Handlungen verzichtet. Die Aufzählung war nicht vollständig und in der Praxis auch nicht zweifelsfrei gewesen. Stattdessen

---

94 Begründung des *Vorentwurfs*, Besonderer Teil, S. 587 f.

95 Begründung des *Vorentwurfs*, Besonderer Teil, S. 588. Auch Erfolgsqualifikationen werden nicht mehr ausdifferenziert, sondern der Regelung über besonders schwere Fälle nach § 84 des Entwurfs unterworfen. Doch hat sich die Kommission bewusst dazu entschieden, diesen Mittelweg zwischen zu großer Ungebundenheit und zu großer Beschränkung des Richters zu gehen. „Der Entwurf hat sich in der Formulierung seiner Tatbestände von der Starrheit und Kasuistik in erheblichem Maße losgesagt, seine Bestimmungen elastischer gestaltet und es vorgezogen, dem Richter mehr begriffsmäßige Merkmale und Weisungen zu erteilen, als ihn durch die Bindung an einzelne für die Rechtsanwendung als maßgeblich gedachte Fälle zu beschränken. (...) Der alte wohlbegründete Satz nulla poena sine lege, der unter anderm auch ein Recht der Wissenschaft und die Analogie als Rechtsquelle ausschließt, führt, wenn man von ihm aus folgerichtig weiter denkt, auch zu der Ablehnung großer Dehnbarkeit der Strafgesetze", Begründung des *Vorentwurfs*, Besonderer Teil, Einleitung, S. X. Siehe auch *Lilienthal*, ZStW 30 (1910), 224 (230): Dem Richter dürften die Hände nicht allzu sehr gebunden werden, jedoch werde er durch die angegebenen besonders schweren und leichten Fälle (vgl. §§ 82–84) auf den richtigen Weg geleitet.

96 Denkbar sind auch hier interne Störungen durch fehlerhaftes Verhalten des Beförderungspersonals, vgl. § 316 Abs. 2 RStGB.

wird *jede* die Sicherheit des Betriebs einer Eisenbahn störende Handlung mit Strafe bedroht. Zudem wird der Ausdruck des In-Gefahr-Setzens des „Transports" nicht mehr verwendet. Dies deshalb, weil bei der Auslegung unklar geblieben war, ob es hier um die Gefährdung des Betriebs als solchen oder eines bestimmten Transports ging. Denn das Gesetz sprach in § 315 RStGB von der Gefährdung *des* Transports, in § 316 Abs. 2 RStGB dagegen nur von der Gefährdung *eines* Transports. Der Rechtsprechung folgend sollte aber schon die *Betriebsgefährdung* ausreichend sein. Auf die Gefährdung eines bestimmten Eisenbahnzugs kam es nicht an.[97]

Durch die tatbestandliche Erweiterung auf jede Störung der Sicherheit des Betriebs einer Eisenbahn war aufgrund der schweren Strafdrohung der Tatbestand andererseits wieder einzuschränken, um nicht jede noch so unbedeutende, auf die Störung zurückzuführende Gefährdung zu erfassen. Deshalb war eine Gefährdung von zumindest einem Menschenleben oder fremden Eigentum von bedeutendem Umfang zu verlangen.[98] Dass begrifflich Gefährdungsobjekte, die mit den Verkehrsdelikten in enger Beziehung stehen, in den Wortlaut der Norm aufgenommen werden, dient danach allein dem Zweck, Art und Ausmaß einer vorausgesetzten Gefahr einschränkend zu umreißen. Erst eine Gefahr im vorgesehenen Ausmaß indiziert eine strafbedürftige Störung des Betriebs bzw. der Verkehrssicherheit. Am zugrunde gelegten Schutzgut der Verkehrssicherheit soll sich damit nichts ändern.[99]

(5) Kritik am Vorentwurf

Der Vorentwurf stieß mit der neuen Art der Tatbestandsformulierung auf Widerstand. Es wurde kritisiert, dass der Entwurf zwar versucht, Lücken zu schließen und den gegenwärtigen Bedürfnissen zum Schutz nun auch des Straßenverkehrs vollumfänglich nachzukommen, doch geschieht dies auf Kosten der Bestimmtheit der Tatbestände, wie sie § 2 RStGB verlangt. In § 182 als ergänzende Vorschrift zu § 181 trennt sich die Kommission von der bisherigen kasuistischen Aufzählung und formuliert die Gefährdungstatbestände rein generalklauselartig.[100] Denn die Kommission meint, dass nur ein elastischer Tatbestand geeignet ist, alle möglichen Arten strafwürdiger Verhinderungen, Störungen und Gefährdungen zu fassen, die sich bei der Vielgestaltigkeit und Massenhaftigkeit des neuzeitlichen Verkehrs ergeben können.[101] Die angestrebte elastische Tatbestandsformulierung, mit der dieser allgemeine präventive Zweck der Norm erreicht werden soll, habe aber zur Folge, dass der objektive Tatbestand ohne „Aufzählung der Eventualitäten" völlig „farblos" dargestellt wird; der Vorentwurf sei dennoch ein „geeignetes Beispiel (...), um auf die im geltenden Rechte bestehende Lücke und deren notwendige Beseitigung aufmerk-

97 Begründung des *Vorentwurfs*, Besonderer Teil, S. 589.
98 Begründung des *Vorentwurfs*, Besonderer Teil, S. 589.
99 Vgl. zuvor unter B.II.2.f(3). Zur Unterscheidung zwischen Rechtsgut und Rechtsgutsobjekt (hier Gefährdungsobjekt) siehe unter C.I.4.
100 Zur Kritik etwa *Hartwig*, ZStW 33 (1912), 507 (510).
101 *Preiser*, in: *Aschrott*, Reform des RStGB, S. 216 f.

sam zu machen".[102] Auf der anderen Seite zeige sich aber auch, dass die Kommission die Schutzwehr, die sie auf objektiver Seite der Verkehrsdelikte aufbauen wollte, selbst in erheblicher Weise wieder einschränkt bzw. „mit eigener Hand zerstört", indem sie auf subjektiver Seite in §§ 182 und 186 absichtliches Verhalten fordert.[103] So lasse sich in der Konsequenz aus den Verkehrsdelikten nicht verurteilen, wenn eben diese Absicht, die sich auf Tathandlung als auch auf die Gefährdung beziehen muss, nicht nachweisbar ist. Denn gerade die Tatsache, dass ein Automobilist die Gefährdung von Menschenleben als Erfolg i.S.v. § 59 Abs. 3[104] angestrebt hat, werde kaum jemals anzunehmen und so gut wie nie nachzuweisen sein.[105]

---

102 So *Hartwig*, ZStW 33 (1912), 507 (510).

103 Hierzu *Preiser*, in: *Aschrott*, Reform des RStGB, S. 217.

104 § 59 Vorentwurf: Vorsätzlich handelt, wer die Tat mit Wissen und Willen ausführt. Wissen und Willen des Täters liegen auch dann vor, wenn er alle zum gesetzlichen Tatbestand der strafbaren Handlung gehörigen tatsächlichen Umstände als nicht unwahrscheinlich vorhanden und, soweit zu dem gesetzlichen Tatbestand ein bestimmter Erfolg gehört, diesen als nicht unwahrscheinlich eintretend ansieht. Eine vorsätzliche Handlung ist eine absichtliche, wenn der Täter sie verübt, um einen bestimmten Erfolg herbeizuführen.

105 Zur Kritik im Einzelnen *Preiser*, in: *Aschrott*, Reform des RStGB, S. 217, siehe auch *Asholt*, S. 46 f., ebenso *Hartwig*, ZStW 33 (1912), 507 (512), der die Vorschrift als Privilegierung für den Automobilisten auffasst für den Fall, dass der Nachweis der Absicht nicht gelinge, aber erst recht, wenn er gelinge, da *Hartwig* davon ausgeht, dass aufgrund der Bestimmung der besonders schweren Fälle – vgl. S. 588 der Begründung des Vorentwurfs, nach der ein besonders schwerer Fall namentlich dann vorliege, „wenn die Absicht des Täters auf Gefährdung oder gar Vernichtung zahlreicher Menschenleben gerichtet war und dieser Erfolg ganz oder zum Teil erreicht ist" – die Voraussetzungen des Mordes (Tötung eines *bestimmten individualisierten* Menschen) mit dessen strengeren Rechtsfolgen dann nicht gegeben seien und das Strafmaß nach § 182 sich in fünfzehn Jahren Zuchthaus erschöpfe. *Hartwig* (S. 514 f.) weist ebenfalls darauf hin, dass sich – entgegen der Begründung des Vorentwurfs – nach dem Wortlaut des § 182 die Absicht allein auf die Störung des Verkehrs bezieht und die Gefahr für Menschenleben lediglich eine kausale Folge („dadurch") darstellt. Gleiches gelte bei § 186; vgl. Begründung des *Vorentwurfs*, Besonderer Teil, S. 596, wo ausdrücklich das doppelte Absichtserfordernis verlangt wird, um sicherzustellen, dass nur solche Fälle erfasst werden, in denen die „allgemeine Volksüberzeugung eine schwere Strafe fordert".
Aber auch, wenn es sich um eine bloße kausale Folge handelt, so müsse sich der Vorsatz des Täters ebenso auf das Tatbestandsmerkmal der Gefährdung erstrecken, vgl. *Lilienthal*, ZStW 30 (1910), 224 (228), auch wenn dann die Frage zu beantworten sei, welche Vorsatzart hier zu fordern ist. Insoweit bestehe Spielraum, entgegen der Vorentwurfsbegründung anstelle von Absicht bloßen Eventualvorsatz ausreichen zu lassen oder gemäß dem neuen § 62 zur Erfolgshaftung darauf abzustellen, dass der Täter die Möglichkeit eines solchen Erfolgs voraussehen konnte. Zur weiteren Kritik *Preiser*, in: *Aschrott*, Reform des RStGB, S. 218 f.; *Hartwig*, ZStW 33 (1912), 514 und 516.

Unabhängig von der Gestaltung der Tatbestände war der Vorentwurf aber auch systematischer Kritik ausgesetzt: Unter dem Gesichtspunkt, dass die richtige systematische Gliederung der Deliktsgruppen eine große Bedeutung für die Auslegung der einzelnen Tatbestände hat, sei die Unterbringung der Deliktsgruppe der „Verbrechen und Vergehen gegen die Sicherheit des öffentlichen Verkehrs" insoweit unzutreffend und irreführend, als sich diese Gruppe neben den „gemeingefährlichen Verbrechen und Vergehen" und den „Verbrechen und Vergehen im Amte" in das Zweite Buch der „Verbrechen und Vergehen gegen Einrichtungen des Staates" eingliedert. Der Begriff der „Einrichtung des Staates" in diesem Zusammenhang werfe aber die Frage auf, welche Einrichtung denn jeweils betroffen sein soll.[106]

Als zweifellose Verbesserung des geltenden Rechts wird dagegen die Existenz der neuen Gruppe der gegen die Sicherheit des öffentlichen Verkehrs gerichteten Straftaten angesehen. Denn aufgrund „der stetig wachsenden Bedeutung des öffentlichen Verkehrs auf Schienen, Land- und Wasserstraßen, bei der täglichen zunehmenden Benützung der Post, des Telegraphen und des Fernsprechers[107] ist die Heraushebung und Zusammenfassung der Verkehrsdelikte in einem besonderen Abschnitte eine sehr glückliche Neuerung, ganz abgesehen davon, daß die hier eingeschlagenen Straftaten, die im geltenden Recht zu den sogenannten ‚gemeingefährlichen' gehören, unter diesen Begriff sich nur gezwungen einreihen ließen."[108] Zu den gemeingefährlichen Delikten zähle in diesem Sinne nur § 181 als ein im Hinblick auf die Gefahr für Menschenleben oder in bedeutendem Umfange für fremdes Eigentum qualifiziertes Sachbeschädigungsdelikt, sodass dieser dort einzureihen wäre.[109]

(6) Zwischenfazit

Der Vorwentwurf enthält – orientiert u.a. am Schweizer Recht – neben anderen Verkehrsdelikten erstmals eine spezifische straßenverkehrsrechtliche Strafnorm. Die Verkehrsdelikte unterliegen allerdings der oben ausgeführten semantischen und systematischen Kritik. Dabei wird aber der Gesichtspunkt hervorgehoben, dass es bei den „Delikte[n] gegen die Sicherheit des öffentlichen Verkehrs" um mehr geht als um individuelle Verletzungsdelikte. Das gegen den *Verkehr* als solchen gerichtete und darin begangene Unrecht wird mit den Verletzungsdelikten nicht hinreichend abgedeckt. Es bedarf eines Schutzes vor Störungen der öffentlichen

---

106 Siehe insgesamt *Preiser*, in: *Aschrott*, Reform des RStGB, S. 209 ff. (211) und *Hartwig*, ZStW 33 (1912), 507 f. Die systematische Stellung spricht hier dennoch auch gegen einen reinen Schutz von Individualrechtsgütern, da es nach der Systematik um den Schutz von Staatseinrichtungen geht (Funktionalität der Verkehrsträger/-einrichtungen).

107 Auch diese seien als Verkehrseinrichtungen gleich den Land- und Wasserstraßen und den Eisenbahnen anzusehen; siehe *Preiser*, in: *Aschrott*, Reform des RStGB, S. 211.

108 *Preiser*, in: *Aschrott*, Reform des RStGB, S. 209–211.

109 So *Preiser*, in: *Aschrott*, Reform des RStGB, S. 213.

Verkehrssicherheit als überindividuelles Schutzinteresse der Gesellschaft als solcher. Es geht also nicht darum, über die Verkehrsdelikte schon die *Gefährdung* von Individualrechtsgütern unter Strafe zu stellen. Ziel ist es, das umfassendere gesellschaftliche Interesse an der Sicherheit des Verkehrs mit dessen Weiterentwicklung angemessen und nachdrücklich unter strafrechtlichen Schutz zu stellen. In diesem Sinne sind die Verkehrsdelikte als gemeingefährliche, zumindest jedoch als *gemeinschädliche* zu begreifen.

So heben sich die Verkehrsdelikte unter einem präventiven Aspekt schon systematisch von den individuellen Verletzungsdelikten ab. Sprachlich ist daher zu trennen zwischen einem Individualrechtsgut und dem im Tatbestand der Verkehrsdelikte benannten Gefährdungsobjekt[110], das als Indikator einer strafwürdigen, durch den Täter geschaffenen Gefährdungslage dient. Mit der wachsenden Bedeutung des Straßenverkehrs reichen die gesetzlich formulierten Übertretungen (§ 366 RStGB) nicht mehr aus, um das Strafbedürfnis befriedigend abzudecken.

g. *Der Gegenentwurf*

In Reaktion auf den dargestellten Vorentwurf wurde 1911 ein nicht amtlicher Gegenentwurf von Kahl, v. Lilienthal, v. Liszt und Goldschmidt aufgestellt, um die Reformarbeit auf Grundlage des Vorentwurfs zu erleichtern und zu beschleunigen. Die Autoren sahen im Vorentwurf einen wesentlichen und wertvollen Fortschritt und eine geeignete Grundlage, auf der weiter gebaut werden kann: Das Gute des Vorentwurfs sei beizubehalten und weiterzubilden; die Lücken, die der Vorentwurf gelassen hat, seien zu füllen und die Fehler und Schwächen zu beseitigen.[111]

Die gegen den Vorentwurf vorgebrachte Kritik führte dazu, dass die Verkehrsdelikte im Gegenentwurf wieder in den Abschnitt der gemeingefährlichen Handlungen integriert wurden. Denn die Handlungen der Verbrechen und Vergehen gegen die Sicherheit des öffentlichen Verkehrs richten sich nach dem Verständnis der Autoren fast sämtlich gegen Menschenleben und Eigentum. Daher ist es ihrer Ansicht nach weder notwendig noch zweckmäßig als deren Angriffsobjekt ein besonderes Rechtsgut der „Sicherheit des öffentlichen Verkehrs“ aufzustellen.[112] Da die Taten den Charakter einer abstrakten Gefährdung haben, ordnen die Autoren diese ebenfalls den gemeingefährlichen Handlungen zu.[113]

So gesehen basiert der Gegenentwurf auf einem anderen Rechtsgutsverständnis: Für den Vorentwurf wurde herausgearbeitet, dass dort der Strafandrohung ein umfassendes gesellschaftliches Schutzinteresse zugrunde liegt; es also nicht um die unmittelbare Beeinträchtigung von individuellen Gütern im Sinne eines Individualrechtsgüterschutzes geht, sondern um (indirekt) beeinträchtigte gesellschaftliche

110 Ausführlich unter C.I.4.
111 So in der Begründung zum *Gegenentwurf*, Vorwort, S. V. Zu anderen, im Folgenden nicht ausgeführten Änderungen siehe *Asholt*, S. 48–50; *Busch*, S. 33.
112 Begründung *Gegenentwurf*, S. 215; *Asholt*, S. 49.
113 Begründung *Gegenentwurf*, S. 215 f.

Interessen. Dieser überindividuelle Ansatz zum Schutz der Verkehrssicherheit wird im Gegenentwurf dagegen nicht betont. So scheinen die Verkehrsdelikte mit einem alleinigen Individualrechtsgüterschutz den gemeingefährlichen Delikten zugeordnet zu werden.

Gegenentwurf von 1911, 13. Abschnitt, Gemeingefährliche Handlungen[114]

§ 221

Gefährdung des Straßenverkehrs

Wer durch die Störung der Sicherheit des öffentlichen Verkehrs auf Straßen, Wegen oder Plätzen das Leben eines anderen gefährdet, wird mit Gefängnis bestraft.

Ist durch die Handlung der Tod oder eine schwere Körperverletzung (§ 268) eines anderen verursacht worden, so ist die Strafe Zuchthaus bis zu zehn Jahren.

Ist die Handlung fahrlässig begangen, so ist die Strafe Gefängnis oder Geldstrafe bis zu zehntausend Mark.

Klarstellend wird statt von der Gefahr für Menschenleben nun von der Gefährdung des Lebens eines anderen gesprochen, um zu verdeutlichen, dass einerseits die Gefährdung des Täters selbst nicht ausreicht, andererseits eine Gefährdung mehrerer aber nicht erforderlich ist. Auch wird nicht mehr von „fremden Eigentum", sondern konkreter von „fremden Sachen" gesprochen.[115] Lediglich im Straßenverkehr findet sich eine Beschränkung der Gefahr für das Leben. Die Strafbarkeit der Gefährdung des Straßenverkehrs wird deutlich ausgedehnt. Die oben diskutierte Beschränkung auf absichtliches Handeln wird aufgegeben. Die im Vorentwurf unterschiedlich intensiv geschützten Verkehrsträger werden einem einheitlichen Schutzniveau unterstellt. Sowohl im Straßenverkehr als auch im Eisenbahn-, Schiffs- und jetzt auch Luftverkehr soll schon eine fahrlässige Gefährdung ausreichen.[116]

h. Der Kommissionsentwurf von 1913

Schließlich vollendete 1913 eine neunzehnköpfige Kommission die Ausarbeitung eines Entwurfs eines Strafgesetzbuchs nach den Plänen des Reichsjustizamts.

Hinsichtlich der Straßenverkehrsdelikte wurde in der ersten Lesung weiterhin deren systematische Einordnung diskutiert. Während einerseits die Straßenverkehrsdelikte wie im Vorentwurf neben den gemeingefährlichen Delikten eine getrennte und exponierte Stellung erhalten sollten, wurde andererseits wegen des identischen Strafgrunds der gemeingefährlichen bzw. verkehrsgefährdenden Handlung für eine Vereinigung der Abschnitte plädiert. Schließlich wurden die Abschnitte 13 und 14 des Vorentwurfs in einem einheitlichen Abschnitt „Gemeingefährliche

---

114 Begründung *Gegenentwurf*, S. 64 f.

115 Begründung *Gegenentwurf*, S. 216.

116 So wird auch eine vorsätzliche oder fahrlässige gemeingefährliche Sachbeschädigung ohne die bisher bekannte Kasuistik unter Strafe gestellt, vgl. § 216 – Begründung *Gegenentwurf*, S. 218.

Handlungen. Störung des öffentlichen Verkehrs" zusammengefasst.[117] Demnach sind die Verkehrstatbestände speziell ausgerichtete gemeingefährliche Delikte.

Schwerpunkt der Diskussion[118] war die Konkretisierung des Gefahrbegriffs in Bezug auf das Merkmal der „Gefahr für Menschenleben", wie es der Vorentwurf in § 181 verwendete. Unklar war, auf wie viele Menschen sich die Gefahr erstrecken muss. Unstreitig war zumindest, dass eine Selbstgefährdung des Täters nicht ausreichen soll. So wurde die Formulierung „Gefahr für das Leben eines anderen" (vgl. im Gegenentwurf) angedacht, um eben eine Gefährdung des Täters selbst auszuklammern, aber andererseits die Gefährdung nur eines (anderen) Menschen ausreichen zu lassen. Die alternative Begrifflichkeit „Gefahr für das Leben anderer" zielte dagegen darauf ab, zwar die Gefährdung nur eines Menschen einzubeziehen, doch durfte es sich nicht um eine vorher individuell bestimmte Person handeln. Argumentiert wurde damit, dass gemeingefährliche und individualschützende Delikte über die Bestimmtheit der Person zu trennen sind. Beiden Vorschlägen wurde aber entgegen gebracht, dass das RStGB nach geltendem Recht die Gefährdung mehrerer Personen fordert (vgl. § 321).[119]

Umstritten war auch, ob die Gefahr als eine abstrakte oder konkrete zu verstehen ist. Einerseits hieß es, dass eine abstrakte Gefahr ausreichen soll, da der Versuch nicht strafbar und eine konkrete Gefahr schwer nachzuweisen ist. Andererseits wird der objektive Tatbestand erheblich ausgeweitet, wenn schon eine abstrakte Gefahr ausreicht. So ist die abstrakte gefährliche Handlung das Motiv der Gesetzgebung, doch ist eine nachweisliche konkrete Gefahr nur zu verlangen, sobald der Begriff der Gefahr in den Tatbestand aufgenommen wird.[120] Schließlich wurde argumentiert, dass aufgrund der Heterogenität der gemeingefährlichen Delikte ein einheitlicher Gefahrbegriff nicht sinnvoll ist, da zum Teil ein weiter, zum anderen aber ein engerer Begriff der Gemeingefahr zu fordern ist. Letztlich blieb man doch bei der im Vorentwurf gewählten Formulierung der „Gefahr für Menschenleben", da sich keine Formulierung finden ließ, die sowohl die Gefährdung des Täters selbst ausschließt und sich zugleich auf eine Gefährdung einer nicht bestimmten Person bezieht. Lediglich die Gesetzesmaterialien sollten dann eine entsprechende Andeutung enthalten, um die Rechtsanwendung zu leiten. Der Begriff der (Gemein)Gefahr bereitete also weiterhin[121] ein Problem, das noch nicht abschließend gelöst wurde bzw. werden konnte.

Hinsichtlich der in § 182 des Vorentwurfs vorgesehenen strafbaren Gefährdung der Sicherheit des öffentlichen Verkehrs auf Straßen wurde zunächst gefordert, diese Vorschrift zu streichen, denn das Verhalten sei als Übertretung (§ 307 Nr. 13

---

117 *Asholt*, S. 51 f. m.w.N.

118 Für die nachfolgende Diskussion insgesamt *Asholt*, S. 54–57 m.w.N.

119 *Olshausen*, § 321 RStGB Rn. 7.

120 Denn das Merkmal der Gefahr ist nur bei einer zu fordernden konkreten Gefährdungslage erforderlich, da die Handlungen an sich ja schon als generell, also abstrakt gefährlich bewertet wurden.

121 Siehe zum streitigen Gefahrbegriff bereits unter B.II.1.g.

Vorentwurf) ausreichend erfasst. Eine Aufstufung sei nicht erforderlich; allenfalls eine strengere Anwendung der landespolizeilichen Übertretungsvorschriften.[122] Die inhaltliche Kritik bezog sich auf die objektive Uferlosigkeit und die subjektive Beschränkung sowie den ungleichen Schutzumfang.[123] Zumindest sollte auf die Subsidiaritätsklausel in § 182 verzichtet werden. Diese diente der Klarstellung, dass neben der Beschädigung und Zerstörung auch andere Störungshandlungen erfasst sind.[124] Nach der ersten Lesung wurde dann folgender Fassung[125] zugestimmt:

Beschlüsse 1. Lesung (1913 I), Gemeingefährliche Handlungen. Störung des öffentlichen Verkehrs. […]

§ 249

Beschädigung von öffentlichen Verkehrseinrichtungen usw.

Wer vorsätzlich dem öffentlichen Verkehre dienende Anlagen oder Einrichtungen oder wer Wasserbauten, Wasserleitungen oder Schutzvorrichtungen gegen Naturereignisse beseitigt, zerstört oder beschädigt und dadurch Gefahr für Menschenleben oder in bedeutendem Umfange für fremdes Eigentum herbeiführt, wird mit Gefängnis, in besonders schweren Fällen mit Zuchthaus bis zu zehn Jahren bestraft.

Ist die Handlung fahrlässig begangen, so ist die Strafe Gefängnis bis zu einem Jahre oder Geldstrafe bis zu dreitausend Mark.

§ 250

Störung der Verkehrssicherheit auf Straßen

Wer vorsätzlich die Sicherheit des öffentlichen Verkehrs auf Straßen, Wegen oder Plätzen stört und dadurch Gefahr für das Leben eines anderen herbeiführt, wird mit Gefängnis oder mit Geldstrafe bis zu zehntausend Mark, in besonders schweren Fällen mit Zuchthaus bis zu fünf Jahren bestraft.

Im Rahmen der zweiten Lesung wurden grundsätzliche Änderungen diskutiert: Wie auch für den Eisenbahn- und Schiffsverkehr sollte aus den zwei sich ergänzenden §§ 249 und 250 des Kommissionsentwurfs ein einheitliches und abschließendes Straßenverkehrsdelikt geschaffen werden. Denn die Aufteilung erschwere bei gleichem Schutzumfang wie bei den übrigen – schon einheitlich gefassten – Verkehrsdelikten

---

122 *Asholt*, S. 58 f. Andererseits wurde aber auch die Forderung nach strengeren Strafvorschriften laut, gerade aufgrund der zunehmenden Rücksichtslosigkeit der Automobilisten.

123 Um einer unterschiedlichen Behandlung der verschiedenen Verkehrsträger entgegenzutreten, sollte das „Rechtsgut" (besser: Gefährdungsobjekt) des Eigentums in § 182 eingefügt werden, doch wurde diese Vereinheitlichung nicht umgesetzt, da sich die Regelungen über den Straßenverkehr noch in der Versuchsphase befänden und deren Tragweite erst eingeschätzt werden müssten, *Asholt*, S. 60. Um der Vorschrift einen praktischen Nutzen zu bereiten, setzte sich die Position durch, schon den dolus eventualis einzubeziehen, hierzu *Asholt*, S. 62–64 m.w.N.

124 *Asholt*, S. 61.

125 *Vormbaum*, Band 1, S. 170.

die Verständlichkeit des Gesetzes. Widersprüche hinsichtlich der unterschiedlichen Gefahranforderungen trotz vergleichbarer Tathandlungen[126] galt es zu beheben. Auch sollte zugleich die bisherige Trennung des Schutzes der Straßensubstanz einerseits und des Schutzes des Verkehrs auf dem Verkehrsträger durch Eingriffe von außen und sonstige Handlungen andererseits aufgehoben werden.[127] Außerdem wurde die Tathandlung des Hindernisbereitens als auch eine Versuchsstrafbarkeit aufgenommen. Zudem entschied man sich für die Aufnahme einer Fahrlässigkeitsstrafbarkeit, um einen Gleichlauf mit dem verbleibenden § 249 des Kommissionsentwurfs nach erster Lesung und der Regelung zur Eisenbahngefährdung zu erreichen.[128] Am Ende der zweiten Lesung stand sodann folgende abgewandelte Fassung eines Straßenverkehrsdelikts[129]:

Strafrechtskommission: Vorläufige redigierte Beschlüsse 2. Lesung (1913 II), 15. Abschnitt: Gemeingefährliche Handlungen. Störung des öffentlichen Verkehrs.

§ 250

Störung der Verkehrssicherheit auf Straßen

Wer Straßen, Wege oder Plätze oder Anlagen und Einrichtungen, die dem öffentlichen Verkehrs auf diesen dienen, beschädigt, zerstört oder beseitigt oder auf Straßen, Wegen oder Plätzen Hindernisse bereitet und dadurch Gefahr für Menschenleben oder in bedeutendem Umfang für fremdes Eigentum herbeiführt, wird mit Gefängnis bestraft.
In besonders schweren Fällen ist die Strafe Zuchthaus.
Der Versuch ist strafbar.
Wer auf andere Weise die Sicherheit des öffentlichen Verkehrs auf Straßen, Wegen oder Plätzen stört und dadurch das Leben eines anderen gefährdet, wird mit Gefängnis oder mit Geldstrafe bis zu zehntausend Mark bestraft.
Wer die im Abs. 1 bezeichnete Tat fahrlässig begeht, wird mit Gefängnis bis zu einem Jahre oder mit Geldstrafe bis zu zweittausend Mark bestraft.

Diese Vereinheitlichung und Erweiterung wirkte sich auf das Verständnis der Schutzrichtung der Straßenverkehrsdelikte aus: Durch die einheitliche Norm wurde nicht mehr zwischen dem Schutz der Straße einerseits und dem des Verkehrs auf der anderen Seite getrennt. Zwar umfasst § 250 weiterhin die Beschädigung des Verkehrsträgers. Im Kern wird aber nun nach Eingriffen auf die „Sicherheit des Straßenverkehrs“ von außen (Abs. 1) und nach sonstigen Eingriffen (Abs. 3) unterschieden.

---

126 *Asholt*, S. 66 f. Denn das Ziehen eines Grabens in die Straße falle unter § 249, das Spannen eines Seiles als Störung ohne Beschädigungscharakter unter § 250.

127 *Asholt*, S. 67 m.w.N.

128 *Asholt*, S. 68 m.w.N.

129 *Vormbaum*, Band 1, S. 244. Inhaltsgleich fand sich diese Vorschrift dann auch im Entwurf von 1913 in § 267 wieder, siehe *Vormbaum*, Band 1, S. 320.

Der Begriff bzw. der Umfang der Gemeingefahr war weiterhin nicht geklärt und die Formulierung „Gefahr für Menschenleben" im Hinblick auf das Bestimmtheitsgebot problematisch, wenn die Gefährdung eines einzelnen Menschen ausreichen sollte. Auch das Verhältnis der gemeingefährlichen Delikte – zu denen ja auch die Straßenverkehrsdelikte zählen – zu den individualschützenden Delikten war ungeklärt.[130]

Durch den Ausbruch des Ersten Weltkriegs kam es nicht zu der für 1915 geplanten Veröffentlichung dieser Kommissionsarbeiten.[131]

i. Zwischenfazit

Der Kommissionsentwurf von 1913 setzt die Ansätze des Vorentwurfs und die Kritik durch den Gegenentwurf um. Entgegen der vorgebrachten Kritik wurden die bisherigen Übertretungen als nicht mehr ausreichend eingestuft. Auch war man der Auffassung, dass ein Individualrechtsgüterschutz der Bedeutung der Verkehrssicherheit nicht gerecht wird. Geschaffen wurde eine einheitliche Strafnorm. Dabei hat sich das allgemeine Interesse an der Sicherheit des (Straßen)Verkehrs letztlich zu einem selbstständigen Rechtsgut verfestigt.[132] So beinhaltet dieses Rechtsgut der „Sicherheit des Straßenverkehrs" rückblickend mehrere Komponenten: Zum einen die integre Straßensubstanz, um einen Verkehr überhaupt zu ermöglichen. Dazu tritt der Schutz von Außenstehenden vor den Gefahren, die aus dem Straßenverkehr erwachsen und deren Gefährdungspotential über den Verkehrsträger hinaus strahlt. Schließlich steht das Rechtsgut für den Schutz bzw. die Sicherung des Verkehrs und dessen Teilnehmer selbst, um einen sicheren und ungestörten Verkehr, aber auch eine rentable Nutzung des Verkehrsträgers (Funktionsfähigkeit und Attraktivität) zu ermöglichen.[133]

3. Reformdiskussion während der Weimarer Republik

Mit der Erfindung des Benzinmotors und der Motorisierung der Straßenverkehrsmittel hatte die Straße als Verkehrsweg eine Renaissance erlebt und wurde qualitativ verbessert.[134] In der Anfangszeit der Motorisierung war der Personenkraftwagen ein Luxusgut[135] der wohlhabenden Schicht geblieben. Unternehmer schafften bei

---

130 Dieses wurde schon im Rahmen des Vorentwurfs diskutiert, vgl. *Hartwig*, ZStW 30 (1910), 507 (512), der von einem exklusiven Verhältnis ausgeht.

131 *Kahl*, Deutsche Juristen-Zeitung 1921, Spalte 145 f.

132 Zur sich entwickelnden Eigenständigkeit des Rechtsguts „Sicherheit des Straßenverkehrs", *Asholt*, S. 68 m.w.N. – Vgl. dazu noch einmal die ablehnende Ansicht im Gegenentwurf.

133 Zur ausführlichen Rechtfertigung des Verkehrssicherheit als Allgemeinrechtsgut siehe C.I.2.b.

134 *Voigt*, S. 448.

135 Siehe zur klassifizierenden Wirkung auch *Fraunholz*, S. 47.

ungünstiger Eisenbahnanbindung allerdings eigene Lastkraftwagen an, sodass sich auch das Gewerbe der Fuhrunternehmer und Spediteure motorisierte.[136] Nach dem ersten Weltkrieg setzte sich der Impuls fort, den die Motorisierung im Krieg erhalten hatte.[137]

Begünstigt wurde die Investition in Sachwerte durch die Inflation in den zwanziger Jahren. Andererseits hemmten nach dem Krieg Preissteigerungen, Brennstoff- und Gummimangel sowie zerstörte[138] Straßen die Verbreitung des Kraftwagens.[139] Einen Aufschwung erlebte die Automobilindustrie erst mit der Einführung der Rentenmark und der dadurch bewirkten Preisstabilisierung bis zum Beginn der Wirtschaftskrise. Doch blieb der Personenkraftwagen weiterhin ein Luxusartikel, der für den Großteil der Bevölkerung nicht finanzierbar war, mit der Folge, dass zunächst der Anteil der Motorräder bei den Kraftfahrzeugen stärker zunahm.[140]

Allerdings gewöhnte sich die Bevölkerung an die neuen Fahrzeuge, die auch verstärkt im sozialen Bereich für das öffentliche Wohl eingesetzt wurden, sodass dadurch der Automobilverkehr zunehmend Anerkennung fand.[141] Das Automobil war deshalb im Laufe der zwanziger Jahre als normales Verkehrsmittel weitaus akzeptiert.[142] Es hatte in der Weimarer Zeit den Wendepunkt seiner Entwicklung erreicht und hin zu einer allmählichen Motorisierung Deutschlands geführt.[143] In deren Folge hatte sich der Kraftfahrzeugbestand im Deutschen Reich zwischen 1902 und 1910 verzehnfacht und bis 1914 noch einmal verdoppelt und stieg seitdem kontinuierlich an; von 4.738 Kraftfahrzeugen im Jahre 1902 war der Bestand auf knapp

---

136 *Voigt*, S. 451 – Zum Automobil als zunehmendes Statussymbol und Privileg, durch das auch die Besitzbürger erworbenen Reichtum zur Schau stellen und sich den elitären Lebensformen anpassen konnten, siehe *Fraunholz*, S. 31 f. m.w.N. sowie S. 33.

137 *Voigt*, S. 449. – So hatte die militärische Indienststellung des Automobils der Industrie Absatzzuwächse beschert und der Krieg wurde zum Propagandamittel der Motorisierung erklärt, siehe *Fraunholz*, S. 38 m.w.N.

138 Im Krieg waren die technischen Anforderungen für die verbleibenden Kraftfahrzeuge zuletzt so gelockert worden, dass z. B. Lkw ohne Luft- oder Gummibereifung betrieben wurden und das Straßennetz damit erheblich belastet und nach dem Krieg weitestgehend zerstört war, *Fraunholz*, S. 39.

139 *Fraunholz*, S. 39, 40 f. – Auch waren im Krieg u. a. wegen des Gummimangels durch Beschluss des Bundesrats alle zivilen Zulassungen aufgehoben worden (S. 38 f.).

140 *Fraunholz*, S. 34, 40 f. mit dem Hinweis, dass wichtigstes Individualverkehrsmittel des größten Bevölkerungsteils immer noch die eigenen Füße und das Fahrrad blieben; *Asholt*, S. 77 f.

141 *Asholt*, S. 79. Vergleiche dazu die Ausführungen zum Kraftfahrzeuggesetz und zu der beschriebenen kritischen Haltung gegenüber dem Personenkraftwagen als „Eindringling", oben unter B.II.2.b.

142 *Asholt*, S. 79 f. m.w.N., mit Hinweis auf die nicht verstummende Kritik am Automobil insbesondere durch die Landbevölkerung.

143 *Asholt*, S. 81.

1,5 Millionen im Jahr 1932 angewachsen.[144] Auch wurden außenstehende Dritte weniger oft Opfer des Automobils. Vielmehr konzentrierte sich die Gefährdung nach und nach auf die Automobilisten selbst.[145] So verstärkt sich das Rechtsgut der Verkehrsdelikte – wie beschrieben – dahingehend, dass nicht mehr nur die Straßensubstanz und Unbeteiligte *vor* dem Verkehr zu schützen waren, sondern zunehmend die Sicherheit der Verkehrsteilnehmer selbst (Schutz *im* Verkehr).

a. Der Kommissionsentwurf von 1919

Den auf der Grundlage des Vor- und Gegenentwurfs erarbeiteten Kommissionsentwurf von 1913 galt es nach dem Ersten Weltkrieg weiterzuentwickeln.[146] Im 16. Abschnitt des Entwurfs von 1919 werden diejenigen (gemeingefährlichen) Handlungen, die eine Gefahr für die Allgemeinheit begründen, zusammengefasst. Dabei stellte die Gefahr innerhalb des Abschnitts teils ein Tatbestandsmerkmal dar, teils sollte sie lediglich gesetzgeberischer Grund für die Aufstellung des Tatbestandes sein.[147]

Nachdem der Begriff der Gemeingefahr in den vorherigen Entwürfen streitig geblieben war, arbeitet der jetzige Entwurf mit mehreren Gefahrengruppen[148]: Der Begriff der Gemeingefahr wird nun in § 9 Nr. 8 des Entwurfs legal definiert als eine „Gefahr[149] für Menschenleben oder in bedeutendem Umfange für fremdes Eigentum." Eine Gefahr für Menschenleben wird angenommen, wenn die Gefahr besteht, dass ein Mensch sein Leben verliert. Eine Mehrheit gefährdeter Personen wird nicht gefordert; auch braucht die gefährdete Person nicht individuell bestimmt zu sein. Das Gleiche gilt für die Gefährdung fremden Eigentums in bedeutendem Umfang. Dabei soll gleichgültig sein, ob die gefährdeten Sachen einem oder mehreren Eigentümern, bestimmten oder unbestimmten Personen gehörten.[150]

Aus dem Oberbegriff der Gemeingefahr werden nun speziellere Ausschnitte verwendet: So ist zum einen von der „Gefahr für Menschenleben" die Rede. Verlangt der Tatbestand eine solche, so reicht eine – ansonsten von der Gemeingefahr um-

---

144 *Fraunholz*, S. 42 mit tabellarischer Darstellung.

145 *Asholt*, S. 79.

146 Denkschrift zu dem Entwurf von 1919, S. 6–9; im Einzelnen auch *Asholt*, S. 81–85.

147 Denkschrift zu dem Entwurf von 1919, S. 198 f. – Hier zeigt sich nun wohl die oben angesprochene Differenzierung nach abstrakt und konkret gefährlichen Delikten.

148 Denkschrift zu dem Entwurf von 1919, S. 198 f.

149 Unter einer Gefahr als Tatbestandsmerkmal ist die „Herbeiführung eines Zustandes, in dem die nahe Möglichkeit der Verletzung eines Rechtsgutes gegeben ist", zu verstehen, siehe Denkschrift zu dem Entwurf von 1919, S. 198.

150 Als Beispiel führt der Entwurf an, dass jemand über eine Straße ein Drahtseil spannt und so das Leben des ersten des Weges kommenden Radfahrers oder Kraftwagenführers in Gefahr bringt. In diesem Fall ist die Gemeingefahr gegeben, gleichviel ob feststand oder nicht, wer die Person sein wird, die auf das Drahtseil aufläuft (sog. abstrakte Gefahr) – Siehe Denkschrift zu dem Entwurf von 1919, S. 198.

fasste – Gefahr für fremdes Eigentum nicht aus. Enger dagegen ist das tatbestandliche Erfordernis der „Gefahr für das Leben eines anderen“ zu verstehen.[151] Eine derartige Gefahr liegt nur dann vor, wenn der Gefährdete individuell bestimmt und die Gefährdung des Lebens gerade dieser Person vom Vorsatz des Täters umfasst ist.

Der Entwurf sah für die Straßenverkehrsstörung folgende Fassung vor:

Kommissionsentwurf 1919: 16. Abschnitt, Gemeingefährliche Handlungen. Störungen des öffentlichen Verkehrs[152]

§ 260

Störung der Verkehrssicherheit auf Straßen

Wer die Sicherheit des öffentlichen Verkehrs auf Straßen, Wegen oder Plätzen durch Beschädigen, Zerstören oder Beseitigen von Anlagen oder Einrichtungen, die diesem Verkehr dienen, oder durch Bereiten von Hindernissen stört und dadurch eine Gemeingefahr herbeiführt, wird mit Gefängnis bestraft. Der Versuch ist strafbar.

Wer die Sicherheit des öffentlichen Verkehrs auf Straßen, Wegen oder Plätzen auf andere Weise stört und dadurch das Leben eines anderen gefährdet, wird mit Gefängnis oder mit Geldstrafe bestraft.

§ 263 – besonders schwerer Fall; § 264 – Todesfolge; § 265 – fahrlässige Begehung; § 266 – freiwillige Schadensverhütung.

Im Vergleich zum damals geltenden Recht ergibt sich danach Folgendes[153]: Soweit der Straßenverkehr berührt ist, vereinigt § 260 des Entwurfs die §§ 305, 321 des RStGB. Grund der Strafwürdigkeit ist, dass die Sicherheit des öffentlichen Verkehrs in einer für die Benutzer der Verkehrswege gefährlichen Weise gestört wird. Nach dem Grundgedanken der Strafdrohung ist die Sicherheit des öffentlichen Verkehrs in allen Fällen zu gewährleisten. Die Verkehrswege werden näher umschrieben und die Störungshandlungen dem Bedürfnis entsprechend weiter ausgedehnt. Dem Entwurf von 1913 folgend werden das „Beseitigen einer dem Verkehre dienenden Anlage oder Einrichtung“ sowie das „Bereiten von Hindernissen“ in den Tatbestand aufgenommen.

§ 260 Abs. 1 bestraft die Störung des Verkehrs (von außen) durch Beschädigen, Zerstören oder Beseitigen von Anlagen oder Einrichtungen, die dem öffentlichen Verkehr dienen, oder durch Bereiten von Hindernissen, wenn dadurch eine Gemeingefahr herbeigeführt wird. Statt einzelne Gegenstände der Beschädigung usw. aufzuzählen, wird hier eine den Tatbestand erweiternde allgemeine Wendung benutzt. Hinsichtlich der Gemeingefahr gelten die oben aufgestellten Voraussetzungen der Definition nach § 9 Nr. 8 des Entwurfs. Soweit Teile des § 305 RStGB übernommen wurden, wird weitergehend nun eine Gefährdungslage gefordert. Hinsichtlich der früheren Voraussetzungen des § 321 RStGB reicht die Gefährdung der Gesundheit anderer nicht mehr aus.

151 Denkschrift zu dem Entwurf von 1919, S. 199.
152 *Vormbaum*, Band 1, S. 392 f.
153 Denkschrift zu dem Entwurf von 1919, S. 206.

Der neugeschaffene § 260 Abs. 2 hat im geltenden Recht kein Vorbild, orientiert sich aber am Vorentwurf von 1909 sowie den folgenden Entwürfen und stellt sonstige Verkehrsgefährdungen unter Strafe. Dabei stellt er aber die strengere Voraussetzung auf, dass es zu einer vorsätzlichen Gefährdung des Lebens einer anderen *bestimmten* Person kommen muss („das Leben eines anderen", vgl. oben).[154]

In der Entwurfsbegründung orientiert sich die Kommission zwar am Vorentwurf, der das Straßenpolizeirecht nicht mehr für ausreichend erachtet hatte[155], doch setzt sie den Vorentwurf nicht vollends um. Mit Rücksicht auf die schwierigen Verkehrsverhältnisse, insbesondere in den Großstädten, ist die Kommission der Ansicht, dass der Tatbestand besonders vorsichtig abgegrenzt werden muss: Daher darf die bloße (abstrakte) Störung der Verkehrssicherheit (auf andere Weise) nicht ausreichen. Wie bei der gemeingefährlichen Verkehrsstörung nach Abs. 1 muss vielmehr noch ein strafbedürftiger Gefährdungserfolg hinzutreten. Dieser wird aber nur in der Gefährdung von Menschen gesehen, nicht dagegen in der Gefährdung von Sachen. Derartige weniger strafbedürftige Gefahrerfolge würden über die Übertretungen genügend abgedeckt.[156]

Zwar wird der subjektive Tatbestand gegenüber dem Vorentwurf erweitert, da nun (einfacher) Vorsatz anstelle der Absicht ausreicht. Auf objektiver Seite wird der Tatbestand aber gegenüber dem Vorentwurf dahingehend verengt, dass durch die Verkehrsstörung „das Leben eines anderen gefährdet" sein muss. Der Täter muss also durch seine Handlung einen Zustand herbeigeführt haben, in dem die nahe Möglichkeit der Tötung mindestens eines bestimmten Menschen gegeben ist.

In § 265 des Entwurfs wird auch fahrlässiges Handeln unter Strafe gestellt und in § 263 werden unbenannte besonders schwere Fälle für § 260 Abs. 1 gefasst. Ein besonders schwerer Fall liegt nach § 117 des Entwurfs[157] vor, wenn der verbrecherische Wille des Täters ungewöhnlich stark und verwerflich und die Tat durch die besonderen Umstände ihrer Begehung oder durch die verschuldeten Folgen ungewöhnlich schwer ist. Im Falle der Verwirklichung des § 260 Abs. 1 sieht § 264

---

154 Der Schutzbereich erstreckt sich danach nur auf die konkret gefährdete Person, nicht aber auf darüber hinaus zufällig und ggf. nur mittelbar gefährdete Personen bzw. Außenstehende.

155 Radfahrer, Kutscher und Kraftwagenführer, die mit ihrem Fahrzeug rücksichtslos durch menschenerfüllte Straßen dahinjagen, könnten gegenwärtig nur wegen Straßenpolizeiübertretung bestraft werden. Mit Recht bezeichne die Begründung zum Vorentwurf (S. 586) diesen Strafschutz als unzureichend – Denkschrift zu dem Entwurf von 1919, S. 207.

156 Soweit es in der Denkschrift heißt, gefährdete Sachen würden ausreichend über die Übertretungen geschützt, stellt das nicht auf einen (wie mit dem Gegenentwurf verfolgten) Individualrechtgüterschutz ab. Gemeint ist lediglich, dass eine Störung der Verkehrssicherheit als Rechtsgut durch die Gefährdung von Sachen zunächst noch nicht das erhöhte Unrecht des § 260 auslöst, sondern weiterhin als Übertretungsunrecht angesehen wird.

157 Hier wird der Wortlaut des Kommissionsentwurfes von 1913 übernommen.

auch die Todesfolge strafschärfend vor. Dagegen enthält § 266 eine Regelung zur „tätigen Reue“ durch eine freiwillige Schadensverhinderung.

b. Zwischenfazit

Auch der Kommissionsentwurf von 1919 greift die Sicherheit des Straßenverkehrs als überindividuelles und zu schützendes Gut auf. Abstrakt gefährliches Verhalten wird unter der Bedingung des Eintritts einer damit verknüpften Gemeingefahr unter Strafe gestellt.

Dass § 260 Abs. 2 dagegen enger formuliert ist und sich auf die Gefährdung einer bestimmten Person beschränkt, ist nach der Begründung dem Umstand geschuldet, dass gegenüber dem Verhalten der Verkehrsteilnehmer die Anhebung der Übertretung zu einem Vergehen mit Vorsicht angegangen wird. So wird zwar die tatbestandliche Kritik an den vorherigen Entwürfen teilweise berücksichtigt. Die bisherigen Übertretungen werden aber nur für den Fall einer konkreten Gefahr für einen individuell bestimmten Menschen zu einem Vergehen erhoben. Für verkehrsinternes Verhalten ist die Kommission daher zurückhaltender als gegenüber störendem Verhalten von außen. Mit der Beschränkung auf eine konkrete Gefahr für einen individuell bestimmten Menschen, reduziert sich dabei das Rechtsgut für Abs. 2 allerdings nicht auf einen Individualrechtsgüterschutz. Rechtsgut ist (nach hiesigem Verständnis) die Sicherheit des Straßenverkehrs als überindividuelles Schutzinteresse. Angehoben werden allein die tatbestandlichen Voraussetzungen an den Gefahrbegriff als Indikator für die Gefährlichkeit der Tathandlung. Erst wenn diese engen Voraussetzungen einer Verkehrsstörung vorliegen, ist es gerechtfertigt wegen eines Vergehens statt (lediglich) wegen einer Übertretung zu bestrafen. Auch wenn nun interne Störungshandlungen und Störungen von außen in einer Straßenverkehrsnorm zusammengefasst werden, so wird tatbestandlich doch zwischen diesen beiden Arten der Störung differenziert. Der Verkehrsteilnehmer wird dabei mit den höheren tatbestandlichen Anforderungen in gewissem Maße *privilegiert*.

Eine Privilegierung der Verkehrsteilnahme findet sich auch heute noch bei der Abgrenzung der §§ 315b und 315c StGB wieder. Dort wird aber nicht mehr nach dem Gefahrerfolg differenziert, sondern bereits nach den Anforderungen an die Störungshandlung.

c. Der Entwurf unter Radbruch von 1922 und die Reichstagsvorlage von 1925

In den Entwürfen unter Radbruch von 1922 und der Reichstagsvorlage von 1925 wurde unter Zusammenarbeit mit Österreich der Stellenwert des Straßenverkehrs herabgesetzt. Während die Straßenbahn umfangreicheren Schutz gegen Eingriffe von außen, aber auch von innen erhielt, reduzierte sich der Schutz des (nicht-schienengebundenen) Straßenverkehrs auf die Substanz des Verkehrsträgers.[158] Auf Anregung Österreichs wurde der Tatbestand der Lebensgefährdung aufgenommen, nach dem mit Strafe bedroht wurde, wer „wissentlich und gewissenlos einen anderen in unmittelbare Lebensgefahr bringt". In dessen Zusammenhang blieben die Anforderungen an die Gemeingefahr sowie die Abgrenzung der gemeingefährlichen Delikte von den individualgefährdenden weiter problematisch.[159]

Der Entwurf der §§ 206 (1922) bzw. 207 (1925) ist neu und stellt in Abs. 1 eine Sondervorschrift für die Straßenbahn als eines der wichtigsten Straßenverkehrsmittel dar. Diese war bisher nur zum Teil durch die Tatbestände zum Schutz der Eisenbahn (§§ 315, 316 RStGB) erfasst. Diesen Zustand hielt man für unbefriedigend, da die Gefahren des Straßenbahnverkehrs anders seien und dieser schon durch geringere, weniger strafwürdigere Handlungen gestört werden könne.[160]

In Abs. 2 ist der allgemeine Schutz des Straßenverkehrs verankert, der wie schon im Entwurf von 1919 eine Zusammenfassung der §§ 305 und 321 RStGB für den Straßenverkehr vorsieht, allerdings ohne – wie im Entwurf 1919 – auch interne Störungen[161] zu erfassen (vgl. § 260 E 1919 – Abs. 2: Störung auf andere Weise).

---

158 Von der Vorschrift nicht erfasst waren damit die vieldiskutierten Drahtseilattentate.

159 Da sich diese Restriktionen in späteren Entwürfen nicht durchsetzten, sollen diese nicht näher verfolgt werden, im Einzelnen siehe *Asholt*, S. 86–94. Während der Entwurf von 1919 in seiner Begründung für die Gemeingefahr bestimmte, dass die gefährdete Person nicht individuell bestimmt sein „braucht", so schränkt der Entwurf von 1925 dies wiederum ein, als die gefährdete Person nicht individuell bestimmt sein „darf", andernfalls läge gegebenenfalls ein Mordversuch, ein Versuch schwerer Körperverletzung oder eine – neugeschaffene – Lebensgefährdung vor – vgl. Denkschrift zu dem Entwurf von 1919, S. 199 und die Begründung zum Entwurf 1925, Materialien zur Strafrechtsreform, Band 3, S. 106. Gleiches gilt für den engeren Begriff der Gefahr für Menschenleben: Zwar reiche auch hier die Gefährdung nur eines Menschen aus, doch dürfe auch dieser nicht individuell bestimmt sein.

160 Begründung zum Entwurf von 1925, S. 110. Der Begriff der Straßenbahn wird nicht näher bestimmt und zwar aus dem Grunde, dass „bei der Vielgestaltigkeit und außerordentlich schnellen Entwicklung der Technik in kurzer Zeit schon wieder neue Formen der Straßenbahn entstanden sein können, die von einer jetzt aufgestellten gesetzlichen Begriffsbestimmung nicht getroffen sein würden" (S. 110). So wird die Begriffsbestimmung der Rechtsprechung überlassen, siehe Begründung zum Entwurf von 1927, Materialien zur Strafrechtsreform, Band 4, S. 120.

161 Vgl. dazu noch einmal die Denkschrift zu dem Entwurf von 1919 (S. 206 f.) gegenüber der Begründung zum Entwurf von 1925 (S. 110), der sich also damit begnügt, Fehlverhalten im Verkehr auf Ebene der Übertretungen zu regeln, die nach dem Entwurf von 1919 aufgewertet werden sollten.

Entwurf eines allgemeinen deutschen Strafgesetzbuches (1922), 16. Abschnitt: Gemeingefährliche Handlungen. Störung des öffentlichen Verkehrs.[162]

§ 206 (E 1922)[163]

Störung der Verkehrssicherheit auf Straßen

Wer die Sicherheit des Betriebs einer Straßenbahn durch Beschädigen, Zerstören oder Beseitigen von Anlagen, Beförderungsmitteln oder Gegenständen, die dem Straßenbahnverkehre dienen, durch Bereiten von Hindernissen auf der Fahrbahn, durch falsche Zeichen oder Signale oder dadurch, daß er bei Versehung des Dienstes seine dienstlichen Obliegenheiten verletzt, stört und dadurch eine Gemeingefahr herbeiführt, wird mit Gefängnis bestraft.

Ebenso wird bestraft, wer durch Beschädigen oder Zerstören einer Brücke, einer Straße oder eines Weges die Sicherheit des Straßenverkehrs stört und dadurch eine Gemeingefahr herbeiführt.

Der Versuch ist strafbar.

§ 209 – besonders schwerer Fall; § 210 – Todesfolge; § 211 – fahrlässige Begehung; § 212 – freiwillige Schadensverhütung.

d. Der Entwurf von 1927

Im Entwurf von 1927 wurde das Bereiten von Hindernissen aufgrund der Kritik um die Drahtseilattentate wieder in den Tatbestand zum Schutz des Straßenverkehrs vor Eingriffen von außen aufgenommen. Der Tatbestand wurde für den Straßenbahnverkehr und den übrigen Straßenverkehr vereinheitlicht; die Strafbarkeit einer Dienstpflichtverletzung auf Angestellte eines Straßenunternehmens ausgeweitet (Abs. 2).

Das Tatbestandsmerkmal der Gemeingefahr wurde für die gemeingefährlichen Delikte mit dem Argument gestrichen, dass sich die Verwendung des Begriffs Gemeingefahr als undurchführbar erweist, denn damit lässt sich auch die Gefährdung einer individuell bestimmten Person nicht erfassen.[164] Statt des Begriffs der

---

162 *Vormbaum*, Band 2, S. 36; Denkschrift zu dem Entwurf von 1919, S. 198, 205 ff.; *Asholt*, S. 84 f.

163 Der Entwurf von 1925 ist in dessen § 207 gleichlautend.

164 Begründung zum Entwurf von 1927, Materialien zur Strafrechtsreform, Band 4, S. 116. – Die Reichstagsvorlage (Entwurf 1925) „hatte im Anschluss an den Entwurf von 1919 für diejenige Gefahrgruppe, die sie in diesem Abschnitt am häufigsten verwendete, die einheitliche Bezeichnung ‚Gemeingefahr' eingeführt und erläuterte diesen Begriff als ‚Gefahr für Menschenleben oder in bedeutendem Umfange für fremdes Eigentum'. Abgesehen davon, daß es misslich war, auf diese Weise neben dem Eigentum nur das Leben der Menschen, nicht aber auch ihre Gesundheit zu schützen, sprach gegen diese Bezeichnung insbesondere auch die Erwägung, daß von einer ‚Gemeingefahr' nur bei Gefährdung individuell nicht bestimmter Personen oder Sachen gesprochen werden kann, dagegen nicht bei einer Gefahr, die einer oder mehreren individuell bestimmten Personen oder Sachen droht."

Gemeingefahr, führt der Entwurf nun bei jedem Tatbestand die Gruppe derjenigen Gefährdungsobjekte auf, deren Gefährdung ein strafbedürftiges Maß der Störungshandlung anzeigt. Die Gefährlichkeit der abstrakten Handlung hat sich nunmehr nicht über einen generellen Begriff der Gemeingefahr, sondern über eine konkrete Gefahr für konkret benannte Gefährdungsobjekte zu manifestieren. Das überindividuelle Rechtsgut wird den Straßenverkehrsdelikten damit aber nicht genommen, handelt es sich doch weiterhin um speziell ausgeprägte gemeingefährliche Delikte über die Störung der Sicherheit im Verkehr.

Am häufigsten spricht der Entwurf von einer „Gefahr für Leib oder Leben oder in bedeutendem Umfang für fremdes Eigentum".[165] Ebenso wie im § 230 [Störung der Sicherheit des Eisenbahn-, Schiffs- und Luftverkehrs] bedroht der Entwurf neben den einzeln aufgeführten Störungshandlungen auch diejenigen Gefährdungen, die in „ähnlicher Weise" bewirkt werden. Voraussetzung der Strafbarkeit ist dabei, dass durch die Verkehrsstörung eine Gefahr für Leib oder Leben oder in bedeutendem Umfang für fremdes Eigentum entsteht und dass der Täter dies in seinen Vorsatz aufgenommen hat.[166]

Die Abgrenzung zwischen gemeingefährlichem und individualgefährdendem Delikt scheint nach dem Entwurf nicht objektiv nach der individuellen Bestimmtheit der gefährdeten Person zu erfolgen. Denn einer solchen „braucht" es ja nicht. Die Abgrenzung erfolgt vielmehr auf subjektiver Ebene entsprechend dem vom Täter gefassten Vorsatz: Handele der Täter in der Absicht, eine bestimmte Person zu gefährden, so sei er wegen der (versuchten) Verletzungsdelikte, nicht aber wegen Störung der Verkehrssicherheit zu bestrafen.[167]

Der neue Tatbestand der Lebensgefährdung wurde von den Tötungsdelikten in die gemeingefährlichen Delikte verlagert, um hier auch die vorher nicht individualisierte Person zu erfassen; insoweit wurde der Wortlaut von „einen anderen"

---

165 „Eine Gefahr für Leib oder Leben liegt vor, wenn die Gefahr besteht, daß ein Mensch sein Leben verliert oder daß er ernste Verwundungen oder sonstige erhebliche Schädigungen an seiner Gesundheit erleidet. Eine Mehrheit gefährdeter Personen wird nicht gefordert, die gefährdete Person braucht nicht individuell bestimmt zu sein. ... [W]enn dagegen die Absicht des Täters auf die Tötung oder Verletzung einer bestimmten Person mit Ausschluss anderer gerichtet ist, ist er nicht wegen Störung der Verkehrssicherheit auf Straßen, sondern wegen vollendeten oder versuchten Mordes oder wegen Körperverletzung zu bestrafen." – Begründung zum Entwurf von 1927, Materialien zur Strafrechtsreform, Band 4, S. 116.

166 Begründung zum Entwurf von 1927, Materialien zur Strafrechtsreform, Band 4, S. 121. Interne Störungen waren über den allgemeinen Tatbestand der Lebensgefährdung erfasst. Der Entwurf spricht hier von „ähnlichen" Eingriffen und bezieht sich dabei auf Beispiele der Außeneingriffe. Im Entwurf von 1919 war dagegen noch von einer Störung der Verkehrssicherheit „auf andere Weise" die Rede, wodurch die „Raser" erfasst werden sollten.

167 Begründung zum Entwurf von 1927, Materialien zur Strafrechtsreform, Band 4, S. 121.

durch „Menschenleben“ ersetzt. Mit dem neuen Tatbestand gab es nun eine Generalklausel zur abstrakten Lebensgefährdung. Die Frage nach der Abgrenzung von gemeingefährlichen Delikten zu den Tötungsdelikten wurde durch die systematische Verschiebung aber nicht beantwortet.[168]

Strafrechtskommission: Entwurf eines Allgemeinen Deutschen Strafgesetzbuchs (1927), 16. Abschnitt: Gemeingefährliche Handlungen. Störung des öffentlichen Verkehrs[169]

§ 231

Störung der Verkehrssicherheit auf Straßen

Wer die Sicherheit des Straßenverkehrs oder des Betriebs einer Straßenbahn durch Beschädigen oder Zerstören einer Brücke, einer Straße oder eines Weges, durch Beschädigen, Zerstören oder Beseitigen von Anlagen, Beförderungsmitteln oder Gegenständen, die dem Straßenverkehr dienen, durch Bereiten von Hindernissen auf der Fahrbahn, durch falsche Zeichen oder Signale oder auf ähnliche Weise stört und dadurch eine Gefahr für Leib oder Leben oder in bedeutendem Umfang für fremdes Eigentum herbeiführt, wird mit Gefängnis bestraft.
Ebenso wird bestraft, wer als Angestellter eines Straßenunternehmens bei Wahrnehmung des Dienstes seine Pflichten verletzt und dadurch die Sicherheit des Betriebs stört und eine Gefahr für Leib oder Leben oder in bedeutendem Umfang für fremdes Eigentum herbeiführt.
Der Versuch ist strafbar.

§ 234 – besonders schwerer Fall; § 235 – Todesfolge; § 236 – fahrlässige Begehung; § 237 – Tätige Reue

§ 243

Wer, abgesehen von den Fällen der §§ 225 bis 235, 238, 239, 241, 242, wissentlich und gewissenlos eine unmittelbare Gefahr für Menschenleben herbeiführt, wird mit Gefängnis bestraft.
In besonders schweren Fällen ist die Strafe Zuchthaus.

e. *Der Entwurf von Kahl 1930*

Im Schwerpunkt der Diskussion stand hier die Frage nach der Strafbarkeit einer Pflichtverletzung bei Personenbeförderung, wie sie im Eisenbahnverkehr, vgl. § 316 Abs. 2 RStGB, vorgesehen war. Die weiterhin viel diskutierte Lebensgefährdung, die in ihrer Reichweite Bedenken aufwarf, wurde trotz des Widerstands Österreichs letztlich verworfen. Eingriffe von Verkehrsteilnehmern selbst sollten nur über die Übertretungen sanktioniert werden. Die Abgrenzung der Tötungsdelikte von den gemeingefährlichen Delikten wurde erneut nicht abschließend geklärt.[170]

168 *Asholt*, S. 95–98 m.w.N.
169 *Vormbaum*, Band 2, S. 168.
170 *Asholt*, S. 98–102 m.w.N.

Strafrechtskommission: Entwurf eines Allgemeinen Deutschen Strafgesetzbuchs (1930), 16. Abschnitt: Gemeingefährliche Handlungen. Störung des öffentlichen Verkehrs[171]

§ 231

Störung der Verkehrssicherheit auf Wegen

Wer die Sicherheit des Straßenverkehrs oder des Betriebs einer Straßenbahn oder Kraftfahrlinie durch Beschädigen oder Zerstören eines Weges, eines Platzes, einer Brücke oder eines Durchganges, durch Beschädigen, Zerstören oder Beseitigen von Anlagen, Beförderungsmitteln oder Gegenständen, die dem Straßenverkehr dienen, durch Bereiten von Hindernissen, durch falsche Zeichen oder Signale oder durch ähnliche Eingriffe oder durch eine an Gefährlichkeit einem solchen Eingriff gleichkommende pflichtwidrige Unterlassung stört und dadurch eine Gefahr für Leib oder Leben oder in bedeutendem Umfang für fremdes Eigentum herbeiführt, wird mit Gefängnis bestraft. Der Versuch ist strafbar.

§ 234 – besonders schwerer Fall; § 235 – Todesfolge; § 236 – fahrlässige Begehung; § 237 – Tätige Reue

f. Zwischenfazit

Mit dem Kommissionsentwurf von 1919 wurde betont, dass eine durch die Tathandlung geschaffene Gemeingefahr den gesetzgeberischen Grund für die gemeingefährlichen Delikte darstellte. Diese einzelnen Delikte decken teilweise aber nur einzelne Ausschnitte einer weit zu verstehenden Gemeingefahr ab. So wählte der Entwurf neben der legal definierten Gemeingefahr auch die „Gefahr für [irgend]ein Menschenleben" oder aber die „Gefahr für das Leben eines [bestimmten] anderen". Für die Straßenverkehrsdelikte sollte eine abstrakte Gefahr allein nicht genügen. Um die straßenverkehrsrechtlichen Vergehen von den Übertretungen vorsichtig abzuheben, wurde ein zusätzlicher konkreter Gefährdungserfolg verlangt. Die Sicherheit des Straßenverkehrs als Rechtsgut sollte also nur dann in einer strafbaren Weise tangiert sein, wenn konkret benannte Gefährdungsobjekte durch die besonders gefahrenträchtige Tathandlung in konkrete Gefahr gebracht werden.

Die Entwürfe von 1922 und 1925 gehen wieder einen Schritt zurück, indem sie sich auf externe Störungshandlungen beschränken und daneben einen allgemeinen Tatbestand der Lebensgefährdung stellen. Der Entwurf von 1927 schließlich verzichtet gänzlich auf den Begriff der Gemeingefahr und nennt jeweils die Objekte, die Gegenstand einer konkreten Gefährdung sein müssen. Der allgemeine Tatbestand der Lebensgefährdung aus den vorhergehenden Entwürfen wurde aber zunächst beibehalten. Erst im Entwurf von 1930 wird dieser schließlich wieder verworfen. Die gefährliche Verkehrsteilnahme bleibt dem Bereich der Übertretungen vorbehalten.

---

171 *Vormbaum*, Band 2, S. 236.

4. Reformbestrebungen während des Nationalsozialismus

a. Nationalsozialistische Denkschrift und Referentenentwurf von 1933

Die Denkschrift „Nationalsozialistisches Strafrecht" knüpft an die bisherigen nicht vollendeten Reformbemühungen an und setzt nationalsozialistisches Denken an die Stelle der Demokratie. Nach Auffassung der Nationalsozialisten kann die Demokratie mit ihrer irrigen Grundauffassung auch im Strafrecht nichts Dauerndes und Brauchbares schaffen. So war Ziel ein sich in die allgemeine Gesetzgebung organisch einfügendes Strafgesetzbuch.[172] Hierbei wird eine andere Schutzrichtung zugrunde gelegt: An die Stelle eines materialistisch-individualistischen Strafrechts[173] tritt ein solches, das Volk und Familie voranstellt und sittliche Güter den materiellen überordnet.[174] Danach ist es Aufgabe des Strafrechts, dem Einzelnen die notwendigen Schranken zu setzen, damit nicht das Ganze Schaden leidet. Der Einzelne muss gezwungen werden, bei all seinem Handeln die notwendige Rücksicht auf die Erhaltung des Bestandes der Nation und ihres Wohles zu nehmen.[175]

Die Straßenverkehrsdelikte sollen nach der umstrittenen[176] Denkschrift ohne die Voraussetzung eines konkreten Gefährdungserfolgs formuliert werden. Danach

---

172 Dazu *Kerrl*, in: *Kerrl*, Nationalsozialistisches Strafrecht, S. 3.

173 So *Freisler*, in: *Kerrl*, Nationalsozialistisches Strafrecht, S. 6: „Entstanden in einer Zeit wachsender äußerer Erfolge des deutschen Volkes und vor allem in einer Zeit hierdurch bedingter und durch andere Umstände, wie die unaufhaltsam vorwärtsstürmende Technik, ungesund geförderter Bereicherung einzelner Volksteile trägt dieses Strafrecht den Stempel der Gesinnung jener materialistisch-individualistischen Zeit."

174 Vgl. *Freisler*, in: *Kerrl*, Nationalsozialistisches Strafrecht, S. 6 ff. (9).

175 Vgl. *Kerrl*, in *Kerrl*, Nationalsozialistisches Strafrecht, S. 5. – „Der Staat ist nach nationalsozialistischer Auffassung nicht etwa Zweck an sich selbst, sondern nur Mittel zu dem einen Zweck, dem alles Menschenleben von Natur zu dienen hat: Der Erhaltung und Sicherung des Bestandes der Nation, des Volkstums, der Rasse. Diese Sicherung wiederum kann nach der Idee des Nationalsozialismus, aber auch nach gesundem Menschenverstande, naturgemäß nur durchgeführt werden, wenn der Einzelne sich willig, oder durch den Staat gezwungen, unter die unabänderliche Tatsache beugt, daß er ein, wenn auch organischer, Teil der großen Blutsgemeinschaft seiner Nation ist, deren Erhaltung, selbst auf Kosten seines eignen Lebens, die Richtschnur seines praktischen Handelns zu sein hat", S. 4.

176 Als Gegenstück zu dieser „grundstürzenden Neuerung" mit „schwersten Bedenken [...] gerade auch vom nationalsozialistischen Standpunkte aus" siehe *Detter*, in: *Freisler*, Denkschrift des Zentralausschusses, S. 46 ff. „Das Motiv der Straffurcht lege sich hemmend auf den Tätigkeitsbetrieb und erzeuge ein Defizit an Entschlusskraft und Wirkungsfreude. ... Selbstbewusste Männlichkeit gedeihe nicht unter der Glasglocke. Das Vertrauen auf die eigene Umsicht und Kraft sei ein unersetzlicher, in jedem Betracht zu fördernder Wert. Eine Gemeinschaft, die ihren Gliedern möglichst jede Gefahr zu ersparen sucht durch weitestgehenden Polizei- und Strafschutz, züchte nicht die Gesinnung, die in echter Volksnot sich siegreich

soll derjenige bestraft werden, der „vorsätzlich oder fahrlässig die Sicherheit auf öffentlichen Straßen oder des Betriebes auf einer Straßenbahnanlage [...] durch Beschädigungen, Zerstörungen, durch Bereiten von Hindernissen oder auf andere Weise gefährdet". Diese, von einem konkreten Gefährdungserfolg losgelöste Konzeption der Straßenverkehrsdelikte führt zu einer erheblichen Ausweitung der Strafbarkeit, da die (abstrakte) Gefährdung der Verkehrssicherheit allein ausreicht, ohne dass sich diese in einer Gefährdung von Leben, Leib oder Sachwerten manifestieren muss.[177] Bei der Gefährdung des Transports durch die Eisenbahn und vergleichbaren Betrieben, die unter besonderen Schutz[178] gestellt werden, soll dagegen die Voraussetzung eines konkreten Gefährdungserfolgs erhalten bleiben.[179] Generell soll das – vom Zufall abhängige – Erfolgsstrafrecht durch ein Willensstrafrecht ersetzt werden.[180]

Basierend auf dem Entwurf von 1927 und dem Entwurf von *Kahl* sowie der obigen Denkschrift wurde 1933 ein Referentenentwurf als Arbeitsgrundlage erstellt. Hinsichtlich des Schutzes des Straßenverkehrs wurde der Entwurf von *Kahl* im Sinne eines Erfolgsstrafrechts entgegen der Denkschrift fortgeführt, indem neben der abstrakten Gefährdung der Verkehrssicherheit zusätzlich ein konkreter Gefährdungserfolg verlangt wird. Dabei wird – wie schon in vorherigen Entwürfen – über den Wortlaut verdeutlicht, dass die abstrakt gefährliche (Störungs)handlung zu einer konkreten Gefahrensituation für ein benanntes Gefährdungsobjekt („und da-

---

behaupte. Also entspreche die Anhäufung von Gefährdungsverboten ganz gewiss nicht nationalsozialistischer Denkart", S. 48.

177 *Asholt*, S. 107 f.; *Kerrl*, Nationalsozialistisches Strafrecht, S. 78.

178 „Besonders schutzwürdig sind Verkehrsmittel, die eine hohe Geschwindigkeit haben und deren Verkehrswege besondere Gefahren bergen", *Kerrl*, Nationalsozialistisches Strafrecht, S. 77, wobei danach eine verschiedene Behandlung von Eisenbahnen und Straßenbahnen begründet sei.

179 *Kerrl*, Nationalsozialistisches Strafrecht, S. 78: „Besonders schwer zu bestrafen ist, wer vorsätzlich oder fahrlässig die Sicherheit des Betriebes auf Eisenbahn-, Schwebebahn-, Drahtseil- oder Zahnradbahnanlagen, Schiffahrts- oder Luftwegen oder Reichsautobahnen durch Beschädigungen, Zerstörungen, Bereiten von Hindernissen oder auf andere Weise beeinträchtigt und dadurch eine Gefahr für Leib oder Leben oder schwerwiegende Gefahren für fremdes Eigentum herbeiführt."

180 *Kerrl*, Nationalsozialistisches Strafrecht, S. 123 f.: „Nicht der verletzende Erfolg, sondern das gefährliche Verhalten des Täters hat den Ausgangspunkt zu bilden. Dies entspricht auch dem Wesen der menschlichen Handlung: Der Mensch kann nur in der Weise tätig werden, daß er Möglichkeiten (Wahrscheinlichkeiten) eines verletzenden Erfolges setzt. Nach strenger Logik kann man ihm nur die Vornahme solcher Handlungen verbieten. Ob der verletzende Erfolg sich an sein Handeln anschließt, hat er nicht in der Hand. Es wird daher in viel weiterem Umfange als bisher auf das „Unternehmen" der Herbeiführung eines verletzenden Erfolges, auf die Vornahme von Handlungen, die „geeignet" sind, den oder jenen Erfolg herbeizuführen, abzustellen sein."

durch“) führen muss. Damit verfestigt sich die mehrgliedrige Struktur als konkretes Gefährdungsdelikt.

Entwurf eines Allgemeinen Deutschen Strafgesetzbuchs (1933), 16. Abschnitt: Gemeingefährliche Handlungen. Störung des öffentlichen Verkehrs[181]

§ 231

Störung der Verkehrssicherheit auf Wegen

Wer die Sicherheit des Straßenverkehrs oder des Betriebs einer Straßenbahn oder Kraftfahrlinie durch Beschädigen oder Zerstören eines Weges, eines Platzes, einer Brücke oder eines Durchgangs, durch Beschädigen, Zerstören oder Beseitigen von Anlagen, Beförderungsmitteln oder Gegenständen, die dem Straßenverkehr dienen, durch Bereiten von Hindernissen, durch falsche Zeichen oder Signale oder durch ähnliche Eingriffe oder durch eine an Gefährlichkeit einem solchen Eingriff gleichkommende pflichtwidrige Unterlassung stört und dadurch eine Gefahr für Leib oder Leben oder in bedeutendem Umfang für fremdes Eigentum herbeiführt, wird mit Gefängnis nicht unter drei Monaten bestraft.

Der Versuch ist strafbar.

§ 234 – besonders schwerer Fall; § 235 – Todesfolge; § 236 – fahrlässige Begehung; § 237 – Tätige Reue

b. Strafrechtsänderungsgesetz vom 28.6.1935

Mit dem Gesetz zur Änderung des Strafrechts vom 28.6.1935[182] wurde zumindest der Eisenbahn-, Schiffs- und Luftverkehr[183] neu gefasst und der strittige[184] Begriff der Gemeingefahr in § 315 Abs. 3 RStGB n.F. gesetzlich definiert.[185]

Der Gesetzgeber[186] war der Auffassung, dass der Verkehr auf den Eisenbahnen, die Schiffahrt und die Luftfahrt eines wesentlichen wirksameren Schutzes bedarf als er durch das bisherige Recht gewährt wird. Daher sei es angezeigt, „zum mindesten die wichtigste der für die Reform vorbereiteten Strafvorschriften auf diesem Gebiete in Kraft zu setzen.“

In der amtlichen Begründung betont der Gesetzgeber den Schutz des Eisenbahnverkehrs, sowie der Schiffahrt und der Luftfahrt und verweist auf die „großen Ge-

181 *Vormbaum*, Band 2, S. 312.
182 RGBl. I. S. 839.
183 Der zuvor geschaffene § 33 Luftverkehrsgesetz vom 1.8.1922 wurde dabei gestrichen.
184 Das ungelöste Problem soll an dieser Stelle nicht erneut vertieft werden. Zur damaligen Diskussion siehe *Asholt*, S. 113 ff. (124 f.) m.w.N. und *Thierack*, in: *Gürtner*, Das kommende deutsche Strafrecht, Besonderer Teil, S. 299 ff., 308 ff.
185 Siehe dazu auch *Thierack*, in: *Gürtner*, Das kommende deutsche Strafrecht, Besonderer Teil, S. 299.
186 Siehe hierzu: Amtliche Begründung zur Strafrechtsnovelle vom 28. Juni 1935, S. 35 f.

fahren, die eine Störung des Eisenbahnbetriebs, der Schiffahrt oder der Luftfahrt mit sich bringen kann. Der Tatbestand des neuen § 315 RStGB wurde um den „ähnlichen Eingriff" erweitert, denn das Gesetz könne nicht alle strafwürdigen Handlungen einzeln aufführen. Um den Tatbestand aber gegen eine „zu weite Ausdehnung" zu sichern, setze die Vorschrift nun die Herbeiführung einer legal definierten „Gemeinfahr" voraus. Angesichts der angedrohten hohen Strafen sei die so erreichte Einschränkung geboten.

Mit dem Strafrechtsänderungsgesetz und dessen Begründung lässt sich das bisherige Ergebnis stützen, dass es bei den Verkehrsdelikten um einen „Verkehrsschutz" und nicht um einen „Individualschutz" geht. Das Merkmal der „Gemeingefahr" hat dabei eine strafbarkeitsbegrenzende Funktion[187], da es Art und Ausmaß einer strafbedürftigen Verkehrsstörung festlegt. Diese zeigt sich in einer Gefahr für die in der Definition genannten Gefährdungsobjekte.

Ein Blick in die Beratungen der Strafrechtskommission[188] zeigt aber, das noch nicht abschließend geklärt war, ob die Tatbestände der gemeingefährlichen Delike – wie nun vorgesehen – an einen legal zu definierenden Begriff der Gemeingefahr anknüpfen sollten oder ob im jeweiligen Tatbestand eine auf diesen zugeschnittene konkrete Gefahr zu formulieren sei.[189]

Zwar hatte diese Gesetzesänderung auf noch nicht normierte spezifische Straßenverkehrsdelikte keine direkten Auswirkungen, doch wird sie deren spätere Fassung beeinflussen.[190]

Strafrechtsänderungsgesetz vom 28.06.1935 (RGBl. I. S. 839)

1. Die §§ 315 und 316 des Strafgesetzbuches erhalten folgende Fassung:

§ 315

(1) Wer die Sicherheit des Betriebs einer Eisenbahn oder Schwebebahn, der Schifffahrt oder Luftfahrt durch Beschädigen, Zerstören oder Beseitigen von Anlagen oder Beförderungsmittelns durch Bereiten von Hindernissen, durch falsche Zeichen oder Signale oder durch ähnliche Eingriffe oder durch eine an Gefährlichkeit einem solchen Eingriff gleichkommende pflichtwidrige Unterlassung beeinträchtigt und dadurch Gemeingefahr herbeiführt, wird mit Zuchthaus bis zu zehn Jahren bestraft. In besonders schweren Fällen ist auf Zuchthaus nicht unter fünf Jahren oder auf lebenslanges Zuchthaus oder auf Todesstrafe zu erkennen.

---

187 Siehe dazu schon die Ausführungen zu den vorherigen Entwürfen, etwa beim Vorentwurf, B.II.2.f(4)(c), dem Kommissionsentwurf von 1919, B.II.3.b., und 1927, B.II.3.d. und das Fazit unter B.II.3.f.

188 Siehe die Verhandlungen der Strafrechtskommission, abgedruckt in *Schubert/Regge*, Abt. II, Band II, Teil 2 (47. Sitzung vom 20.9.1934, S. 3 f., 16) und Abt. II, Band II, Teil 4 (87. Sitzung vom 24.10.1934, S. 18 ff.).

189 Die bisher vorgestellten Entwürfe (siehe dort) waren in dieser Hinsicht nicht einheitlich. Zum Schicksal des Merkmals der „Gemeingefahr" siehe später unter B.II.6.c.

190 *Asholt*, S. 123.

(2) Wer auf solche Wiese die Sicherheit des Betriebs einer Straßenbahn beeinträchtigt und dadurch eine Gemeingefahr herbeiführt, wird mit Gefängnis bestraft. Der Versuch ist strafbar. In besonders schweren Fällen ist die Strafe Zuchthaus bis zu zehn Jahren.
(3) Gemeingefahr bedeutet eine Gefahr für Leib oder Leben, sei es auch nur eines einzelnen Menschen oder für bedeutende Sachwerte, die in fremden Eigentum stehen oder deren Vernichtung gegen das Gemeinwohl verstößt.

§ 316

(1) Wer fahrlässig eine der in § 315 Abs. 1 bezeichneten Taten begeht, wird mit Gefängnis nicht unter einem Monat bestraft.
(2) Wer fahrlässig eine der in § 315 Abs. 2 bezeichneten Taten begeht, wird mit Gefängnis bis zu drei Jahren oder mit Geldstrafe bestraft.

c. *Der Kommissionsentwurf von 1936 und der Entwurf von 1939*

Auf den Referentenentwurf von 1933 folgte 1936 der Entwurf der amtlichen Strafrechtskommission. Dieser kehrte sich vom Entwurf von 1919 ab und orientierte sich stärker an den nachfolgenden Entwürfen, die interne Störungen durch Verkehrsteilnehmer nicht (oder nur eingeschränkt durch eine Unterlassungsstrafbarkeit) unter Strafe stellten. Auch die zuvor in den Entwürfen ausgeweitete Kasuistik der Tathandlungen wird reduziert. Im Hinblick auf das Kraftfahrzeuggesetz mit seinen speziellen Strafbestimmungen[191] und die neu erlassene Reichs-Straßenverkehrsordnung vom 28.5.1934[192] beschränkt sich die Vorschrift des § 312 des Entwurfs auf gefährliche Eingriffe in den Straßenverkehr. Erfasst sind nur noch die Beschädigung der Verkehrswege und das Bereiten von Hindernissen durch Vorgänge außerhalb der Verkehrsteilnahme, also klassische Außeneingriffe.[193]

---

191 Dort §§ 21 ff.

192 RGBl. 1934 I. S. 455. Dazu § 36 RStVO: „Wer Vorschriften dieser Ordnung oder zu ihrer Ausführung erlassenen Anweisungen des Reichsverkehrsministers zuwiderhandelt, wird mit Geldstrafe bis zu 150 Reichsmark oder mit Haft bestraft." Daneben wurde in § 25 RStVO der schon im preußischen Landrecht angedeutete, vgl. § 25 ALR, und heute noch geltende Grundgedanke festgehalten, der besagt: „Jeder Teilnehmer am Verkehr hat sich so zu verhalten, daß er keinen Anderen schädigt oder mehr, als nach den Umständen unvermeidbar, behindert oder belästigt, RGBl. 1934 I. S. 455 (462). Bereits 1937 wurde die RStVO von 1934 durch die StVO ersetzt (RGBl. 1937 I. S. 1179). Der Grundgedanke des § 25 RStVO wurde um die Gefährdung eines anderen erweitert und als § 1 vorangestellt. Zudem wurde mit dem Kraftfahrzeugänderungsgesetz von 1939 eine Pflichtversicherung für Kraftfahrzeuge eingeführt (RGBl. 1939 I. S. 2223) und eine Höchstgeschwindigkeit zur Senkung der Unfallzahlen und zur Reduzierung des – dem Kriegseinsatz vorbehaltenen – Kraftstoffverbrauchs angeordnet.

193 Siehe Begründung zum Entwurf von 1936 in *Schubert/Regge*, Abt. 2, Band 1, S. 202: „Die erhebliche Beschädigung einer Straße setzt einen Eingriff in den Straßenkörper voraus, wie er etwa durch Ausheben von Pflastersteinen oder durch Lockern einer

Dagegen soll regelwidriges Verkehrsverhalten der Verkehrsteilnehmer ausgeblendet werden. Begründet wurde dies damit, dass verkehrswidriges Verhalten durch besondere Vorschriften in den genannten Gesetzen geregelt ist. Auch sei zu berücksichtigen, dass der neue Verkehr auf der Straße eine einfache und großzügige Ordnung erfordert und nicht durch Vorschriften, die mit den Bedürfnissen des Lebens unvereinbar sind, gehemmt oder eingeengt werden darf. Dies soll auch bei dem vorgeschlagenen § 312 berücksichtigt werden, sodass nicht jede schuldhafte Gefährdung des Straßenverkehrs im allgemeinen Strafgesetzbuch mit Strafe zu bedrohen ist. Vielmehr soll der Entwurf sich darauf beschränken, gewisse besonders gefährliche und völlig außerhalb des zulässigen Gebrauchs der Straße liegende Vorgänge zu erfassen.[194] Hier wird also eine zuvor beim Entwurf von 1919 beschriebene „Privilegierung" der Verkehrsteilnahme in extremem Maß zum Schutze der Verkehrsentwicklung angestrebt.

Danach ist die Gefährdung des Straßenverkehrs wie folgt gefasst:

Strafrechtskommission: Entwurf eines Allgemeinen Deutschen Strafgesetzbuchs (1936), 20. Abschnitt: Brandstiftung und sonstige gefährliche Handlungen. Gemeingefährliche Handlungen[195]

§ 312 (324)

Gefährdung des Straßenverkehrs

Wer eine Straße erheblich beschädigt oder ihre Gebrauchsfähigkeit sonst erheblich stört und dadurch die Sicherheit des öffentlichen Verkehrs gefährdet, wird mit Gefängnis bestraft.

---

eingelegten Schiene bewirkt werden kann. Als Beispiele einer sonstigen erheblichen Störung der Gebrauchsfähigkeit einer Straße sind das Spannen eines Seils über die Straße, das Niederlegen schwerer Steine, Eisenstangen oder Pfähle auf die Straße und das Bestreuen der Straße mit Nägeln aufzuführen. Dagegen wird das Tatbestandsmerkmal dadurch allein nicht erfüllt, daß der Täter die Straße überschreitet, obwohl das Verkehrszeichen „Halt" gegeben ist; daß er mit einem Fahrrad ohne Glocke oder bei Dunkelheit mit unbeleuchtetem Fahrrad fährt, daß er das Zeichen über den Wechsel der Fahrtrichtung nicht oder falsch gibt, daß er das Fahrzeug an einer Stelle aufstellt, an der das Parken nicht zulässig ist, oder daß er sonst als Teilnehmer am Straßenverkehr einer für den Verkehr gültigen Vorschrift zuwiderhandelt." Zur Abgrenzung zu den Spezialbestimmungen siehe auch *Thierack*, in: *Gürtner*, Das kommende deutsche Strafrecht, Besonderer Teil, S. 299 ff. (312): „Bei der Bestimmung über die Gefährdung des Straßenverkehrs war eine Abgrenzung zu den anderen Verkehrsvorschriften [KFG; RStVO] notwendig, die nicht allein in dem Tatbestandsmerkmal der Gemeingefahr liegen konnte. Als Gefährdungsmittel wurden die Beschädigung des Verkehrsweges und das Bereiten eines Hindernisses angesehen. Das Hindernis darf aber nicht in der üblichen, wenn auch vielleicht fehlerhafter Benutzung des Beförderungsmittels liegen, z. B. nicht im falschen Überholen oder im Nichtanzeigen des Einbiegens. Es muss vielmehr ein außergewöhnliches, über eine Ordnungswidrigkeit hinausgehendes Hindernis sein, z. B. das Legen schwerer Steine auf die Fahrbahn oder das Spannen eines Seils quer zur Fahrbahn". – Vertiefend zur Abgrenzung von Straftat und Ordnungswidrigkeit, S. 111–113 m.w.N.

194 Begründung zum Entwurf von 1936 in *Schubert/Regge*, Abt. 2, Band 1, S. 196 ff. (202).

195 *Vormbaum*, Band 2, S. 406.

§ 319 Nr. 3 (... wenn durch die Tat in der Bevölkerung Angst oder Schrecken erregt werden sollte) – besonders schwerer Fall; § 321 – Tätige Reue

Hinsichtlich des Straßenverkehrs wurde – wie in der gegebenen Fassung ersichtlich – das Erfordernis der Gemeingefahr, wie es in § 315 Abs. 3 RStGB normiert wurde, durch die Gefährdung der „Sicherheit des öffentlichen Verkehrs" ersetzt. Entgegen vorheriger Entwürfe verliert die Regelung zum Schutze des Straßenverkehrs, da sie keinen konkreten Gefährdungserfolg nennt, an Kontur und scheint entgegen der Begründung einen weiten (willkürlichen) Anwendungsbereich zu eröffnen.[196]

Ein weiteres Extrem stellt der Entwurf von 1939 dar. Dieser nimmt auch die fahrlässige Straßenverkehrsgefährdung wieder auf und verwirft die zuvor intendierte Beschränkung auf außerordentliche schwere Fälle. Als restriktives Element verblieb danach allein die Schwelle der Erheblichkeit.[197]

d. Zwischenfazit

Durch den Zweiten Weltkrieg wird die Strafrechtsreform weiter hinausgezögert. Auch wenn keiner der Entwürfe bisher Gesetz wurde, so lässt sich für die historische Tradition des Schutzziels und Schutzbereichs kein fester Grundstein, sondern ein „steter Wandel"[198] ablesen, der sich durch jeweils andere äußere Begleitumstände erklärt. Mit den zahlreichen Entwürfen ist es nicht gelungen, eine stabile Regelungsstruktur zu entwickeln. So wird der Schutzbereich der Straßenverkehrsdelikte mit den vorgeschlagenen, unterschiedlich weit reichenden objektiven und subjektiven Voraussetzungen in den zahlreichen Entwürfen uneinheitlich bestimmt. Neben der Problematik um die Begrifflichkeit der Gemeingefahr und der Systematik der Verkehrsdelikte spielt hierbei das kriminalpolitische Bedürfnis, auf die Entwicklung des Straßenverkehrs zu reagieren, eine wesentliche Rolle. Straf*würdig*keit und Straf*bedürftig*keit knüpfen dabei an das zugrunde gelegte Rechtsgut als Schutzziel an. Ausgehend von den Delikten zum Schutz des Eisenbahnverkehrs ist festzuhalten, dass sich über die Entwürfe hinweg für die Verkehrsdelikte als gemeingefährliche Taten das allgemeine Rechtsgut der Sicherheit des Verkehrs spezifisch für den jeweiligen Verkehrsträger etabliert hat und für den Straßenverkehr auf eine gesetzgeberische Umsetzung wartete.

Mit einem Rechtsgut der Sicherheit des Verkehrs geht es um den Schutz eines überindividuellen (wirtschaftlichen und gesellschaftlichen) Interesses der Allgemeinheit als solche, einen sicheren Verkehr zu gewährleisten. Diese Sicherheit wird über den Schutz der Straßensubstanz, der Gesellschaft vor dem Verkehr, aber auch der Verkehrsteilnehmer untereinander bestimmt. Eine Störung dieser Verkehrssicherheit bzw. dieses allgemeinen Interesses manifestiert sich unter dem Gesichts-

196 So *Asholt*, S. 116. Zudem wurde die im Entwurf von 1930 verworfene Lebensgefährdung wieder aufgenommen (vgl. § 315 des Entwurfs).

197 Vgl. hierzu *Asholt*, S. 118, 129 f.

198 Kritisch zum Wandel des Rechtsguts *Asholt*, S. 174 f., insbesondere zu der noch folgenden Gesetzesentwicklung.

punkt einer Gemeingefahr an der Gefährdung bestimmter Gefährdungsobjekte. Allein vom Schutz von Individualrechtsgütern zu sprechen, wird der Bedeutung dieses Sicherheitsinteresses nicht gerecht.[199]

So war es in erster Linie der Eisenbahnverkehr, dem dieses weite Schutzinteresse zukam. Mit den Entwürfen wird aber klar, dass auch der Straßenverkehr mit seiner zunehmenden Massenhaftigkeit dieses Schutzinteresse rechtfertigt. Hinsichtlich der Strafwürdigkeit ist also auf das Motiv abzustellen, gemeingefährlichen Handlungen, die mit einer abstrakten Gefahr auch für ein überindividuelles gesellschaftliches Interesse verknüpft sind, mit geeigneten Strafvorschriften entgegenzutreten. Die Frage aber, welches konkrete strafwürdige Verhalten sich als strafbedürftig erweist, wird in den Entwürfen mit unterschiedlicher Schwerpunktsetzung beantwortet. Es wird klar, dass der Schutz der Sicherheit des Straßenverkehrs nicht mehr nur über die Übertretungen durch *abstrakt* gefährliche Verhaltensweisen abgedeckt werden kann. Andererseits ergeben die Entwürfe aber auch, dass abstrakt gemeingefährliche Verhaltensweisen nicht in Gänze vom Niveau der Übertretung auf die Ebene eines Vergehens oder Verbrechens hochgestuft werden können oder sollen. Daher beschränkt der Gesetzgeber – mit den in den Entwürfen jeweils gewählten Gefährdungsklauseln als Ausschnitt einer Gemeingefahr – die Strafbarkeit auf solche Fälle, in denen sich ein gewisses (strafbedürftiges) Ausmaß einer *konkreten* Gefahr für bestimmte individuelle Gefährdungsobjekte *realisiert* bzw. *manifestiert* hat.

Auch hat sich gezeigt, dass die Entwürfe (insbesondere von 1919 und 1936) im Hinblick auf das Verhalten der Straßenverkehrsteilnehmer selbst (Sicherheit im Verkehr) zurückhaltend sind und die Verkehrsteilnahme zu privilegieren versuchen. Anders als beim der Schutz der Straßensubstanz oder bei den Eingriffen von außen wird daher die Strafbarkeit der Verkehrsteilnehmer selbst an strengere Voraussetzungen geknüpft (vgl. hier § 260 Abs. 1 des E 1919). Dies mit dem Argument, die Entwicklung des Verkehrs nicht übermäßig zu beeinträchtigen oder gar zu hemmen. Begleitet wird diese Vorsicht mit dem Bedürfnis, einer Reform des Strafgesetzbuches nicht vorzugreifen. Beides „bremst“ den Gesetzgeber damit in dem Bestreben aus, schon jetzt angemessen auf sich ändernde Umstände zu reagieren.

5. Das Gesetz zur Sicherung des Straßenverkehrs von 1952

Nachdem schon der erste Weltkrieg einen Impuls zur Motorisierung des Straßenverkehrs gesetzt hatte, wurde dieser durch den Zweiten Weltkrieg verstärkt, sodass – später auch begünstigt durch das Wirtschaftswunder – der private Individualverkehr den Charakter der Massenhaftigkeit annahm. Durch die Kriegsrüstung war die Motorisierung in Deutschland stark gefördert worden und der („billige“) Kraftwagen ging in Massenproduktion. Da der Lebensstandard wuchs und sich die Bedarfsstruktur än-

199 Siehe hierzu schon die Ausführungen aus der Vergleichenden Darstellung, oben unter B.II.2.e. Ausführlich zum Rechtsgut der heutigen Straßenverkehrsdelikte unten C. Dabei geht es insbesondere um die Frage, inwieweit neben dem Rechtsgut der Verkehrssicherheit noch Raum für die Annahme eines Individualrechtsgüterschutzes ist.

derte, stiegen auch die privaten Haushalte vom Kraftrad auf das Automobil um. In der „anonymen Massenproduktion" wurde das eigene Automobil ein Mittel des persönlichen Ausgleichs.[200] Hinzu kam, dass die Unabhängigkeit von einem starren Fahrplan, die Ungebundenheit von der vorgeschriebenen Streckenführung der Schienenwege und die „Bequemlichkeit des Von-Haus-zu-Haus-Verkehrs im System der Wertschätzungen der privaten Haushalte immer höheren Rang erhielten".[201] Über einen privaten Personenkraftwagen zu verfügen, wurde in den meisten Industriestaaten zudem zu einer Angelegenheit des sozialen Prestiges.[202] Der private Personenkraftwagen wird schließlich in den Sechzigern zum dominierenden Verkehrsmittel aufsteigen. So hatte der Bestand der Personenkraftwagen im Jahre 1938 noch bei 723 000 gelegen, stieg nach dem Krieg bis 1955 bereits auf knapp 1,7 Millionen an und erreichte 1963 einen Bestand von über sieben Millionen.[203] Aber auch der Omnibusverkehr, der Werkverkehr zur Beförderung von gewerblichen Gütern und Arbeitskräften sowie der gewerbliche Güternahverkehr und Güterfernverkehr gewannen nach dem Zweiten Weltkrieg an Bedeutung.[204] Mit der Zunahme des Fahrzeugbestandes wuchs auch die Zahl der Verkehrsunfälle und der dadurch verletzten oder gar getöteten Personen. Daraufhin wurde die Kritik am Verkehr lauter und rief den Gesetzgeber auf den Plan, um auf den Menschen als ausgemachte Hauptursache einzuwirken.

a. *Regierungsentwurf zu einem Gesetz zur Bekämpfung der Unfälle im Straßenverkehr*

So wurde schon im Oktober 1951 ein Entwurf zu einem Gesetz zur Bekämpfung der Unfälle im Straßenverkehr vorgelegt[205], der in Art. 2 Nr. 4 den § 315a als neue Vorschrift über den Straßenverkehr[206] vorsah:

---

200 Im Zuge der Massenbeschäftigung gab das individuelle Kraftfahrzeug dem Einzelnen, der sich z.B. an seinem Arbeitsplatz unterdrückt fühlte oder über keine Möglichkeit verfügte, seinen Ärger abzureagieren, genügende Chancen zur Selbstbetätigung, zum „Austoben" und um sein persönliches Ansehen aufzubauen, vgl. *Voigt*, S. 460 f.

201 *Voigt*, S. 461.

202 *Voigt*, S. 461.

203 *Voigt*, S. 463.

204 *Voigt*, S. 462.

205 Gesetz zur Bekämpfung der Unfälle im Straßenverkehr, BT-Drucks. I/2674.

206 Daneben sollte auch auf Vorschlag des Bundesrates die Trunkenheitsfahrt ohne weitere Gefährdung unter Strafe gestellt werden. § 139c des Entwurfs: „Wer auf öffentlichen Straßen ein Fahrzeug führt, obwohl er infolge des Genusses geistiger Getränke oder anderer berauschender Mittel in der sicheren Führung des Fahrzeuges behindert ist, wird, soweit die Tat nicht nach anderen Vorschriften mit schwerer Strafe bedroht ist, mit Gefängnis bis zu zwei Jahren bestraft. Der Versuch ist strafbar." Diese Vorschrift fand aber im späteren Gesetz noch keine Umsetzung, vgl. Protokoll der 237. Sitzung vom 18.11.1952, S. 10947 D – 10948 B; 10952 D. *Gengler* auf S. 10948 B: „Der § 139c ist hiernach [neben § 315a, der § 139c teilweise wiederhole und überflüssig

§ 315a

Wer die Sicherheit des Straßenverkehrs oder des Betriebs einer Straßenbahn dadurch beeinträchtigt, daß er

1. Anlagen oder Beförderungsmittel beschädigt, zerstört oder beseitigt, Hindernisse bereitet, falsche Zeichen oder Signale gibt oder einen ähnlichen Eingriff vornimmt,
2. als Führer eines Fahrzeuges rücksichtslos fährt,
3. ein Fahrzeug führt, obwohl er infolge des Genusses geistiger Getränke oder anderer berauschender Mittel in der sicheren Führung des Fahrzeuges behindert ist,
4. ein Fahrzeug führt, obwohl er infolge geistiger oder körperlicher Mängel sich nicht sicher im Verkehr bewegen kann und keine Vorsorge getroffen ist, daß er andere nicht gefährdet oder
5. eine pflichtwidrige Unterlassung begeht, die an Gefährlichkeit einer der in Nr. 1 bis 4 genannten Handlungen gleichkommt,

und durch ein solches Verhalten eine Gemeingefahr (§ 315 Absatz 3) herbeiführt, wird mit Gefängnis bestraft.

Der Versuch ist strafbar.

In besonders schweren Fällen, namentlich wenn der Täter Leib oder Leben vieler Menschen in Gefahr bringt oder besonders gewissenlos handelt, kann auf Zuchthaus bis zu zehn Jahren erkannt werden.

Nach Art. 2 Nr. 5 war § 316 vorgesehen:

§ 316

Wer fahrlässig eine der im § 315 bezeichneten Taten begeht, wird mit Gefängnis bestraft.

Wer fahrlässig eine der im § 315 a bezeichneten Taten begeht, wird mit Gefängnis bis zu zwei Jahren oder mit Geldstrafe bestraft.

§ 315 Abs. 3

Gemeingefahr bedeutet eine Gefahr für Leib oder Leben, sei es auch nur eines einzelnen Menschen, oder für bedeutende Sachwerte, die in fremdem Eigentum stehen oder deren Vernichtung gegen das Gemeinwohl verstößt.

---

mache] in der Sache entbehrlich. Seine Streichung halten wir aber deswegen für besonders erforderlich, weil er gewisse Gefahren in sich birgt, indem er, wenn auch vielleicht ungewollt, den Polizeiorganen letztlich die Möglichkeit gibt, jeden Kraftfahrer, ohne daß eine Verkehrsgefährdung eingetreten ist, einfach zu überprüfen, ob Alkoholgenuß vorliegt. ... Der Kraftfahrer kann damit Objekt der Polizei nach deren Belieben werden. ... Die Art der Feststellung kann zu Weiterungen und unbilligen Beschränkungen der persönlichen Freiheit von Seiten der Polizeiorgane führen, z. B. mit der Aufforderung, den Polizeibeamten anzuhauchen, damit er feststellen kann, ob Alkohol genossen worden ist, ... oder mit der Aufforderung, sich einer Blutentnahme zu unterziehen, wenn nur der geringste Verdacht des Alkoholgenusses besteht. Die Auswirkungen des § 139 c sind also nicht abzusehen. Damit würden wir in die gefährliche Nähe eines Polizeistaates kommen. Sowohl im Interesse des Staatsbürgers als auch der Polizei selbst sollten wir dieser Gefahr begegnen."

Zur Begründung[207] führte der Entwurf in den allgemeinen Bemerkungen aus, dass durch die täglichen Verkehrsunfälle große Verluste an Leben, Gesundheit und Volksvermögen[208] entstehen.

---

207 BT-Drucks. I/2674, S. 7. Siehe hierzu auch *Seebohm*, Erste Beratung, 171. Sitzung vom 25.10.1951, S. 7045 D: „Das Absinken der staatlichen Autorität in der Kriegs- und Nachkriegszeit hat im Zusammenhang mit der Überalterung der Fahrzeuge und mit der unzureichenden Überwachung des Straßenverkehrs durch die Polizeiverwaltungen, aber auch im Zusammenhang mit der sehr milden Handhabung der geltenden Vorschriften durch Polizei und Gerichte dazu geführt, daß der Disziplinlosigkeit, die durch die Kriegs- und Nachkriegsverhältnisse eingerissen war, nicht entsprechend entgegengetreten werden konnte." – *Günther*, S. 7050 B: „Man kann sich also vorstellen, was für Todeszahlen bei steigendem Verkehr in Zukunft zu erwarten sind, wenn nichts in dieser Angelegenheit geschieht. So ist jeder, jeder Fußgänger, aber auch jeder sonst am Verkehr Beteiligte, ob er am Steuer sitzt oder nicht, ernstlich daran interessiert, daß die Ordnung auf der Straße wieder hergestellt wird." – Abmildernd äußert sich dagegen *Reismann*, S. 7051 B: So würde die größere Zahl von neuen Kraftfahrern, die mit geringer Erfahrung an Steuer kämen, sich selbst und andere Verkehrsteilnehmer mehr gefährden als die erfahrenen Fahrer. Darin sei aber keine besondere Nachlässigkeit zu sehen, der man mit besonderer strafrechtlicher Drohung beikommen könnte. Vielmehr bessere sich dieser Umstand von selbst, wenn sich die Verkehrszahlen stabilisierten. Ebenso äußert sich *Reismann* zur Problematik der unbeschrankten Bahnübergänge und der fehlenden Einsichtsmöglichkeit der Bahnstrecke (S. 7051 B), zum Zustand der Straßen (rutschgefährliches Basaltpflaster, rundgewölbte glatte Straßendecke) und zum Platzmangel auf der Straße (fehlender Platz zur Reparatur, Auffahrunfälle), S. 7052 B.
Insgesamt werden in der Beratung zahlreiche Mängel, abseits des „Wahnwitzes der Raserei" angesprochen: Lärm, Platzmangel, Zustand der Straßen und fehlender Spielplatz. So wird die Zweckbindung der Kraftfahrsteuer angedacht, vgl. S. 7052 C. Es sei der Umstand, dass [deutsche] Straßen schlechter seien als anderswo; sie seien enger und mehr überlastet. Der Kraftfahrer sei Opfer dieser Umstände. Diese seien zu bekämpfen, statt auf dem Autofahrer herumzuhacken, siehe zweite und dritte Beratung, Protokoll der 237. Sitzung vom 18.11.1952, S. 10946 ff. (10948 C und D). Dem Vorwurf, dass dem Autofahrer Unrecht geschehe, indem zu viel von ihm verlangt werde, entgegnet aber der Bundesverkehrsminister: Schließlich stelle die wiederherzustellende Grundregel der StVO ausdrücklich fest, dass der Fahrer sich so zu verhalten habe, wie es der Verkehr und natürlich damit auch der Zustand der Straße erforderten. Größerer Wert müsse also auf die bessere Disziplin der Fahrer gelegt werden, auch wenn die Straßen weiter ausgebaut werden sollten, siehe *Seebohm*, S. 10950 B.

208 Die Verwendung der Begrifflichkeit des Volksvermögens spricht hier für das Rechtsgut der Sicherheit des Straßenverkehrs, das – wie beschrieben – allgemeine gesellschaftliche und wirtschaftliche Interessen (also auch das Volksvermögen) umfasst, die an einem funktionierenden Verkehr anknüpfen. Auf dem Standpunkt eines Individualrechtsgüterschutzes wäre mit dem Volksvermögen nur der (aufsummierte) individuelle Eigentumsschaden gemeint.

Es wurde betont, dass das

> „beängstigende Ansteigen der Verkehrsunfälle ... seine Ursachen weniger in technischen Mängeln der Fahrzeuge als im menschlichen Versagen und der mangelhaften Verkehrsdisziplin [hat]... [Durch] die Gesetzgebung [muss] auf eine Verbesserung der Fahrdisziplin hingewirkt und dafür Sorge getragen werden, daß diejenigen, die durch Rücksichtslosigkeit, Leichtsinn oder Gleichgültigkeit die Verkehrssicherheit gefährden oder Verkehrsunfälle schuldhaft herbeiführen, mit der gebotenen Schärfe zur Verantwortung gezogen werden... Dabei kann die Schaffung von Strafvorschriften[209] gegen die Gefährdung der Sicherheit auf Straßen wegen ihrer besonderen Dringlichkeit nicht bis zu einer umfassenden Erneuerung der strafrechtlichen Gesetzgebung aufgeschoben werden".

Grund der Strafwürdigkeit ist die Störung der Sicherheit des öffentlichen Verkehrs in einer für die Benutzer der Verkehrswege gefährlichen Weise. Während § 315a Abs. 1 Nr. 1 an die Störungshandlungen des § 315 StGB zum Schutze anderer Verkehrsträger gegen Eingriffe von außen anknüpft, bezeichnet er in den Nr. 2–4 darüber hinaus als Störungshandlung[210] auch ein Verhalten, das sich im Straßenverkehr als besonders gefährlich und strafwürdig erwiesen hat. So werden durch den ergänzten „ähnlichen Eingriff" in Nr. 1 und durch das der an Gefährlichkeit der in Nr. 1–4 genannten Handlungen gleichkommende Unterlassen in Nr. 5 alle strafwürdigen Störungshandlungen erfasst.[211] Hinzu kommt die Versuchs- und Fahrlässigkeitsstrafbarkeit (§ 315a Abs. 2 und § 316 Abs. 2).

Der Entwurf ist damit in seiner umfassenden Gestaltung das Ergebnis einer sich ergänzenden Verbindung der seit 1909 mit dem Vorentwurf gefassten Entwürfe.

---

209 Neben den strafrechtlichen Reaktionen sind ebenso weitere Maßnahmen vorgesehen, die hier aber nicht weiter vertieft werden. BT-Drucks. I/2674, S. 7: „Der Bekämpfung der Verkehrsunfälle muß ein umfassender Plan zugrunde gelegt werden, der behördliche Maßnahmen ebenso einbezieht wie die freiwillige Mitwirkung der Verkehrsteilnehmer. Es bedarf dazu einer Beseitigung besonderer Gefahrenquellen, wie des Fahrens mit mehr als zweiteiligen Lastzügen, des Überladens und der mangelhaften Beladung der Lastwagen, aber auch einer schärferen Überwachung des Straßenverkehrs durch Vermehrung der Verkehrsstreifen und Verkehrskontrollen, der periodischen Untersuchung der Fahrzeuge auf ihre Verkehrstauglichkeit und anderer Maßnahmen, die in die Zuständigkeit der Verkehrsbehörden und der inneren Verwaltung fallen."

210 So werde die im geltenden Recht vorgesehene Übertretungsstrafe für zu schnelles Fahren in Zusammenschau mit der Grundregel des § 1 StVO seinem Unrechtsgehalt in keiner Weise gerecht. Der Führer eines Fahrzeugs, der sich über diese Pflicht zur Rücksichtnahme *gröblich* hinwegsetze und dadurch vorsätzlich eine Gemeingefahr herbeiführe, müsse als *rücksichtsloser* Fahrer unter die schwerere Strafdrohung des § 315a fallen. Gleiches gelte für das Fahren in trunkenem Zustand als eine der Hauptquellen für Verkehrsunfälle, vgl. BT-Drucks. I/2674, S. 15.

211 BT-Drucks. I/2674, S. 15 f. – Bisherige Übertretungsvorschriften werden damit aufgewertet und durch Nr. 4 und Nr. 5 weitere Verhaltensweisen aufgenommen.

Dies wird in der Gesetzesvorlage ausdrücklich festgehalten.[212] Indirekt werden damit auch die bisherigen Überlegungen zum Rechtsgut der Straßenverkehrsdelikte aufgegriffen und nun im Entwurf gesetzlich festgeschrieben.

b. Gegenentwurf des Bundesrats und Konsequenzen für den Regierungsentwurf

Der Bundesrat dagegen hatte eine alle Verkehrsträger umfassende einheitliche Regelung vorgeschlagen.[213]

§ 315

Wer die Sicherheit des Betriebes einer Eisenbahn oder Schwebebahn, der Schiffahrt oder der Luftfahrt durch Beschädigen, Zerstören oder Beseitigen von Anlagen oder Beförderungsmitteln, durch Bereiten von Hindernissen, durch falsche Zeichen oder Signale oder durch ähnliche Eingriffe oder durch eine an Gefährlichkeit einem solchen Eingriff gleichkommende pflichtwidrige Unterlassung beeinträchtigt und dadurch eine Gemeingefahr herbeiführt, wird mit Zuchthaus bis zu zehn Jahren bestraft. In besonders schweren Fällen ist auf Zuchthaus nicht unter fünf Jahren oder auf lebenslanges Zuchthaus zu erkennen. In minderschweren Fällen kann auf Gefängnis nicht unter drei Monaten erkannt werden.

Wer auf solche Weise oder durch einen schweren Verstoß gegen die zur Regelung des Straßenverkehrs erlassenen Vorschriften die Sicherheit des Straßenverkehrs oder des Betriebes einer Straßenbahn beeinträchtigt und dadurch eine Gemeingefahr herbeiführt, wird mit Gefängnis bestraft. Der Versuch ist strafbar. In besonders schweren Fällen ist die Strafe Zuchthaus bis zu zehn Jahren.

Gemeingefahr bedeutet eine Gefahr für Leib und Leben, sei es auch nur eines einzelnen Menschen oder für bedeutende Sachwerte, die in fremdem Eigentum stehen oder deren Vernichtung gegen das Gemeinwohl verstößt.

§ 316

Wer fahrlässig eine der in § 315 Absatz 1 bezeichneten Taten begeht, wird mit Gefängnis bestraft.

Wer fahrlässig eine der in § 315 Absatz 2 bezeichneten Taten begeht, wird mit Gefängnis bis zu zwei Jahren oder mit Geldstrafe bestraft.

Diesem Vorschlag wollte die Bundesregierung nicht folgen und hielt ihren Entwurf mit der Begründung aufrecht, dass der Vorschlag des Bundesrats hinsichtlich der Fassung des § 315 Abs. 2 zur Regelung des Straßenverkehrs dem für das allgemeine Strafgesetz geltenden Grundsatz der Tatbestandsklarheit nicht gerecht wird, da die

212 „Der Entwurf folgt hierbei auch den früheren Entwürfen eines Strafgesetzbuches vor 1933“, siehe BT-Drucks. I/2674 S. 16.

213 BT-Drucks. I/2674, Anlage 2: Vorschläge des Bundesrats, S. 22.

Vorschrift aus sich heraus nicht verständlich ist.[214] Im darauf folgenden schriftlichen Bericht wird zudem hervorgehoben, dass im Interesse der Sicherung des Straßenverkehrs nicht nur der Kampf gegen die Verkehrsunfälle aufzunehmen ist, sondern auch besondere Maßnahmen gegen Verbrechertum und Rowdytum auf den Straßen zu erlassen sind.[215] Klar ist damit, dass der Gesetzgeber einen neuen Fokus auch auf die Straßenverkehrsgefährdung durch die Teilnehmer am Straßenverkehr setzt. Nach Ansicht des Ausschusses verdient das Gesetz statt der bisherigen[216] Überschrift nunmehr die Bezeichnung als „Gesetz zur Sicherung des Straßenverkehrs“, um dieser Sachlage Rechnung zu tragen.[217]

Der Ausschuss für Verkehrswesen war aber der Auffassung, dass die aus § 315 StGB übernommene Störungshandlung „Geben von falschen Zeichen oder Signalen“ für den Straßenverkehr zu weit ginge, da sonst schon das falsche Stellen eines Fahrtrichtungsanzeigers (Winkers) unter diese verschärfte Vorschrift fallen kann.[218] Ebenfalls wurde beanstandet, dass die Generalklausel[219], die den rücksichtslos fah-

---

214 BT-Drucks. I/2674, Anlage 3: Stellungnahme der Bundesregierung, S. 24 (25). So sah es auch der Verkehrsausschuss in seinem schriftlichen Bericht, BT-Drucks. I/3774, S. 5 unter Nr. 4: „Dem abweichenden Vorschlag des Bundesrates konnte sowohl der Ausschuß für Verkehrswesen als auch der Ausschuß für Rechtswesen und Verfassungsrecht nicht folgen, weil er eine nicht genügend bestimmte Generalklausel vorsah.“
„Um den vom Bundesrat vorgeschlagenen Tatbestand in seiner Tragweite verstehen zu können, ist es erforderlich, sich alle Vorschriften zu vergegenwärtigen, die zur Regelung des Straßenverkehrs erlassen worden und in den verschiedensten Gesetzen verstreut sind. Eine solche Gedankenarbeit wird man dem Staatsbürger nicht zumuten dürfen. Die Fassung der Regierungsvorlage bietet demgegenüber den Vorteil, daß sie das strafbare Verhalten abschließend umschreibt“, BT-Drucks. I/2674, Anlage 3: Stellungnahme der Bundesregierung, S. 24 (25).

215 Schriftlicher Bericht des Ausschusses für Verkehrswesen, BT-Drucks. I/3774, S. 1 unter I.

216 Bisher: Gesetz zur Bekämpfung der Unfälle im Straßenverkehr.

217 Schriftlicher Bericht des Ausschusses für Verkehrswesen, BT-Drucks. I/3774, S. 1 unter I.

218 Schriftlicher Bericht des Ausschusses für Verkehrswesen, BT-Drucks. I/3774, S. 5 unter Nr. 5. Auch *systematisch* passe diese Tathandlung nicht in den § 315a Nr. 1, der wie § 315 StGB auf Eingriffe von außen ausgerichtet ist, sodass Spurwechsel und Abbiegevorgänge regelmäßig verkehrsinternes Verhalten darstellen, die Straßenverkehrsverhältnisse also anders liegen als beim Eisenbahnverkehr, vgl. *Asholt*, S. 146.

219 Man entschied demnach gegen die Formulierung einer Generalklausel. So war *Lackner*, MDR 1953, 73 (75), der Auffassung, dass die Formulierung die große Masse der Unfallursachen zutreffend erfasst, es dem Tatbestand aber an innerer Gerechtigkeit fehlt, wenn zahlenmäßig seltenere Verkehrsverstöße nicht getroffen werden, z. B. dass derjenige, der mit einem völlig verkehrsunsicheren Fahrzeug fährt und dadurch eine schwere Gefährdung des Verkehrs herbeiführt, nur eine Übertretung begeht. – Der Gesetzgeber musste daher der gesetzlichen Bestimmt-

renden Führer eines Fahrzeugs betraf (§ 315a Abs. 1 Nr. 2 Reg-E) als unbestimmte Formulierung zu weit geht. Um die erforderliche rechtsstaatliche Bestimmtheit herzustellen, sollten deshalb nur die hauptsächlich vorkommenden Fälle[220] aufgenommen werden.[221] Die Versuchsstrafbarkeit mit vorbeugender Wirkung wurde eingeschränkt, indem die Fälle des nun konkretisierten rücksichtslosen Verhaltens ausgenommen wurden, da dort ein Versuch nicht in Frage komme.[222] Nach der Beschlussfassung über diese Änderungen wurde am 19.12.1952 das Gesetz zur Sicherung des Straßenverkehrs verabschiedet:[223]

Gesetz zur Sicherung des Straßenverkehrs, 19.12.52 (BGBl. I S. 832), Artikel 2

§ 315a

Wer die Sicherheit des Straßenverkehrs dadurch beeinträchtigt, dass er

1. Anlagen oder Beförderungsmittel beschädigt, zerstört oder beseitigt, Hindernisse bereitet oder einen ähnlichen Eingriff vornimmt,
2. ein Fahrzeug führt, obwohl er infolge des Genusses geistiger Getränke oder anderer berauschender Mittel nicht in der Lage ist, das Fahrzeug sicher zu führen,
3. ein Fahrzeug führt, obwohl er infolge geistiger oder körperlicher Mängel sich nicht sicher im Verkehr bewegen kann und keine Vorsorge getroffen ist, daß er andere nicht gefährdet, oder
4. in grob verkehrswidriger und rücksichtsloser Weise die Vorfahrt nicht beachtet, falsch überholt oder an unübersichtlichen Stellen, an Straßenkreuzungen oder -einmündungen zu schnell fährt

und dadurch eine Gemeingefahr (§ 315 Abs. 3) herbeiführt, wird mit Gefängnis bestraft.
In den Fällen des Absatzes 1 Nummern 1 bis 3 ist der Versuch strafbar.
In besonders schweren Fällen des Absatzes 1 Nummer 1 kann auf Zuchthaus bis zu zehn Jahren erkannt werden.

§ 316

Wer fahrlässig eine der in § 315 bezeichneten Taten begeht, wird mit Gefängnis bestraft.
Wer fahrlässig eine der in § 315a bezeichneten Taten begeht, wird mit Gefängnis bis zu zwei Jahren oder mit Geldstrafe bestraft.

---

heit wegen, um nicht jeden denkbaren Verstoß gegen Verkehrsvorschriften zu erfassen, konkrete Unfallursachen herausgreifen, vgl. *Asholt*, S. 151 m.w.N.

220 „Wer in grob verkehrswidriger und rücksichtsloser Weise die Vorfahrt nicht beachtet, falsch überholt oder an unübersichtlichen Stellen, an Straßenkreuzungen oder -einmündungen zu schnell fährt." Dabei ist das zu schnelle Fahren deshalb erfasst, weil im Gegenzug die 1939 eingeführte Geschwindigkeitsbegrenzung wieder aufgehoben werden sollte, siehe *Asholt*, S. 152 m.w. Erläuterungen.

221 Schriftlicher Bericht des Ausschusses für Verkehrswesen, BT-Drucks. I/3774, S. 5 unter Nr. 5.

222 Schriftlicher Bericht des Ausschusses für Verkehrswesen, BT-Drucks. I/3774, S. 5 unter Nr. 5.

223 Zu den Reaktionen in der Literatur siehe *Asholt*, S. 156 ff.; diese sollen hier nicht näher ausgeführt werden.

Zwar wurde schon am 05.10.1956 ein Entwurf eines Gesetzes zur Änderung des Straßenverkehrsgesetzes und des Gesetzes zur Sicherung des Straßenverkehrs eingebracht[224], aber erst 1964 wird es zur Gesetzesänderung durch das Zweite Gesetz zur Sicherung des Straßenverkehrs kommen.

6. Beratungen der Strafrechtskommission ab 1959 und das Zweite Gesetz zur Sicherung des Straßenverkehrs von 1964

Nach der Verabschiedung des Gesetzes zur Sicherung des Straßenverkehrs, das aus Gründen der Dringlichkeit einen Teil der Strafrechtsreform vorweggenommen hatte, wurden auch die Reformarbeiten fortgesetzt, in deren straßenverkehrsrechtlichen Teil sowohl die schon 1952 eingefügte Entziehung der Fahrerlaubnis[225] als auch die Fassung eines Tatbestandes über die Gefährdung des Straßenverkehrs zur Beratung anstand.[226]

Im Jahre 1959 wurde ein vorläufiger Gesamtentwurf nach den Beschlüssen der Großen Strafrechtskommission in erster Lesung zusammengestellt und für die Beratungen in zweiter Lesung gedruckt (Entwurf 1959 I). Ihm folgte der Entwurf 1959 II als Ergebnis der zweiten Lesung. Diese beiden Entwürfe blieben aber ohne Begründung,[227] sodass insofern nur auf die Materialien der Strafrechtskommission zurückgegriffen werden kann. Erst in den Jahren 1960[228] und 1962[229] folgten begründete Entwürfe der Strafrechtskommission, die vom Gesetzgeber zur (vorgezogenen) Umsetzung der Strafrechtsreform aufgegriffen werden.

a. Systematik und Rechtsgut der Verkehrsdelikte

Einer der Diskussionspunkte war zunächst der Standort der Straßenverkehrsdelikte. Streitig war, ob die in Frage stehenden Strafvorschriften im Strafgesetzbuch untergebracht oder ins Straßenverkehrsgesetz[230] überführt werden sollten. Dieser Streit

224 BT-Drucks. II/2753.

225 Diese Diskussion muss hier ausgespart bleiben.

226 Als Diskussionsgrundlage diente die vorläufige Zusammenstellung für einen Besonderen Teil, Niederschriften, Band 5, Anhang B, S. 293. Diese sah einen einheitlichen Tatbestand für den gesamten Verkehr vor. Später dann der Umdruck J 85, Niederschriften, Band 9, S. 539, der speziell den Straßenverkehr regelte, jedoch Eingriffe in den Straßenverkehr sowie interne Straßenverkehrsgefährdung in einer Norm vorsah.

227 Begründung zum E 1960, S. 90.

228 Entwurf eines Strafgesetzbuches mit Begründung = BT-Drucks. III/2150.

229 Entwurf eines Strafgesetzbuches (E 1962) mit Begründung = BT-Drucks. IV/650.

230 Das frühere Kraftfahrzeuggesetz (KFG) war in das Straßenverkehrsgesetz (StVG) umbenannt worden, vgl. *Asholt*, S. 155.

wurde in der Kommission letztlich einstimmig[231] zugunsten der ersten Alternative entschieden.[232]

---

231 Niederschriften, Band 9, 100. Sitzung, S. 312.

232 Zu den Diskussionsstandpunkten siehe Niederschriften, Band 9, 100. Sitzung: So sollten – wie im geltenden Recht – zumindest nur diejenigen Tatbestände in das StGB aufgenommen werden, „die herkömmliches kriminelles Unrecht enthalten, die von allgemeiner Bedeutung sind und die außerdem nicht in einer so engen Abhängigkeit vom allgemeinen Verkehrsrecht stehen, daß man sie von diesem nicht trennen könne", vgl. *Lackner*, S. 305; ebenso auf den Unrechtscharakter abstellend *Lange*, S. 310.
Andererseits wurde vorgeschlagen, das gesamte Straßenverkehrsrecht aus dem StGB auszuscheiden, da „das Straßenverkehrsrecht mit seinen Verhaltensvorschriften so eng mit dem dazugehörigen Strafrecht verbunden sei, daß eine Trennung unorganisch sei und zu Schwierigkeiten für das Verständnis des Gesamtkomplexes dieser Vorschriften führe" und zudem „die Zersplitterung des geltenden Rechts aufrechterhalte und damit der erstrebten Einheitlichkeit nicht dienlich sei", so die Ansicht des Bundesverkehrsministers *Seebohm*, wiedergegeben von *Lackner*, S. 305. Grund der Beibehaltung im StGB soll aber auch sein, dass die Straßenverkehrsdelikte dann „in sehr viel größerem Umfang, als das sonst der Fall wäre, Gegenstand wissenschaftlicher Forschung seien", vgl. *Lackner*, S. 306.
Für eine Ausgliederung siehe die Argumentation von *Booß*, S. 307, denn Zusammengehöriges zusammenzufügen wirke doch einer Zersplitterung entgegen; siehe auch *Skott*, S. 309, der auf die jeweilige Sicht abstellt. Freilich ist dabei streitig, was „Zusammengehöriges" sein soll, denn auch die Straßenverkehrsdelikte im weiteren Sinne (fahrlässige Tötung und Körperverletzung etc.) wären dann auszugliedern, vgl. *Bockelmann*, S. 308. Zur Konsequenz *Jescheck*, S. 311: „Wenn man die Strafvorschriften jeweils im räumlichen Zusammenhang mit der übrigen Regelung des Sachgebiets anordnen wollte, wäre das Strafgesetzbuch praktisch aufzulösen."
Andererseits wurde aber auch von *Wimmer* vorgeschlagen, für den Fall der Teilnahme am öffentlichen Straßenverkehr einen selbstständigen Tatbestand der fahrlässigen Tötung, Körperverletzung und Sachbeschädigung zu schaffen, so *Lackner*, S. 334.
Für die Beibehaltung der Verkehrsvorschriften im StGB wurde angeführt: „Wir dürfen nicht übersehen, daß die Verkehrsstrafbestimmungen nur eine gewisse Hilfsfunktion erfüllen. Es geht letztlich nicht um den Schutz des geregelten Verkehrs, sondern um den Schutz von Leib und Leben der Menschen. Das ist bei vielen Tatbeständen des Strafgesetzbuches der Fall, auch wenn das nicht immer so aus dem Wortlaut hervorgeht"... Aber sachlich entscheidend müsse die zentrale Bedeutung sein, die die Tatbestände für die Allgemeinheit hätten, vgl. *Baldus*, S. 308 f. (insbesondere zur Verortung der Unfallflucht). Letztlich ging es in der Diskussion aber auch um eine – tatsächlich wohl nicht fragliche, *Booß*, S. 310 – Zuständigkeitsverteilung (Kompetenzzugehörigkeit) des Justizministeriums für das allgemeine Strafrecht und des jeweiligen Fachressorts bei einer Spezialgesetzgebung, *Baldus*, S. 308 f. Ein Überblick zu den Argumenten findet sich im Anhang „Umdruck J 85", Niederschriften, Band 9, S. 536; ebenso im Überblick in der Begründung E 1960, S. 481; ebenso E 1962, S. 520 f.

Auch die systematische Stellung der Verkehrsdelikte war streitig: Unklar war, ob diese in Anlehnung an frühere Entwürfe unter einem Titel mit den gemeingefährlichen Delikte stehen[233] oder einen besonderen Titel[234] erhalten sollten. Letzte Ansicht setzte sich durch. Der Titel der Verkehrsdelikte sollte folgendermaßen aussehen: Der Entwurf fasst im Strafgesetzbuch im Bereich des Verkehrsrechts „lediglich diejenigen Tatbestände zusammen, die sozial-ethisch verwerfliches Unrecht beschreiben und dem Schutz wichtiger Rechtsgüter der Allgemeinheit oder des einzelnen dienen. *Dabei*[235] können allerdings die Tatbestände der fahrlässigen Tötung... und der fahrlässigen Körperverletzung..., die nach den Erfahrungen der Praxis überwiegend im öffentlichen Verkehr begangen werden, nicht nach hier [– also in den Titel der Verkehrsstraftaten –] übernommen werden, weil sie wegen ihrer allgemeinen Bedeutung in den Zusammenhang der Straftaten gegen das Leben und die körperliche Unversehrtheit gehören."[236] Aus der zitierten Überlegung, dass die spezifischen Individualdelikte gegen Leib und Leben (als Verkehrsdelikte im weiteren Sinn) ihrem eigenem Regelungskomplex überlassen bleiben, lässt sich der Schluss ziehen, dass die im Titel der Verkehrsstraftaten angesiedelten (gemeingefährlichen) Delikte (allein) dem Schutz der Sicherheit des Straßenverkehrs als wichtiges Rechtsgut der Allgemeinheit dienen.

So stehen am Anfang des Titels die Vorschriften über die Verkehrsgefährdung im Bahn-, Schiffs- und Luftverkehr auf der einen und im Straßenverkehr auf der anderen Seite. Dabei sind diese Vorschriften an die Spitze des Titels gestellt, weil sie für die *Verkehrssicherheit* von hervorragender Bedeutung seien und weil sie mit dem vorausgehenden Titel der gemeingefährlichen Straftaten systematisch eng zusammenhängen würden.[237] Die Delikte der Verkehrsflucht und des räuberischen Angriffs auf Kraftfahrer[238] werden vor diesem Hintergrund ans Ende des Titels

---

233 Siehe „Umdruck J 85", Niederschriften, Band 9, S. 539; *Lackner*, Niederschriften, Band 9, 100. Sitzung, S. 312 – Die Systematik früherer Entwürfe sei beizubehalten und die beiden Bereiche durch Zwischenüberschriften abzusetzen.

234 So sah es schließlich die Begründung E 1960, S. 480 f. vor: „Nach dem sprunghaften Ansteigen der Motorisierung – namentlich im Straßen- und Luftverkehr – haben die Verkehrsstraftaten nach Zahl und Schwere so sehr an Bedeutung gewonnen, daß es schon aus Gründen der leichteren Übersicht geboten ist, sie in einem selbstständigen Titel zu vereinigen. Die Tatsache, daß die Vorschriften über Verkehrsgefährdung systematisch zugleich in den Zusammenhang der gemeingefährlichen Straftaten gehören, muß demgegenüber zurücktreten, darf aber bei der Gestaltung der Tatbestände nicht vernachlässigt werden." Gleichlautend auch die Begründung des späteren E 1962, S. 520.

235 Hervorhebung durch den Verfasser.

236 So die Begründung E 1960 (S. 481) und E 1962 (S. 521). Siehe auch *Bockelmann*, Niederschriften, Band 9, 100. Sitzung, S. 308: eine Zusammenfassung der ganzen Materie in einem Sondergesetz sei unerreichbar.

237 Begründung E 1960 (S. 481) und E 1962 (S. 521).

238 Die Einordnung in die Verkehrsdelikte wird dabei folgendermaßen begründet: „Obwohl die Vorschrift ihrem Inhalt nach vornehmlich den Schutz von Verkehrsteilnehmern gegen Raub und räuberische Erpressung zu bezwecken scheint, gehört sie doch in den

gestellt.[239] Gemeinsame Vorschriften über fahrlässige Begehung und tätige Reue werden aufgelöst und den einzelnen Tatbeständen zugewiesen.

b. Gefährdung von Personen (und bedeutenden Sachwerten) außerhalb des Straßenverkehrs

Neben der Frage nach der künftigen systematischen Einordnung der Verkehrsdelikte befasste sich die Kommission auch mit einer Frage, mit der die Praxis bei der Anwendung des mit dem Gesetz zur Sicherung des Straßenverkehrs verabschiedeten § 315a StGB konfrontiert wurde.

(1) Die „Sicherheit des Straßenverkehrs" als auslegungsbedürftiges Merkmal

Bei verkehrs*internem* Fehlverhalten nach § 315a Abs. 1 StGB war das Auslegungsproblem aufgetaucht, ob die Vorschrift nur am Verkehr teilnehmende oder auch neben der Straße befindliche Gefährdungsobjekte (Personen oder bedeutende Sachwerte) schützt. Denn aufgrund des einleitenden Wortlauts, der sowohl für interne als auch externe Verhaltensweisen auf eine „Beeinträchtigung der Sicherheit des Straßenverkehrs" abstellt, war unklar, ob eine derartige Sicherheitsbeeinträchtigung bei der Gefährdung außenstehender Objekte gegeben ist.

(2) Zur weiten Auslegung durch die Rechtsprechung

Der BGH legte § 315a StGB weit aus und nahm in den besagten Fällen eine Verkehrsgefährdung mit der Begründung an, dass § 315a Abs. 1 bei *internen* Verhaltensweisen auch außen stehende Gefährdungsobjekte schützt; es daher nicht erforderlich ist, dass etwa die gefährdete Person tatsächlich am Straßenverkehr teilnimmt. Hierbei bringt der BGH den Vergleich, dass wer etwa in einer am Straßenrande errichteten Verkaufsbude tätig wird, dort durch einen fahruntüchtigen Kraftfahrer nicht minder an Leib und Leben gefährdet werden kann, als ein Radfahrer auf der Fahrbahn oder ein Fußgänger auf dem Bürgersteig. Das gelte auch für einen Polizeibeamten, der einem auf ihn zufahrenden Kraftfahrer ein Haltezeichen gibt.[240] Das OLG Düssel-

---

Zusammenhang der Verkehrsstraftaten. Es handelt sich hier um einen Tatbestand, der gewissermaßen auf der Nahtstelle zwischen den Vermögens- und den Verkehrsdelikten liegt. Ausschlaggebend für seine systematische Einordnung ist der Gedanke, daß sich sowohl die Erweiterung der Strafbarkeit wie auch die Verschärfung der Strafe gegenüber Raub und Erpressung nur aus den besonderen Bedürfnissen des Kraftverkehrs, der durch solche Taten und die von ihnen ausgehende Unsicherheit geradezu lahmgelegt werden kann, erklären lassen", E 1960 (S. 494) und E 1962 (S. 534).

239 Begründung E 1960 (S. 481) und E 1962 (S. 521). Der E 1962 nahm anders als noch der E 1960 auch die streitige Trunkenheit im Verkehr als abstraktes Gefährdungsdelikt auf.

240 BGH VRS 11 (1956), 61 (62) zu §§ 315a Abs. 1 Nr. 2, 316 mit Hinweis auf OLG Celle VRS 9 (1956), 142, das auch den gegen Verkehrssünder einschreitenden Polizeibeamten als Verkehrsteilnehmer ansieht.

dorf[241] bezog danach auch einen im Vorgarten abgestellten Wagen in den Schutzbereich mit ein und führt zur Begründung aus:

> „Das durch [§ 315a] geschützte Rechtsgut ist nicht der Betrieb der Fahrzeuge als Verkehrsmittel, wie bei der Transportgefährdung, sondern die Sicherheit des Verkehrs auf öffentlichen Straßen.[242] Das bedeutet nicht, daß nur Verkehrsteilnehmer und auf öffentlichen Straßen und Plätze befindliche Gegenstände Objekte der Gemeingefahr sein könnten. Vielmehr sind nach Sinn und Zweck dieser Bestimmung Personen und bedeutende Sachwerte gegen die von dem öffentlichen Straßenverkehr ausgehende Gefahren geschützt, einerlei, ob sie sich im Bereich der öffentlichen Straßen befinden oder nur im weiteren Gefahrenbereich des Verkehrs... Zum Merkmal der Gemeingefahr gehört also nicht, daß die gefährdeten Personen oder Sachen sich auf der öffentlichen Straße befinden. Voraussetzung ist nur, daß die Gemeingefahr in ursächlichem Zusammenhang mit dem in § 315a Abs. 1 Nr. 1–4 bezeichneten Verhalten eines Verkehrsteilnehmers steht."

Schließlich stellte das OLG Karlsruhe[243] den allgemeinen Leitsatz auf, dass die Sicherheit des Straßenverkehrs auch dann beeinträchtigt ist, wenn für die an der Straße stehenden Häuser eine Gemeingefahr herbeigeführt wurde.

(3) Zustimmung der Literatur

Diese weite Rechtsprechung fand auch in der Literatur Zustimmung. So heißt es unter Hinweis auf die ausgeführte Rechtsprechung in der Kommentierung von *Floegel/Hartung*:

> „Geschützt sind alle Teilnehmer am öffentlichen Verkehr... Der Schutz beschränkt sich aber nicht auf andere Verkehrsteilnehmer; vielmehr will die Vorschrift allgemein gegen die vom Straßenverkehr ausgehenden Gefahren für andere Personen und Sachwerte schützen."[244]

Dabei bezieht sich die Kommentierung auf den kompletten Abs. 1, der die Beeinträchtigung der Sicherheit des Straßenverkehrs als gemeinsames Merkmal aller vier Tatbestände des Abs. 1 nennt. Für Außen- als auch für Inneneingriffe gilt demnach im Grundsatz ein gleichlaufender Schutzbereich. Aus dem Rechtsgut der Sicherheit des Straßenverkehrs wird – soweit es Nichtverkehrsteilnehmer bzw. außenstehende Objekte betrifft – die Komponente des Schutzes *vor* dem Verkehr unterstrichen.

---

241 OLG Düsseldorf, 14.5.1959, Az. 1 Ss 261/59, JM-Bl. NRW 1959, 195 (196).

242 Das OLG Düsseldorf bezieht sich hier auf BGHSt 11, 148 (159), wo Unterschiede zur Eisenbahngefährdung aufgezeigt werden.

243 OLG Karlsruhe NJW 1960, 546.

244 *Floegel/Hartung*, 14. Aufl. (1963), § 315a, Rn. 2. So aber auch schon die Vorauflagen ab 1958. *Frey*, DAR 1957, 87 (92) fordert die Restriktion, dass die gefährdete [Person oder] Sache in *unmittelbarer räumlicher Beziehung* zum Straßenverkehr stehe, soll sie in Gemeingefahr [durch eine Verkehrsbeeinträchtigung] geraten können.

(4) Die Problemlösung durch die Strafrechtskommission

In der Strafrechtskommission wurde diese weite Auslegung begrüßt.[245] Es wird betont, dass ein praktisches Bedürfnis besteht, Fälle der genannten Art in den Schutzbereich einzubeziehen und dass es dazu keiner näheren Begründung seitens der Kommission bedarf. Doch sah man das Bedürfnis einer klarstellenden Korrektur des Wortlauts. So heißt es in den Niederschriften:[246]

> „Der Wortlaut des geltenden Rechts ... deckt nicht den Fall, daß Personen oder Sachen, die nicht am öffentlichen Verkehr teilnehmen, gefährdet werden. Das Problem ist im geltenden Recht zu § 315a Abs. 1 praktisch geworden. Wenn ein betrunkener Kraftfahrer von der Fahrbahn abkommt und einen auf dem Feld neben der Straße arbeitenden Bauern gefährdet, so ist zumindest zweifelhaft, ob er dadurch die Sicherheit des Straßenverkehrs beeinträchtigt. Denn am öffentlichen Straßenverkehr nimmt der Bauer ja nicht teil. Die Rechtsprechung hat dankenswerterweise in solchen Fällen trotzdem überwiegend Verkehrsgefährdung angenommen. Um die Frage aber auch für die Zukunft nicht mehr problematisch werden zu lassen, sehen wir eine klarstellende Formulierung vor."

Für internes Fehlverhalten sieht die Kommission daher vor, den Begriff der „Sicherheit des Straßenverkehrs" zu streichen und nur noch auf ein Verhalten „im öffentlichen Verkehr" abzustellen,[247] dessen gefährliche Wirkung sich auch außerhalb des Straßenverkehrs an Gefährdungsobjekten, die also nicht am Straßenverkehr teilnehmen, manifestieren kann.

(5) Stellungnahme

Durch eine Streichung des Begriffs der Sicherheit des Straßenverkehrs bei verkehrsinternen Handlungen wird der Schutzzweck der Verkehrsdelikte zumindest mit dem geänderten Wortlaut – auf verwirrende Weise – in Frage gestellt. Es geht bei der zu lösenden Problematik – wie beschrieben – um den Bedeutungsgehalt der „Sicherheit des Straßenverkehrs" (als Rechtsgut). Historisch wurde aber aufgezeigt, dass die Sicherheit des Straßenverkehrs mehrere Komponenten beinhaltet, mitunter auch den Schutz Unbeteiligter *vor* dem Verkehr. Und gerade diese Komponente wird in der ausgeführten Rechtsprechung und Literatur bestätigt. So ist es widersprüchlich, über eine *Streichung* des Begriffs der „Sicherheit des Straßenverkehrs" einen Schutzbereich klarstellen zu wollen, der dem zu streichenden Begriff bereits immanent ist. Das richtige und anerkannte Verständnis des Rechtsguts der Sicherheit des Straßenverkehrs zugrunde gelegt, bestand ein Klarstellungsbedürfnis gar nicht.

Zwar meint die Kommission mit der intendierten Klarstellung zu verhindern, dass sich die Frage auch in Zukunft stellt. Das Problem wird aber an anderer Stelle

245 *Lackner*, Niederschriften, Band 9, S. 314: „dankenswerterweise".
246 *Lackner*, Niederschriften, Band 9, S. 314 und S. 540 (Umdruck J 85).
247 Niederschriften, Band 9, S. 314, sowie Umdruck J 85, Niederschriften, Band 9, S. 536, 540. Siehe auch die Begründung E 1960, S. 487 und des E 1962, S. 527.

wieder auftauchen. Nämlich bei der Frage, ob mit der vorgenommenen Wortlautänderung das Rechtsgut der Straßenverkehrsdelikte eine Änderung erfahren hat und ob der zunächst gleichlaufende Schutzbereich der Straßenverkehrsdelikte nun für interne Verhaltensweisen weiter gefasst ist als für Eingriffe von außen.[248]

c. *Zum Merkmal der Gemeingefahr*

Der Begriff der Gemeingefahr, der erstmals im Entwurf von 1919 für die Straßenverkehrsdelikte als Tatbestandsmerkmal auftaucht, trat an die Stelle einer konkreten Gefahrensituation für benannte Objekte (vgl. E 1913). Im Rahmen der aufgezeigten verschiedenen Entwürfe war der Begriff einer Gemeingefahr kontrovers diskutiert worden. Zusammenfassend heißt es hierzu im Entwurf von 1960:[249]

> „Frühere Entwürfe zum Strafgesetzbuch, so der von 1919, aber auch noch der von 1925, haben diesen Begriff [der Gemeingefahr] zugrunde gelegt, und zwar in dem Sinne, daß eine Gemeingefahr eine Mehrheit gefährdeter Personen oder Sachen nicht voraussetze, daß die gefährdete Person oder Sache aber nicht individuell bestimmt sein dürfe. Schon der Entwurf 1927, und ihm folgend der von 1930, haben mit dieser Auffassung gebrochen, da es notwendig sei, den Strafschutz auch in den Fällen der Gefährdung bestimmter Personen oder Sachen zu gewährleisten."

Der Diskurs um diese Frage führte letztlich dazu, dass mit dem Gesetz vom 28.6.1935[250] der Begriff der Gemeingefahr in § 315 Abs. 3 RStGB für die Eisenbahngefährdung eine – vermeintlich klarstellende – gesetzliche Bestimmung fand[251]:

> „Gemeingefahr bedeutet eine Gefahr für Leib oder Leben, sei es auch nur eines einzelnen Menschen, oder für bedeutende Sachwerte, die in fremdem Eigentum stehen oder deren Vernichtung gegen das Gemeinwohl verstößt."

Diese Definition der Gemeingefahr, die mit dem Gesetz zur Sicherung des Straßenverkehrs von 1952 mit § 315a StGB a.F. auch für die Straßenverkehrsgefährdung galt, bereitete der Praxis jedoch Schwierigkeiten, soweit es im Straßenverkehr um die Gefährdung einzelner individuell *bestimmter* Personen oder Sachen ging.[252]

---

248 Auf diese Fragen wird später anhand des heute geltenden Rechts vertieft eingegangen werden. Siehe zum Rechtsgut unten C.II.1; für den problematischen Fall der Inneneingriffe die Übersicht unten D.III.1 sowie unter D.VII.

249 Begründung E 1960, S. 459; inhaltsgleich BT-Drucks. III/2368, S. 20; Begründung E 1962, S. 496.

250 RGBl. 1935 I. S. 839.

251 Siehe unter B.II.4.b.

252 Begründung E 1960, S. 460; BT-Drucks. III/2368, S. 20; Begründung des E 1962, S. 496. Zum Rechtsprechungsverlauf *Hartung*, JZ 1954, 486 f.; *Hartung*, NJW 1960, 1417 ff.; *Floegel/Hartung*, 14. Aufl. (1963), § 315a, Rn. 5 f. Im Überblick LK-*König*, § 315 Entstehungsgeschichte 2; *Mayr*, FG-BGH (1975), S. 273 (274 f.).

(1) Probleme bei der Anwendung des Merkmals der Gemeingefahr

Eine Gemeingefahr lag (unstreitig) vor, wenn diese an (unbestimmte) Personen oder Sachwerte *außerhalb* des vom Täter geführten Fahrzeuges anknüpfte. Streitig war dagegen die Frage, ob eine Gemeingefahr auch gegeben sein kann, wenn der Täter mit dem geführten Fahrzeug allein die Insassen desselben oder das (fremde[253]) Fahrzeug selbst gefährdet.[254]

(2) Die Rechtsprechung des BGH

Der BGH beantwortete diese Frage auf verschiedene Weise. Dabei ging er zunächst von einem sehr weiten Verständnis der Gemeingefahr aus, das er dann aber zunehmend einschränkte.

(a) BGHSt 6, 100 als Ausgangspunkt

Zunächst hält der BGH fest, dass für eine Gemeingefahr i.S.v. § 315 Abs. 3 StGB schon die Gefahr für einen einzelnen Menschen ausreicht. Für den Straßenverkehr sah der BGH[255] (zunächst) auch kein Bedürfnis, von den zur Eisenbahngefährdung entwickelten Grundsätzen abzuweichen: Zwar wurde zwischenzeitlich der ursprüngliche § 315 RStGB mit dem Gesetz zur Änderung des Strafrechts vom 28.6.1935 neu gestaltet[256] und der Begriff der Gemeingefahr im neuen Abs. 3 legal definiert, doch sollte dies ohne Auswirkung auf die bisherige Rechtsprechung bleiben. Auch wurde § 315 Abs. 3 a.F. mit dem Gesetz zur Sicherung des Straßenverkehrs unverändert in § 315 Abs. 3 n.F. übernommen. So überträgt der BGH konsequenterweise die Rechtsprechung des Reichsgerichts[257] auch auf den Stra-

253 Nach der Definition des § 315 Abs. 3 StGB sind *fremde* Sachwerte von bedeutendem Wert erfasst, aber auch solche (eigene) Sachwerte, deren Vernichtung gegen das Gemeinwohl verstößt. Das Kraftfahrzeug fällt aber lediglich unter den bedeutenden Sachwert, *Floegel/Hartung*, 14. Aufl. (1963), § 315a, Rn. 2.

254 Vgl. *Hartung*, JZ 1954, 486. *Hartung* beantwortet die Frage im letzten Sinne unter Bezugnahme der Eisenbahntransportgefährdung, aus welcher der Begriff der Gemeingefahr übernommen werde. Dort sei das Zugpersonal auch strafbar, wenn es lediglich den Zug selbst und dessen etwaige Insassen oder die darin beförderten Güter durch tatbestandsmäßiges Verhalten in die gekennzeichnete Gefahr bringe... Für den Straßenverkehr sei der Begriff der Gemeingefahr im selben Sinne zu fassen. Zur Problematik des alten § 315a StGB siehe auch *Blei*, NJW 1957, 620 f.

255 BGH 1 StR 671/53 v. 23.2.1954 = BGHSt 6, 100 (102 f.). Zur Einwilligung durch einen gefährdeten Fahrgast BGHSt 6, 232 f. Diese soll eine Gemeingefahr für einen Insassen nicht ausschließen.

256 Siehe B.II.4.b: Neben dem Eisenbahnverkehr wird nun auch der Schiffs- und Luftverkehr geschützt.

257 Der BGH bezieht sich ausdrücklich auf RGSt 14, 135 (136 – Schutz des auf dem Eisenbahnwagen befindlichen Bremsers) und RGSt 42, 301 (301 f. – Schutz auch des beschäftigten Rangierpersonals). RGSt 74, 273 (274) zur Übertragung der Grundsätze des Eisenbahnverkehrs auf den Schiffsverkehr (Schutz des Betriebs

ßenverkehr. Hiernach galt, dass es für die Anwendung der §§ 315a und 316 Abs. 2 StGB a. F. nicht von Bedeutung war, ob es sich bei den gefährdeten Personen um fremde Verkehrsteilnehmer oder um die Insassen des eigenen Fahrzeugs – den Fahrer und etwaige Tatteilnehmer ausgenommen – handelt. Nach Ansicht des BGH ist nicht einzusehen, warum nicht auch die mit anderen Fahrzeugen als einer Straßenbahn beförderten Personen an dem Schutz gegen die erhöhten Gefahren des Straßenverkehrs teilhaben sollen, wenn diese Gefahren von dem Fahrer des von ihnen benutzten Fahrzeugs ausgehen.

(b) BGHSt 11, 148 als Einschränkung

Neben den Tatbeteiligten nimmt der BGH[258] sodann nicht nur das eigene, sondern auch das fremde Fahrzeug des Täters als *notwendiges Tatmittel* aus dem Kreis der tauglichen Gefährdungsobjekte aus. Denn obwohl das fremde Fahrzeug grundsätzlich ein nach dem Tatbestand bedeutender Sachwert ist, nehme es doch auf Seiten des Täters an dessen vorschriftswidrigen Verhalten teil, sodass sich der Strafrechtsschutz auf dieses notwendige Tatwerkzeug nicht erstrecken kann. Der BGH meint also seine Grundsätze zum Ausschluss der Tatbeteiligten konsequenterweise auf das Tatfahrzeug erstrecken zu können:

> „Die Rspr. schließt aber, ohne daß dies durch den Wortlaut der genannten Bestimmungen geboten wäre, die Tatteilnehmer i.S. der §§ 47 bis 49 StGB aus gleichartigen Erwägungen aus dem Kreis der durch § 315 a StGB als Teilnehmer am Straßenverkehr geschützten Personen aus."[259]

Als Grund wird zudem angeführt, dass ansonsten bedingt durch die (zufälligen) Eigentumsverhältnisse am Tatfahrzeug unbefriedigende Ergebnisse die Folge sind; eine bloß auf den Wortlaut gestützte Auslegung ist mit dem gesetzgeberischen Zweck nicht vereinbar.[260]

Zusätzlich sichert der BGH sein Ergebnis mit der Erwägung ab, dass die gesetzliche Begriffsbestimmung der Gemeingefahr in § 315 Abs. 3 StGB a. F. für die Sicherheit „des Betriebs einer Eisenbahn oder Schwebebahn, der Schiffahrt oder der Luftfahrt" geschaffen worden ist. Er führt aus, dass dort hauptsächlich die Erhaltung der Beförderungsmittel zur Benutzung für jedermann, also zum Dienste der Allgemeinheit, gesichert wird. Zudem stuft der BGH die Beförderungsmittel als besonders große Sachwerte ein, deren Zerstörung oder Beschädigung regelmäßig auch die Allgemeinheit schädigt. Diese Überlegungen gelten nach dem BGH aber nicht für den Straßen-

---

der Schifffahrt und damit auch eines einzelnen Schiffes), da ausweislich der Begründung zum Gesetz vom 28.6.1935 den Beförderungseinrichtungen derselbe Schutz zukommen soll.

258 BGHSt 11, 148 (150 f.) zu § 315a StGB a. F. Bestätigt in BGHSt 12, 282 (283 f.) zu § 1 StVO; BGH VRS 42 (1972), 97 (98) und BGHSt 27, 40 (42 ff.) für § 315c StGB.

259 BGHSt 11, 148 (149 f.).

260 BGHSt 11, 148 (150).

verkehr. Die Straßenverkehrsvorschrift des § 315a StGB a. F. schützt nach Auffassung des BGH nicht das Rechtsgut des *Betriebs* der Fahrzeuge als Verkehrsmittel, sondern die „allgemeine Sicherheit des Verkehrs" auf öffentlichen Straßen.

So führt der BGH an, dass diese allgemeine Sicherheit des Straßenverkehrs nicht in gleichem Maße beeinträchtigt wird wie die Sicherheit des Betriebs einer Eisenbahn usw., wenn der Täter nur das von ihm geführte Fahrzeug gefährdet, beschädigt oder zerstört. Der BGH kommt zu dem Schluss, dass dieser wesentliche Unterschied es verbietet, die von der Rechtsprechung für die Transportgefährdung nach § 315 StGB a. F. aufgestellten Grundsätze uneingeschränkt auf die Straßenverkehrsgefährdung nach § 315a StGB zu übertragen.[261]

In der Sache geht der BGH also davon aus, dass die Gefährdung des Täters und/oder weiterer Beteiligter sowie des eigenen, aber auch fremden Tatfahrzeugs allein nicht geeignet ist, der notwendigen Gemeingefahr Ausdruck zu verleihen. Dies mit der Vorstellung, dass Tatbeteiligte und Tatwerkzeuge in einem gemeinsamen „Lager" stehen und damit nicht stellvertretend oder repräsentativ für die zu schützende Allgemeinheit sind, was sich zwar nicht aus dem Wortlaut[262], aber aus rechtslogischen Erwägungen ergebe.[263]

(c) BGHSt 11, 199 mit der Repräsentantenlösung

Mit der Entscheidung in BGHSt 11, 199 aus dem Jahr 1958 wird der Begriff der Gemeingefahr mit dem Kriterium der Repräsentanz noch enger ausgelegt, indem er neben die erforderliche Gemeingefahr eine für den Tatbestand nicht ausreichende Individual- bzw. Sondergefahr stellt. Der BGH ist nunmehr der Auffassung:

> „Gemeingefahr bedeutet nach § 315 Abs. 3 StGB ‚eine Gefahr für Leib oder Leben, sei es auch nur eines einzelnen Menschen, oder für bedeutende Sachwerte, die in fremdem Eigentum stehen oder deren Vernichtung gegen das Gemeinwohl verstößt'. Der Wortlaut dieser Gesetzesfassung ist geeignet, in vielen Fällen zu rechtlichen Mißdeutungen Anlaß zu geben. Bei einer Gemeingefahr muß es sich stets um eine solche handeln, die der *Allgemeinheit* droht, mag diese auch nur durch eine Einzelperson vertreten sein. Nicht gemeint aber ist die Gefahr, die der Täter einem *bestimmten* Menschen bereitet, den er aus einer unbestimmten Vielzahl von Personen ausgesondert hat, sei es als das Opfer eines gerade gegen ihn gerichteten Angriffs oder ohne einen derartigen Vorsatz. Wer beispielsweise einem in Fahrt befindlichen Radfahrer, weil er es auf ihn als bestimmte Einzelperson abgesehen hat, einen Knüppel zwischen die Speichen wirft und ihn auf diese Weise an Leib oder Leben gefährdet, führt dadurch keine Gemeingefahr i.S. von §§ 315a, 315 Abs. 3 StGB herbei. Für sie ist es im Gegensatz zur Sonder- oder Individualgefahr wesentlich,

---

261 BGHSt 11, 148 (151 f.). Bestätigend später dann BGHSt 27, 40 ff.; kritisch zum Ganzen LK-*König*, § 315c Rn. 167–169.

262 Die Tatteilnehmer zählen an sich zum geschützten Publikum.

263 Ausdrücklich so dann BGHSt 11, 199 (203: Für die rechtliche Bewertung stünden die Tatbeteiligten auf der Seite des Täters und nicht stellvertretend für die Gemeinschaft). Vgl. hierzu auch *Hörtz*, S. 34 ff. (36).

daß ihre Wirkung der Herrschaft dessen entzogen ist, der sie in Gang gesetzt hat, und die sich nun – ungezielt – gegen jeden richtet, der, wer es auch sei, in ihren Bereich gerät..."[264] Eine Gemeingefahr sei „nur dann zu bejahen, wenn an Stelle des betroffenen Fahrzeuginsassen auch ein beliebiger anderer der Gefahr hätte ausgesetzt sein können. Nur dann ist in ihm die *Allgemeinheit* gefährdet."[265]

Der BGH nimmt aus dem Schutzbereich der Straßenverkehrsgefährdung damit (neben dem Tatfahrzeug und den Tatbeteiligten) zusätzlich auch diejenigen (individuell *bestimmten*) außen stehenden Personen aus, auf die es der Täter gezielt abgesehen hat, sowie Insassen seines Fahrzeugs, die er aus einer unbestimmten Vielzahl von Personen nach persönlichen Gründen ausgewählt hat oder die ihn als Fahrer angestellt haben.[266] In den geschützten Personenkreis fallen daher insbesondere nur Benutzer von öffentlichen Verkehrsmitteln, Omnibusreisegesellschaften und Kraftdroschken (Taxis), nicht dagegen Familienangehörige, Verwandte, Freunde oder Bekannte, die der Fahrzeugführer mitnimmt, oder wenn sich mehrere Freunde ein Kraftfahrzeug zu gemeinschaftlichem Ausflug mieten. Denn diese sind nach Auffassung des BGH keine vom *Zufall* bestimmten Verkehrsteilnehmer.[267] Vom Begriff der Gemeingefahr sind daher weder vom Täter ausgesonderte Personen noch die Insassen eines Fahrzeugs erfasst, sofern sie (über den Beförderungszweck) mit dem Fahrzeugführer persönlich verbunden sind.

Der BGH stützt diese enge Auslegung auf die Entstehungsgeschichte des Art. 4 des Gesetzes zur Änderung des Strafgesetzbuches vom 28.6.1935, mit dem § 315 RStGB neu gefasst wurde. Bis dahin sei [für den Gesetzgeber] die Gefährdung eines *bestimmten* Gefährdungsobjekts nie als „Gemeingefahr" aufgefasst worden, sondern das Gefährdungsobjekt habe immer „Teil eines nicht im einzelnen bestimmten Kreises, als deren ‚Repräsentanten', erscheinen müssen." Mit der Legaldefinition des § 315 Abs. 3 sollte lediglich die Gefährdung eines einzelnen Gefährdungsobjekts als für eine Gemeingefahr ausreichend erachtet werden, vom bisherigen „überkommenen Begriff" der Gemeingefahr sollte aber nicht – zumindest nicht ohne Hinweis – abgewichen werden. So kommt der BGH zu dem Ergebnis, dass eine *sinngerechte* Auslegung dem Wortlaut, der zugegebenermaßen[268] eine weitergehende Deutung zulässt, jedenfalls nicht entgegensteht.[269] Später[270] stellt der BGH

264 BGHSt 11, 199 (201); BGH VRS 16, 126 (131).

265 BGHSt 11, 199 (203). Zur Kritik einer bloßen Wortlautinterpretation und unter unzureichender Berücksichtigung der Entstehungsgeschichte, *Hartung*, NJW 1960, 1417 ff.

266 Vgl. für letzteres den Leitsatz zu BGHSt 11, 199.

267 Vgl. BGHSt 11, 199 (203 f.).

268 Die Frage, ob der Schutz des *bestimmten* Einzelnen unter die Gemeingefahr fällt, war ja über alle Entwürfe hinweg streitig gewesen, wurde aber durch den Gesetzgeber bisher nicht entschieden.

269 BGHSt 11, 199 (202); siehe auch *Asholt* S. 123 f. (eine Einigkeit hinsichtlich des Gefahrbegriffs habe es nicht gegeben).

270 BGH NJW 1960, 2302.

zudem noch klar, dass ein etwaiger Irrtum des Gesetzgebers den Richter nicht dazu berechtige, den wirklichen – allgemein enger verstandenen – Sinn der im Gesetz gebrauchten Fassung außer Acht zu lassen und nur den – kaum zuverlässig feststellbaren – Willen des Gesetzgebers zugrunde zu legen.

Die Frage, ob ein Gefährdungsobjekt nun die Rolle eines „Repräsentanten" einnimmt, lief zum einen auf eine Einzelfallkasuistik hinaus, etwa bei der Einordnung von Polizeibeamten[271]. Zum anderen wurde der Anwendungsbereich des § 315a StGB a.F. in Folge dieser Rechtsprechung auch erheblich beschnitten. Denn praktisch wurden mit der Repräsentantenlösung die oft vorkommenden Fälle schwerster absichtlicher Menschengefährdung im Straßenverkehr, wie das Zufahren auf Menschen, um sie zur Freigabe des Weges zu nötigen, sowie überhaupt das verkehrsfeindliche Benutzen des Kraftfahrzeuges als Mittel zur Nötigung oder Bedrohung anderer, vom Tatbestand nicht erfasst. Es fehlte damit ein Mittel zur strafrechtlichen Verfolgung gerade dieser Fälle, in denen oft ein auch bedingter Tötungs- oder Verletzungsvorsatz nur nicht sicher festgestellt werden kann.[272]

(d) Konsequenzen für den Entwurf eines Strafgesetzbuches

Die Einwände gegen diese Rechtsprechung machte sich die Strafrechtskommission zu Eigen, mit dem Ziel, vom Begriff der Gemeingefahr wieder abzukommen. Mit dem Entwurf eines Strafgesetzbuchs im Jahr 1960 und dessen Begründung werden die Überlegungen zu den gemeingefährlichen Delikten, welche auch die Straßenverkehrsdelikte mit gesondertem Titel miteinbeziehen, zusammengefasst:[273]

Die Kommission ist der Auffassung, dass es dem bisherigen 27. Abschnitt des StGB über die gemeingefährlichen Verbrechen und Vergehen an Einheitlichkeit und

---

271 Das OLG Karlsruhe NJW 1959, 2321 (2322) sieht danach einen Polizisten, der vom Täter gezielt anvisiert wird, als geschützte Person an, denn „ein dem Täter fremder, schutzwürdiger, Repräsentant der Verkehrsgemeinschaft hört nicht auf, dies zu sein, falls er vom Täter in besonderer, absichtlich gezielter Weise gefährdet wird. Er ist im Gegenteil besonders schutzbedürftig, und es fehlt jeder innere Grund, ihn deshalb des besonderen Strafschutzes aus § 315 a StGB zu berauben." Ablehnend sodann BGHSt 14, 395 (399 f. = BGH NJW 1960, 1822 [1823]: Gegenüber einem Polizisten, von dem sich der Täter gestellt fühlt und dem er sich entziehen will, besteht typischerweise [nur] eine Sondergefahr). Bestätigend BGH NJW 1960, 2302 f.

272 Vgl. *Mayr*, FG-BGH (1975), 273 (274 f.). Kritisch auch *Bender*, NJW 1959, 326 f., der es aber als Sache des Gesetzgebers ansieht, eine Ungleichbehandlung unter den Verkehrsteilnehmern aufzuheben, bestehe doch dieselbe Gefahr, die sich für den einen als Allgemeingefahr, für den anderen wegen der Ausschaltung des Zufalls und der Aussonderung durch den Täter nur als Sondergefahr darstelle. Die Kritik zusammenfassend auch *Nüse*, JR 1965, 41 mit dem Hinweis, dass es am BGH (speziell am allein zuständigen 4. Strafsenat) selbst liege, seine neuere Ansicht aufzugeben und zu der früheren – mit dem Willen des Gesetzgebers übereinstimmenden – Meinung zurückzukehren.

273 Begründung E 1960, S. 459 ff.

Folgerichtigkeit fehlt.[274] Sie zeigt auf, dass es einerseits konkrete Gefährdungsdelikte gibt, zu deren Tatbestand die Herbeiführung einer Gefahr im einzelnen Falle gehört; andererseits gibt es abstrakte Gefährdungsdelikte, bei denen der mögliche Eintritt einer Gefahr lediglich den gesetzgeberischen Grund darstellt, der Eintritt einer Gefahr im einzelnen Falle aber nicht zum Tatbestand gehört. Ziel des Entwurfs soll ein geschlossener und folgerichtiger Aufbau des Titels unter systematischen, aber auch kriminalpolitischen Erwägungen sein. Konkrete Gefährdungsdelikte sollen vom Nebenstrafrecht ins Strafgesetzbuch überführt werden, wenn es sich hierbei um schwerwiegende Taten, insbesondere Verbrechen handelt. Abstrakte Gefährdungsdelikte sollen demgegenüber in konkrete Gefährdungsdelikte umgewandelt oder dem Nebenstrafrecht überlassen werden. Die Kommission betont, dass die Schaffung konkreter Gefährdungstatbestände auf der Linie des Schuldstrafrechts steht, das die Grundlage des Entwurfs bildet. Dabei weist sie auf eine klaffende Lücke zwischen dem niedrig bestraften abstrakten Gefährdungsdelikt einerseits und dem Verletzungsdelikt andererseits hin: Habe der Täter eine Gefahr herbeigeführt, so hänge es vielfach nur vom Zufall ab, ob ein Schaden eintrete. In beiden Fällen sei die Schuld aber dieselbe, sodass es einem Schuldstrafrecht widerspreche, denjenigen allenfalls nur nach einem abstrakten Gefährdungsdelikt zu bestrafen, wenn kein Schaden eintrete.[275]

Hierzu stellt *Lackner* noch einmal klar, dass die früheren Übertretungen des Straßenverkehrsrechts nicht nur den Zweck verfolgten, die Ordnung im Verkehr zu gewähren, sondern darüber hinaus auch Leib, Leben und Eigentum der Verkehrsteilnehmer vor Schaden zu bewahren. Im Verhältnis zu diesem Schutzzweck seien die angedrohten Strafen aber auffallend gering gewesen.[276] Zwangsläufig habe eine Spannung zwischen der Bagatellstrafdrohung für das abstrakte Gefährdungsdelikt auf der einen und der Kriminalstrafdrohung für das (individuelle) Verletzungsdelikt auf der anderen Seite bestanden, die als höchst unbefriedigend empfunden worden sei.[277]
So bestünde das Bedürfnis, die abstrakten Gefährdungstatbestände des Verkehrsrechts als unterste, mit verhältnismäßig geringfügiger Sanktion bewehrte Kategorie beizubehalten und den „breiten Graben“ zum Verletzungsdelikt auszufüllen.[278] Das konkrete Gefährdungsdelikt schwäche diese Spannung erheblich ab, da es in den breiten Graben einrückt und dadurch die Möglichkeit kontinuierlicher Übergänge

274 So wurde der Abschnitt der gemeingefährlichen Delikte als „Rumpelkammer des Gesetzgebers“ bezeichnet, vgl. *Dreher*, Niederschriften, Band 8, 88. Sitzung, S. 417. Zur weiteren Diskussion über die Gemeingefahr mit dem engen und unzureichenden Erfordernis, dass der Täter das Maß der Gefahr nicht steuern und lenken kann, S. 419 ff.

275 Begründung E 1960, S. 459. Hierzu ausführlich mit kriminalpolitischen Überlegungen *Lackner*, S. 5–13.

276 *Lackner*, S. 4.

277 *Lackner*, S. 5, dort mit konkreten Beispielen.

278 *Lackner*, S. 10.

eröffnet.[279] Denn die strafrechtliche Verteidigungslinie werde von der Verletzung auf die bloße Gefährdung vorverlagert und mildere damit das Zufallsmoment der Verletzung ab.[280]

Dazu ist jedoch anzumerken, dass diese missverständlich formulierte „verschobene Verteidigungslinie" nun nicht meint, dass der Individualschutz der Verletzungsdelikte vorverlegt wird, sondern dass für die Fälle der konkreten Gefährdung das Übertretungsunrecht des Verkehrsrechts aufgewertet wird und in die Kriminalstrafe hineinwächst. Denn ein Strafschutz, der das ganze rechtswidrige Verkehrsgeschehen im Übertretungsbereich auffängt und auf die Kriminalstrafe nur bei Unfällen mit (Personen)Schaden zurückgreift, ist nicht mehr zeitgemäß.[281]

Die Kommission meint, diesen Rechtsgedanken, der den Gefährdungsdelikten des geltenden Rechts zu Grunde liegt[282] und vor allem zu den Straßenverkehrsgefährdungsvorschriften der §§ 315a und 316 StGB [a.F.] geführt hat, mit dem Entwurf folgerichtig weiterzuentwickeln.[283] Auch hält sie es für bemerkenswert, dass bereits der Entwurf von 1936 von der erst im Jahr zuvor mit § 315 Abs. 3 RStGB eingeführten Formel wieder abrückte und stattdessen auf den Begriff der Gemeingefahr verzichtete. Dies deshalb, weil der damalige Entwurf „auch die Fälle der Gefahr für einen einzelnen Menschen oder eine einzelne Sache mit erfassen, sie aber nicht in den Begriff der Gemeingefahr hineinpressen wollte."[284]

Demnach will auch die Strafrechtskommission auf den Begriff der Gemeingefahr verzichten, um zu gerechten und kriminalpolitisch notwendigen Ergebnissen zu kommen. Dies mit dem Argument, dass es dem Tatbegriff einer Gemeingefahr widerspricht, darunter eine Gefahr für einzelne Menschen oder Sachen verstehen zu wollen, zumindest dann, wenn es sich um bestimmte Menschen oder Sachen handelt. Anderseits steht sie auf dem Standpunkt, dass es nicht einzusehen ist, warum die Gefährdung eines unbestimmten Einzelnen härter ausfällt, als die eines bestimmten Einzelnen[285], denn letzterer ist dann nur über abstrakte Gefährdungsdelikte erfasst. Letztlich kommt die Kommission zu folgender Bewertung:

---

279 *Lackner*, S. 8.

280 *Lackner*, S. 7.

281 Insoweit klarstellend *Lackner*, S. 14, der in den Verkehrsdelikten einen Individualschutz nur als Nebenwirkung sieht, vgl. S. 12 f.

282 So stellte *Lackner*, S. 1, zur Akzeptanz der konkreten Gefährdungsdelikte fest, dass diese Deliktsform noch zu Beginn des Jahrhunderts nur im Schatten weitergehender Verletzungstatbestände sein Dasein fristete, sich aber zwischenzeitlich wie ein Ölfleck ausgebreitet und an vielen Stellen der Rechtsgüterordnung Platz gefunden und mit dem Entwurf des neuen Strafgesetzbuches nahezu den ganzen Bereich der gemeingefährlichen Delikte in die Form der konkreten Gefährdungstatbestände gegossen habe.

283 Begründung E 1960, S. 459.

284 Begründung E 1960, S. 460; BT-Drucks. III/2368, S. 20; Begründung E 1962, S. 496.

285 Für eine Bestrafung bei der Gefährdung von Fahrzeuginsassen oder beim Führen fremder Fahrzeuge sieht *Franzheim*, Zeitschrift für Verkehrswissenschaft, 1961,

„Der Begriff der Gemeingefahr würde sich ohne innere Spannungen nur dann verwenden lassen, wenn man ihn auf eine Gefahr für eine unbestimmte Zahl oder für eine bestimmte Vielzahl von Menschen und Sachen beschränkte. Ein so eingeschränkter Begriff könnte aber dem kriminalpolitischen Bedürfnis[286] nicht genügen, das die Tatbestände der Verkehrsgefährdung befriedigen soll. Der entscheidende Gedanke liegt hier nicht darin, daß im Einzelfall tatsächlich eine Vielzahl von Menschen oder Sachen in Gefahr gebracht wird, sondern darin, daß der Täter die Sicherheit des Verkehrs in einer Weise beeinträchtigt, die ihrer Art nach geeignet ist, eine Mehrzahl von Menschen und bedeutenden Sachwerten zu gefährden, und deren Auswirkung der Täter, wenn er überhaupt die Gefahrhandlung vornimmt, regelmäßig nicht in der Hand hat."[287]

„Darin liegt der für den Gesetzgeber ausschlaggebende Grund, bereits die Herbeiführung einer Gefahr mit verhältnismäßig schweren Strafen zu bedrohen, auch wenn sich die Gefahr im Einzelfall nur für einzelne Menschen oder Sachen auswirkt. Hinter der Ausgestaltung der Tatbestände als konkrete Gefährdungsdelikte im Sinne einer Gefahr für vielleicht nur einzelne Menschen oder Sachen stehe also der Gedanke der abstrakten Gefahr für eine unbestimmte Zahl von Menschen oder Sachen als gesetzgeberischer Grund. Deshalb bezeichnet auch der Entwurf die Straftaten des 3. Titels in dessen Überschrift weiterhin als gemeingefährliche Straftaten."[288]

Seitens der Kommission wird argumentiert, dass ein Delikt schon dann gemeingefährlich ist, wenn das Mittel abstrakt gemeingefährlich ist. Es bedeute dann lediglich wieder eine Einschränkung, wenn nicht schon die abstrakte Gefährlichkeit unter Strafe gestellt werde, sondern der konkrete Eintritt einer Gefahr, die aber nicht notwendig eine Gemeingefahr sein müsse. Wenn danach nur ein Einzelner gefährdet werde, sei der Begriff der Gemeingefahr als Tatbestandsmerkmal verfehlt. Für die Einordnung der Tat als gemeingefährliche Straftat sei aber die abstrakte Gefährlichkeit des Mittels ausreichend.[289]

---

97 (98 f.) dagegen u. a. unter Vertrauensgesichtspunkten kein Bedürfnis; eine entsprechende Ausschlussklausel formuliert er auf S. 100.

286 Siehe auch *Franzheim*, S. 97 (98).

287 Begründung E 1960, S. 460; später auch in BT-Drucks. III/2368, S. 20; Begründung E 1962, S. 496 f.

288 Begründung E 1960, S. 460; ähnlich BT-Drucks. III/2368, S. 20; Begründung E 1962, S. 497.

289 So die Argumentation von *Gallas*, Niederschriften Band 8, S. 423. Dagegen sieht *Jescheck* (S. 423 f.) die Aufgabe des Begriffs der Gemeingefahr kritisch, denn wenn die Gefährdung eines konkret bestimmten Menschen genügen soll, handele es sich nicht mehr um ein gemeingefährliches Delikt im eigentlichen Sinne. Vor allem kritisiert *Jescheck* die eigentümliche Gleichstellung eines Menschenlebens mit der Sache von bedeutendem Wert, bei welcher der ursprüngliche Gedanke einer Gemeingefahr beibehalten werde, nämlich dass es sich um etwas sehr Bedeutendes, Umfangreiches, Großes und Wertvolles handeln müsse; der Mensch müsse aber

Die Kommission benutzt daher anstelle des Begriffs der Gemeingefahr für die Bezeichnung der Gefahr regelmäßig die Formel: „Gefahr für Leben eines anderen oder Sachen von bedeutendem Wert". Bei der Gefahr für Menschen soll die für den Täter, der vielleicht Selbstmord mit Hilfe eines gemeingefährlichen Mittels begehen möchte, nicht ausreichen. Unter Lebensgefahr sei auch hier nur eine ernste Gefährdung der Gesundheit oder körperlichen Unversehrtheit zu verstehen. Im Bereich der Sachgefährdung lässt der Entwurf die Gefährdung eigener Sachen regelmäßig nicht ausreichen, sondern nur dann, wenn sie zu einer konkreten Gefährdung fremder Sachen führt oder wenigstens eine solche Gefahr abstrakt zu befürchten sei.[290] Auf die Frage, ob das Gefährdungsobjekt in irgendeiner Weise die Allgemeinheit repräsentiert, komme es nicht mehr an, wenn das begriffliche Merkmal der „gemeinen" Gefahr durch eine Konkretisierung ersetzt werde.

Die Kommission entzieht der neueren Rechtsprechung damit den Boden. Dies mit der Konsequenz, dass man sich mit dem Gedanken anfreunden müsse, auch die Gefährdung eines nach individuellen Gesichtspunkten ausgewählten Mitfahrers zur Verwirklichung des Tatbestandes ausreichen zu lassen, was als gesetzgeberische Entscheidung hinzunehmen sei.[291]

Den Begriff der Gefahr näher zu bestimmen, überlässt die Kommission jedoch der Rechtsprechung. Durch die Streichung der Gemeingefahr seien allerdings die Strafrahmen zu senken, denn die Mindeststrafen müssten den Fällen gerecht werden, in denen die Gefahr nur einem einzelnen Menschen oder einer einzelnen Sache drohe.[292]

(3) Fazit

Entscheidend für die Zuordnung der Straßenverkehrsdelikte als gemeingefährliche Delikte ist danach nicht der konkrete Gefährdungserfolg, sondern die abstrakte (Gemein)Gefährlichkeit der Tathandlung mit ihrem Bezug zum Straßenverkehr, in dem sich Gefährdungsobjekte bewegen und die Auswirkungen einer Tathandlung grundsätzlich nicht absehbar sind. Der konkrete Gefährdungserfolg dagegen, der durch den Schutz auch einzelner bestimmter Individuen oder Sachen mit der „Natur" einer Gemeingefahr wenig zu tun hat, engt den Anwendungsbereich dahingehend ein, dass dieser Gefahrerfolg die Gefährlichkeit der Tathandlung – wenn auch an nur einem Einzelobjekt – bestätigt.[293] Auch wenn sich eine konkrete Tathandlung mit Bezug

---

nicht mehr irgendwie die Allgemeinheit „repräsentieren". *Gallas* (S. 423) erwidert, dass eine einzelne Sache ebenso ausreiche und eine Gleichstellung einzelner Menschen mit einer wertvollen Sache durchaus sachgemäß sei.

290 Vgl. Begründung E 1960, S. 460; Begründung E 1962, S. 497 mit BT-Drucks. III/2368.

291 So *Lackner*, S. 11 f.

292 Vgl. Niederschriften, Band 9, S. 337–339; Begründung E 1960, S. 460 mit Überlegungen zum Gefahrbegriff; Begründung E 1962, S. 497.

293 Das Abstellen auf eine Individualgefahr als Hervorrufung einer Gemeingefahr statuiert aber keinen Individualrechtsgüterschutz. Denn die Allgemeinheit, die hier über die Sicherheit des Verkehrs zu schützen ist, ist ein abstrakter Begriff,

zum Straßenverkehr gegen ein einziges (bestimmtes) individuelles Gut richtet, so kann diese Ausdruck einer Verkehrsgefahr sein, da im System des Straßenverkehrs abstrakt gesehen nicht ausgeschlossen ist, dass auch andere, nicht anvisierte Gefährdungsobjekte in Mitleidenschaft gezogen werden. Die Sicherheit des Straßenverkehrs wird also auch durch zielgerichtete objektsgebundene Handlungen tangiert. Ziel der Straßenverkehrsdelikte ist es, den Verkehrsraum vor gefährlichen Störungen mit unbestimmtem Ausmaß freizuhalten, damit sich Menschen im Vertrauen auf die zu gewährende Sicherheit fortbewegen bzw. Sachen transportiert werden können. Auf der anderen Seite sind aber auch am Straßenverkehr nicht beteiligte Personen oder Sachwerte vor den Gefahren dieses Verkehrsträgers zu schützen, wobei durch die – oben unter B.II.6.b – angesprochene Wortlautänderung ein anvisierter Gleichlauf bei internen und externen Störungen eher in Frage gestellt als erzielt wird.

d. Inhaltliche Änderungen des § 315a StGB a.F. durch den Entwurf eines Strafgesetzbuches

Neben den oben aufgeführten grundsätzlichen Änderungen sieht der Entwurf 1960[294] im Vergleich zum damals geltenden Recht (§ 315a) u. a. folgende Neuerungen vor: In § 315a Abs. 2 Nr. 4 StGB a. F. waren nur besonders typische gefährliche Verhaltensweisen normiert. Hierzu wurde (erneut) die Frage nach einer umfassenderen Generalklausel gestellt, die alle besonders gefährlichen Handlungen erfasst. Dies mit dem Ziel, nicht ohne Not das geltende Recht nach wenigen Jahren durch weitere, sich als besonders gefährlich erweisende Verhaltensweisen ergänzen bzw. anpassen zu müssen.[295] Letztlich entschied man sich aus Gründen der Unbestimmtheit und der damit verbundenen Rechtsunsicherheit dafür, einen abschließenden Handlungskatalog beizubehalten, diesen aber zu ergänzen:[296]

---

sodass es eines Gefährdungsobjekts bedarf, um der Allgemeinheit ein „Gesicht zu verleihen", so *Hörtz*, S. 97 in Bezug auf das Rechtsgut des § 315a StGB a. F. Siehe zum Aspekt der Strafwürdig- und Strafbedürftigkeit schon B.II.4.d. Zum Ganzen auch *Hörtz*, S. 101–114.

294 Eine synoptische Gegenüberstellung findet sich am Ende in Zusammenschau mit dem Zweiten Gesetz zur Sicherung des Straßenverkehrs unten unter g.

295 Niederschriften, Band 9, S. 312 ff. (314).

296 So war die Schaffung einer Generalklausel schon bei der Beratung des Gesetzes zur Sicherung des Straßenverkehrs zunächst im Entwurf enthalten („rücksichtslos fährt"), diskutiert und aus den genannten Gründen abgelehnt worden, vgl. oben und *Lackner*, Niederschriften, Band 9, Seite 335 f: „Die Abgeordneten [bei der Beratung des Gesetzes zur Sicherung des Straßenverkehrs] haben sich mit überwiegender Mehrheit gegen eine solche Generalklausel ausgesprochen, weil sie das strafbare Verhalten nicht genügend scharf abgrenze. ... Sie ist aber ... auch... wegen ihrer Unbestimmtheit eine erhebliche Gefahr für die Rechtssicherheit, die man als durchaus beachtlichen Faktor in die Waagschale legen muss. Ich möchte nach allen bisherigen Erfahrungen in der Gesetzgebungsarbeit glauben, daß keinerlei Aussicht besteht, eine Generalklausel auf diesem Gebiet im Bundestag durch-

Zum einen war die Kommission der Auffassung, dass über das Merkmal des „falschen Überholens“ die am Überholvorgang beteiligten Personen in nicht gerechtfertigter Weise ungleich behandelt werden. So stellt sie klar, dass die Strafbarkeit sich nur an den Überholenden und dessen Fehlverhalten richtet, nicht dagegen auch an den Überholten. Doch muss die Vorschrift beide am Überholvorgang beteiligten Personen erfassen, denn auch durch verkehrswidrige Manöver des zu Überholenden wird eine typische Verkehrsgefahr begründet, die in gleichem Umfang strafwürdig ist.[297] Die Vorschrift soll entsprechend um das falsche Fahren bei Überholvorgängen erweitert werden.[298]

Zudem wird im Zusammenhang des zu schnellen Fahrens auch der Bahnübergang als gefahrenträchtiger Ort erwähnt, um eine unverständliche Lücke zu schließen. Denn die Kommission meint, dass die Bahnübergänge noch mehr als die übrigen im Tatbestand bereits genannten Stellen zu den Gefahrenquellen des Straßenverkehrs zählen.[299]

Der ähnliche Eingriff in § 315a Abs. 1 wird durch das Erfordernis „gleicher Gefährlichkeit“ enger gefasst.[300]

e. *Der Entwurf eines Zweiten Gesetzes zur Sicherung des Straßenverkehrs von 1961, BT-Drucks. III/2368*

Am 5.1.1961 wurde ein Entwurf eines Zweiten Gesetzes zur Sicherung des Straßenverkehrs eingebracht.[301] Durch dieses sollten – wie schon 1952 – aufgrund der Dringlichkeit die Ergebnisse der bisherigen Beratungen und der Entwurf von 1960

---

zusetzen. Man sollte sich daher darauf beschränken, nur die im geltenden Recht angegebenen, typischerweise gefährlichen Handlungen mit Strafe zu bedrohen.“ Zu der Möglichkeit des Gesetzgebers, sich auf besondere Fälle zu beschränken, führt *Lackner* aus, dass „das kriminelle Strafrecht seiner Natur nach ein unvollständiges System sei, dessen Ausfüllung mit Tatbeständen sich in erster Linie nach dem kriminalpolitischen Bedürfnis und nicht zuletzt aber auch nach der Möglichkeit bestimmt, das strafwürdige Verhalten in einer den rechtsstaatlichen Bedürfnissen genügenden Weise zu umschreiben“. Siehe auch *Dreher*, S. 337, der darauf hinweist, dass Lücken dabei um der Rechtssicherheit willen bewusst in Kauf genommen worden seien.

297 Siehe hierzu Niederschriften, Band 9, S. 333 und 541. Der Überholende wäre nach damals geltendem Recht wegen Straßenverkehrsgefährdung bestraft, die Tat des Überholten nur wegen einer Übertretung geahndet worden.

298 Niederschriften, Band 9, S. 334; Begründung E 1960, S. 487; differenzierter dann im E 1962, S. 528.

299 Begründung E 1960, S. 487; auch später beim E 1962, S. 528.

300 Begründung E 1960, S. 486.

301 BT-Drucks. III/2368. Eine umfassende Zusammenstellung der Materialien findet sich bei *Hartung*, Zweites Gesetz zur Sicherung des Straßenverkehrs, München und Berlin, 1965. Zur Einschätzung in der Bevölkerung siehe *Bauer*, 131. Sitzung vom 12.06.04, S. 6399 (C).

für die Straßenverkehrsdelikte vorweggenommen werden.[302] Als Grund hierzu wird angeführt, dass im Jahr 1952 die Gesamtzahl der (zulassungspflichtigen) Kraftfahrzeuge noch rund zwei Millionen betrug, sich die Zahl im Jahr 1959 aber auf nahezu acht Millionen vervielfacht hat. Dies mit der Folge, dass mit der stetig steigenden Verkehrsdichte und der Teilnahme immer größerer Personenkreise am Straßenverkehr die Gerichte durch die ebenso erheblich zugenommenen Verkehrszuwiderhandlungen in einem Umfang mit zusätzlichen Aufgaben belastet würden, der die Grenze des Erträglichen zu überschreiten droht (mehr als 1,5 Millionen Verfahren in 1959).[303]

Nach dem Entwurf sollte § 315a wie folgt neu gefasst werden:[304]

„§ 315a

(1) Wer die Sicherheit des Straßenverkehrs dadurch beeinträchtigt, daß er
1. Anlagen oder Beförderungsmittel zerstört, beschädigt oder beseitigt,
2. Hindernisse bereitet oder
3. einen ähnlichen Eingriff von gleicher Gefährlichkeit vornimmt

und dadurch Leib oder Leben eines anderen oder fremde Sachen von bedeutendem Wert gefährdet, wird mit Gefängnis bestraft.

(2) Ebenso wird bestraft, wer im Straßenverkehr
1. ein Fahrzeug führt, obwohl er infolge des Genusses geistiger Getränke oder anderer berauschender Mittel oder infolge geistiger oder körperlicher Mängel nicht in der Lage ist, das Fahrzeug sicher zu führen, oder
2. grob verkehrswidrig und rücksichtslos
   a) die Vorfahrt nicht beachtet,
   b) falsch überholt oder sonst bei Überholvorgängen falsch fährt,
   c) an Fußgängerüberwegen falsch fährt,
   d) an unübersichtlichen Stellen, an Straßenkreuzungen, Straßen-einmündungen oder Bahnübergängen zu schnell fährt oder
   e) an unübersichtlichen Stellen nicht rechts fährt

302 Zwar hatte die Bundesregierung am 8.9.1960 den Entwurf eines Strafgesetzbuches (E 1960) dem Bundestag zugeleitet. Da dieser umfassende Entwurf aber in der dritten Wahlperiode nicht mehr verabschiedet werden konnte, mit der Folge, dass verkehrsrechtliche Vorschriften erst in einigen Jahren Geltung erreicht hätten, entschied sich der Gesetzgeber im Hinblick auf die dringende Notwendigkeit, den Straßenverkehr zu sichern, dazu, einen Teil des E 1960 vorzuziehen. Die bisherigen Strafvorschriften sollten vereinfacht und verschärft werden, sowie ein neuer Tatbestand gegen Trunkenheit im Verkehr geschaffen werden, der dem fahruntüchtigen Führer eines Fahrzeuges Vergehensstrafe auch dann androht, wenn im Einzelfall keine konkrete Verkehrsgefahr entstanden ist, siehe BT-Drucks. III/2368, Anlage 1, S. 7 f.

303 BT-Drucks. III/2368, Begründung, S. 7. Die Dringlichkeit ergibt sich also aus präventiven Erwägungen zur Abschreckung, um die Gerichte zu entlasten (negative Generalprävention).

304 BT-Drucks. III/2368, Anlage 1 S. 3 f.

und dadurch Leib oder Leben eines anderen oder fremde Sachen von bedeutendem Wert gefährdet.

(3) In den Fällen des Absatzes 1 und des Absatzes 2 Nr. 1 ist der Versuch strafbar.

(4) In besonders schweren Fällen des Absatzes 1 ist die Strafe Zuchthaus bis zu zehn Jahren.

(5) [Einziehung]

Der bisherige § 316 wird § 315 b und erhält folgende Fassung:

„§ 315 b

(1) Wer fahrlässig eine der in § 315 Abs. 1 bezeichneten Taten begeht, wird mit Gefängnis bestraft.

(2) Wer fahrlässig eine der in § 315 Abs. 3 oder § 315a bezeichneten Taten begeht, wird mit Gefängnis bis zu zwei Jahren oder mit Geldstrafe bestraft."

Der Entwurf konkretisiert mit der neuen Fassung – wie es der Entwurf von 1960 vorsah – den ähnlichen Eingriff durch das zusätzliche Erfordernis der „gleichen Gefährlichkeit", um den Tatbestand rechtsstaatlich schärfer einzugrenzen und um die Gerichte bei der Auslegung besser zu führen.[305] Zwar hatten die Verfasser des Entwurfs gesehen, dass gegen den wertausfüllungsbedürftigen Begriff des „ähnlichen Eingriffs" aus rechtsstaatlicher Sicht Einwendungen erhoben werden könnten (z. B. Bestimmtheitsgebot Art. 20 Abs. 3 GG; Verbot der strafbegründenden Analogie), doch ist er der Ansicht, dass dennoch nicht auf den Begriff verzichtet werden kann. Und zwar aus dem (praktischen) Grund, dass es im Straßenverkehr zahlreiche höchst gefährliche Handlungen gebe, die sich infolge ihrer Mannigfaltigkeit einer erschöpfenden Aufzählung entziehen. Deshalb sei es aus kriminalpolitischen Gründen nicht vertretbar, jene durch Verzicht auf eine Analogieklausel[306] aus dem Anwendungsbereich auszuscheiden.[307]

Nach systematischer Umgestaltung wird § 315a Abs. 1 Nr. 4 StGB a. F. als neue Nr. 2 des § 315a Abs. 2 des Entwurfs wesentlich erweitert. Unter Buchstabe b wird das falsche Überholen entsprechend dem Entwurf 1960 ausgedehnt.[308] Das falsche Fahren an Fußgängerüberwegen als Buchstabe c ist neu, um der besonders gefährlichen Unsitte zu begegnen, an einem vor dem Fußgängerüberweg haltenden Fahrzeug, das den Fußgängern den Weg freimachen will, links vorbeizufahren. Die (beschrankten und unbeschrankten) Bahnübergänge werden in Buchstabe d nun

305 BT-Drucks. III/2368, S. 20.

306 Durch die Verwendung des Begriffs Analogieklausel wird bestätigt, dass der Gesetzgeber hier den möglichen Verstoß gegen das Verbot der strafbegründenden Analogie gesehen und (bewusst) hingenommen hat. Der Frage nach der Verfassungsmäßigkeit des Begriffes des „ähnlichen Eingriffs von gleicher Gefährlichkeit" soll hier aber nicht weiter nachgegangen werden.

307 Vgl. BT-Drucks. III/2368, S. 21.

308 BT-Drucks. III/2368, S. 21.

auch als besondere Gefahrenstelle erwähnt.[309] Zuletzt wird der Verstoß gegen das Rechtsfahrgebot vor allem im Hinblick auf das gefährliche Kurvenschneiden unter Buchstabe e erfasst („an unübersichtlichen Stellen nicht rechts fährt").[310]

Da der Entwurf des Zweiten Gesetzes zur Sicherung des Straßenverkehrs[311] in der dritten Wahlperiode nicht mehr verabschiedet wurde, war er in der vierten Wahlperiode neu einzubringen.[312]

f. Weitere Änderungen mit dem Entwurf eines Strafgesetzbuches von 1962

Mit dem Entwurf eines Strafgesetzbuches im Jahr 1962 (E 1962, BT-Drucks. IV/650) werden im Vergleich zum E 1960 noch die folgenden wesentlichen Änderungen aufgenommen:

Der (Ober)Begriff des Beförderungsmittels im geltenden § 315a Abs. 1 Nr. 1 StGB soll ersetzt werden durch den des Fahrzeugs, da nur solche im Straßenverkehr als Beförderungsmittel vorkommen.

Während der E 1960 – dem geltenden Recht folgend – noch einen einheitlichen Tatbestand für die Gefährdung des Straßenverkehrs vorsah (§ 343 E 1960)[313], soll im E 1962

---

309 BT-Drucks. III/2368, S. 21. Problematisiert wurde die Gefahrträchtigkeit der unbeschrankten Bahnübergänge mangels Einsicht in den Schienenverkehr schon bei den Beratungen zum Gesetz zur Bekämpfung der Unfälle im Straßenverkehr, vgl. Protokoll vom 25.10.1951, S. 7051 B (*Reismann*).

310 BT-Drucks. III/2368, S. 22. Dazu wird angemerkt, dass der Tatbestand nicht schon dann verwirklicht sei, wenn auf „der rechten Seite der Fahrbahn nicht rechts gefahren oder unter bestimmten Voraussetzungen nicht die äußerste rechte Seite der Fahrbahn" eingehalten wird. Erfasst sei das Nichtrechtsfahren nur insoweit, als die rechte Seite der Fahrbahn verlassen und damit der Gegenverkehr unmittelbar in Mitleidenschaft gezogen werde, Begründung E 1962, S. 528, sowie BT-Drucks. IV/651, S. 29.

311 BT-Drucks. III/2368, S. 22. In Absatz 5 findet sich für Vorsatztaten eine spezielle Regelung über die (vorbeugende) Einziehung des Fahrzeugs, als „wirksame Waffe gegen die Verkehrsrowdys und die Gleichgültigen ..., die aus Rücksichtslosigkeit oder Verantwortungslosigkeit handeln, [um] deren nachhaltige Ausschaltung aus dem Kraftverkehr [zu] bewirken; denn wenn diesem Personenkreis neben der Strafe und der Entziehung der Fahrerlaubnis auch das Fahrzeug weggenommen wird, fehlen in tatsächlicher Hinsicht wichtige Voraussetzungen für das verbotswidrige Führen von Kraftfahrzeugen." Diese setzt sich aber nicht durch, BT-Drucks. IV/651, S. 29.

312 Siehe hierzu *von Vittinghoff-Schell* aus den Beratungen zum späteren Entwurf BT-Drucks. IV/65, 131. Sitzung vom 12.06.64, S. 6401 (D).

313 *Asholt*, S. 171 f. Zur Diskussion, ob ein einheitlicher Tatbestand für alle Verkehrsträger oder ein spezieller für den Straßenverkehr zu bilden war, siehe Umdruck U 74, Band 9, Anhang Nr. 23, S. 555. Zur Diskussion siehe die Stellungnahmen in der 103. Sitzung der Großen Strafrechtskommission, S. 433–440 mit den Ausführungen

ein übersichtlicherer Aufbau erzielt werden. Hierbei werden vor allem die Verstöße, die durch Eingriffe *in* den Straßenverkehr begangen werden (§ 344 E 1962) von denjenigen getrennt, die sich im Wesentlichen nur auf falsches Verhalten *im* Straßenverkehr (§ 345 E 1962) beziehen.[314] Diese systematische Aufteilung, die sich letztlich im späteren Zweiten Gesetz zu Sicherung des Straßenverkehrs durchsetzt, hat klarstellenden Charakter. Es wird konkreter nach den Fällen unterschieden, in denen der Fahrzeugverkehr, der sich auf der Straße bewegt, durch den Täter von außen her in Gefahr gebracht wird (Außeneingriff) und denjenigen Verhaltensweisen, bei denen der Fahrer von innen her eine konkrete Gefahr hervorruft, sei es durch Mängel in der Fahrtüchtigkeit oder durch fehlerhaftes Verkehrsverhalten.[315] Die Tatbestände über die Gefährdung des Straßenverkehrs sind danach so aufgebaut, dass § 345 E 1962 „alle Handlungen zugeordnet sind, die sich in der Verletzung einer für den Verkehr geltenden Verhaltensregel erschöpfen". § 344 E 1962 dagegen soll „vornehmlich Eingriffe in die Verkehrssicherheit von außen abwehren und im fließenden Verkehr begangene Handlungen nur insoweit erfassen, als sie nicht nur fehlerhafte Verkehrsteilnahme sind".[316]

Die fehlerhafte Verkehrsteilnahme wird wesentlich erweitert: Neben den Änderungen, die bereits durch den E 1960 (BT-Drucks. III/2150) und den Entwurf des Zweiten Gesetzes zur Sicherung des Straßenverkehrs (BT-Drucks. III/2368) vorgesehenen waren, wurden in § 345 Abs. 1 Nr. 2 E 1962 die Buchstaben f und g zur Klärung einer systematische Zweifelsfrage neu aufgenommen. Denn die Rechtsprechung hatte sowohl das Wenden auf der Autobahn als auch das ungenügende Kenntlichmachen haltender oder liegengebliebener Fahrzeuge als das „Bereiten eines Hindernisses" i.S.v. § 315a Abs. 1 Nr. 1 StGB angesehen. Da § 345 Abs. 1 Nr. 2 E 1962 aber nun alle Verhaltensweisen fehlerhafter Verkehrsteilnahme abschließend aufzählen soll, bestand die Notwendigkeit diese beiden Verhaltensweisen dort aufzunehmen, da sie sonst nach der neuen Systematik aus dem Anwendungsbereich der Straßenverkehrsdelikte ausgeschieden wären.[317]

Die hiermit nach § 345 Abs. 1 Nr. 2 E 1962 vorgesehenen sog. sieben Todsünden im Straßenverkehr umfassen damit *abschließend* das nach der bisherigen Verkehrsbeobachtung der letzten Jahre als besonders gefahrenträchtig erwiesene Fehlverhalten der Verkehrsteilnehmer. Damit war es nach dem Analogieverbot des § 2

---

von *Lackner*, *Neumeyer*, *Schafheutle*, *Bockelmann* und *Dreher*. Dabei ging es auch um die Frage gleichlaufender Auslegung. So wurde zeitweise auch die fehlerhafte Verkehrsteilnahme als Hindernisbereiten subsumiert (S. 440).

314 Begründung E 1962, S. 521.

315 *Hartung*, S. 76. Verdeutlicht wird diese Systematik am Beispiel des Gebens falscher Zeichen oder Signale, das bei den Straßenverkehrsdelikten nicht als Begehungsform erfasst ist. Diese Begehungsform namentlich mittels fester Anlagen soll nur als „ähnlicher, ebenso gefährlicher Eingriff" erfasst sein, siehe Begründung E 1962, S. 527; siehe auch die Begründung in BT-Drucks. IV/652, S. 28. Das bloß falsche Setzen des „Winkers" ist tatbestandlich nicht erfasst.

316 Vgl. Begründung E 1962, S. 527.

317 Vgl. Begründung E 1962, S. 528 sowie dann BT-Drucks. IV/651, S. 29.

StGB a.F. unzulässig, diesen Katalog auf andere ähnliche Fälle fehlerhaften Verhaltens auszudehnen.[318] Dies ist insoweit auffällig, als sich der Gesetzgeber dagegen in § 344 Abs. 1 Nr. 3 E 1962 doch für den Einsatz gerade einer „Analogieklausel" entschieden hatte, um flexibel allerlei denkbare Außeneingriffe erfassen zu können. Bei gefährlichem Verkehrsverhalten stellt er dagegen eine starre Grenze auf, die nicht durch die Rechtsprechung, sondern nur bei entsprechendem Handlungsbedarf mit Rücksicht auf den gegebenen Beurteilungsspielraum durch den Gesetzgeber selbst erweitert werden kann.

g. *Der Entwurf eines Zweiten Gesetzes zur Sicherung des Straßenverkehrs von 1962, BT-Drucks. IV/651*

Der neue Entwurf des Zweiten Gesetzes zur Sicherung des Straßenverkehrs stimmt im Wesentlichen mit dem der dritten Wahlperiode überein.[319] Er berücksichtigt aber auch die Erweiterungen aus dem zwischenzeitlich erstellten E 1962. Darüber hinaus gibt es nur noch geringfügige Änderungen: Der neue Buchstabe g des § 345 Abs. 1 Nr. 2 E 1962 wurde um die Formulierung „obwohl das zur Sicherung des Verkehrs erforderlich ist" ergänzt, um zu verdeutlichen, dass nicht in jedem Fall eine Sicherung erforderlich ist.[320]

Die fahrlässige Verkehrsgefährdung wird nun dem E 1962 entsprechend nicht mehr separat, sondern in den einzelnen neuen Tatbeständen neben der vorsätzlichen Verkehrsgefährdung in besonderen Absätzen mit Strafe bedroht. In allen Tatbeständen wird zwischen einer sog. Vorsatz-Fahrlässigkeits-Kombination und einer Fahrlässigkeits-Fahrlässigkeits-Kombination unterschieden, je nach Reichweite des Tätervorsatzes hinsichtlich der Tathandlung und der Schaffung einer konkreten Gefahr.[321]

---

318 *Hartung*, S. 76.

319 Insofern finden sich die im vorherigen Entwurf angegebenen Begründungen zu erfolgten Änderungen auch in dieser Entwurfsbegründung (z.B. zum Merkmal der Gemeingefahr und des ähnlichen, ebenso gefährlichen Eingriff), BT-Drucks. IV/651, S. 22.
Der Tatbestand des § 316 i.d.F. des Entwurfs eines Zweiten Gesetzes zur Sicherung des Straßenverkehrs aus der 3. Wahlperiode (vgl. § 346 E 1960), der das Führen von Fahrzeugen unter Alkoholeinfluss in den verschiedenen Verkehrsarten ohne Rücksicht auf die Herbeiführung einer Verkehrsgefahr als Vergehen mit Strafe bedroht, wird mangels Entscheidungsreife, nicht weiter im Entwurf aufgenommen, sondern wird zunächst einem weiteren Gesetzesentwurf vorbehalten, s. BT-Drucks. IV/651, S. 9 f. Letztlich wurde mit § 316 n.F. dann aber dieser Tatbestand doch gemeinsam mit §§ 315b, 315c in das StGB aufgenommen.

320 Schriftlicher Bericht des Rechtsausschusses, Abgeordneter *Bauer*, zu BT-Drucks. IV/2161, S. 4 f.

321 *Hartung*, S. 77. Im Entwurf der 3. Wahlperiode war von der Übernahme dieser Unterscheidung zwischen vorsätzlicher Tathandlung und fahrlässiger Gefährdung einerseits und fahrlässiger Tathandlung und fahrlässiger Gefährdung andererseits abgesehen worden, weil das zu weiteren Änderungen des geltenden Rechts

Als Qualifikation stellte der Entwurf in § 315b Abs. 3 mit Verweis auf § 315 Abs. 3 besondere Sabotagehandlungen unter erhöhte Strafdrohung, nämlich wenn der „Täter entweder in einer bestimmten verbrecherischen Absicht [handelt], die über die Herbeiführung der Verkehrsgefahr hinausgeht, oder als Mitglied oder im Auftrag einer Gruppe handelt, der die Begehung von Verkehrsgefährdungen als Mittel für ihre Zwecke dient." Dies, um zu den überwiegenden Fällen abzugrenzen, in denen „die vorsätzliche Gefährdung ihre Wurzel nicht überwiegend in verbrecherischen Absichten oder Neigungen des Täters hat, sondern oft auch auf Leichtsinn, Bequemlichkeit, Nachlässigkeit oder Kopflosigkeit beruht."[322] Der Absichtskatalog des Entwurfs wurde aber nicht in Gänze in das StGB übernommen. Gestrichen[323] wurde die Absicht, in der Bevölkerung Angst oder Schrecken zu erregen, und das Handeln als Mitglied oder im Auftrag einer Gruppe, der solche Taten als Mittel für ihre Zwecke dienen. Dabei verfolgte die Aufnahme dieser beiden Begehungsformen vornehmlich den Zweck, Sabotageakten aus politischen Gründen entgegenzuwirken.[324]

Die Straßenverkehrsdelikte erhalten danach mit dem Zweiten Gesetz zur Sicherung des Straßenverkehrs am 26.11.1964 folgende Fassung[325], die hier noch einmal (etwas gekürzt)[326] dem damals zuvor geltenden Recht (§ 315a) und den Entwürfen E 1960 und E 1962 gegenüber gestellt wird:

---

gezwungen hätte, BT-Drucks. III/2368, S. 22. „Nachdem für den vorliegenden Entwurf die Zeitnot, in der sich die entsprechende Vorlage in der letzten Wahlperiode befand, weggefallen ist, empfiehlt es sich, das Gebiet der Verkehrsgefährdung einheitlich zu ordnen und es vollständig – allerdings vorbehaltlich des Strafensystems – auf den Stand zu bringen, der nach den Plänen für die Gesamtreform des Strafrechts vorgesehen ist", S. 21.

322 BT-Drucks. IV/651, S. 24.

323 Vgl. Schriftlicher Bericht des Verkehrsausschusses, BT-Drucks. IV/2161, S. 5. In der Begründung von *Bauer* heißt es hierzu (zu BT-Drucks. IV/2161, S. 4), dass der Ausschuss es nicht verkennt, dass beide Tatbestände vornehmlich in den politischen Bereich hineinspielen und einschlägige Fälle in der Regel bereits durch andere Strafvorschriften erfasst sind. Trotz der gewissen Berechtigung für die Aufnahme derartiger Strafschärfungsgründe, war die Mehrheit der Ansicht, diese Frage der großen Strafrechtsreform vorzubehalten und auf eine Regelung im Rahmen des Straßenverkehrssicherungsgesetzes zu verzichten.

324 Vgl. BT-Drucks. IV/651, S. 25. Diese Absichten waren in § 338 E 1962 auch als besonders schwere Fälle in anderen gemeingefährlichen Delikten vorgesehen.

325 BGBl. I., S. 921.

326 Es fehlen die Vorsatz-Fahrlässigkeitskombinationen sowie die Qualifikationstatbestände.

1952 § 315a	**E 1960 § 343 Gefährdung des Straßenverkehrs**	**E 1962 § 344 Gefährliche Eingriffe in den Straßenverkehr**	**1964 § 315b**
Wer die **Sicherheit des Straßenverkehrs** dadurch beeinträchtigt, dass er 1. Anlagen oder Beförderungsmittel beschädigt, zerstört oder beseitigt, Hindernisse bereitet oder einen ähnlichen Eingriff vornimmt,	(1) Wer die Sicherheit des Straßenverkehrs dadurch beeinträchtigt, daß der Anlagen oder Beförderungsmittel zerstört, beschädigt oder beseitigt, Hindernisse bereitet oder einen ähnlichen Eingriff **von gleicher Gefährlichkeit** vornimmt, **und dadurch Leib oder Leben eine anderen oder fremde Sachen von bedeutendem Wert gefährdet**, wird mit Gefängnis bestraft. Der Versuch ist strafbar. (2) …	(1) Wer die Sicherheit des Straßenverkehrs dadurch beeinträchtigt, daß er 1. Anlagen oder Fahrzeuge zerstört, beschädigt oder beseitigt, 2. Hindernisse bereitet oder 3. einen ähnlichen**, ebenso gefährlichen Eingriff** vornimmt, und dadurch Leib oder Leben eines anderen oder fremde Sachen von bedeutendem Wert gefährdet, wird mit Gefängnis bis zu fünf Jahren bestraft. (2) Der Versuch ist strafbar. (3) …	(1) Wer die Sicherheit des Straßenverkehrs dadurch beeinträchtigt, daß er 1. Anlagen oder Fahrzeuge zerstört, beschädigt oder beseitigt, 2. Hindernisse bereitet oder 3. einen ähnlichen, ebenso gefährlichen Eingriff vornimmt, und dadurch Leib oder Leben eines anderen oder fremde Sachen von bedeutendem Wert gefährdet, wird mit Gefängnis bestraft. (…)

		§ 345 Gefährdung des Straßenverkehrs	**§ 315c Gefährdung des Straßenverkehrs**
2. ein Fahrzeug führt, obwohl er infolge des Genusses geistiger Getränke oder anderer berauschender Mittel nicht in der Lage ist, das Fahrzeug sicher zu führen, 2. ein Fahrzeug führt, obwohl er infolge geistiger oder körperlicher Mängel sich nicht sicher im Verkehr bewegen kann und keine Vorsorge getroffen ist, daß er andere nicht gefährdet, oder	(3) Wer im Straßenverkehr 1. ein Fahrzeug führt, obwohl er infolge des Genusses alkoholischer Getränke oder anderer Rauschmittel oder infolge anderer geistiger oder körperlicher Mängel nicht in der Lage ist, das Fahrzeug sicher zu führen, oder	(1) Wer im Straßenverkehr 1. ein Fahrzeug führt, obwohl er infolge des Genusses alkoholischer Getränke oder anderer Rauschmittel oder infolge geistiger oder körperlicher Mängel nicht in der Lage ist, das Fahrzeug sicher zu führen, oder	(1) Wer im Straßenverkehr 1. ein Fahrzeug führt, obwohl er a) infolge des Genusses alkoholischer Getränke oder anderer berauschender Mittel oder b) infolge geistiger oder körperlicher Mängel nicht in der Lage ist, das Fahrzeug sicher zu führen, oder
3. in grob verkehrswidriger und rücksichtsloser Weise die Vorfahrt nicht beachtet, falsch überholt oder	2. in grob verkehrswidriger und rücksichtsloser Weise die Vorfahrt nicht beachtet, **bei Überholvorgängen falsch handelt** oder …	2. grob verkehrswidrig und rücksichtslos a) die Vorfahrt nicht beachtet, **b) falsch überholt oder sonst bei Überholvorgängen falsch fährt,**	2. grob verkehrswidrig und rücksichtslos a) die Vorfahrt nicht beachtet, b) falsch überholt oder sonst bei Überholvorgängen falsch fährt,

an unübersichtlichen Stellen, an Straßenkreuzungen oder -einmündungen zu schnell fährt…	an übersichtlichen Stellen, an Straßenkreuzungen, Straßeneinmündungen oder **Bahnübergängen** zu schnell fährt	**c) an Fußgänger-überwegen falsch fährt,** d) an unübersichtlichen Stellen, an Straßenkreuzungen, Straßeneinmündungen oder Bahnübergängen zu schnell fährt, e) an unübersichtlichen Stellen nicht die rechte Seite der Fahrbahn einhält, **f) auf Autobahnen wendet oder dies versucht oder** **g) haltende oder liegengebliebene Fahrzeuge nicht auf ausreichende Entfernung kenntlich macht**	c) an Fußgängerüber-wegen falsch fährt, d) an unübersichtlichen Stellen, an Straßenkreuzungen, Straßeneinmündungen oder Bahnübergängen zu schnell fährt, e) an unübersichtlichen Stellen nicht die rechte Seite der Fahrbahn einhält, f) auf Autobahnen wendet oder dies versucht oder g) haltende oder liegengebliebene Fahrzeuge nicht auf ausreichende Entfernung kenntlich macht, **obwohl das zur Sicherung des Verkehrs erforderlich ist**,
…und dadurch eine **Gemeingefahr** (§ 315 Abs. 3) herbeiführt, wird mit Gefängnis bestraft. (…)	und dadurch **Leib oder Leben eines anderen oder fremde Sachen von bedeutendem Wert** gefährdet, wird mit Gefängnis bis zu fünf Jahren bestraft. (…)	und dadurch Leib oder Leben eines anderen oder fremde Sachen von bedeutendem Wert gefährdet, wird mit Gefängnis bis zu fünf Jahren bestraft. (…)	und dadurch Leib oder Leben eines anderen oder fremde Sachen von bedeutendem Wert gefährdet, wird mit Gefängnis bestraft. (…)

Das Zweite Gesetz zur Sicherung des Straßenverkehrs wird damit zu einem „Baustein[327] in einer Kette von Maßnahmen, einer Serie von Notwendigkeiten auf dem Verkehrssektor". Daneben steht sowohl das Ziel des Straßenausbaus und der Verkehrsentlastung, aber auch eine wirksame Verkehrserziehung und Verkehrsaufklärung zur Anhebung der Fahrmoral und Verkehrsdisziplin.[328]

7. Der Alternativentwurf

Der sog. Alternativentwurf eines Strafgesetzbuches zum Besonderen Teil von 1971 sah gegenüber dem mit dem Zweiten Gesetz zur Sicherung des Straßenverkehrs geschaffenen Recht eine andere Konzeption der Straßenverkehrsdelikte vor. Die Verfasser des Alternativentwurfs sahen den Nachteil der Ausgestaltung der Straßenverkehrsdelikte als konkrete Gefährdungsdelikte darin, dass diese meist erst dann angewendet werden können, wenn es nicht nur zu einer konkreten Gefahr, sondern darüber hinaus tatsächlich zu einer Verletzung eines Gefährdungsobjekt gekommen ist. Denn wenn das Fehlverhalten im Straßenverkehr nicht zu einem Unfall führe, sei der Nachweis einer konkreten Gefährdung und der darauf bezogenen Schuld vielfach ausgeschlossen oder zumindest doch sehr erschwert. Es sei aber Sinn der Gefährdungsdelikte, Verletzungen schon im Vorfeld zu verhüten. Diese Aufgabe kann nach den Verfassern nur dann erfüllt werden, wenn das jeweilige Verhalten nicht nur mit Strafe bedroht, sondern auch tatsächlich geahndet wird.[329] Daher werden die Straßenverkehrsdelikte im Alternativentwurf nicht als konkrete Gefährdungsdelikte, sondern diesen noch einmal vorgelagert als abstrakte Gefährdungsdelikte ausgestaltet.

---

327 Als Beitrag auf dem Justizsektor soll einer Situation entgegengewirkt werden, die gekennzeichnet sei von „über 14.000 Verkehrstoten, 409 000 Verletzten und beinahe 5 Milliarden DM volkswirtschaftlicher Einbuße pro anno", siehe *Bauer*, Plenarprotokoll des Deutschen Bundestags zur 131. Sitzung vom 12.06.64, S. 6401 A.

328 Hierzu *Bauer*, Plenarprotokoll des Deutschen Bundestags zur 131. Sitzung vom 12.06.64, S. 6401 B und C, denn das beste Straßenverkehrssicherungsgesetz müsse ohne Wirkung bleiben, wenn nicht gewisse Prinzipien in Richtung auf ein Mindestmaß an Gemeinsinn zum Tragen komme. „Ich meine, auf deutschen Straßen täte etwas mehr an praktiziertem Gemeinschaftsgeist als Ausfluss wirklich staatsbürgerlicher Gesinnung dringend not. Das schließt zunächst das Erkennen, aber auch die Anerkennung des Grundsatzes in sich, daß die Teilnahme am Verkehr ein Stück Partnerschaft, ein Aufeinanderangewiesensein in der Gemeinschaft bedeutet mit der Maßgabe, daß der brutale Ellenbogenverkehrsteilnehmer mit dem Leitwort vom Recht des Stärkeren im Straßenverkehr außer sich selbst auch andere gefährdet und daß sein Verstoß sich ebenso auf seine Nachbarn, auf seinen Vordermann oder Hintermann im Verkehr auswirken wird." Ebenso *von Vittinghoff-Schell*, Plenarprotokoll des Deutschen Bundestags zur 131. Sitzung vom 12.06.64, S. 6403 B.

329 So die Argumentation von *Arzt*, Alternativentwurf, Vorbemerkung zu § 163, S. 101.

§ 166 AE

Gefährliche Eingriffe in den Straßenverkehr

(1) Wer die Sicherheit des Straßenverkehrs dadurch beeinträchtigt, daß er

1. dem Verkehr dienende Anlagen zerstört, beschädigt, beseitigt, unrichtig bedient oder außer Funktion setzt,
2. als Verantwortlicher für den Straßenbau oder die Verkehrssicherheit dem Verkehr dienende Anlagen grob verkehrsgefährdend einrichtet oder beläßt,
3. Hindernisse bereitet oder
4. durch einen Eingriff in ein fremdes Fahrzeug dessen Verkehrssicherheit erheblich vermindert,

wird mit Freiheitsstrafe bis zu drei Jahren oder mit Geldstrafe bestraft.

(2) Wird die Tat fahrlässig begangen, ist auf Geld- oder Freiheitsstrafe bis zu einem Jahr zu erkennen.

(3) § 164 Abs. 3 gilt entsprechend [obligatorische Strafmilderung bei Rücknahme der Gefährdung]

§ 167 AE

Grob verkehrswidriges Verhalten im Straßenverkehr

(1) Wer im Straßenverkehr grob verkehrswidrig

1. die Vorfahrt eines anderen nicht beachtet,
2. falsch überholt oder sonst bei Überholvorgängen falsch fährt,
3. an Fußgängerüberwegen falsch fährt,
4. an unübersichtlichen Stellen, an Straßenkreuzungen, Straßeneinmündungen oder Bahnübergängen zu schnell fährt,
5. an unübersichtlichen Stellen nicht die rechte Seite der Fahrbahn einhält,
6. auf Autobahnen wendet oder zu wenden versucht,
7. haltende oder liegengebliebene Fahrzeuge nicht auf ausreichende Entfernung kenntlich macht,
8. mit nicht betriebssicheren Bremsen fährt,
9. mit abgefahrenen Reifen fährt oder
10. mit unzureichender Beleuchtung fährt,

wird mit Fahrverbot nicht unter drei Monaten, mit Geldstrafe nicht unter einem Monat oder mit Freiheitsstrafe bis zu zwei Jahren bestraft. Auf Fahrverbot kann auch neben einer Geld- oder Freiheitsstrafe erkannt werden.

(2) Wird die Tat fahrlässig begangen, ist auf Fahrverbot und Geldstrafe bis zu einem Jahr oder auf eine dieser Strafen zu erkennen.

Die Vorschriften der §§ 166, 167 des Alternativentwurfs erfassen hierbei Verhaltensweisen, die sich als besonders unfallträchtig[330] herausgestellt haben. Selbst wenn

330 Für grob verkehrswidriges Verhalten im Straßenverkehr wird auf die zusätzliche Einschränkung der Rücksichtslosigkeit verzichtet, denn die genannten Verhaltensweisen werden als an sich rücksichtslos bewertet und ihre strenge Bestrafung soll nicht allzu sehr erschwert werden, vgl. *Arzt*, Alternativentwurf, Vorbemerkung

sie folgenlos geblieben sind, so stehen die Verfasser auf dem Standpunkt, dass die genannten Verhaltensweisen kriminelles Unrecht sind und schwerer wiegen als manches geringfügige Vermögensdelikt, da sie sich gegen Leben und körperliche Unversehrtheit richten. Konsequenterweise verorten die Verfasser die abstrakten Gefährdungstatbestände nicht bei den gemeingefährlichen Delikten, sondern dort, wo sie nach dem ihrer Meinung nach *hauptsächlich* geschützten Rechtsgut hingehören: zu den Delikten gegen Leib und Leben.[331]

Der Alternativentwurf sieht also eine vom geltenden Recht abweichende Systematik der Straßenverkehrsdelikte vor und geht von einem primären Individualrechtsgüterschutz aus, dessen Schutz auf die abstrakte Gefährdung vorverlagert wird. Die Argumente gegen einen vorverlagerten Individualrechtsgüterschutz wurden schon im Laufe der vorgestellten Reformbewegung angeführt:[332] Nach Ansicht des Gesetzgebers begründet eine bloß abstrakte Gefährdung im Straßenverkehr noch keine Strafbedürftigkeit. Vielmehr wurde bereits klargestellt, dass im Zuge der Schaffung einer Strafnorm für den Straßenverkehr die bestehenden Übertretungen nicht einfach als abstrakte Gefährdungstatbestände aufzuwerten waren. Der Gesetzgeber hat sich mit den konkreten Gefährdungsdelikten auf der Basis eines Schuldstrafrechts dazu entschieden, aus strafwürdigen gemeingefährlichen Verhaltensweisen nur tatsächlich strafbedürftige herauszugreifen. Und das sind seiner Ansicht nach eben nur diejenigen Tathandlungen, die tatsächlich zu einer konkreten Gefahr für bestimmte individuelle Gefährdungsobjekte führen, sodass sich das gemeingefährliche Verhalten auch äußerlich in einem Gefahrerfolg manifestiert. Danach ist das abstrakt gefährliche Verhalten gesetzgeberischer Grund der Strafwürdigkeit, der konkrete Gefahrerfolg aber Voraussetzung für das mit einer hohen Strafdrohung verbundene Strafbedürfnis. Tritt ein Gefahrerfolg nicht ein, so ist das (strafwürdige) Verhalten mit den Mitteln des Rechts der Ordnungswidrig-

---

zu § 167, S. 113. – Zum Zweiten Gesetz zur Sicherung des Straßenverkehrs hatte der Verkehrsgerichtstag in Goslar den Vorschlag unterbreitet, die Verkehrsverletzungen schon dann zu ahnden, wenn von den eingehenden Voraussetzungen des grob verkehrswidrigen und rücksichtslosen Verhaltens bloß ein Merkmal erfüllt sei. Doch diese Fälle nur geringeren Unrechts hatte der Rechtsausschuss des Bundestags abgelehnt, Schriftlicher Bericht des Rechtsausschusses, Abgeordneter *Bauer*, zu BT-Drucks. IV/2161, S. 4.

331 *Arzt*, Alternativentwurf, Vorbemerkung zu § 163, S. 101. Siehe auch *Weber*, in: *Jescheck*, Vorverlegung, S. 29, 32 f. *Weber* meint, dass bei für menschliches Leben und Gesundheit hochgefährlichen Handlungen durchweg abstrakte Gefährdungsdelikte mit beträchtlichen Strafdrohungen geschaffen werden müssten, denn ihr Unrechtsgehalt sei so groß, dass er durch den Eintritt einer konkreten Rechtsgutsgefährdung kaum mehr gesteigert werden könne. Das Ausbleiben einer konkreten Gefahr sei vielmehr nur ein unverdienter Zufall, der dem Täter nicht zugutekommen solle. § 315c sei nach dem Vorbild des Alternativ-Entwurfs von 1971 von einem konkreten Gefährdungsdelikt in ein abstraktes Gefährdungsdelikt umzuwandeln.

332 Hierzu das Fazit oben unter B.II.4.d sowie B.II.6.c(2)(d).

keiten bloß zu *ahnden*, nicht aber zu strafen. Diesen Grundsatz weicht der Gesetzgeber dagegen mit der geltenden Versuchsstrafbarkeit auf, doch auch hier beweist sich das Strafbedürfnis, wenn der Täter es mit seinem abstrakt gemeingefährlichen Verhalten darauf ankommen lässt, die Sicherheit des Straßenverkehrs *konkret* zu gefährden. Anstelle des konkreten Gefahrerfolgs tritt dann diesem vorgelagert das unmittelbare Ansetzen zum Versuch als Manifestation eines gemeingefährlichen Tatentschlusses.

8. Gesetzesänderungen nach 1964

Die Straßenverkehrsvorschriften der §§ 315b, 315c StGB wurden nach dem Zweiten Gesetz zu Sicherung des Straßenverkehrs bis heute nur noch geringfügig geändert. Lediglich § 315c Abs. 1 Nr. 2f. ist um das (versuchte) Rückwärtsfahren ergänzt und auf Kraftfahrstraßen erweitert worden.[333] Später wurde dieselbe Regelung um das „Fahren entgegen der Fahrtrichtung“ (sog. Geisterfahrt) ergänzt.[334] Mit dem 6. Strafrechtsreformgesetz von 1998 kam es lediglich zu einer redaktionellen Änderung, indem von der Gefährdung von Leib oder Leben eines anderen *Menschen* als geschlechtsindifferente Formulierung die Rede ist.[335]

9. Aktueller Stand der Straßenverkehrsdelikte nach dem StGB

Seitdem haben die Straßenverkehrsdelikte der §§ 315b, 315c StGB nun folgende Fassung.[336]

§ 315b

Gefährliche Eingriffe in den Straßenverkehr

(1) Wer die Sicherheit des Straßenverkehrs dadurch beeinträchtigt, dass er

1. Anlagen oder Fahrzeuge zerstört, beschädigt oder beseitigt,
2. Hindernisse bereitet oder
3. einen ähnlichen, ebenso gefährlichen Eingriff vornimmt,

und dadurch Leib oder Leben eines anderen Menschen oder fremde Sachen von bedeutendem Wert gefährdet, wird mit Freiheitsstrafe bis zu fünf Jahren oder mit Geldstrafe bestraft.

(2) Der Versuch ist strafbar.

(3) Handelt der Täter unter den Voraussetzungen des § 315 Abs. 3, so ist die Strafe Freiheitsstrafe von einem Jahr bis zu zehn Jahren, in minder schweren Fällen Freiheitsstrafe von sechs Monaten bis zu fünf Jahren.

---

333 Art. 1 Nr. 176 EGStGB vom 2.3.1974 (BGBl I., S. 469).

334 Art. 3 OWiGStVGÄndG vom 7.7.1986 (BGBl. I., S. 977).

335 Art. 1 Nr. 83 des 6. Strafrechtsreformgesetzes vom 26.01.1998 (BGBl. I., S. 164). Zu weiteren Änderungen *König*, § 315 und § 315b jeweils Entstehungsgeschichte IV.

336 Zur Änderung durch das Gesetz zur Strafbarkeit nicht genehmigter Kraftfahrzeugrennen im Straßenverkehr siehe BR-Drucks 607/17.

(4) Wer in den Fällen des Absatzes 1 die Gefahr fahrlässig verursacht, wird mit Freiheitsstrafe bis zu drei Jahren oder mit Geldstrafe bestraft.
(5) Wer in den Fällen des Absatzes 1 fahrlässig handelt und die Gefahr fahrlässig verursacht, wird mit Freiheitsstrafe bis zu zwei Jahren oder mit Geldstrafe bestraft.

§ 315c
Gefährdung des Straßenverkehrs

(1) Wer im Straßenverkehr
1. ein Fahrzeug führt, obwohl er
   a) infolge des Genusses alkoholischer Getränke oder anderer berauschender Mittel oder
   b) infolge geistiger oder körperlicher Mängel nicht in der Lage ist, das Fahrzeug sicher zu führen, oder
2. grob verkehrswidrig und rücksichtslos
   a) die Vorfahrt nicht beachtet,
   b) falsch überholt oder sonst bei Überholvorgängen falsch fährt,
   c) an Fußgängerüberwegen falsch fährt,
   d) an unübersichtlichen Stellen, an Straßenkreuzungen, Straßeneinmündungen oder Bahnübergängen zu schnell fährt,
   e) an unübersichtlichen Stellen nicht die rechte Seite der Fahrbahn einhält,
   f) auf Autobahnen oder Kraftfahrstraßen wendet, rückwärts oder entgegen der Fahrtrichtung fährt oder dies versucht oder
   g) haltende oder liegengebliebene Fahrzeuge nicht auf ausreichende Entfernung kenntlich macht, obwohl das zur Sicherung des Verkehrs erforderlich ist,

und dadurch Leib oder Leben eines anderen Menschen oder fremde Sachen von bedeutendem Wert gefährdet, wird mit Freiheitsstrafe bis zu fünf Jahren oder mit Geldstrafe bestraft.
(2) In den Fällen des Absatzes 1 Nr. 1 ist der Versuch strafbar.
(3) Wer in den Fällen des Absatzes 1
1. die Gefahr fahrlässig verursacht oder
2. fahrlässig handelt und die Gefahr fahrlässig verursacht,

wird mit Freiheitsstrafe bis zu zwei Jahren oder mit Geldstrafe bestraft.

§ 315 Abs. 3:

Auf Freiheitsstrafe nicht unter einem Jahr ist zu erkennen, wenn der Täter
1. in der Absicht handelt,
a) einen Unglücksfall herbeizuführen oder
b) eine andere Straftat zu ermöglichen oder zu verdecken, oder
2. durch die Tat eine schwere Gesundheitsschädigung eines anderen Menschen oder eine Gesundheitsschädigung einer großen Zahl von Menschen verursacht.

III. Zusammenfassung und Ergebnis

Ausgehend vom preußischen Landrecht hat die strafrechtliche Bedeutung der Verkehrsträger stetig zugenommen. Während sich die Deliktsgruppe der sog. gemeingefährlichen Delikte etablierte, konzentrierte sich der Gesetzgeber im Rahmen der dazu gezählten Verkehrsdelikte zunächst auf den bedeutendsten Verkehrsträger der Eisenbahn. Hier ging es nicht nur um den Schutz von Individualinteressen, sondern auch darum, dass gesellschaftliche Belange ein allgemeines Sicherungsinteresse am störungsfreien *Betrieb* rechtfertigen. Es werden überindividuelle, gesellschaftliche und wirtschaftliche Interessen berücksichtigt, die direkt und indirekt an die Funktionsfähigkeit und Sicherheit eines Verkehrsträgers geknüpft sind. Damit formte sich das Rechtsgut der „Sicherheit des Verkehrs", das sich nicht auf den Schutz der durch die Tat unmittelbar tangierten individuellen Güter wie Leib, Leben und Eigentum beschränkt, sondern eben eine Reihe von weiteren Gütern einbezieht, deren Bestand oder Gedeihen von der Sicherheit des Verkehrs abhängig ist.[337] Das Straßenverkehrsrecht konnte diese weitreichenden Interessen hinsichtlich der großen Verkehrsanstalten noch nicht für sich beanspruchen und erschöpfte sich wegen des geringeren Unrechts in Regelungen auf Ebene der geringfügigen Übertretungen (§ 366 RStGB). Es beschränkte sich zunächst auf das Interesse an einem integren Straßenträger (Substanzschutz) und auf den Schutz der Nichtverkehrsteilnehmer vor den Gefahren des Straßenverkehrs.

Die zunehmende Nutzung des KFZ stellte Anfang des zwanzigsten Jahrhunderts den Gesetzgeber nun vor die Aufgabe, ein für den Straßenverkehr angemessenes Strafrecht zu schaffen, das geeignet ist, auch diesen Verkehrsträger zu schützen, aber zugleich die wirtschaftliche Weiterentwicklung eines neuen Verkehrsmittels nicht zu gefährden. So wurden mit dem Kraftfahrzeuggesetz von 1909 vornehmlich zivil- und haftungsrechtliche Normen geschaffen.[338]

Mit den zahlreichen darauf folgenden Entwürfen für ein Strafgesetzbuch ist deutlich geworden, dass das Unrecht, das im Straßenverkehr begangen wird, über die damals geltenden verkehrsrechtlichen Übertretungen und die individuellen Verletzungsdelikte nicht mehr ausreichend abgedeckt wurde. Gemeinschädliches und gemeingefährliches Verhalten im Straßenverkehr galt es effektiver zu unterbinden. Doch war in diesem Zusammenhang streitig, welches Rechtsgut den Straßenverkehrsdelikten zugrunde liegt. Schließlich setzte sich die Ansicht durch, dass das Verbot gemeingefährlicher Handlungen nicht einem Individualrechtsgüterschutz dient,[339] sondern es eines übergeordneten allgemeinen Rechtsguts der Sicherheit im öffentlichen Straßenverkehr bedarf.[340]

Mit dem Kommissionsentwurf von 1913 wurden verschiedene Komponenten der Verkehrssicherheit berücksichtigt. Der Substanzschutz der Straße wird in die

337 Näher hierzu bereits oben B.II.1.g.

338 Ausführlich oben B.II.2.e.

339 So die Idee des Gegenentwurfs, oben B.II.2.g.

340 Siehe oben B.II.2.i.

Störung des Straßenverkehrs von außen und durch fehlerhaftes Verhalten integriert. Ein umfassendes bzw. überspannendes Rechtsgut der Sicherheit des Straßenverkehrs gewinnt an Kontur: Funktionalität und Attraktivität des Verkehrsträgers „Straße" und die dazu notwendige Unfallverhütung sind das Ziel, um die Allgemeinheit vor dem Verkehr und die Verkehrsteilnehmer untereinander zu schützen. Wie weit dieser Schutz aber reichen soll, wird mit den zahlreichen Entwürfen im Hinblick auf das wechselnde Strafbedürfnis wegen der Disziplinlosigkeit der Verkehrsteilnehmer und des technischen Fortschritts unterschiedlich beantwortet.

Insbesondere mit dem Kommissionsentwurf von 1919 (dort § 260 Abs. 2) wird deutlich, dass die Verkehrsteilnahme selbst gegenüber Eingriffen in die Sicherheit des Straßenverkehrs von außen privilegiert wird. Diese Privilegierung wird u.a. dadurch erreicht, dass ein besonderer konkreter Gefahrerfolg verlangt wird, der die Straf*bedürftigkeit* indiziert. Dennoch bleibt das Schutzinteresse der Sicherheit des Straßenverkehrs mit dem Aspekt der Sicherheit im Verkehr erhalten.[341]

Das Gesetz zur Sicherung des Straßenverkehrs von 1952 beinhaltet – der umfassenden Strafrechtsreform vorgreifend – sodann mit § 315a StGB a.F. die erste straßenverkehrsspezifische Strafnorm. Doch der Reformbedarf reißt nicht ab, um Schwierigkeiten bei der praktischen Anwendung dieser neuen Strafnorm zu begegnen.[342] Der über alle Entwürfe hinweg streitig gebliebene Begriff der Gemeingefahr wird schließlich mit dem Zweiten Gesetz zur Sicherung des Straßenverkehrs gestrichen, um eine Norm schaffen zu können, die einem umfassenden kriminalpolitischen Bedürfnis gerecht wird und die dem angestrebten Schutzbereich, der auch das *bestimmte* einzelne Gefährdungsobjekt erfassen soll, nicht entgegensteht. An die Stelle des in § 315a StGB a.F. verwendeten Merkmals der Gemeingefahr tritt – wie in vorherigen Entwürfen schon vorgesehen – eine individuelle Gefährdungsklausel.[343] Mit dieser werden die gemeingefährlichen Delikte aber nicht zu individuellen Gefährdungsdelikten. Denn Funktion dieser Gefährdungsklausel ist es, ein straf*bedürftiges* Maß einer konkreten Gefahr anzuzeigen, das aus dem Einsatz eines abstrakt gemeingefährlichen Tatmittels zu erwachsen hat. Die notwendige Individualgefährdung drückt also die besondere Gefährlichkeit der – schon per se abstrakt gefährlichen Tathandlung – aus. Erst dies rechtfertigt es, entsprechend dem Ultima-Ratio-Prinzip straf*würdiges* abstrakt gemeingefährliches Verhalten mit einer Kriminalstrafe zu bedrohen und nicht nur mit einer Ordnungswidrigkeit zu ahnden.[344]

Da es keine straßenverkehrsspezifischen Verletzungsdelikte gab, bestand nicht die Möglichkeit, den mit diesen abgedeckten Rechtsgüterschutz über ein konkretes

---

341 Im Einzelnen oben B.II.2.f(6), B.II.2.i und B.II.3.b.

342 Hierzu B.II.6.

343 B.II.6.c(2)(d) und B.II.6.c(3).

344 Vgl. zur Rechtfertigung der höheren Strafdrohung *Zieschang*, S. 29 und *Hörtz*, S. 103 und S. 111, der darauf abstellt, dass der Norm eine abstrakte „Vielgefahr" zugrunde liegt, der durch die Individualgefahr Ausdruck zu verleihen ist.

Gefährdungsdelikt vorzuverlagern.[345] Der Gesetzgeber konnte für den Schutz des Straßenverkehrs nur an die bestehenden Übertretungen – heute Ordnungswidrigkeiten – als abstrakte Gefährdungstatbestände anknüpfen. Indem er diese um ein konkretes *straf*begründendes Gefährdungsmerkmal ergänzte, wurden sie zum Straßenverkehrsstrafrecht *aufgewertet*.[346] Entgegen der Vorstellung des Alternativentwurfs[347] wurde nicht der durch individuelle Verletzungsdelikte gewährleistete Individualrechtsgüterschutz über konkrete Gefährdungsdelikte vorverlagert.[348]

Das Rechtsgut der Sicherheit des Straßenverkehrs dient dem Ziel der gefahrlosen Teilnahme am Straßenverkehr bzw. dessen gefahrloser Begegnung. Davon profitiert nicht nur der Einzelne, sondern die gesamte Gesellschaft mit ihren vielfältigen Interessen an der Nutzung des Straßenverkehrs. Dass mit der Gewährleistung eines sicheren Straßenverkehrs auch individuelle Güter geschont werden, ist ein mittelbarer Nebeneffekt, der durch das Hauptanliegen eines sicheren Straßenverkehrs bewirkt wird.[349]

Mit dem Zweiten Gesetz zur Sicherung des Straßenverkehrs von 1964 wird das Konzept zur Sicherheit des Straßenverkehrs (als Rechtsgut) mit den §§ 315b, 315c

---

345 Das StGB beinhaltet verschiedene Regelungsstrukturen, um Verhaltensweisen im Vorfeld einer Rechtsgutsverletzung pönalisieren zu können. Durch die Strafbarkeit des Versuchs; durch Unternehmensdelikte; durch Vorbereitungsdelikte und durch bestimmte Absichtsdelikte. Dabei strebt der Täter in allen Fällen eine Rechtsgutsverletzung an. Bei den Gefährdungsdelikten kann gerade auf einen Rechtsguts*verletzungs*willen und damit auf den Planungszusammenhang des Täters verzichtet werden, vgl. *Weber*, in: *Jescheck*, Vorverlegung, S. 21 ff.

346 Siehe dazu oben unter B.II.6.c(2)(d). So spricht auch *Hörtz*, S. 97 f., im Anschluss an *Maassen*, NJW 1953, 201, davon, dass die Straßenverkehrsdelikte aus dem Übertretungsrecht der StVO und der StVZO in kriminelles Unrecht *hineingewachsen* sind und dass diesen Übertretungen seit jeher ein eigener Rechtsgüterschutz (Schutz der öffentlichen Sicherheit und Ordnung) immanent war.

347 Vgl. noch einmal die Kritik am Alternativentwurf unter B.II.7.

348 In diese Richtung wohl A/W/H/H-*Hilgendorf*, § 38 Rn. 18, denn dieser spricht den Straßenverkehrsdelikten ihre wesentliche eigenständige Bedeutung gerade in dem den Verletzungsdelikten vorverlagerten Bereich zu Vgl. auch *Obermann*, S. 201; ebenso *Berz*, NZV 1989, 409 (410): „Mit dem Einsatz konkreter Gefährdungstatbestände bezweckt der Gesetzgeber durch eine Vorverlegung der tatbestandlichen Vollendung gegenüber dem herkömmlichen Verletzungsdelikt eine Verbesserung des Rechtsgüterschutzes und eine Verringerung des Zufallsrisikos, das in dem mangelnden Einfluß des Täters darauf besteht, ob auf Grund einer generell gefährlichen Handlung eine Verletzung oder ein Schaden tatsächlich eintritt. Dieser Zweck kann nur gewahrt bleiben, wenn den konkreten Gefährdungsdelikten neben – oder besser: vor – den Verletzungstatbeständen ein ausreichender Raum bleibt, um Fälle einer für die unversehrte Existenz des geschützten Gutes bedrohlich zugespitzten Lage zu erfassen."

349 Ausführlich zur Rechtfertigung überindividueller Rechtsgüter nachfolgend unter C.I.2.b.

StGB, die als konkrete Gefährdungsdelikte ausgestaltet werden, umgesetzt.[350] Damit hat der Gesetzgeber die Lücke zwischen den verkehrsrechtlichen Übertretungen als abstrakte Gefährdungstatbestände einerseits und den (nicht verkehrsspezifischen) individuellen Verletzungsdelikten andererseits füllen wollen. Denn eine Strafbarkeit nach dem einen oder anderen Tatbestand hing von dem zufälligen Eintritt eines Verletzungserfolgs ab.[351]

Dabei ist der mit dem Zweiten Gesetz zur Sicherung des Straßenverkehrs geschaffene § 316 StGB (Trunkenheit im Verkehr) ein besonderes Beispiel dafür, dass eine vorherige Ordnungswidrigkeit (§ 2 StVO, § 21 StVG) als abstrakter Gefährdungstatbestand in kriminelles Unrecht *hineingewachsen*[352] ist. Dies sogar mit der Besonderheit, dass § 316 StGB als formell subsidiäres Delikt gegenüber § 315c StGB von einer Übertretung zu einem Vergehen in Form eines *abstrakten* Gefährdungsdelikts aufgewertet wurde. Es wird anders als bei den übrigen Straßenverkehrsdelikten in diesem Einzelfall schon ein Verhalten „ohne Rücksicht auf die Herbeiführung

---

350 Einführend zu den konkreten Gefährdungsdelikten z. B. A/W/H/H-*Hilgendorf*, § 35 (insb. Rn. 31–33; 43 ff.; 61). Aus der Rechtsprechung BGHSt 22, 67 (73 f.): „Die Besonderheit der Gefährdungsstraftaten besteht darin, daß nicht erst der Eintritt eines Schadens, sondern bereits der einer Gefahr für ihre Vollendung genügt. Demgemäß braucht sich der Gefährdungsvorsatz i.S. von § 315b Abs. 1 StGB nicht auf den Eintritt eines Schadens zu erstrecken, sondern lediglich die Gefährdung, den Eintritt einer Gefahr für die dort bezeichneten Rechtsgüter zu umfassen. Er verlangt, daß der Angeklagte die Umstände kannte, die zu der bestimmten Gefährdung geführt haben, die also die Schädigung eines der in § 315 b Abs. 1 StGB genannten Rechtsgüter als eine naheliegende Möglichkeit erscheinen ließen. Hierzu genügt es, daß die gefährdenden Umstände – ohne den Eintritt einer plötzlichen Wendung, etwa durch eine Schutzmaßnahme des Bedrohten – auf einen unmittelbar bevorstehenden Unfall hindeuteten (zum Begriff der Gefahr vgl. BGHSt 18, 271 ff. = NJW 63, 1069). Darüber hinaus setzt der Gefährdungsvorsatz voraus, daß der Angeklagte den Eintritt der Gefahrenlage zumindest billigend in Kauf genommen hat."

351 Gedanklich zu trennen sind ein bloßer Gefährdungsvorsatz als ausreichende Voraussetzung für ein vollendetes oder gar nur versuchtes Gefährdungsdelikt einerseits und ein auf eine Rechtsgutsverletzung gerichteter Verletzungsvorsatz andererseits. Bleibt bei einer gefährlichen Verhaltensweise im Straßenverkehr ein Verletzungserfolg (zufallsbedingt) aus und/oder lässt sich ein Verletzungsvorsatz nicht sicher feststellen, kommt eine Strafbarkeit wegen eines versuchten Verletzungsdelikts nicht in Betracht. Kann man den Vorsatz hinsichtlich eines eingetretenen Verletzungserfolgs nur nicht nachweisen, kann ggf. auf die fahrlässigen, aber ebenso erfolgsabhängigen Verletzungsdelikte zurückgegriffen werden. Mit den Verletzungsdelikten allein lässt sich so ein strafrechtlicher Schutz hochrangiger Güter aber nur unvollkommen erreichen, vgl. A/W/H/H-*Hilgendorf*, § 38 Rn. 18.

352 Vgl. zu dieser treffenden Begrifflichkeit *Maassen*, NJW 1953, 201.

einer [konkreten] Verkehrsgefahr" unter Strafe gestellt.[353] So hatte der Gesetzgeber die Alternative, entweder die schwersten Übertretungstatbestände „herauszuschälen" und als abstrakte Gefährdungsdelikte in Verkehrsvergehen umzuwandeln, oder aber – wie geschehen – über die zusätzlichen *konkreten* Gefährdungsdelikte die Spannung zu den Verletzungsdelikten abzubauen. Mit § 316 StGB macht er hiervon eine Ausnahme, indem der schon das abstrakt gefährliche Verhalten mit einer Kriminalstrafe bedroht.[354]

Als Ergebnis der historischen Betrachtung ist festzuhalten, dass den Straßenverkehrsdelikten das Rechtsgut der „Sicherheit des Straßenverkehrs" zugrunde liegt. Der Schutzzweck dieses Rechtsguts erstreckt sich auf drei Aspekte: Geschützt wird zunächst das Interesse der *Allgemeinheit* an dem sicheren Verkehrsträger „Straße" selbst mit ihrem Zubehör (Substanzschutz). Daneben ist die Allgemeinheit von Gefahren freizuhalten, die über die allgemeine Betriebsgefahr der Verkehrsteilnahme hinausgehen. Hierbei bezieht der Schutzzweck einerseits diejenigen Gefahren ein, die sich durch eine fehlerhafte Verkehrsteilnahme am Straßenverkehr für andere Verkehrsteilnehmer ergeben (Sicherheit *im* Straßenverkehr); andererseits erstreckt sich der Schutzzweck auf diejenigen Gefahren, die

---

353 Zuvor konnte sich eine Vorschrift zur Trunkenheit im Verkehr im (Ersten) Gesetz zur Sicherung des Straßenverkehrs aus Furcht vor einem „Polizeistaat" (vgl. oben Fn. 206) noch nicht durchsetzen. Und auch noch bei der Beratung des Zweiten Gesetzes zur Sicherung des Straßenverkehrs wurde eine Entscheidungsreife bezweifelt.
Siehe hierzu schon Fn. 319 sowie die Begründung des E 1962, S. 272, 521, 525 und BT-Drucks. IV/651, S. 18: „§ 42 m Abs. 2 StGB i. d. F. des Entwurfs eines Zweiten Gesetzes zur Sicherung des Straßenverkehrs aus der 3. Wahlperiode war neben den vorstehend genannten rechtswidrigen Taten auch die Trunkenheit im Verkehr ohne Rücksicht auf die Herbeiführung einer Verkehrsgefahr aufgeführt. Der Gedanke, daß die Teilnahme am Kraftverkehr in berauschtem Zustand regelmäßig den Eignungsmangel des Täters zum Führen von Kraftfahrzeugen offenbar macht, hat sich in der gerichtlichen Praxis überwiegend durchgesetzt. Er beruht auf der Erfahrung, daß der Alkoholgenuß bei einer erheblichen Zahl von Verkehrsunfällen alleinige oder mindestens mitwirkende Ursache ist und daß vor allem die Schäden, die durch alkoholbeeinflußte Unfälle entstehen, im Durchschnitt ungleich viel schwerer sind als die Schäden bei anderen Unfällen. Von der Aufnahme dieser Tat in den Katalog des Absatzes 2 wird vorläufig nur deshalb abgesehen, weil über die Ausgestaltung des Tatbestandes der Trunkenheit am Steuer noch nicht entschieden ist."

354 Zur „unangenehmen Eigenschaft" der abstrakten Gefährdungsdelikte für den Straßenverkehr, *Lackner*, S. 8 f. Eine weitere Ausnahme will der Gesetzgeber nun für die Veranstaltung von illegalen Autorennen schaffen, deren Gefahrenpotential das der Trunkenheitsfahrt übersteige. Daher soll die bisherige Ordnungswidrigkeit gestrichen und ein neuer Straftatbestand geschaffen werden, um bestehende Lücken zu füllen, vgl. BR-Drucks. 362/16 vom 01.07.2016 sowie BR-Drucks. 607/17 vom 01.09.2017.

aus dem Straßenverkehr heraus für an diesem nicht beteiligte Objekte bestehen (Schutz *vor* dem Straßenverkehr).

Die Ausgestaltung der Straßenverkehrsdelikte der §§ 315b, 315c StGB als konkrete Gefährdungsdelikte führt aber zur nachfolgend dargestellten Problematik, dass die Grenzen zwischen Rechtsgütern der Allgemeinheit und einem Individualrechtsgüterschutz verwischt werden oder sich die Anwendungsbereiche sogar überschneiden. Denn die Straßenverkehrsdelikte erfassen ja nicht nur den Fall der konkreten Gefährdung eines einzelnen bestimmten Gefährdungsobjekts, sondern erst recht die Verletzung desselben. Die dann einschlägigen Individualverletzungsdelikte zählen hierbei nur zu den Straßenverkehrsdelikten im weiteren Sinne, also zu den Straftaten, die (auch) im Straßenverkehr begangen werden oder mit diesem irgendwie zusammenhängen, aber ein anders ausgerichtetes Schutzinteresse verfolgen.

Soweit der BGH von der Gefährdung tatbestandlich genannter „Rechtsgüter" spricht[355], so ist dies – mit dem historischen Überblick belegt – insoweit missverständlich, als die konkrete Gefährdungsklausel lediglich „Gefährdungsobjekte" benennt, nicht aber das eigentliche Rechtsgut der Straßenverkehrsdelikte enthält. Das den Straßenverkehrsdelikten zugrunde liegende Rechtsgut der Sicherheit des Straßenverkehrs ist von den tatbestandlichen Gefährdungsobjekten bzw. Rechtsgutsobjekten zu unterscheiden.[356]

355 So etwa in BGHSt 22, 67 (73 f.) im Zusammenhang mit der Erläuterung des konkreten Gefährdungsdelikts, oben Fn. 350.

356 Hierzu nachfolgend unter C.I.4.

C. Die Sicherheit des Straßenverkehrs als Allgemeinrechtsgut

Als Ergebnis des historischen Teils (siehe zuvor) wurde das Rechtsgut der „Sicherheit des Straßenverkehrs" mit dessen Schutzzweck herausgearbeitet und begründet. Dabei wurde jedoch stillschweigend die Existenz von Rechtsgütern der Allgemeinheit vorausgesetzt. Vor diesem Hintergrund ist das Rechtsgut der Sicherheit des Straßenverkehrs zuerst rechtstheoretisch zu betrachten. In einem zweiten Schritt ist mit der dann zusätzlich gewonnenen rechtstheoretischen Basis noch einmal zu begründen, dass den Straßenverkehrsdelikten *allein dieses* Allgemeinrechtsgut zugrunde liegt, d. h. ein Individualrechtsgüterschutz für die Straßenverkehrsdelikte im engeren Sinne (!) nicht besteht.

I. Die Rechtsgutslehre zum Allgemeinrechtsgut

1. Zum Rechtsgutsbegriff im Allgemeinen

Nach dem *formellen* Rechtsgutsbegriff gilt als Rechtsgut alles, was der Gesetzgeber als schützenswert bewertet und deshalb zum Gegenstand einer schützenden Verhaltensnorm macht.[357] Der materielle Gehalt einer strafbaren Handlung besteht dann in der Verletzung oder Gefährdung eben dieser Rechtsgüter.[358] Mit der anerkannten Aufgabe des Rechtsgüterschutzes[359] durch das staatliche Strafrecht kommt dem Begriff des Rechtsguts eine zentrale Bedeutung zu. Denn über das Rechtsgut wird nicht nur die Reichweite einer Strafvorschrift, sondern auch die Befugnis des Gesetzgebers zur weiteren Schaffung von Straftatbeständen bestimmt.[360] Dabei ist der (materielle) Be-

---

357 Siehe hierzu SK-*Rudolphi/Jäger*, Vor § 1 Rn. 3; *Engländer*, ZStW 127 (2015), 616 (620) m.w.N. Eine Diskussion um den *gesetzeskritischen* – naturalistisch nur auf den Bestand werthafter Güter abstellend – gegenüber einem *positivistischen* – „frei erfinderischen" – Rechtsgutsbegriff soll hier nicht geführt werden, hierzu *Gropp*, AT § 4 Rn. 13 m.w.N.

358 *Gropp*, AT § 4 Rn. 11.

359 SK-*Rudolphi/Jäger*, Vor § 1 Rn. 3; *Jescheck/Weigend*, § 1 III.1, S. 7 m.w.N. und Beispielen zu unentbehrlichen „*Lebens*gütern". Siehe auch *Roxin*, AT I, § 2 Rn. 7. Dass das Strafrecht dem Rechtsgüterschutz dient, wurde im vorgestellten Alternativentwurf ausdrücklich so normiert, vgl. § 2 Abs. 1 AE: „Strafen und Maßregeln dienen dem Schutz der Rechtsgüter und der Wiedereingliederung des Täters in die Rechtsgemeinschaft". Im Überblick zum präventiv ausgerichteten Alternativentwurf siehe *Greco/Roger*, JZ 2016, 1125 (1126).

360 MK-*Freund*, Vor §§ 13 ff. Rn. 45; SK-*Rudolphi/Jäger*, Vor § 1 Rn. 6. Kritisch S/S-*Eisele*, Vor §§ 13 ff. Rn. 10 mit der Grundforderung für die Legitimation eines Tatbestandes, dass sich das Strafrecht auf in besonderem Maße sozialschädliches

griff des Rechtsguts umstritten.[361] So wird das Rechtsgut[362] etwa definiert als *rechtlich geschützter Wert der Sozialordnung*.[363] Ein Rechtsgut ist dabei nicht als etwas Greifbares der Außenwelt, sondern als ein gedankliches Gebilde zu begreifen.[364] In diesem Sinne „gibt" es Rechtsgüter nicht, sondern sie werden als Ergebnis eines gesellschaftlichen Verarbeitungsprozesses über eine normative Verständigung „hergestellt".[365]

2. Unterscheidung nach Individual- und Universalrechtsgütern

Von diesem allgemeinen Rechtsgutsbegriff ausgehend ist zwischen Rechtsgütern einzelner Individuen (Individualrechtsgut) und solchen der Allgemeinheit (Allgemein- bzw. Universalrechtsgut) zu unterscheiden.[366]

a. *Zur Rechtfertigung von Allgemeinrechtsgütern*

Zur Rechtfertigung von Allgemeinrechtsgütern wird angeführt, dass es gerade in der modernen und komplexen Gesellschaft mit dichtem und anfälligem Massenverkehr nicht (mehr) ausreichend erscheint, ein Rechtsgut *allein* in einem (verkörperten) *Recht des Einzelnen* zu sehen, sondern darüber hinaus zusätzlich *soziale Einheiten oder Funktionen* zu schützen.[367] Neben die Individualrechtsgüter, die dem

---

Verhalten zu beschränken hat und dass deshalb nur die elementarsten und eindeutig substantiierten Lebensinteressen des Einzelnen oder der Gesellschaft in den Rang rechtlich geschützter Rechtsgüter erhoben werden dürfen. Denn letztlich ließe sich praktisch für jeden Straftatbestand ein Rechtsgut formulieren, wobei *Eisele* die Kollektivrechtsgüter für besonders anfällig hält. In diese Richtung im Hinblick auf die *Subsidiarität des Strafrechts* auch *Gropp*, AT § 4 Rn. 17. Zur Kritik am „Scheinrechtsgut" *Roxin*, AT I § 2 Rn. 10 im Allgemeinen und Rn. 75 zu den Gefährdungsdelikten im Besonderen; zur Kritik am defizitären Rechtsgutsbegriff auch M/R-*Renzikowski*, Einl. Rn. 7 ff.

361 Zur generellen Debatte um das Rechtsgüterschutzprinzip *Engländer*, ZStW 127 (2015), 616 (620) m.w.N. Zum Rechtsgutsbegriff im Einzelnen *Swoboda*, ZStW 122 (2010), 24 ff. und *Roxin*, AT I, § 2.

362 Zu den „Synonymen" Schutzgut, Schutzobjekt und Schutzzweck siehe *Hefendehl*, S. 31.

363 LK-*Walter*, Vor §§ 13 Rn. 13; *Wessels/Beulke/Satzger*, Rn. 14; *Jescheck/Weigend*, § 26 I. 4, S. 159. Zu weiteren Definitionsvorschlägen S/S-*Eisele*, Vor §§ 13 ff. Rn. 9 mit einzelnen Nachweisen: „werthafter Zustand"; „objektiver Wert, den das geschützte Gut in sich schließt"; als „vergeistigter ideeller Wert"; „von wertvollen Sachverhalten ausgehende Achtungsanspruch"; „rechtlich anerkanntes Interesse an bestimmten Gütern als solchen in ihrer generellen Erscheinungsart" oder werthafte „Funktionseinheit".

364 S/S-*Eisele*, Vor §§ 13 ff. Rn. 9.

365 Zur Herstellung von Rechtsgütern, AK-*Hassemer*, Vor § 1 Rn. 263 f.

366 MK-*Freund*, Vor §§ 13 ff. Rn. 47.

367 Zu dieser Tendenz der Verflüssigung des Rechtsguts, NK-*Hassemer/Neumann*, Vor § 1 Rn. 125; ebenso AK-*Hassemer*, Vor § 1 Rn. 265 und 268.

Individuum zur Entfaltung seiner Person beiseite gestellt werden,[368] treten also auch allgemeine und abstrakte, eben vergeistigte Rechtsgüter der Allgemeinheit. Dabei bezwecken (insbesondere) Allgemeinrechtsgüter nicht den Schutz eines statischen Zustandes. Vielmehr geht es innerhalb der Dynamik des Zusammenlebens um den Schutz gewisser „Funktionseinheiten“[369], die als rechtlich schutzwürdig anerkannt werden. Dies deshalb, weil ein gedeihliches Zusammenleben auf das Funktionieren solcher Einheiten angewiesen ist bzw. dadurch erst ermöglicht wird. Damit dienen die Allgemeinrechtsgüter letztlich auch [nicht aber *unmittelbar*, sondern nur *vermittelt*] dem Schutz individueller Güter.[370]

b. Der sichere Straßenverkehr als zu schützende Institution

Zu diesen Allgemeinrechtsgütern zählt nach hiesigem Verständnis[371] auch die *Sicherheit des Straßenverkehrs* als herausragende Institution. Diese überindividuelle und wirtschaftlich bedeutsame Funktionseinheit „Straßenverkehr“ soll der Allgemeinheit einen sicheren Entfaltungsraum bieten. Neben dem Leben, der Gesundheit und dem Eigentum als Rechtsgüter des Einzelnen wird die Verkehrssicherheit daher als „Lebensgut“ bezeichnet, das für das Zusammenleben der Menschen in der Gemeinschaft unentbehrlich ist und deshalb durch die Zwangsgewalt des Staates mittels der öffentlichen Strafe geschützt werden müsse.[372]

Den für ein Rechtsgut der Allgemeinheit notwendigen Allgemeinbezug erlangt die Sicherheit des Straßenverkehrs aus der Einordnung der Straßenverkehrsdelikte als gemeingefährliche Delikte.[373] Es geht hierbei um das Interesse des Staates, den „Straßenverkehr“ als Funktionseinheit zu gewährleisten, damit sich der Einzelne

---

368 Hierzu zählen etwa das menschliche Leben, die körperliche Integrität, die persönliche Freiheit und Ehre sowie das Eigentum. Siehe hierzu auch *Roxin*, AT I, § 2 Rn. 8 f.

369 SK-*Rudolphi/Jäger*, Vor § 1 Rn. 16 mit dem Beispiel der Rechtspflege als Rechtsgut.

370 MK-*Freund*, Vor §§ 13 ff. Rn. 48 f. *Freund* sieht aber bei den gemeingefährlichen Straftaten kein eigenständiges Rechtsgut (etwa das Rechtsgut der allgemeinen Verkehrssicherheit bei § 316 StGB), sondern insbesondere Leib und Leben anderer Menschen als Einzelpersonen. So auch *Hefendehl*, S. 140 f. mit dem Argument, dass die Besonderheit der individualschützenden gemeingefährlichen Delikte wegen der unbestimmten Vielzahl der geschützten Personen darin liegt, dass praktisch ein Ausschluss des Unrechts durch Einwilligung ausscheidet. Ebenso SK-*Rudolphi/Jäger*, Vor § 1 Rn. 18; A/W/H/H-*Hilgendorf*, § 1 Rn. 30.

371 Ebenso NK-*Hassemer/Neumann*, Vor § 1 Rn. 126; *Hörtz*, S. 108 ff. (110) m.w.N. *Hefendehl*, GA 2002, 21 (26), dagegen sieht in der Verkehrssicherheit eine Sonderkonstellation zwischen den individuellen und kollektiven Rechtsgütern, letztlich aber einen Individualschutz.

372 *Jescheck/Weigend*, § 1 III. 1. Hierzu auch AK-*Hassemer*, Vor § 1 Rn. 255.

373 Ablehnend MK-*Freund*, Vor §§ 13 ff. Rn. 48 f. und SK-*Rudolphi/Jäger*, Vor § 1 Rn. 18, vgl. oben Fn. 370.

fortbewegen („frei entfalten") kann. Unter dem Aspekt[374] der *Gemein*gefährlichkeit und *Gemein*schädlichkeit ist diese Funktionseinheit freizuhalten von Störungen durch eine gefährliche Verhaltensweise, die „ihrer Art nach geeignet ist, eine Mehrzahl von Menschen und bedeutenden Sachwerten zu gefährden, und deren Auswirkung der Täter, wenn er überhaupt die Gefahrhandlung vornimmt, regelmäßig nicht in der Hand hat".[375] Die Straßenverkehrsdelikte sind danach motiviert durch den Schutz vor einer „abstrakten Vielgefahr"[376] (Verkehrsgefahr).

Im Vordergrund stehen danach nicht die individuelle Mobilität und das bloße Interesse des Einzelnen an schnellstmöglichem Fortkommen. Maßgeblich ist das institutionelle Gesamtinteresse an einem funktionsfähigen Verkehrsträger, sodass es nicht aufgrund von Egoismus des Einzelnen zu Anarchie und Chaos auf der Straße kommt. Da sich der Einzelne nicht wirksam gegen Verkehrsverstöße anderer schützen kann, ist er auf einen kollektiven Schutz angewiesen. Das Schädigungspotential moderner Technik verlangt folglich unabdingbare Sicherheitsregeln, die eine Grundsicherheit gewährleisten und damit den Mobilitätsgewinn durch die modernen Verkehrsmittel sicherstellen. Die Verkehrssicherheit ist danach ein offenes Gut im vermittelten, dem Einzelnen dienenden Gesamtinteresse, also ein Kollektivrechtsgut.[377]

c. Fehlende Dispositionsbefugnis durch übergeordnetes Gesamtinteresse

Ein Allgemeinrechtsgut als nicht (höchst)persönlich ausgestaltetes Rechtsgut unterscheidet sich von einem individualbezogenen entscheidend darin, dass bei letzterem der Einzelne als Rechtsgutsträger selbst in eine Gefährdung bzw. Verletzung *seiner* Rechtsgüter einwilligen kann bzw. darf und es ihm obliegt, seine Rechtsgüter zu verteidigen. Bei den von der Einzelperson getrennten überindividuellen Allgemein-

---

374 Zu den folgenden Aspekten der Gemeingefährlichkeit und Gemeinschädlichkeit wurde bereits in Bezug auf die einzelnen Entwürfe im historischen Teil Stellung genommen, vgl. dort das jeweilige Fazit.

375 Vgl. schon oben B.II.6.c. mit der Begründung des E 1960, S. 460; ähnlich BT-Drucks. III/2368, S. 20; Begründung E 1962, S. 497. Konkreter *Radtke*, S. 142 f., 146 ff. Ausführlich zur Bestimmung der Sicherheit des Straßenverkehrs als Universalrechtsgut *Hörtz*, S. 225–244. Zur möglichen Einordnung der Sicherheit des Straßenverkehrs als „Vertrauensrechtsgut" (*Hefendehl*, S. 140) oder „Kumulationsdelikt" (*Kuhlen*, GA 1980, 389 [399]); ablehnend dazu *Hörtz*, S. 228–230: Denn die Straßenverkehrsdelikte wollen generalpräventiv nicht nur verhindern, dass auch andere Personen identische Verhaltensweisen an den Tag legen. Es sei schon das Element der abstrakten Gefahr per se, das ein Verhalten strafwürdig macht und nicht erst die Kumulation von gleichartigen Einzelhandlungen. Auch sei Rechtsgut nicht [nur] das „Vertrauen" in einen intakten und ungefährlichen Straßenverkehr, sondern die Funktionsfähigkeit selbst. Zu letzterem schon *Roxin*, AT I, § 2 Rn. 84 f.

376 So die Begrifflichkeit bei *Hörtz*, S. 103. Zur genaueren Beschreibung unter D.I und D.IV.

377 Auf dieser Linie schon *Hörtz*, S. 233–235 m.w.N.

rechtsgütern als „gemeinschaftliche Interessen“ oder „soziale Funktionseinheiten“ fehlt es dagegen an dieser Dispositionsbefugnis eines Einzelnen.[378] Der ungehinderte Gebrauch persönlicher Freiheiten findet also seine Grenze in der Reichweite seiner Rechtsgutsträgerschaft. Eine Einwilligung kann danach nur Beachtung finden, d. h. das strafrechtliche Unrecht ausschließen, wenn sie sich auf die Verletzung eines Rechtsguts bezieht, dessen Träger *allein* der Einwilligende ist.[379]

3. Das (rechtstheoretische) Verhältnis von Rechtsgütern des Einzelnen und der Allgemeinheit

In welchem Verhältnis Individualrechtsgüter zu den Allgemeinrechtsgütern stehen, ist streitig und abhängig vom zu Grunde gelegten Rechtsgüterkonzept. Während eine *dualistische* Rechtsgutslehre ein Nebeneinander von Individual- und Allgemeinrechtsgütern „hinnimmt“, setzen *monistische* Rechtsgutslehren beide Arten von Rechtsgütern in Beziehung.[380] Dabei ist entweder der Staat (so nach der etatistischen Rechtsgutslehre) oder das Individuum (so nach der personalen Rechtsgutslehre) Ausgangspunkt für die Konzeption von Rechtsgütern.[381]

Die etatistische Rechtsgutslehre konzipiert Rechtsgüter vom Staat her, sodass diese „Güter der Gesamtheit oder des Staates“ sind. Dem Einzelnen werden individuelle Rechtsgüter rechtlich zugeteilt oder aus den Staatsfunktionen abgeleitet. Individuelle Interessen sind also von den Allgemeininteressen her funktionalisiert.[382] Dagegen ist auf der Basis einer personalen Rechtsgutslehre das Rechtsgut ein persönliches, rechtlich gefasstes Gut. Als Allgemeinrechtsgut ist es nur in dem Maße legitim, als es dem Einzelnen zu seiner personalen Entfaltung dient.[383] Die Interessen der Allgemeinheit sind danach funktional für die einzelne Person, sodass Güter des Staates und der Gesellschaft in einer Ableitungsbeziehung zu den Gütern des

---

378 *Jescheck/Weigend*, § 34 III 5, S. 380 f.; BeckOK-*Eschelbach*, § 228 Rn. 7; *Roxin*, AT I, § 13 Rn. 33; BGHSt 6, 232, (234). Zur grundsätzlichen Differenzierung: NK-*Hassemer/Neumann*, Vor § 1 Rn. 126 ff.; ebenso AK-*Hassemer*, Vor § 1 Rn. 269. Zur fehlenden Dispositionsbefugnis bei gemeingefährlichen Delikten (trotz Individualschutz): MK-*Freund*, Vor §§ 13 ff. Rn. 48 f., *Hefendehl*, S. 140 f.; SK-*Rudolphi/Jäger*, Vor § 1 Rn. 18; A/W/H/H-*Hilgendorf*, § 1 Rn. 30.

379 *Jescheck/Weigend*, § 34 II 3, S. 377; MK-*Schlehofer*, Vor § 32 Rn. 151. Siehe auch OLG Karlsruhe NJW 1967, 2321 mit BGHSt 6, 232. – Bei einer derartigen Differenzierung nach der Disponibilität eines Rechtsguts bereiten diejenigen Strafvorschriften Probleme, die auf einen mehrfachen Rechtsgüterschutz ausgerichtet sind, also sowohl indisponible Allgemeininteressen als auch disponible Individualinteressen schützen. Siehe hierzu beispielsweise *Duttge*, Jura 2006, 15–22 zur strittigen Rechtsguts- und Konkurrenzbestimmung bei §§ 164, 274, 306 StGB.

380 NK-*Hassemer/Neumann*, Vor § 1 Rn. 127; AK-*Hassemer*, Vor § 1 Rn. 271.

381 Hierzu AK-*Hassemer*, Vor § 1 Rn. 269 f.

382 NK-*Hassemer/Neumann*, Vor § 1 Rn. 132.

383 SK-*Rudolphi/Jäger*, Vor § 1 Rn. 1; NK-*Hassemer/Neumann*, Vor § 1 Rn. 138. Siehe auch *Hörtz*, S. 226.

Individuums stehen: Rechtsgüter der Allgemeinheit sind auch vermittelte Interessen der einzelnen Person.[384] Denn der Einzelne als vergesellschaftetes Wesen kann seine Güter und Interessen nur in der Gemeinschaft mit anderen, d. h. in gesellschaftlichen und staatlichen Institutionen wahren und verwirklichen.[385]

Letztlich handelt es sich um einen staatstheoretischen Streit über die Frage, welche Interessen – die des Staates oder die des Einzelnen – im Strafrecht zu favorisieren sind.[386] Konsequenzen haben die Rechtsgutslehren daher für die Wertstufe der Rechtsgüter. Nach einer *etatistischen* Rechtsgutslehre besteht ein Gleich- oder gar Überordnungsverhältnis der Allgemeinrechtsgüter gegenüber den – über die Interessen der Allgemeinheit funktionalisierten – Individualrechtsgütern. Umgekehrt liegt es dagegen bei einer *personalen* Rechtsgutslehre. Hier stehen die Allgemeinrechtsgüter nur in vermittelter bzw. abgeleiteter Beziehung zu den Individualrechtsgütern und sind diesen damit untergeordnet.[387]

Das historisch belegte Rechtsgut der Sicherheit des Straßenverkehrs lässt sich somit auch rechtstheoretisch begründen. Dabei muss der Streit zum Verhältnis der Rechtsgüter hier nicht abschließend beantwortet werden. Denn entweder ist die „Sicherheit des Straßenverkehrs" auf Basis der dualistischen Rechtsgutslehre von eigenständiger Berechtigung und Bedeutung. Oder sie ist nach der personalen Rechtsgutslehre aus den Rechten des Einzelnen abzuleiten bzw. bei etatistischer Betrachtung als allgemeines Interesse zu fassen.

4. Die Unterscheidung nach Rechtsgut und Rechtsgutsobjekt

Für diese Arbeit und die hier anzustellende Rechtsgutsbetrachtung ist in erster Linie nicht das Verhältnis zweier Rechtsgutsarten maßgeblich. Um die Straßenverkehrsdelikte im engeren Sinne (§§ 315b, 315c StGB) als konkrete Gefährdungsdelikte aus der Rechtsgutslehre heraus zu verstehen, ist vielmehr eine andere für das Rechtsgutsverständnis wichtige Differenzierung hervorzuheben: Das zu schützende Rechtsgut, das einer Strafnorm seine Existenzberechtigung verschafft, ist begrifflich zu trennen vom Handlungs-, Angriffs- und Tatobjekt, das als konkretes, tatsächlich vorhandenes Objekt in der Strafnorm selbst genannt wird.[388] Dieser durch die tatbestandliche Formulierung geschützte reale Gegenstand „repräsentiert" ein Rechtsgut als eine von

---

384 NK-*Hassemer/Neumann*, Vor § 1 Rn. 128, 132, 133.

385 AK-*Hassemer*, Vor § 1 Rn. 275, 281 (mit einer liberalen Staatskonzeption geht danach eine personale Rechtsgutslehre einher).

386 NK-*Hassemer/Neumann*, Vor § 1 Rn. 131.

387 NK-*Hassemer/Neumann*, Vor § 1 Rn. 137 mit Argumenten zur personalen Rechtsgutslehre; AK-*Hassemer*, Vor § 1 Rn. 280.

388 Zur allgemein anerkannten Unterscheidung: AK-*Hassemer*, Vor § 1 Rn. 263 f.; NK-*Hassemer/Neumann*, Vor § 1 Rn. 120 f.; LK-*Walter*, Vor § 13 Rn. 14; *Roxin*, AT I, § 2 Rn. 65–67; jew. m.w.N.

realen Gegenständen abstrahierte, ideelle Erscheinung.[389] Für die konkreten Gefährdungsdelikte folgt daraus, dass ein „konkreter Gefahrerfolg nur in Bezug auf die Tat-, Handlungs- oder Angriffsobjekte und die Rechtsgutsobjekte eintreten kann, nicht aber in Bezug auf die ideellen Rechtsgüter".[390] Für die Straßenverkehrsdelikte der §§ 315b, 315c StGB bedeutet dies, dass aus der Gefährdungsklausel allein, welche Leben, Leib oder Sachen von bedeutendem Wert als *Gefährdungsobjekte* nennt, nicht über eine Auslegung nach dem Wortlaut zwangsläufig zu folgern ist, dass diese *zugleich* ein oder gar das Rechtsgut dieser Strafnormen darstellen.

Dass real fassbare Objekte im Tatbestand benannt werden, dient dazu, den Bezugspunkt der für konkrete Gefährdungsdelikte vorausgesetzten Gefahrenlage herzustellen: Die Gefahren für den Straßenverkehr, aber auch die Gefahren, die von diesem selbst ausgehen, können nur durch eine Gefährdung realer Objekte, nämlich der Personen und Sachen, die sich im Gefahrenbereich (innerhalb oder außerhalb) des Straßenverkehrs bewegen, sichtbar werden. Die Sicherheit des Straßenverkehrs (als unsichtbares Rechtsgut) lässt sich also nur an der Integrität der ihr zugeordneten Gefährdungsobjekte messen. Dann aber manifestiert sich in der Gefährdung dieser realen Objekte die Verletzung eines allgemeinen, gesellschaftlichen – vergeistigten und selbstständigen – Interesses an der „Sicherheit des Straßenverkehrs" als Rechtsgut.[391] Nach diesem Grundsatz war auch im historischen Teil zwischen diesen Begriffen zu differenzieren:[392]

Es wurde klargestellt, dass den im Tatbestand genannten Gefährdungsobjekten eine strafbegründende und zugleich tatbestandseinschränkende Funktion zukommt. Nur eine konkrete Gefährdung der genannten Objekte spiegelt das strafbedürftige Maß der Verletzung der Sicherheit des Straßenverkehrs als Rechtsgut wider. Mit der Verwendung einer konkreten Gefährdungsklausel – anstelle einer schwer zu bestimmenden Gemeingefahr – werden die tatbestandlichen Voraussetzungen an den Gefahrbegriff als Indikator für die besondere Gefährlichkeit der Tathandlung angehoben. Erst dadurch heben sich die strafbewährten Vorschriften der Straßenverkehrsdelikte im engeren Sinn von den Ordnungswidrigkeiten als lediglich abstrakte Gefährdungstatbestände ab. Darüber hinaus wurde deutlich gemacht, dass die Voraussetzung einer konkreten Gefährdung individueller Güter die Straßenverkehrsdelikte gerade nicht auf einen Individualrechtgüterschutz reduziert und keinen vorverlagerten Individualrechtsschutz bezweckt.

---

389 Siehe *Graul*, S. 38–41, 60, 71. Auch weist *Graul* (S. 52 f.) auf einen missverständlichen Gebrauch in der Gesetzessprache hin, wenn der Gesetzestext von „Rechtsgütern" spreche, aber Rechtsgutsobjekte meine (z.B. § 34 StGB); siehe auch *Jescheck/Weigend*, § 26 I. 4, S. 259 f. Anders *Binding* und *Welzel*, die das Rechtsgut als etwas Reales betrachten, das aber eine der Beeinträchtigung zugängliche Wirklichkeit haben müsse, hierzu *Roxin*, AT I, § 2 Rn. 66.

390 *Graul*, S. 78. Das Rechtsgut ist in dieser Form gegen Verletzungen immun, LK-*Walter*, Vor § 13 Rn. 14.

391 NK-*Hassemer/Neumann*, Vor § 1 Rn. 122 m.w.N.

392 Siehe zum Folgenden ausführlich oben unter B.II.2.f(4)(c), B.II.3.b sowie B.III.

II. Die Sicherheit des Straßenverkehrs als alleiniges Rechtsgut

Dass den Straßenverkehrsdelikten im engeren Sinne allein das Rechtsgut der Sicherheit des Straßenverkehrs als Universalrechtsgut zugrunde liegt, wird dennoch in Frage gestellt. Die eben vorgestellte und notwendige begriffliche Unterscheidung nach eigentlichem Rechtsgut und bloßem Gefährdungsobjekt war schon im Zuge der Entwürfe nicht immer eingehalten worden[393] und liefert auch hier den Grund zum Streit. Gerade im Zusammenhang mit den Änderungen des § 315a StGB a.F. im Zuge des Zweiten Gesetzes zur Sicherung des Straßenverkehrs wurde und wird eine Änderung des maßgeblichen Rechtsguts diskutiert.[394]

1. Der Ausgangspunkt der Rechtsgutsbestimmung

Grundlage des Streits um das Rechtsgut der Straßenverkehrsdelikte sind Wortlaut, Systematik und Struktur der §§ 315b, 315c StGB: Im Gesetz zur Sicherung des Straßenverkehrs vom 19.12.1952 waren der gefährliche Eingriff in den Straßenverkehr und die Straßenverkehrsgefährdung noch in einer Norm (§ 315a StGB) zusammengefasst. Mit dem Zweiten Gesetz zur Sicherung des Straßenverkehrs vom 26.11.1964 hatte der Gesetzgeber das Merkmal der *Gemeingefahr* aufgegeben[395] und die einheitliche Norm des damaligen § 315a StGB in die §§ 315b, 315c StGB aufgespalten.

Systematisch verortet sind die Vorschriften über den „gefährlichen Eingriff in den Straßenverkehr“ (§ 315b StGB) und die „Gefährdung des Straßenverkehrs“ (§ 315c StGB) im achtundzwanzigsten Abschnitt der *gemeingefährlichen* Straftaten. Beide Delikte stellen die Vornahme einer (gemein)gefährlichen Handlung unter Strafe. Als konkrete Gefährdungsdelikte fordern sie in ihrer Grundstruktur zusätzlich einen über die spezifische Gefährdungshandlung vermittelten, konkreten und damit den Tatbestand einschränkenden Gefährdungserfolg („*und dadurch*“), der sich an individuellen realen Objekten manifestiert. Als Gefährdungsobjekte sind in §§ 315b und 315c StGB „*Leib oder Leben eines anderen Menschen*“ und „*fremde Sachen von bedeutendem Wert*“ genannt.

Während § 315b Abs. 1 StGB in seiner Eingangsformel von einer Beeinträchtigung der „*Sicherheit des Straßenverkehrs*“ spricht, enthält § 315c StGB diesen Wortlaut nicht (mehr). Anstelle einer *Beeinträchtigung der Sicherheit des Straßenverkehrs* wird [nach dem Wortlaut] in § 315c StGB nur noch ein Verhalten *im Straßenverkehr* verlangt. Dies aus dem (klarstellenden) praktischen Bedürfnis heraus, bei § 315c StGB unzweifelhaft auch Gefährdungs- bzw. Schutzobjekte außerhalb des Straßenverkehrs erfassen zu können.[396] Erwähnt wird aber in § 315c Abs. 1 Nr. 1 StGB das „sichere Führen eines Fahrzeugs im Straßenverkehr“, sodass sich damit ein Rück-

393 Siehe beispielsweise oben unter B.II.1.g.
394 Hierzu schon oben B.II.6.b(5).
395 B.II.6.c(2)(d).
396 Siehe ausführlich bereits B.II.6.b(4) und (5).

schluss auf den *Schutzzweck* der Norm ziehen lässt. Zusammen mit Nr. 2 werden verkehrswidrige Verhaltensweisen untersagt, um einen *sicheren* (Straßen)Verkehr zu gewährleisten.[397]

2. Die Sicherheit des Straßenverkehrs als Allgemeinrechtsgut in Konkurrenz zu einem Individualrechtsgüterschutz

Trotz der historischen Herleitung, der dargestellten Systematik und der Berücksichtigung des Erfordernisses, dass zwischen bloßem Gefährdungsobjekt einerseits und dem eigentlichen Rechtsgut der Norm andererseits zu differenzieren ist[398], wird den Straßenverkehrsdelikten im engeren Sinn (auch weiterhin) ein alleiniger Indivi-

---

397 Der Streit um das Rechtsgut ist auch bei § 316 StGB zu führen, der im Zuge des Zweiten Gesetzes zur Sicherung des Straßenverkehrs als abstraktes Gefährdungsdelikt aus den vorherigen Vorschriften der §§ 2 StVO und 21 StVG a.F. in das Strafrecht hineingewachsen ist. Damit ist § 316 StGB ein gegenüber § 315c StGB vorgelagertes und subsidiäres abstraktes Gefährdungsdelikt.
Nach überwiegender Ansicht wird auch hier (folgerichtig) die Sicherheit des Straßenverkehrs geschützt, vgl. MK-*Pegel*, § 316 Rn. 1; S/S-*Sternberg-Lieben/Hecker*, § 316 Rn. 1; LK-*König*, § 315 Rn. 4 und § 316 Rn. 3; NK-*Zieschang*, § 316 Rn. 11, L/K-*Heger*, § 316 Rn. 1; siehe auch A/W/H/H-*Hilgendorf*, § 35 Rn. 89.
Andere stellen hier dagegen auf einen maßgeblichen Individualrechtsgüterschutz ab, vgl. SK-*Wolters*, § 316 Rn. 2: „Die praktisch sehr bedeutsame Strafvorschrift ist aufgestellt, um die Rechtsgüter Leben, Gesundheit und fremdes Eigentum gegen Verletzungen zu schützen, die daraus erwachsen können, dass eine Person ein Fahrzeug führt, obwohl sie sich in einem Zustand befindet, in welchem sie hierzu nicht mehr sicher in der Lage ist. Auf den Eintritt einer entsprechenden Rechtsgutverletzung kommt er hier jedoch ebenso wenig an wie auch nur darauf, dass eines der genannten Rechtsgüter in (konkrete) Gefahr geraten ist (‚abstraktes Gefährdungsdelikt') [besser: ‚Gefährlichkeitsdelikt']."
Dagegen wiederum MK-*Pegel*, § 316 Rn. 1.: „Auch das Bundesverfassungsgericht, das die Entfaltung einer ‚über den vermittelten Schutz anderer Verkehrsteilnehmer vor ungeeigneten Kraftfahrern individualschützenden Wirkung' (BVerfG v. 4.12.2007–2 BvR 38/06, DAR 2008, 586 [Rn. 42]) ausführte, dürfte nur die reflexhafte Wirkung beschrieben haben und nicht ein abweichendes Rechtsgut."
Vermittelnd *A/W/H/H-Hilgendorf*, § 35 Rn. 90 mit dem Hinweis, dass es sich bei der Differenzierung von Gefährdungsdelikten nach bedrohten Rechtsgütern nur um eine *Schwerpunktbildung* und nicht um eine Ausschließlichkeitsthese dergestalt handelt, dass konkrete Gefährdungsdelikte nur Individualinteressen schützten, abstrakte Gefährdungsdelikte nur Allgemeininteressen. Siehe dort auch das Beispiel (2) zur Einordnung von § 315b und § 315c.

398 Zuvor C.I.4. Siehe auch *Otto*, BT, § 80 Rn. 1: „Der konkreten Gefährdung der Individualrechtsgüter kommt nur Bedeutung für das Maß der Gefahr zu. Die Gefährdung ist nur unwiderlegbarer Maßstab für die Höhe der Gefahr, nicht aber Beeinträchtigung eines eigenständig geschützten Rechtsguts".

dualrechtsgüterschutz[399] oder zumindest ein dualer Rechtsgüterschutz mit jeweils unterschiedlicher Gewichtung zugesprochen:[400]

a. *Ausschließlicher Individualrechtsgüterschutz*

Teilweise wird mit Verweis auf die Gesetzesänderung durch das Zweite Gesetz zur Sicherung des Straßenverkehrs sogar *allein* auf die tatbestandlich genannten Gefährdungsobjekte Leben, Leib und Sachen von bedeutendem Wert abgestellt. Aus den Gefährdungsobjekten werden zugleich die zu schützenden Individualrechtsgüter abgeleitet.[401] Dabei wird vorgetragen, dass die Verkehrssicherheit kein Rechtsgut sei, das eines Schutzes bedürfe; sie sei nur Ausdruck für normgerechtes Verhalten.[402] Die Eingangsformel in § 315b StGB habe deshalb lediglich die Funktion einer Anwei-

---

399 Vgl. zu dieser Tendenz den *Gegenentwurf* (B.II.2.g) und den *Alternativentwurf* (B.II.7).

400 Zum Streitstand im Überblick MK-*Pegel*, § 315 Rn. 3, 4 m.w.N.

401 SK-*Wolters*, § 315 Rn. 2: „Die noch weit verbreitete Auffassung, wonach geschütztes Rechtsgut der Vorschrift ‚darüber hinaus' oder ‚gar vornehmlich' die Sicherheit der genannten vier Verkehrsarten sei, ist seit dem zweiten Straßenverkehrssicherungsgesetz überholt"; *ders.*, § 315b Rn. 2 f.; *ders.*, § 315c Rn. 2; *Joecks*, § 315b Rn. 2 *Maurach/Schroeder/Maiwald*, BT/2 § 50 Rn. 3; *Schroeder*, JuS 1994, 846 (847 f.); im Ergebnis für § 315c StGB *Klaus*, S. 21–60. Aus der Rechtsprechung siehe OLG Hamburg VRS 35 (1968), 433 (434) = NJW 1969, 336 (337). Diese hatte [für § 315c n. F.] aus der Umgestaltung des alten § 315a StGB geschlossen, dass es nun allein auf die konkret gefährdeten Rechtsgüter ankomme und der Schutz der neuen Vorschrift in erster Linie individuellen Rechtsgütern gilt. Damit stand es im Gegensatz zur Rechtsprechung anderer Oberlandesgerichte: OLG Karlsruhe VRS 34 (1967), 123 (124) = NJW 1967, 2321 (2322: „Gleichwohl besteht kein Zweifel, daß § 315c StGB ein seiner Natur nach gemeingefährliches Verhalten im Interesse der Sicherheit des Verkehrs schlechthin verpönt"); siehe auch OLG Düsseldorf VRS 36 (1969), 109 (110), OLG Hamm VRS 36 (1969), 279 (280) und KG VRS 36 (1969), 107 (108 f.). Diese stützten sich im Wesentlichen auf die amtliche Begründung zum Zweiten Gesetz zur Sicherung des Straßenverkehrs (BT-Drucks. IV/651 S. 23): „Hinter der Ausgestaltung der Tatbestände als konkrete Gefährdungsdelikte im Sinne einer Gefahr für vielleicht nur einzelne Menschen oder Sachen steht also der Gedanke der abstrakten Gefahr für eine unbestimmte Zahl von Menschen oder Sachen als gesetzgeberischer Grund." Der BGH schloss sich nach Vorlage durch das OLG Hamm der Mehrheitsmeinung an und hielt an der Rechtsprechung zu § 315a StGB a. F. fest, siehe BGH NJW 1970, 1380 (1381) = BGHSt 23, 261 (263).

402 SK-*Wolters*, Vor § 306 Rn. 2. Zur Begründung eines Individualrechtsgüterschutzes unter dem Gesichtspunkt des geschützten *Vertrauens* und der Bewahrung individueller Mobilität siehe *Hefendehl*, S. 140 f. Zur Kritik am Schutzzweck, der nicht die Mobilität oder Leichtigkeit des Verkehrs erfasse, sondern auf die Gefahren beschränkt sei, die sich aus der Dynamik des Verkehrs ergeben, siehe MK-*Pegel*, § 315 Rn. 12 mit BGHSt 48, 119 (124).

sung zur einschränkenden Auslegung der jeweiligen Tathandlungen.[403] Zudem wird angeführt, dass die [für den Schutz der Allgemeinheit sprechende] Abschnittsüberschrift „gemeingefährliche Straftaten“ irreführend sei, da eine [wie auch immer zu bestimmende] „gemeine Gefahr“[404] kein Tatbestandsmerkmal mehr ist. Schließlich sei es doch so, dass die amorphe „Allgemeinheit“ nicht als solche schutzfähig ist[405], sondern nur der Einzelne in seinen Rechtsgütern.[406] Die betroffenen Tatbestände bezögen sich danach auf konkrete Rechtsgüter eines anderen. Auf abstrakte Rechtsgüter solle nur dann zurückgegriffen werden, wenn keine konkreten Rechtsgüter vorhanden seien.[407] Schließlich sei es widersprüchlich, den Strafrechtsschutz einerseits auf den niedrigsten Nenner herabzurücken (Schutz *eines* anderen *bestimmten* Menschen), aber andererseits gleichwohl den Schutz vieler Menschen (sprich der Allgemeinheit) zu postulieren.[408] Im Zusammenhang mit der Streichung des Begriffs der Gemeingefahr und der Aufnahme der individuellen Gefährdungsklausel habe der Gesetzgeber die Strafdrohung reduziert. So werde der Unterschied zu den Verletzungsdelikten nur noch darin gesehen, dass die Rechtsgutsobjekte nicht verletzt, sondern nur gefährdet werden. Der Schwerpunkt des Unrechts liege danach in der Verursachung einer konkreten Gefahr für Individualrechtsgüter und nicht in der Tathandlung. Die Tathandlung an sich sei grundsätzlich straflos, denn erst die eintretende Gefährdungslage hebe das Verhalten über die Grenze der Strafbarkeit. Die starke strafbegründende Wirkung der Gefährdungsklausel führe also dazu, dass die genannten Individualrechtsgüter auch das Rechtsgut darstellen.[409] Zuletzt wird mit der tatbestandlichen Beschränkung auf *fremde* Sachen von einem Individualrechtsgüterschutz ausgegangen, denn die allgemeine Verkehrssicherheit, soll sie denn Rechtsgut sein, sei ebenso bei der Gefährdung eigener Sachen tangiert.[410]

---

403 SK-*Wolters*, § 315 Rn. 2; *ders.*, § 315b Rn. 2 f.; *ders.*, § 315c Rn. 2, die einschränkende Auslegung ausführend.

404 Zur Begründung der Gemeingefährlichkeit trotz Streichung des Begriffs der Gemeingefahr, siehe oben B.II.6.c.

405 Hierzu auch *Radtke*, S. 142, der dem zustimmt, wenn die Tatbestände sich nicht auf Angriffe gegen den Bestand der Allgemeinheit richten, wie etwa bei Staatsschutzdelikten.

406 Siehe neben SK-*Wolters*, § 315 Rn. 2 auch *Horn*, JZ 1964, 646 (649).

407 So *Maurach/Schroeder/Maiwald*, BT/2 § 50 Rn. 3.

408 SK-*Wolters*, § 315 Rn. 2; dem folgend auch *Schroeder*, JuS 1994, 846 (847 f.): Wer A sagt, müsse auch B sagen. Es gehe nicht an, den Tatbestand auf den Schutz von Einzelpersonen zu erweitern, gleichwohl aber ein überindividuelles Rechtsgut beizubehalten. Die Gegenauffassung schneide dem Bürger die Möglichkeit ab, auf eigenes Risiko eine gefährliche Transportmöglichkeit zu benutzen, und verhindere so mitmenschliche Hilfsbereitschaft. Siehe auch *Maurach/Schroeder/Maiwald*, BT/2 § 50 Rn. 3 und 7.

409 *K/H/H-Heinrich*, BT I, Rn. 1125 (§ 315c).

410 So *Maurach/Schroeder/Maiwald*, BT/2, § 50 Rn. 3. Die ursprüngliche Definition der Gemeingefahr in § 315 Abs. 3 des Strafrechtsänderungsgesetzes vom 28.6.1935, RGBl. I. S. 839 war weiter gefasst und umfasste nicht nur bedeutende Sachwerte,

Dieser Ansicht werden zunächst folgende systematischen Einwände entgegengesetzt:

Gegen einen reinen Eigentumsschutz im Besonderen spricht, dass dann bei fahrlässiger Begehung (§§ 315b Abs. 5, 315c Abs. 3 Nr. 2 StGB) eine fahrlässige Sach*gefährdung* strafbar ist.[411] Diese Tatsache steht in Widerspruch zu der straflosen fahrlässigen Sach*beschädigung* – vgl. §§ 303 ff. i.V.m. § 15 StGB. Verstärkt wird dieses Argument mit der strafprozessualen Einordnung der §§ 315b, 315c StGB als Offizialdelikte. Eine fahrlässige Personen- oder Sach*gefährdung* wird demnach von Amts wegen verfolgt, § 160 StPO. Im Gegensatz dazu wird bei den allgemeinen Verletzungsdelikten die fahrlässige *Verletzung* der körperlichen Integrität unter ein (relatives) Antragserfordernis gestellt[412], §§ 229, 230 Abs. 1 S. 1 StGB. Entsprechendes gilt für die vorsätzliche Beschädigung oder Zerstörung fremder Sachen (von bedeutendem Wert), deren Beschädigung nach § 303c StGB ebenfalls einem relativen Strafantragserfordernis unterliegt. Auch die Strafdrohung hinsichtlich der Sachgefährdung einerseits und der tatsächlichen Sachbeschädigung andererseits unterscheidet sich erheblich.[413] All dies ist Indiz dafür, dass bei §§ 315b, 315c StGB

---

die in fremdem Eigentum stehen, sondern auch solche, eigenen Sachwerte „deren Vernichtung gegen das Gemeinwohl verstößt".

411 So *Geppert*, NStZ 1989, 320 (321) und *Geerds*, BA 1965, 124 (133 f.: die Straßenverkehrsdelikte seien dem Wesen nach Delikte gegen die Allgemeinheit und nicht primär gegen die Gefährdung von einzelnen Menschen, denn eine solche Konstruktion führe bei der Gefährdung von fremden Sachwerten ad absurdum).

412 *Klaus*, S. 48 f., sieht hierin aber keinen Widerspruch, denn für diese unterschiedliche Handhabe gäbe es sachlich einleuchtende Gründe: Es bestehe das besondere Bedürfnis, Verstöße gegen die Sorgfaltspflicht eines Verkehrsteilnehmers durch entsprechende Verbote von vornherein zu verhindern, weil Unachtsamkeiten in diesem Bereich wegen der sich im Verkehr bewegenden Massen schnell zu schweren Folgen führen könne. Ein solches Bedürfnis bestehe bei der einfachen Sachbeschädigung nicht, sodass hier fahrlässige Verhaltensweisen schon gar nicht erfasst sind. Im Bereich der Körperverletzung im Straßenverkehr werde das besondere öffentliche Interesse häufig bejaht. Beschränke man aber den Rechtsgüterschutz auf die Allgemeinheit, so könnte mit Einwilligung des Eigentümers eine wertvolle Vase straffrei zerstört werden, während die Gefährdung derselben im Straßenverkehr aus § 315c Abs. 3 StGB zu bestrafen wäre.
Diese „untragbaren" Ergebnisse resultieren aber auf der zu beachtenden unterschiedlichen Zwecksetzung, nämlich dem Schutz des individuellen Eigentums einerseits und dem Schutz der Sicherheit des Straßenverkehrs andererseits, die über die Gefährdung von fremdem Eigentum von bedeutendem Wert manifestiert wird.

413 So wird im Vergleich angedroht: „Freiheitsstrafe bis zu fünf Jahren oder Geldstrafe" (§ 223 Abs. 1 StGB); „Freiheitsstrafe bis zu zwei Jahren oder Geldstrafe" (§ 303 Abs. 1 StGB); „Freiheitsstrafe bis zu fünf Jahren oder Geldstrafe" (§ 315b Abs. 1 StGB); „Freiheitsstrafe bis zu fünf Jahren oder Geldstrafe" (§ 315c Abs. 1 StGB). Der Strafrahmen der einfachen Körper*verletzung* steht damit auf gleicher Stufe mit der (bloßen) *Gefährdung* der körperlichen Integrität im Straßenverkehr. Deutlich

zumindest nicht ausschließlich ein vermeintlich betroffenes Individualrechtsgut geschützt wird und ein möglicher Schutz (über die Strafverfolgung) nicht zur alleinigen Disposition des Einzelnen gestellt werden soll.[414]

Zudem sei zu beachten: Auch wenn sich die Straßenverkehrsdelikte von anderen auf unbeherrschbare „Naturgewalten" bezogene gemeingefährlichen Delikten unterschieden[415], so teilen sie den Gesichtspunkt, dass Verhaltensweisen pönalisiert werden, die in ihrer Angriffsrichtung nicht von vornherein auf bestimmte Menschen begrenzt oder begrenzbar sind, sondern jeweils zur Schädigung der verschiedensten Gefährdungsobjekte führen können.[416] Daraus wird gefolgert, dass die Verkehrsdelikte deshalb ihrem Wesen nach vor allem Delikte gegen die Allgemeinheit seien und nicht primär Tatbestände, die dem Schutz von Leib oder Leben [und dem Eigentum] *bestimmter einzelner* Menschen dienen. Trotz der Umstrukturierung durch das Zweite Gesetz zur Sicherung des Straßenverkehrs und der dargestellten semantischen Änderungen sei dem neuen § 315c die Überschrift „Gefährdung des Straßenverkehrs" zugeordnet worden.

Schließlich könne auch nur aufgrund des Gedankens der Gefährdung von Allgemeininteressen die scharfen Sanktionen gerechtfertigt werden, die das Gesetz bereits an die Herbeiführung der [konkreten] Gefahr knüpfe.[417] Begründet wird dies damit, dass bei den Verkehrsdelikten ein Schutz von Individualgütern nicht *isoliert* erfolgen könne, sondern im Zusammenhang mit der Sicherheit der jeweils genannten Verkehrsart stehe. Die erhöhte Strafdrohung rechtfertige sich nach dem Willen des Gesetzgebers aus der Ausgestaltung als konkretes Gefährdungsdelikt und der Tatschuld des Täters. Auf ein zusätzliches Individual*rechts*gut müsse nicht zurückgegriffen werden.[418]

---

wird das angeführte Argument beim Schutz des Bahn-, Schiffs- und Luftverkehrs in § 315 Abs. 1 StGB: „Freiheitsstrafe von sechs Monaten bis zu zehn Jahren".

414 Vgl. *Puhm*, S. 131. Betrachtet man die Straßenverkehrsdelikte ausschließlich als individualschützend, sind sie systematisch bei den Körperverletzungsdelikten unterzubringen, so *Baumann*, DAR 1962, 93 (98: „besser und für das Rechtsbewusstsein wirksamer"). Schon im Rahmen der Strafrechtsreform war die systematische Einordnung der Straßenverkehrsdelikte umstritten, doch hat man nur die individualschützenden Delikte ausgegliedert, siehe oben B.II.6.a. Wie hier auch *Hörtz*, S. 218. Eine (scheinbar) widersprüchliche strafbare fahrlässige Sachgefährdung durch die § 315b Abs. 4 und § 315c Abs. 3 Nr. 1 StGB wird damit gerechtfertigt, dass eben ein bedeutender Sachschaden drohen muss, sodass Sachgefährdungen im Bagatellbereich ausgeschlossen sind, siehe *Weber*, in: *Jescheck*, Vorverlegung, S. 28. § 303 StGB erfasst dagegen schon geringe Sachbeschädigungen, stellt die Strafverfolgung aber unter ein Strafantragserfordernis, § 303c StGB.

415 Hierzu und bei der Rechtsgutsbestimmung auf den das Funktionieren der Verkehrsordnung beeinträchtigenden *Handlungs*unwert abstellend, *Schneider*, S. 242 ff.

416 So *Puhm*, S. 129: Die bedeutende Sachgefährdung ist gerade Sinnbild für eine Beeinträchtigung der Verkehrssicherheit.

417 LK-*König*, § 315 Rn. 4 f.

418 So auch NK-*Zieschang*, § 315 Rn. 5; LK-*König*, § 315 Rn. 4; *Dreher*, Niederschriften, Band 8, S. 420; *Puhm*, S. 138 ff.

Leitet man das Rechtsgut aber allein aus der Gefährdungsklausel ab und verneint damit einen Schutz der Allgemeinheit, so steht dies im systematischen Widerspruch zu § 316 StGB, der gerade nicht auf die Beeinträchtigung von Gütern des Einzelnen abstellt.[419] So ist es nicht richtig, mangels individueller Gefährdungsklausel, allein in § 316 StGB eine die Verkehrssicherheit schützende Norm zu sehen.[420] Denn die in § 316 Abs. 1 StGB angeordnete Subsidiarität zu § 315c StGB hat nur dann Sinn, wenn beiden Normen ein identischer Normzweck zu Grunde liegt. Dass dem so ist, wurde historisch damit belegt, dass die früheren Übertretungen in das kriminelle Strafrecht hineingewachsen sind, also aufgewertet wurden. Gerade § 316 StGB ist hierfür das Paradebeispiel, da der Gesetzgeber die Trunkenheit im Verkehr als besonders gefahrenträchtige Verhaltensweise einstuft und deshalb – unter generalpräventivem Aspekt – schon die bloße Teilnahme am Verkehr ohne Herbeiführung einer Individualgefahr als strafwürdig und zugleich strafbedürftig bewertete. Letztlich stellte er § 316 StGB als abstraktes Gefährdungsdelikt dem § 315c Abs. 1 Nr. 1 StGB noch einmal voran.[421]

Dass der Gesetzgeber die Strafdrohungen für §§ 315b, 315c StGB herabsetzte, war nicht dem Umstand geschuldet, dass mit dem Wegfall des Erfordernisses der Gemeingefahr ein Individualrechtsgüterschutz an die Stelle des Rechtsguts der Verkehrssicherheit tritt. Hiermit sollte lediglich berücksichtigt werden, dass durch diese Änderung der Gefahrenbereich bewusst auf die Gefährdung schon eines einzelnen und bestimmten Menschen erweitert wurde.[422]

Im Übrigen widersprechen die angeführten Argumente dem herausgearbeiteten ausdrücklichen Willen des Gesetzgebers, der gerade die gemeingefährliche Tat*handlung* zur Grundlage der Strafbarkeit macht und damit das strafwürdige Verhalten begründet. Zugleich hat der Gesetzgeber klargestellt, dass zur Rechtfertigung der Strafbedürftigkeit der weite Anwendungsbereich mit dem Erfordernis einer konkreten Gefährdung einzuschränken ist. Lediglich der ungeeignete Begriff der Gemeingefahr war durch eine konkretisierte Gefährdungsklausel zu ersetzen, um das (qualitative) Maß einer strafbaren Gefährdung vorzugeben. Mit Blick auf die oben ausgeführte Differenzierung nach Rechtsgut und Gefährdungsobjekt war mit dem Zweiten Gesetz zur Sicherung des Straßenverkehrs gerade kein Austausch des

---

419 Vgl. die Argumentation von LK-*König*, § 315 Rn. 4 f. – Insoweit konsequent ist SK-*Wolters*, § 316 Rn. 2, da auch hier der Individualrechtsgüterschutz gelte (bzw. ein Universalrechtsgüterschutz abgelehnt wird).

420 Etwa *Graul*, JuS 1992, 321 (324).

421 Siehe schon oben unter B.III. Zur Argumentation im Hinblick auf § 316 StGB im Einzelnen siehe *Hörtz*, S. 213, 215 f.

422 „Während die Höchststrafen die Fälle berücksichtigen müssen, in denen eine Gemeingefahr erheblichen Ausmaßes eintritt, müssen die Mindeststrafen den Fällen gerecht werden, in denen die Gefahr nur einem einzelnen Menschen oder einer einzelnen Sache droht", Begründung E 1962, S. 497; ebenso Niederschriften, Band 9, S. 337–339 und Begründung E 1960, S. 460, mit Überlegungen zum Gefahrbegriff.

Rechtsguts intendiert.[423] Die individuell geschützten bzw. betroffenen Personen und fremden bedeutenden Sachwerte stehen daher, wie sich aus Wortlaut[424], Sinn und Zweck, Entstehungsgeschichte und gesetzessystematischer Stellung der §§ 315 ff. StGB ergibt, als Gefährdungsobjekte stellvertretend für die gegen Verkehrsgefahren zu schützende Allgemeinheit.[425]

Festzuhalten bleibt danach, dass das Rechtsgut der §§ 315b und 315c StGB nicht *allein* in Individualrechtsgütern gesehen werden kann. Möglich – aber im Weiteren zu widerlegen – ist, dass ein Individualrechtsgüterschutz mit dem Allgemeininteresse der Sicherheit des Straßenverkehrs konkurriert.

b. Vorrangiger Schutz von Individualrechtsgütern

Bei Annahme eines dualen Rechtsgüterschutzes sprechen die vorgetragenen Argumente auch gegen einen teilweise vertretenen[426] nur vorrangigen Schutz von Individualrechtsgütern.

Zur Begründung eines derartigen dualen Rechtsgüterschutzes mit vorrangiger Stellung der Individualrechtgüter wird angeführt, dass die §§ 315ff. StGB keine gemeingefährlichen Delikte im eigentlichen Sinne mehr seien. Dadurch, dass der Begriff der Gemeingefahr gestrichen und die Strafbarkeit unter grundlegender Änderung des Deliktskerns bewusst erweitert worden sei, orientiere sich die Strafbarkeitsschwelle nun an der konkreten Gefährdung einer bestimmten Person oder Sache. In der Konsequenz habe dies dazu geführt, dass man sich von der Wesenseigenschaft der Gemeingefahr als mögliche Ausdehnung der Gefahr auf eine Vielzahl von Rechtsgütern oder die Beliebigkeit des betroffenen Rechtsgutsträgers als Repräsentant der Allgemeinheit entfernt habe. Es ist nach dieser Ansicht (eben) nur noch gesetzgeberischer Grund[427] der Norm, dass der Täter die Sicherheit des Verkehrs

---

423 Siehe hierzu insbesondere oben B.II.6.b(5), B.II.6.c(2)(d), B.II.6.c(3) und B.III. Wie hier im Ergebnis auch *Hörtz*, S. 211–218 sowie S. 220–222.

424 Dieser führt ja – zumindest noch in § 315b StGB – ausdrücklich das Merkmal der Beeinträchtigung der Sicherheit des Straßenverkehrs auf, siehe A/W/H/H-*Hilgendorf*, § 35 Rn. 90: „Dem Gesetzgeber geht es weniger um ein sich gegen ein einzelnes Opfer richtendes Fehlverhalten, sondern mehr um typischerweise hochgefährliche Verhaltensweisen, welche die Verkehrssicherheit, also die Allgemeinheit beeinträchtigen."

425 Vgl. *Geppert*, NStZ 1989, 320 (321). Grundlegend BGH NJW 1970, 1380 (1381) = BGHSt 23, 261 (263). Diese Argumentation verdeutlicht also die notwendige Differenzierung nach Gefährdungsobjekt und Rechtsgut; *Otto*, BT, § 80 Rn. 1 mit Rn. 16, zitiert oben in Fn. 398.

426 Zum Nachfolgenden MK-*Pegel*, § 315 Rn. 5 ff. (10); In diese Richtung auch *Fischer*, § 315b Rn. 2 und § 315 Rn. 2, der nur „insoweit" bzw. „gleichwohl auch" die allgemeine Verkehrssicherheit geschützt sieht. Siehe auch *Asholt*, S. 174 f. mit dem Hinweis, dass die historische Tradition des Schutzziels keineswegs eindeutig sei, sondern vielmehr einem steten Wandel unterlag.

427 Hierzu BT-Drucks. IV/651 S. 23 und oben B.II.6.c.

in einer Weise beeinträchtige, die *ihrer Art nach* geeignet sei, eine Mehrzahl von Menschen und bedeutenden Sachwerten zu gefährden, und deren Auswirkungen der Täter *regelmäßig* nicht in der Hand habe. Die Straßenverkehrsdelikte als konkrete Gefährdungsdelikte beschränkten ihren Schutz daher auf *bestimmte fremde* Rechtsgüter und liefen praktisch auf eine Gefährdung von Einzelobjekten hinaus. So wird betont, dass sich der Gesetzgeber mit dem Wegfall der Gemeingefahr für einen *schwerpunktmäßigen* Schutz zugunsten der Individualrechtsgüter entschieden habe. Eine abstrakte Gefährdung reiche nicht aus; es bedürfe einer konkreten Gefährdung individueller Rechtsgüter. Diese Gefährdung setze den Schwerpunkt für das überwiegende Schutzgut und bestimme den Unrechtskern der Verkehrstatbestände.

Neben den genannten Argumenten ist einem vorrangigen Individualrechtsgüterschutz noch einmal die Gesetzeshistorie entgegenzuhalten: Der BGH erklärte zur Vorgängernorm § 315a StGB, dass durch diese Vorschrift nicht nur Leib und Leben der einzelnen Verkehrsteilnehmer geschützt würden. Vor allem bezwecke sie die Sicherung des Straßenverkehrs und damit der Allgemeinheit bzw. öffentlicher Interessen.[428] Bei der Ersetzung des § 315a StGB a. F. durch §§ 315b, 315c StGB n. F. durch das Zweite Gesetz zur Sicherung des Straßenverkehrs vom 26.11.1964 sollte sich am Rechtsgut und Sicherungszweck nichts ändern.[429] Dem Erfordernis einer konkreten Individualgefahr im Rahmen der konkreten Gefährdungsdelikte komme in erster Linie nur eine Auslesefunktion gegenüber einem im Einzelfall ungefährlichen Normverstoß zu.[430] Der BGH führt in BGHSt 23, 261 (263 f.) in Fortsetzung von BGHSt 6, 232 (243) aus, dass durch das Zweite Gesetz zur Sicherung des Straßenverkehrs die Sicherheit auf der Straße allgemein angehoben werden sollte, indem der Kreis der geschützten Personen erweitert wurde. Die Verwirklichung dieses gesetzgeberischen Vorhabens habe man aber keineswegs dem Willen des Einzelnen überlassen können und wollen, auch „wenn sich der Schutz der Allgemeinheit im konkreten Fall nur auf einen einzelnen, als Repräsentanten und Mitglied der geschützten Allgemeinheit, auswirken mag." Der Wegfall der „Gemeingefahr" sei Auslegungsschwierigkeiten geschuldet gewesen. Dass nun bei § 315c StGB ein Handeln „im Straßenverkehr" genüge und damit das Merkmal der „Beeinträchtigung der Sicherheit des Straßenverkehrs" ersetzt wurde, habe nur klarstellenden Charakter gehabt. Im Anschluss an einschlägige Rechtsprechung habe verdeutlicht werden sollen, dass die Vorschrift auch die neben der Straße befindlichen

---

428 BGHSt 6, 232 (234).

429 BT-Drucks. IV/651 S. 23. Abweichend OLG Hamburg NJW 1969, 336 (337). Klarstellend nach Vorlage dann BGHSt 23, 261 (263 f.) = NJW 1970, 1380 (1381); LK-*König*, § 315c Rn. 3; *ders.*, § 315 Rn. 4.

430 Ausführlich *Lackner*, S. 10 f.: „Die Hauptfunktion des Merkmals der konkreten Verkehrsgefahr besteht in der Möglichkeit, unter den Delikten des Verkehrsstrafrechts diejenigen auszuwählen, die in besonderem Maße unfallträchtig sind und zugleich alle Einzelhandlungen aus dem Anwendungsbereich zu verbannen, die trotz ihrer Verkehrswidrigkeit keine Gefahr bewirken können."

Personen und Sachen schützt.[431] Dadurch, dass § 315b und § 315c StGB trotz der semantischen Änderungen im Abschnitt der gemeingefährlichen Verbrechen und Vergehen verblieben seien, werde darauf hingewiesen, dass „sich nach dem Willen des Gesetzgebers an ihrem Wesen als eine dem Schutz der Allgemeinheit, nicht nur eines einzelnen, dienenden Rechtsnorm nichts geändert" habe.[432] Die Tatbestände der Straßenverkehrsgefährdung hätten Handlungen zum Gegenstand, die ihrem Wesen nach gegen die Allgemeinheit gerichtet seien und die das Funktionieren des Verkehrs und damit die Sicherheit aller Verkehrsteilnehmer beeinträchtigen;[433] sie seien „durch und durch Tatbestände zum Schutze der Allgemeinheit"; der erwähnte und in ihnen mitverwirklichte Schutz des Einzelnen sei nur eine „Nebenwirkung von untergeordneter Bedeutung."[434] So spricht BGHSt 48, 119 (123) vom Rechtsgut der Sicherheit des Straßenverkehrs, das ohne die Notwendigkeit einer Gemeingefahr den Schutz von Individualrechtsgütern wie Leben, Gesundheit und bedeutende Sachwerte *mitumfasst.*

In der Rechtsprechung und Teilen der Literatur wird einerseits ausschließlich[435] auf das allgemeine Rechtsgut der Sicherheit des Verkehrs auf öffentlichen Straßen abgestellt, andererseits wird es mit den unterzuordnenden Individualrechtsgütern kombiniert.[436]

---

431 LK-*König*, § 315c Rn. 3. Dazu auch BGHSt 27, 40 (42) = BGH NJW 77, 1109 (1110): „Durch die Neufassung sollte geklärt werden, daß auch die *neben* der Straße befindlichen Personen und Sachen, z. B. der pflügende Bauer auf dem angrenzenden Feld, geschützt sein sollen."

432 BGHSt 23, 261 (264).

433 Dazu näher *Geerds*, BA 1965, 124 (133 f.).

434 BGHSt 23, 261 (264); *Lackner*, Gefährdungsdelikt, S. 12 f. [ergänzend]: „Wenn nämlich, wie ich glaube gezeigt zu haben, das Merkmal der konkreten Verkehrsgefahr vornehmlich die Funktion erfüllt, aus der Summe bestimmter Zuwiderhandlungen gegen Verkehrsregeln die im Einzelfall ernstlich gefährlichen auszulesen und im Interesse der Verkehrssicherheit mit schärferer Strafe zu bedrohen, dann bezweckt die Strafschärfung nicht, einem einzelnen Verkehrsteilnehmer zusätzlichen Individualschutz zu gewähren. Sie beruht vielmehr auf dem Bedürfnis nach einer kriminalpolitisch sinnvollen Auswahl derjenigen Verhaltensweisen, die im Interesse der Verkehrssicherheit besonders nachdrücklich bekämpft werden müssen"; BGHSt 27, 40 (42 – nur eine Nebenwirkung); ein gegenüber der Sachbeschädigung erhöhter Eigentumsschutz sei nicht angestrebt gewesen, s. auch *Radtke*, S. 140.

435 BGHSt 11, 148 (151) = NJW 1958, 469 (zu § 315a StGB a. F.); BGH VRS 61 (1981), 122 (123); BGH NStZ 1992, 233 (234); BGH NStZ 2004, 625 (jeweils zu § 315b StGB); *Otto*, BT, § 80 Rn. 1.

436 L/K-*Heger*, § 315 Rn. 1 („vorrangig"); *Lackner*, Gefährdungsdelikt, S. 12 f.; *Geppert*, ZStW 83 (1971), 947 (958); *ders.*, Jura 1996, 47 (49); 639 (647 „in zweiter Linie"); *ders.*, Jura 2001, 559 (560); *Graul*, JuS 1992, 321 (325 – gleichgültig, ob vor-, gleich- oder nachrangig – „auch"); *Langrock*, MDR 1970, 982 (984 – ohne Festlegung eines Vorrangs; für eine mögliche Einwilligung sei ein alternatives oder kumulatives Rechtsgutsverständnis maßgebend); *Cramer*, JZ 1983, 812 (814 – abstellend auf das Merkmal „dadurch", wonach die Gefährdung von Individualrechtsgütern mit einer

König spricht gar von einem nur *faktischen* Schutz hinsichtlich der Individualrechtsgüter und sieht damit allein das Universalinteresse an der Sicherheit des öffentlichen Straßenverkehrs als Rechtsgut.[437] Dabei weist er zutreffend darauf hin[438], dass die Beschränkung auf die Gefährdung *fremder* Sachen hiermit nicht recht verträglich erscheint, denn die Gefährdung eigener Sachen sei in gleicher Weise indiziell für die Beeinträchtigung der allgemeinen Sicherheit wie die Gefährdung fremder Rechtsgüter.[439] Doch sieht *König* den Grund dafür darin, dass der Gesetzgeber mit der Überzeugung gehandelt habe, dass sich die abstrakte Gefährdung der allgemeinen Verkehrssicherheit über die eigene Rechtsphäre des Täters hinaus „nach außen hin" verdichtet haben muss, um einer (hohen) Strafe würdig und bedürftig zu sein. Die konkrete Gefährdung der ausschließlich eigenen Belange durch abstrakt gefährliche Eingriffe (und die daraus resultierenden Wertungswidersprüche) nehme die Strafrechtsordnung im Rahmen von §§ 315b und 315c StGB letztlich hin.[440]

Dass sich eine Gefahr auf *fremdes* Eigentum erstrecken muss, ist daher dem Sinnbild einer Gemeingefahr bzw. dem gemeingefährlichen Verhalten als gesetzgeberischem Motiv geschuldet. Die Allgemeinheit ist in ihrem Vertrauen sichtlich erst dann erschüttert, wenn sich das Täterverhalten negativ auf sie auswirken kann. Beschränkt sich eine Gefahr aber auf die Rechtssphäre des Täters selbst, also auf Fälle, in denen *fremde* Gefährdungsobjekte nicht involviert sind, so ist die Allgemeinheit in *ihrem* Interesse nicht tangiert.[441]

c. Gleichrangiger Schutz der Allgemeinheit und der Individualrechtsgüter

Schließlich kann auch ein vermittelnder Ansatz, der von einem gleichrangigen Verhältnis zwischen beiden Rechtsgütern[442] ausgeht, nicht überzeugen. Als maßgebliches Argument wird auch hier auf die Gefährdungsklausel verwiesen. Da in

---

Tathandlung verknüpft ist, die generell geeignet ist, die Sicherheit des Straßenverkehrs zu beeinträchtigen); *Bickelhaupt*, NJW 1967, 713 (714 – geschützt ist nicht mehr in erster Linie die Allgemeinheit).

437 LK-*König*, § 315b Rn. 3; *ders.*, § 315c Rn. 3.

438 LK-*König*, § 315 Rn. 5.

439 So die Kritik von *Maurach/Schroeder/Maiwald*, BT/2, § 50 Rn. 3 und der Hinweis auf die früher gebrauchte Definition der Gemeingefahr (vgl. Fn. 410 und B.II.4.b). Zum Ganzen auch *Hörtz*, S. 240 f.

440 LK-*König*, § 315 Rn. 5.

441 Eine Ausnahme bildet die Gefährdung von Eigentum des Täters, an dessen Erhalt die Allgemeinheit ein Interesse haben kann. Dieser Aspekt ist mit der Streichung des Begriffs der Gemeingefahr und deren Definition in § 315 Abs. 3 a. F. (1935) bei den Straßenverkehrsdelikten nicht (mehr) berücksichtigt und ist dort – anders als etwa bei der Brandstiftung – auch nicht relevant. Berücksichtigt ist der Aspekt aber noch über § 304 StGB.

442 NK-*Zieschang*, § 315 Rn. 5 und § 315b Rn. 6 f.; § 315c Rn. 6. Für einen kumulativen Rechtsgüterschutz *gleichermaßen*, S/S-*Sternberg-Lieben/Hecker*, § 315b Rn. 1; für

den §§ 315b und 315c StGB eine konkrete Gefährdung von Leben, Leib oder Eigentum von bedeutendem Wert vorausgesetzt werde, bedeute dies zunächst einmal einen Individualrechtsgüterschutz. Gleichzeitig sei aber bedeutsam, dass mit dem Erfordernis der Beeinträchtigung der Sicherheit des Straßenverkehrs [bei § 315b] ein eigenständiger Erfolg verlangt werde, der als konkret gefährlicher Zustand der konkreten Gefahr vorgelagert sei.[443] Der Schutz der genannten Individualrechtsgüter erfolge daher nur im Zusammenhang mit der Sicherheit des Straßenverkehrs, die damit *gleichrangig* neben den Individualrechtsgütern stehe. Gegenüber § 316 StGB legitimiere sich die hohe Strafdrohung gerade durch die „Beinaheverletzung" der genannten Individualrechtsgüter. Gleiches gelte auch für § 315c StGB, da die in Abs. 1 aufgelisteten Tathandlungen im engen Zusammenhang mit dem öffentlichen Straßenverkehr stünden, der vor verkehrsinternen Verhaltensweisen geschützt werden solle, auch wenn dort nicht [mehr] eine Beeinträchtigung der Sicherheit dieser Verkehrsarten explizit im Sinne eines abstrakt gefährlichen Zustands festgestellt werden müsse.[444]

So wendet *Radtke*[445] gegen einen nur reflexartigen Schutz von Individualrechtsgütern als Nebenwirkung des Schutzes der Allgemeinheit ein, dass sich daraus das gesteigerte Unrecht von § 316 StGB zu § 315c StGB, der von einer konkreten Gefahr für einzelne Rechtsgutsträger abhinge, nicht begründen ließe. Denn dann würde behauptet, dass ein bestenfalls am Rande geschütztes Rechtsgut das eigentliche Unrecht der Straßenverkehrsgefährdung (§ 315c StGB) bilde. Ein vom Schutzzweck losgelöstes oder zumindest nur lose verbundenes Unrecht könne es jedoch nicht geben. Daher müsse den Individualrechtsgütern (bei § 315c StGB) eine zumindest gleichrangige Stellung zukommen. In der Konsequenz folgt für *Radtke* aus dem Allgemeinbezug[446] der gemeingefährlichen/- schädlichen Delikte, dass neben den Individualrechtsgüterschutz eine *kollektive* Komponente tritt[447]: Die konkrete Indivi-

---

ein Nebeneinander, *Roxin*, AT I, § 13 Rn. 35; M/R-*Renzikowski*, § 315b, Rn. 1 und § 315c Rn. 1 („neben", weil sonst der Tatbestandsaufbau vernachlässigt werde).

443 NK-*Zieschang*, § 315 Rn. 20 ff.

444 NK-*Zieschang*, § 315 Rn. 5 und § 315c Rn. 6. Die Sicherheitsbeeinträchtigung ist den ausgewählten typischerweise gefährlichen Verhaltensweisen schon immanent.

445 *Radtke*, S. 141 und S. 149.

446 Siehe oben C.I.2.

447 Kritisch zum von *Radtke* angedachten „echten" Schutz überindividueller Belange auch bei den Brandstiftungsdelikten, *Bender*, S. 213, 230: Auf der Basis der „Gefährdungslösung" fehle es für § 306 StGB an der Dispositionsbefugnis, denn § 306 Abs. 1 StGB schütze die Individualrechtsgüter Leib, Leben und Eigentum verschiedener Rechtsgutsträger vor den Streuwirkungen gewisser Brände. Diese Rechtsgüter würden daher nicht individualisiert, sondern „gattungsmäßig" vor einer unspezifischen Bedrohung diffuser Natur geschützt. Es ginge nicht, wie bei den tatmitteloffenen Verletzungsdelikten, um den Schutz einer *bestimmten* Person bzw. eines *bestimmten* Rechtsguts. Die Allgemeinheit selbst bzw. ein Universalrechtsgut seien aber nicht das Schutzanliegen der §§ 306 ff. StGB.

dualgefahr, die an die Stelle der konkreten Gemeingefahr getreten ist, sei Ausdruck eines gemeinschädlichen Verhaltens, was die Einordnung der Straßenverkehrsdelikte als gemeingefährliche Delikte plausibel mache. So wie der (störungsfreie) Fernmeldeverkehr das „Recht“ auf Kommunikation ermögliche, erlaube der von gefährlichen Verhaltensweisen befreite Straßenverkehr die (unbesorgte) Teilnahme daran. Wenn bei den Straßenverkehrsdelikten das unbeeinträchtigte Funktionieren des Systems im Vordergrund stehe, so liege der Akzent nicht auf den tangierten Individualrechtsgütern, sondern auf dem Schutz des Vertrauens eben in das Funktionieren dieses Systems, d.h. Straßenverkehr kann nur deshalb stattfinden, weil jeder einzelne Teilnehmer von einer Regelbefolgung auch durch die übrigen ausgehen dürfe. Es gehe also nicht nur um einen *elementaren* Schutz des einzelnen Rechtsgutsträgers, sondern der Gesellschaft selbst. Basierend auf einer personalen Rechtgutslehre, nach der die Entfaltungsmöglichkeiten eines Individuums in einer Gesellschaft zentraler Gegenstand des Rechtsgüterschutzes ist, erkläre sich damit dieser duale Rechtsgutsansatz mit einer kollektiven und individuellen Komponente.

Gegen einen gleichrangigen und damit „janusköpfigen“ Rechtsgüterschutz wendet *König*[448] ein, dass § 316 StGB dazu im Widerspruch stehe, denn dieser stellte gerade nicht auf die Beeinträchtigung von Individualrechtsgütern ab. In den §§ 315b und 315c StGB werde aber nicht das Allgemeinrechtsgut mit Individualbelangen als *selbstständig* zu schützende Rechtsgüter verkoppelt. Dabei stellt *König* die oben angesprochene Auslesefunktion des Gefahrerfolgs[449] und dessen indizielle Bedeutung[450] heraus. In der konkreten Gefahrenlage präge sich die besondere Gefährlichkeit der Tat für die Gemeinschaft aus. Noch einmal wird damit betont, dass der mitverwirklichte Schutz des Einzelnen nur eine Nebenwirkung von untergeordneter Bedeutung[451] bzw. ein Rechtsreflex[452] sei.

---

448 LK-*König*, § 315 Rn. 5.

449 Zur Auslesefunktion siehe schon oben Fn. 430.

450 *Lackner*, S. 13; *Puhm*, S. 138 f.; *Baldus*, Niederschriften, Band 8, S. 428.

451 *Lackner*, S. 13; diesem folgend BGHSt 23, 261 (264) = NJW 1970, 1380 (1381) und BGHSt 27, 40 (42) = NJW 1997, 1109 f.; vgl. auch *Schneider*, S. 241: „ein derartiges Nebeneinander schließe sich aus“; alle Theorien seien zu nah am Erfolgsunwert orientiert, jedoch sei der Handlungsunwert der weitaus wichtigere, sodass sich als Unrechtsgehalt die Beeinträchtigung des Funktionierens der „Verkehrsordnung“ ergebe.

452 *Puhm*, S. 139. *Dedes*, MDR 1984, 100 (101) spricht für das griechische Recht davon, dass bei gemeingefährlichen Delikte Faktoren des sozialen Lebens geschützt werden sollen, die das Wesen der Gemeinschaft ausmachen. Es ginge also nicht um gefährdete (individuelle) Rechtsgüter, sondern um Leib, Leben und Vermögen als Komponenten des Gemeinschaftslebens. Richten sich Handlungen gegen den Verkehr als Gemeinschaftsinstitution, so werde diese als solche geschützt. Individualrechtsgüter würden dabei nur mittelbar geschützt. Es werde der Einzelne nur als Teil der Gesamtheit, letztlich nur die Allgemeinheit geschützt.
Nach *Vogel*, StV 1996, 110 (111) stehen Individualrechtsgüter von vornherein in einem sie begrenzenden Gemeinschafts- und Sozialbezug; und dieser zwinge

d. Ergebnis

Die obigen Argumentationsmuster zugunsten eines verschieden gewichteten Individualrechtsgüterschutzes zeigen, dass zwischen den Begrifflichkeiten „Rechtsgut" und „Rechtsguts*objekt*" nicht klar differenziert wird. Zumindest im Tatbestand der Straßenverkehrsdelikte im engeren Sinn *benennen* die dort genannten Gefährdungsobjekte nicht das zu schützende Rechtsgut. Deren konkrete Gefährdung *manifestiert* die Verletzung des noch in § 315b StGB genannten und alleinigen Rechtsguts der Sicherheit des Straßenverkehrs. Dennoch befördern die im Einzelnen kritisierten und abzulehnenden Ansichten – jeweils abhängig von ihrem rechtstheoretischen Standpunkt und systematischen Verständnis – das tatbestandliche Gefährdungsobjekt selbst zum mitbestimmenden Rechtsgut und lassen dieses mit dem Allgemeinrechtsgut der Verkehrssicherheit verschieden stark konkurrieren. Dass sich aber durch das Zweite Gesetz zur Sicherung des Straßenverkehrs von 1964 am (herrschenden) Rechtsgutsverständnis nichts ändern sollte, wurde mehrfach unter Verweis auf die Gesetzeshistorie belegt. Insbesondere wurde dort schon angemerkt[453], dass es bei richtigem Verständnis des Rechtsguts der Sicherheit des Straßenverkehrs, das der weiten Auslegung der Rechtsprechung entsprach, einer Klarstellung durch den Gesetzgeber in § 315c StGB nicht bedurfte: Zwar wollte der Gesetzgeber ein Problem abschließend lösen, indem er für § 315c StGB das Merkmal der „Beeinträchtigung der Sicherheit des Straßenverkehrs" nicht mehr verwendete. Durch diese Wortlautänderung und den gleichzeitigen Ersatz des Merkmals der Gemeingefahr mit einer individuellen Gefährdungsklausel provozierte er die hier aufgezeigte Unklarheit hinsichtlich des Rechtsguts.[454]

Es ist nun so, dass die Funktion der Gefährdungsobjekte – entgegen der angeführten Ansichten – nicht darauf gerichtet ist, eine konkrete Gefahrensituation für ein Individualrechtsgut zum Ausdruck zu bringen. In der konkreten Gefährdungssituation spiegelt sich – wenn auch für ein individuelles Objekt – eine über die Tathandlung geschaffene spezifische *Verkehrsgefahr* wider. Straf*würdig* ist danach nicht die Schaffung einer Individualgefahr, sondern nach dem Sinnbild der Gemeingefahr die Vornahme einer in ihren Auswirkungen für die Verkehrs-

---

dazu, die Strafschutzwürdigkeit von Gütern aus Sicht der Öffentlichkeit und Allgemeinheit festzulegen [auch wenn es um den Schutz von Individualrechtsgütern geht!], wodurch ihr Schutz zur öffentlichen Aufgabe wird. Dabei bezieht er sich auf die Aussage aus BVerfGE 12, 45 (51) wonach „[d]as GG … eine wertgebundene Ordnung [ist], die den Schutz von Freiheit und Menschenwürde als den obersten Zweck allen Rechts erkennt; sein Menschenbild ist nicht das des selbstherrlichen Individuums, sondern das der in der Gemeinschaft stehenden und ihr vielfältig verpflichteten Persönlichkeit."

453 Siehe oben unter B.II.6.b(5).

454 Das Klarstellungsbedürfnis ebenso bezweifelnd, LK-*König*, § 315b Rn. 3 mit § 315c Rn. 3.

sicherheit schwer oder nicht zu kontrollierenden Handlung.[455] Anders als bei den Ordnungswidrigkeiten als abstrakte Gefährdungstatbestände ist bei den Straßenverkehrsdelikten im engeren Sinn die Sicherheit des Straßenverkehrs mit Eintritt der konkreten Gefahr nicht nur typischerweise[456], sondern *tatsächlich* und zugleich in besonders intensiver, sprich straf*bedürftiger* Weise betroffen. Denn (taugliche) Gefährdungsobjekte als Rechtsgutsobjekte, die sich im Vertrauen auf einen sicheren Straßenverkehr darin oder in dessen Nähe aufhalten oder die im Gefahrenbereich des Straßenverkehrs platziert sind, werden einer zugespitzten Gefahrensituation ausgesetzt. Mit dieser verkehrsspezifisch gefährlichen Situation wird die Funktionseinheit eines sicheren Straßenverkehrs tangiert und – als Rechtsgut betrachtet – zugleich verletzt. Historisch gesehen wird die Schwelle zum straßenverkehrsrechtlichen Unrecht erst mit eben dieser zugespitzten Gefahr im Sinne eines Beinaheunfalls überschritten.[457]

Mit diesem Verständnis der Straßenverkehrsdelikte im engeren Sinne ist ein ausschließlicher, vorrangiger oder auch nur gleichrangiger Individualrechtsgüterschutz abzulehnen, denn er steht im systematischen Widerspruch zu § 316 StGB und ignoriert den gesetzgeberischen Willen.[458] Im Ergebnis braucht es keines Individualrechtsgüterschutzes, um der Intention des Gesetzgebers Ausdruck zu verleihen und um die hohen Strafrahmen zu rechtfertigen. Im Vergleich zu den Verletzungsdelikten sprechen die hohen Strafrahmen per se schon für einen Schutz der Allgemeinheit. Dabei sind die obigen Ausführungen von *König*, dass der konkreten Gefahrenlage nach der Rechtsprechung eine Auslesefunktion mit indizieller Bedeutung zukomme, mit der Folge, dass der mitverwirklichte Schutz des Einzelnen nur ein Rechtsreflex sei, klarzustellen: Der geforderte konkrete Gefahrerfolg gegenüber einem tauglichen Gefährdungsobjekt *bestätigt*, dass die Funktionseinheit des sicheren Straßenverkehrs *nachweislich*, d. h. *tatsächlich* und nicht nur typischerweise betroffen ist. Dem konkreten Gefährdungserfolg kommt damit die Funktion eines Lackmustests zu, der hier als Bild dafür steht, dass die angezeigte verkehrsspezifische zugespitzte Situation Rückschlüsse auf die tatsächliche Gefährlichkeit der Tathandlung erlaubt. Insoweit kommt der Individualgefährdung in straßenverkehrsrechtlicher Sicht eine entscheidende *konstitutive* (strafbegründende) Funktion zu, weil erst die besonders

455 Zu den Kategorien der nicht geschützten Individualgefahr einerseits und verschieden ausgestalteten Verkehrsgefahren siehe sogleich unter D.I.

456 So der Strafgrund für die zum Vergehen angehobene Trunkenheit im Verkehr nach § 316 StGB (abstraktes Gefährdungsdelikt).

457 Siehe oben C.II.2.a – Hiervon macht der *nachträglich* hinzugefügte § 316 StGB als schon abstraktes Gefährdungsdelikt eine (Rück-)Ausnahme.

458 So auch *Puhm*, S. 139; auf S. 126 mit dem Hinweis, dass zwischen dem legislatorischen, normmotivierenden Schutzobjekt und dem im Tatbestand genannten Angriffsobjekt unterschieden werden müsse; *Beling*, S. 213 (214); diesem folgend und kritisch bei der Rechtsgutsbestimmung des früheren § 315a StGB, *Schumann*, S. 56 ff.

intensive Gefährdung der Verkehrssicherheit über eine zugespitzte Gefahrlage das *Straf*bedürfnis auslöst.[459]

Dem Versuch jedoch, aus dieser Funktion (Indikatorenwirkung) einen Individualrechtsgüterschutz abzuleiten, ist mit dem hier gewonnenen Verständnis der Straßenverkehrsdelikte entgegenzutreten: Der Gesetzgeber wollte „den breiten Graben“ zwischen den Ordnungswidrigkeiten des Verkehrsrechts einerseits und den mit Kriminalstrafe bedrohten Delikten gegen die Person andererseits mit den als konkrete Gefährdungsdelikte ausgestalteten Straßenverkehrsdelikten ausfüllen. Deshalb setzte er die „strafrechtliche Verteidigungslinie“ des Verkehrsrechts für ausgewählte Fälle einer tatsächlich eintretenden *Verkehrs*gefahr herauf, indem diese an eine individuelle Gefährdungsklausel gebunden wird, um die Sicherheit des Verkehrs zu gewährleisten und das begangene Unrecht gerechter abzustufen.[460] Diese verkehrsspezifische Gefahr für ein individuelles Objekt ist nicht gleichbedeutend mit einer Individualrechtsgüterschutz bezweckenden Individualgefahr. Rechtsgut der Straßenverkehrsdelikte ist und bleibt allein die Sicherheit des Straßenverkehrs.

III. Veranschaulichung der Rechtsgutsproblematik an Beispielen

Dass der zuvor geführte Streit um die Frage, welches Rechtsgut bzw. welche Rechtsgüter mit welcher Schwerpunktsetzung den Straßenverkehrsdelikten zu Grunde liegen, keinesfalls nur theoretischer Natur ist, zeigt sich an folgenden Beispielen.

1. Einwilligung in eine Straßenverkehrsgefährdung (§ 315c Abs. 1 StGB)

Erkennt man dennoch einen dualen oder kumulativen Rechtsgüterschutz an, so ist die Verschiebung des Schwerpunkts[461] zugunsten eines Individualrechtsgüterschutzes für die Frage relevant, ob und welche Bedeutung einer möglichen Einwilligung eines Rechtsgutsträgers in die Gefährdung eines tatbestandlich geschützten Rechtsguts- bzw. Gefährdungsobjekts zukommen kann.

a. Disponibles Rechtsgut

Nur wenn ein Individualrechtsgüterschutz die Norm *maßgeblich* bestimmt, kann insgesamt von einem disponiblen Rechtsgut für einen Rechtsgutsträger des Rechtsguts- bzw. Gefährdungsobjekts und damit von einer wirksamen Einwilligung aus-

459 Im Ergebnis wie hier auch *Hörtz*, S. 221 f. und S. 225. Siehe auch *Janiszewski*, Rn. 262.

460 Ausführlich oben unter B.II.6.c(2)(d) und B.III.

461 Zur Schwerpunktsetzung anstelle einer Exklusivität, A/W/H/H-*Hilgendorf*, § 35 Rn. 90.

gegangen werden. Einer Einwilligung zugänglich sind bei den hier relevanten Gefährdungsobjekten aber nur die Rechtsgüter Eigentum und körperliche Unversehrtheit, wobei bei letzterem ein Verstoß gegen die guten Sitten nach § 228 StGB die Grenze[462] setzt. Ein Einwilligung in eine (fahrlässig oder vorsätzlich verursachte) *konkrete Lebensgefahr* ist dagegen grundsätzlich nicht möglich, wie sich im Umkehrschluss aus § 216 StGB und aus den Maßstäben des § 228 StGB über die Bestimmung eines Sittenverstoßes ergibt.[463] Von der Einwilligung in eine Fremdgefährdung ist dagegen die eigenverantwortliche bewusste Selbstgefährdung, die eine Zurechnung des (Gefährdungs-)Erfolgs auszuschließen vermag, abzugrenzen.[464]

Sieht man – wie hier – das alleinige Rechtsgut dagegen im Allgemeininteresse an der Sicherheit des Straßenverkehrs, kann es mangels disponiblem Rechtsgut eine wirksame Einwilligung nicht geben.[465]

b. *Partieller Unrechtsausschluss bei kumulativem Rechtsgüterschutz*

Wird den Straßenverkehrsdelikten aber mit den oben dargestellten Ansätzen ein nicht disponibles Allgemeininteresse als auch ein disponibles Individualinteresse zu Grunde gelegt, so schließt eine hinsichtlich der geschützten Individualinteressen wirksame Einwilligung das Strafunrecht nur partiell aus:[466] Es verbleibt nur die Verletzung des allgemeinen Interesses an der Sicherheit des Straßenverkehrs. Dieses nur partielle Unrecht soll aber für eine Strafbarkeit nach § 315c StGB nicht ausreichen.[467] Folglich führe die Einwilligung wegen des teilweise reduzierten Unrechts

---

462 Zur möglichen Grenze bei schweren Körperverletzungen, *Blum*, NZV 2011, 378 (381).

463 Hierzu etwa S/S-*Lenckner/Sternberg-Lieben*, Vor § 32 Rn. 104, 104a m.w.N. Siehe auch *Blum*, NZV 2011, 378 (381). Freilich umfasst die Einwilligung in eine Gefahr nicht zugleich auch deren Erfolg, hierzu *Ranft*, Jura 1987, 608 (615), aus § 216 StGB ergebe sich daher nur der Ausschluss einer Einwilligung in eine Tötung, nicht aber auch in eine Lebensgefahr. – Zur Sittenwidrigkeit einer Einwilligung, sofern die Grenze zur konkreten Todesgefahr überschritten wird, aber BGHSt 53, 55 (63); 58, 140 (143). Zur strittigen Bestimmung der Sittenwidrigkeit siehe NK-*Paeffgen/Zabel*, § 228 Rn. 37 ff und S/S/W-*Momsen/Momsen-Pflanz*, § 228 Rn. 10.

464 Hierzu *Blum*, NZV 2011, 378 (381); BGHSt 53, 55 (63).

465 Vgl. BGHSt 6, 232 (234); 23, 261 (264); *Jescheck/Weigend*, § 34 III. 5, S. 381; LK-*König*, § 315b Rn. 74a und § 315c Rn. 161.

466 BeckOK-*Kudlich*, § 315c Rn. 68; *Eisele*, BT I, Rn. 1144; MK-*Schlehofer*, Vor §§ 32 ff. Rn. 151; *Roxin*, AT I, § 13 Rn. 35.

467 MK-*Schlehofer*, Vor §§ 32 Rn. 151; S/S-*Sternberg-Lieben/Hecker*, § 315c Rn. 41; NK-*Zieschang*, § 315 Rn. 6 mit § 315c Rn. 59; *Eisele*, BT I, Rn. 1144; *Rengier*, BT II, § 44 Rn. 19a; A/W/H/H-*Hilgendorf*, § 38 Rn. 43 f.; *Ranft*, Jura 1987, 608 (614 f.). Für eine Unterbrechung schon des Zurechnungszusammenhangs durch eine einverständliche Fremdgefährdung bzw. eigenverantwortliche Selbstgefährdung, *Otto*, § 80 Rn. 33; MK-*Pegel*, § 315c Rn. 114; *Ranft*, Jura 1987, 608 (614). Siehe auch *Duttge*, Jura 2006, 15 (17); *Blum*, NZV 2011, 378 (381 f.).

hinsichtlich § 315c StGB zur Straflosigkeit in Bezug auf den Einwilligenden.[468] Im Falle des § 315c Abs. 1 Nr. 1a StGB könne aber auf § 316 StGB als subsidiären Auffangtatbestand zurückgegriffen werden.[469]

Die Annahme eines zusätzlichen Individualrechtsgüterschutzes und ein damit verbundener möglicher partieller Unrechtsausschluss führen also dazu, dass bei Vorliegen einer wirksamen Einwilligung eine Strafbarkeit nach § 315c StGB *insgesamt* zu verneinen ist. Ein derartiges Ergebnis zeigt aber, dass die Berufung auf einen (zusätzlichen) Individualrechtsgüterschutz dem hier vorgestellten Charakter der Straßenverkehrsdelikte als gemeingefährliche Delikte nicht gerecht wird. Denn das vom Gesetzgeber verfolgte Ziel[470], *gemeingefährliche Handlungen* unter Strafe zu stellen, wird missachtet, wenn die Einwilligung eines Individuums eine Strafbarkeit nach § 315c StGB in Gänze zu Fall bringen kann. Die Zustimmung eines Individuums in eine Gefährdung darf nicht dazu führen, dass zugleich – wenn auch nur als mittelbare Folge – das allgemeine Interesse an einem sicheren Straßenverkehr aufgehoben wird. Der Einzelne kann nicht für die Allgemeinheit sprechen und dadurch die Indisponibilität der Verkehrssicherheit unterlaufen.[471] Auch ist das begangene Unrecht durch einen persönlichen Verzicht des Gefährdeten nicht ein unbedeutendes geworden, denn die eingetretene zugespitzte Gefahrensituation als Bestätigung des gemeingefährlichen Verhaltens fällt durch diesen verbalen Verzicht nicht weg bzw. kann durch den Einwilligenden nicht beseitigt werden.

Bei einer verbleibenden möglichen Bestrafung allein aus § 316 StGB geht der Umstand einer hervorgerufenen zugespitzten Lage völlig unter. Der Strafrahmen des § 316 StGB ist nur auf abstrakte, typischerweise gegebene Gefährdungen der Sicherheit des Straßenverkehrs abgestimmt. Die Tatsache, dass es aber tatsächlich zu einer besonderes kritischen Verkehrssituation gekommen ist, lässt sich über die Strafzumessung hier nicht (mehr) sachgerecht abbilden.

c. Wirksame Einwilligung nur in Fällen des § 315c Abs. 1 Nr. 1a StGB?

Vermittelnd ist *Geppert* der Auffassung, dass es dem Einzelnen zwar grundsätzlich an der ausschließlichen Dispositionsbefugnis fehlt. Allein für den Fall des § 315c Abs. 1 Nr. 1a StGB will er aber eine Ausnahme machen, denn der gesetzgeberische Gedanke werde nur dann unterlaufen, wenn der Täter auf Grund einer wirksamen Einwilligung des Gefährdeten *ausnahmslos straffrei* ausginge. Treffe den Täter aber zumindest die Strafbarkeit des dann einschlägigen § 316 StGB, so werde doch be-

468 *Eisele*, BT I Rn. 1144; das Verhalten kann nur noch als Ordnungswidrigkeit geahndet werden.

469 *Eisele*, BT I Rn. 1144; *Rengier*, BT II, § 44 Rn. 19a. Spricht man dagegen § 316 StGB einen Individualschutz zu, SK-*Wolters*, § 316 Rn. 2, so stellt sich auch hier die Frage nach der Wirksamkeit einer Einwilligung.

470 Siehe oben B.II.6.c(2)(d).

471 In diese Richtung auch *Hörtz*, S. 223.

rücksichtigt, dass der Einwilligende als Rechtsgutsträger des Gefährdungsobjekts in Bezug auf § 315c StGB nicht alleiniger Rechtsgutsträger sei.[472]

Aber auch diese Ausnahmekonstellation kann aus den angeführten Gründen nicht überzeugen. Gegen sie spricht zudem der Zufall, dass einer Einwilligung nur deshalb Bedeutung zukommen soll, weil der Gesetzgeber sich für den Fall der besonders unfallträchtigen Trunkenheitsfahrt entschieden hat, bereits die abstrakte Gefährdung der Verkehrssicherheit nicht mehr nur als Ordnungswidrigkeit, sondern auch als *Vergehen* zu bestrafen.[473] Es ist nicht konsequent, eine Unrechtsminderung für die Fälle des § 315c Abs. 1 Nr. 1a StGB anzuerkennen und nur nach § 316 StGB zu bestrafen, dagegen für die Fälle des § 315c Abs. 1 Nr. 1b und Nr. 2 StGB mangels verfügbarer strafbarer Auffangtatbestände die wegen eines kumulativen Rechtsgüterschutzes vorliegende Unrechtsminderung auf Ebene der Rechtswidrigkeit zu ignorieren.[474] Der Täter, der eine Tat nach § 315c Abs. 1 Nr. 1a StGB begeht, ist nicht besser zu stellen, als der Täter einer anderen Tat nach § 315c StGB. Eine Besserstellung des Täters, der im Falle einer konkreten Gefährdung wegen der Einwilligung des Gefährdeten allenfalls nach § 316 StGB bestraft werden kann, widerspricht dem Zweck des § 316 StGB. Nach diesem Tatbestand soll eine Tat *schon* dann bestraft werden können, auch wenn es *noch nicht* zu einer konkreten Gefahrensituation gekommen ist. Das hier problematisierte Tatbild passt dann aber nicht zu dieser generalpräventiven Zwecksetzung der Norm. Denn eine erklärte Zustimmung lässt – wie zuvor beschrieben – nicht die Tatsache entfallen, dass der Täter tatsächlich eine besonders intensive Gefahrenlage für den Verkehr geschaffen hat, was gerade durch den eingetretenen konkreten Gefahrerfolg bestätigt wird. Das tatsächlich verwirklichte Unrecht durch eine konkret besonders gefährliche Verhaltensweise geht damit über das für § 316 StGB vorgesehene Unrecht hinaus.[475]

---

472 *Geppert*, ZStW 83 (1971), 947, 986; siehe auch *Graul*, JuS 1992, 321 (325): „Ist die konkrete Gefährdung eines anderen mitkonstituierend für das in § 315c Abs. 1 Nr. 1a vorausgesetzte Unrecht, so mindert sich das aus Allgemeingefahr *plus* Individualgefahr bestehende Gesamtunrecht im Fall der Einwilligung des Gefährdeten um das Unrecht eben dieser Individualgefährdung. Diese Unrechtsminderung könnte nur dann irrelevant sein, wenn zwingende Gründe für ihre Nichtbeachtung sprechen. Man könnte sich auf den Standpunkt stellen, daß im Falle eines kumulativen Schutzes eines disponiblen und eines indisponiblen Rechtsguts die Einwilligung in die Beeinträchtigung des disponiblen Rechtsguts im Ergebnis immer dann als unbeachtlich anzusehen sei, wenn ihre Beachtung zur Straflosigkeit der fortbestehenden rechtswidrigen Beeinträchtigung des indisponiblen Allgemeinrechtsguts führen würde."

473 Hierzu oben unter B.III.

474 Konsequenter ist hier *Eisele*, BT I Rn. 1144, der auch bei § 315c Abs. 1 Nr. 2 StGB wegen des reduzierten Unrechts zur Straflosigkeit kommt; es sei nur eine Ahndung als Ordnungswidrigkeit möglich. Ebenso *Ranft*, Jura 1987, 608 (614 f.). Ähnlich *Klaus*, S. 105 f., der das Täterverhalten auch über die Tatbestände der Ordnungswidrigkeiten hinreichend erfasst sieht.

475 Ähnlich *Hörtz*, S. 224.

d. Ergebnis

Mit der Sicherheit des Straßenverkehrs als alleiniges Rechtsgut lässt sich die Einwilligungsproblematik sachgerecht und widerspruchsfrei lösen. Mit der dargestellten Funktion der konkreten Gefahr, für ein taugliches Gefährdungsobjekt eine Situation zu kennzeichnen, die eine besonders kritische Verkehrslage anzeigt (Lackmustest), lässt sich die Bedeutungslosigkeit einer Einwilligung dabei nachvollziehbar erklären. Denn eine Zustimmung in eine Gefährdung kann eine tatsächlich eingetretene Gefahr nicht beseitigen; sie bleibt als Tatsache angezeigt und kann durch eine Einwilligung mit dem Ergebnis der Straflosigkeit auch nicht überspielt werden: Dabei ist noch einmal zu betonen, dass es sich bei der zugespitzten Verkehrssituation nicht um eine *beliebige* Individualgefahr handelt, sondern ein Tatbild beschrieben wird, welches aus einer spezifischen unkontrollierbaren Verkehrsgefahr im Sinne einer Gemeingefahr resultiert. Die Individualgefahr knüpft also nur an ganz bestimmte gefahrenträchtige Handlungen an („dadurch"). Fällt der Lackmustest „positiv" aus, weil ein verkehrsspezifischer konkreter Gefahrerfolg eingetreten ist, so wird das ideelle Interesse der Allgemeinheit an der Sicherheit des Straßenverkehrs in besonders intensiver Weise verletzt.[476] Und dieses Interesse der Allgemeinheit wird trotz Zustimmung eines Individuums als Teil der Allgemeinheit verletzt. Denn ein Individuum kann mangels Dispositionsbefugnis nicht für die Allgemeinheit auf *deren* Schutz verzichten. Auch wenn der konkret Gefährdete mit *seiner* Gefährdung „einverstanden" ist, so ist doch der generalpräventive Aspekt der Straßenverkehrsdelikte zu beachten. Abstrakt gefährliches Verhalten, dass sich sogar zu einer besonders kritischen Gefahrenlage zugespitzt, soll unterbunden werden. Diesem Präventionsgedanken liefe die Annahme einer wirksamen Einwilligung eines Einzelnen, die den Täter entlastet, zuwider. Denn zu schützen ist die Allgemeinheit vor jenen gefährlichen Verhaltensweisen. Dass sich die zugespitzte Situation zufällig auf Täter und Einwilligenden beschränkte, beseitigt nicht das Indiz, dass sich die geschaffene Verkehrsgefahr nicht auch auf andere Gefährdungsobjekte hätte auswirken können. Das Sicherheitsinteresse bleibt berührt. Der eigentliche Rechtsgutsträger des Gefährdungsobjekts wird durch seine Gefährdung nicht im Rechtssinne zum (dispositionsbefugten) „Opfer" der Tat. Insoweit sind die Straßenverkehrsdelikte mit ihrem nur faktischen Individualschutz „opferlose" Delikte.[477]

---

476 So auch LK-*König*, § 315b Rn. 74b.

477 So lehnt der BGH konsequenterweise eine Strafmilderungsmöglichkeit nach § 46a Nr. 1 StGB ab, denn es fehle dem Täter ein Adressat seiner Ausgleichsbemühungen, siehe BGH NZV 2015, 197 (198 f.).
Räumt man § 315b StGB dagegen auch einen partiellen Individualrechtsgüterschutz ein, so käme eine Anwendung des § 46a Nr. 1 StGB in Betracht. Zwar bliebe hinsichtlich des betroffenen Universalrechtsguts ein „unerledigter" Rest, doch setze § 46a Nr. 1 StGB nur eine Wiedergutmachung zum „überwiegenden Teil" voraus. Einer Anwendung des vertypten Strafmilderungsgrunds stünde damit grundsätzlich nichts entgegen, vgl. für eine derartige flexible Lösung, *Kaspar*, JZ 2015,

Vertreter eines dualen Rechtsgutsansatzes dagegen lösen die Einwilligungsproblematik dahingehend, dass bei *gemeingefährlichen Delikten* die Dispositionsbefugnis generell zu versagen ist, also unabhängig davon, ob diesen im konkreten Fall „auch“ oder sogar „nur“ ein Individualrechtsgüterschutz zukommt.[478] Diesen Weg geht auch die Rechtsprechung.[479] Diese spricht sich nicht ausdrücklich für das alleinige Rechtsgut der Sicherheit des Straßenverkehrs aus, sondern geht von einer umfassenden Einschränkung der Dispositionsbefugnis aus. Mit der Prämisse, dass eine Einwilligung des Gefährdeten nur dort rechtliche Bedeutung[480] haben könne, wo dieser alleiniger Träger des geschützten Rechtsgutes sei und dieses seiner Disposition unterliege, sei die Tat dennoch rechtswidrig, wenn zugleich oder sogar vorrangig die Gefährdung öffentlicher Interessen mit Strafe bedroht wird.[481] Dabei ist eine derartige Prämisse nicht auf die Straßenverkehrsdelikte beschränkt, sondern ist rechtsgrundsätzlicher Art.[482] Denn in anderem Zusammenhang führt der BGH[483] aus:

> „Sind mehrere Rechtsgüter, die einen einwilligungsfähig, die anderen nicht, durch eine Strafnorm geschützt, so könnte ein Einverständnis allenfalls dann die Tatbestandsmäßigkeit bzw. eine Einwilligung allenfalls dann die Rechtswidrigkeit entfallen lassen, wenn das nicht einwilligungsfähige Rechtsgut so unbedeutend erscheint, dass es außer Betracht bleiben dürfte.“

Der Sicherheit des Straßenverkehrs kommt eine solche unbedeutende Stellung aber nicht zu. Klarstellend führt der BGH[484] zu den Straßenverkehrsdelikten im weiteren und engeren Sinne aus:

---

312 (314 f.). Dies würde aber doch voraussetzen, dass §§ 315b, 315c StGB ein maßgeblich *individueller* Schutzgedanke zukommen muss! Wenn aber richtigerweise der universelle Rechtsschutzgedanke vordergründig ist, so kann der Täter keinen Ausgleich „zum überwiegenden Teil“ herbeiführen und diesen auch nicht ernsthaft anstreben. Eine Anwendung des § 46a Nr. 1 StGB muss danach ausscheiden.

478 Siehe schon oben C.I.2.b mit Fn. 370.

479 BGHSt 23, 261 (263 f.) = NJW 1970, 1380 (1381).

480 Siehe hierzu auch *Blum*, NZV 2011, 378 (380) mit dem Hinweis, dass der Tatrichter für den Fall, dass einer Einwilligung rechtfertigende Wirkung zukommen kann, jedes Mal zu prüfen hätte, ob nicht eine Lebensgefahr bestand, hinsichtlich derer – wegen Verstoßes gegen die guten Sitten – eine Einwilligung nicht möglich sei. Nach *Lackner*, S. 12, ist eine überzeugende Unterscheidung der Lebensgefahr von der bloßen Leibes- oder Sachgefahr bei den Verhältnissen im Straßenverkehr kaum jemals möglich.

481 BGHSt 6, 232 (234); 23, 261 (264).

482 Vgl. *Duttge*, Jura 2006, 15 (17), der das nachfolgende Rechtsprechungszitat hierzu anführt.

483 BGH NJW 2005, 1876 (1878 – Kannibalen-Fall) in Bezug auf die Störung der Totenruhe, § 168 StGB; dabei greift er auf eine Entscheidung zu § 164 StGB zurück.

484 BGHSt 53, 55 (63) = NStZ 2009, 148 (150).

„Zwar versucht der Gesetzgeber, den Gefahren des Straßenverkehrs durch besondere Verhaltensregeln – insbesondere in der Straßenverkehrsordnung – entgegenzuwirken; auch ist ein gefährliches Verhalten im Straßenverkehr allgemein untersagt (§ 1 II StVO). Dies führt jedoch nicht dazu, dass bei einem Verstoß gegen verkehrsbezogene Sorgfaltspflichten einer Einwilligung des Betroffenen in gefährdendes Verhalten eines Anderen keinerlei rechtliche Bedeutung zukommt. Eine rechtfertigende Wirkung der Einwilligung in riskantes Verkehrsverhalten scheidet nur für diejenigen Tatbestände grundsätzlich aus, die zumindest auch dem Schutz der Sicherheit des Straßenverkehrs im Allgemeinen dienen (§§ 315b, 315c StGB). Bezweckt eine Vorschrift dagegen ausschließlich den Schutz von Individualrechtsgütern (wie §§ 222, 229 StGB), so verliert die Einwilligung ihre (insoweit) rechtfertigende Wirkung nur dort, wo die Grenze zur Sittenwidrigkeit überschritten ist, also bei konkreter Todesgefahr, unabhängig von der tatsächlich eingetretenen Rechtsgutverletzung."

Dabei ist zu betonen, dass über die Dispositionsbefugnis nicht durch die Gewichtung, sondern schon mit der Festlegung des geschützten Rechtsguts entschieden wird. Denn man kann nicht einerseits die indisponible Sicherheit des Straßenverkehrs als geschützt ansehen und dann über eine gewichtige Annahme eines Individualrechtsgüterschutzes jene wieder zum Verschwinden bringen. Dies ist ein Widerspruch in sich.[485]

Auch kann man nicht sagen, dass das Rechtsgut der Sicherheit des Straßenverkehrs im Verhältnis zu einem Individualrechtsgut im Einzelfall einmal mehr und einmal weniger gefährdet ist. Denn es sind Qualität und Quantität der betroffenen individuellen Gefährdungsobjekte, welche die Schwere der Beeinträchtigung der Verkehrssicherheit als kollektives Rechtsgut bestimmen. Es geht nicht darum, Individual- und Universalrechtsgut gegeneinander auszuspielen, sondern den Unterschied zwischen Rechtsgut und (bloßem) Angriffs- bzw. Gefährdungsobjekt ernst zu nehmen. Da mit Eintritt der konkreten Gefahr das Strafbedürfnis ausgelöst wird, kann zumindest eine Einwilligung dieses Ergebnis nicht beeinflussen: das Verhalten ist tatbestandsmäßig und damit auch rechtswidrig, wenn nicht ein anderer Rechtfertigungsgrund als die Einwilligung eingreift.[486] Allenfalls kann dem Täter ein verminderter persönlicher Vorwurf gemacht werden, der allein im Rahmen der Strafzumessung berücksichtigt werden kann.

---

485 Zu diesem Widerspruch *Duttge*, Jura 2006, 15 (17) m.w.N.

486 Ein rechtfertigender Notstand kommt nur im Ausnahmefall und nur hinsichtlich § 316 StGB in Betracht, vgl. *Blum*, NZV 2011, 378 (379); hierzu auch MK-*Erb*, § 34 Rn. 133, 134. Zu durch Notwehr gerechtfertigten Eingriffen in den Straßenverkehr siehe BGH NJW 2013, 2133 (2136); zum gerechtfertigten Widerstand gegen Vollstreckungsbeamte siehe OLG Hamm NStZ 1996, 281. Zur Kritik MK-*Erb*, § 32 Rn. 123.

2. Bedeutung der Rechtsgutsbestimmung für die Konkurrenzen

In Abhängigkeit vom Rechtsgut sind nicht nur die Konkurrenzen der Straßenverkehrsdelikte selbst zu bestimmen, sondern auch deren Verhältnis zu den (individuellen) Verletzungsdelikten.

a. Konkurrenzen unter Berücksichtigung eines Individualrechtsgüterschutzes

Geht man davon aus, dass die Straßenverkehrsdelikte als konkrete Gefährdungsdelikte wie die Verletzungsdelikte ausschließlich dem Schutz des Einzelnen dienen, also an die Stelle einer Schädigung eine bloße (konkrete) Gefährdung von Individualrechtsgütern tritt, so liegt der Schluss nahe, dass die Verletzungsdelikte die Gefährdungsdelikte nach allgemeinen Grundsätzen verdrängen, wenn es zu einem Verletzungserfolg kommt. Wegen der unterschiedlichen Rechtsfolgen[487] und weil in der alleinigen Bestrafung nach dem Verletzungstatbestand die abstrakte Viel-Gefährlichkeit des verwendeten Tatmittels nicht zum Ausdruck komme, wird dennoch (klarstellende) Tateinheit angenommen.[488] Dem Merkmal der konkreten Individualgefahr in § 315c StGB komme eine doppelte Bedeutung zu. Es bestimme nicht nur Leib, Leben und Eigentum als zusätzliche Schutzobjekte, sondern kennzeichne auch die Beeinträchtigung der Sicherheit des Straßenverkehrs selbst als gefährlich, wobei der Herbeiführung der Gefahr indizielle Bedeutung zukomme.[489]

Da sich bei Delikten gegen den Einzelnen die Zahl der Tatbestandsverwirklichungen nach der Zahl der konkreten Gefährdungen richtet, liegt gleichartige Idealkonkurrenz vor, wenn durch dieselbe Handlung mehrere Menschen gefährdet werden.[490] Bei mehreren aufeinanderfolgenden Gefährdungen unterschiedlicher Personen ist grundsätzlich Tatmehrheit gegeben.[491]

b. Konkurrenzen bei Annahme eines Universalrechtsgüterschutzes

Legt man aber den Straßenverkehrsdelikten – wie hier – allein das Rechtsgut der Sicherheit des Straßenverkehrs zugrunde, ergeben sich folgende Konkurrenzen:

Zu den Verletzungsdelikten besteht nicht nur aus Klarstellungsgründen, sondern schon rechtsgutsbedingt Tateinheit. Eine Verurteilung aus den Straßenverkehrsdelikten besagt weder, ob eine Verletzung oder nur eine Gefährdung vorliegt, noch

487 *Maurach/Schroeder/Maiwald*, BT/2, § 50 Rn. 12.
488 SK-*Wolters*, § 315c Rn. 27.
489 So S/S-*Sternberg-Lieben/Hecker*, § 315c Rn. 53.
490 *Maurach/Schroeder/Maiwald*, BT/2, § 50 Rn. 11; SK-*Wolters*, § 315c Rn. 26.
491 *Maurach/Schroeder/Maiwald*, BT/2, § 50 Rn. 11.

ob Leib und Leben oder nur Eigentum verletzt wurden.[492] Neben dem spezifischen Erfolgsunwert, das über die Verletzungsdelikte ausgedrückt wird, ist über das tatsächlich bestätigte konkrete Gefahrenpotential die Beeinträchtigung der Verkehrssicherheit erfasst.[493]

Wenn aber durch *dieselbe* Handlung mehrere Personen oder Sachen gleichzeitig gefährdet werden, so liegt nicht – wie bei individualschützenden Delikten – eine gleichartige Tateinheit[494], sondern eine einheitliche Tat vor.[495] Dadurch, dass die Sicherheit des Straßenverkehrs hier ein allgemeines Rechtsgut ist, steht dem nicht der Grundsatz entgegen, dass höchstpersönliche Rechtsgüter verschiedener Rechtsgutsträger einer additiven Betrachtung grundsätzlich nicht zugänglich sind. Die durch das Täterverhalten geschaffene Beeinträchtigung der Verkehrssicherheit verdichtet sich hier lediglich durch die Gefährdung bzw. Verletzung mehrerer individueller Objekte in besonders starkem Maße.[496] Knüpft man also an die Funktion der Individualgefährdung an, als „Lackmustest" eine tatsächliche Gefährdung der Verkehrssicherheit anzuzeigen, so wird eine höhere Gefährlichkeit der Tathandlung nachgewiesen. Eine Pluralität der Gefährdungsobjekte ist dem Tatbestand damit immanent,[497] um die tatsächliche Gefährlichkeit qualitativ und quantitativ abbilden zu können. Die Gefährlichkeit der Tat wird also nicht – bedingt durch einen angenommenen Individualrechtsgüterschutz – rechtsgutsträgerbezogen und damit ausschnittsweise („zerstückelt") betrachtet, sondern in ihrer die Allgemeinheit betreffenden Gesamtheit.

Eine einheitliche Tat soll auch bei Trunkenheitsfahrten i.S.v. § 315c Abs. 1 Nr. 1a StGB vorliegen, egal ob die Gefährdungslage gleichzeitig oder nacheinander eintritt, denn hier erfolge die Gefährdung des Straßenverkehrs durch die Trunkenheitsfahrt

---

492 S/S-*Sternberg-Lieben/Hecker*, § 315b Rn. 18; LK-*König*, § 315b Rn. 93.

493 Ähnlich MK-*Pegel*, § 315b Rn. 62; § 315c Rn. 129.

494 So aber SK-*Wolters*, § 315b Rn. 33; *ders.*, § 315c Rn. 27. Wegen des kumulativen Individualrechtsgüterschutzes ebenso NK-*Zieschang*, § 315c Rn. 63.

495 BGH NJW 1989, 2550 für § 315b unter Aufgabe von BGH VRS 55 (1978), 185; BGH NJW 1989, 1227 (1228) für § 315c. LK-*König*, § 315b Rn. 96 m.w.N. Dies gilt auch, wenn durch eine einzige Handlung nach § 315b Abs. 1 StGB mehrere Gefahrenlagen für verschiedene Rechtsgutsinhaber verursacht werden, LK-*König*, § 315b Rn. 97. Werden nach § 315c Abs. 1 Nr. 2 StGB mehrere Varianten verwirklicht, erwächst hieraus aber nur ein Gefahrerfolg, so liegt eine einheitliche Handlung mit quantitativer Unrechtssteigerung vor, MK-*Pegel*, § 315c Rn. 122; S/S-*Sternberg-Lieben/Hecker*, § 315c Rn. 48; LK-*König*, § 315c Rn. 208.

496 S/S-*Sternberg-Lieben/Hecker*, § 315b Rn. 18; *ders.*, § 315c Rn. 53; LK-*König*, § 315b Rn. 93; *ders.*, § 315c Rn. 208.

497 MK-*Pegel*, § 315b Rn. 61.

als solche[498] bzw. die von einer Trunkenheitsfahrt ausgehende Gefährdung konkretisiere sich nur in unterschiedlichem Umfang.[499]

Werden dagegen – vom Ausnahmefall der Trunkenheitsfahrten abgesehen – bei einer Fahrt mehrere Gefahrerfolge nacheinander herbeigeführt, soll auch bei einem von vornherein gefassten einheitlichen Tatentschluss keine natürliche Handlungseinheit, sondern Tatmehrheit anzunehmen sein.[500] Dies wohl deshalb, weil zu unterschiedliche, nicht näher miteinander verknüpfte Handlungen vorliegen. Eine Ausnahme sieht die Rechtsprechung nur für Polizeifluchtfälle: Angesichts der besonderen Sachlage liege hinsichtlich aller während der Flucht, also im Verlaufe eines einzigen ununterbrochenen Fluchtweges, begangenen Straftaten ein in sich geschlossenes, zusammengehörendes Verhalten, eine natürliche Handlungseinheit vor.[501]

Unter dem Gesichtspunkt des Rechtsguts der Sicherheit des Straßenverkehrs ist eine insoweit konsequente Tendenz zu erkennen, dass eine einheitliche Tat bzw. eine natürliche Handlungseinheit vorliegen soll, wenn sich ein Geschehen aufgrund seiner spezifischen Gestaltung (Trunkenheitsfahrt, Polizeiflucht) als eine einheitlich zu sehende *Sicherheitsbeeinträchtigung* darstellt.

---

498 BGH NJW 1989, 1227, (1228); *Geppert*, Jura 2001, 559 (567: dauerdeliktsähnliche Tat); kritisch LK-*König*, § 315c Rn. 209, da eine Handlung nur über eine natürliche Handlungseinheit angenommen werden könne, diese nach BGHSt 23, 141 (148: neue Straßenverkehrsgefährdung nach Unfallflucht – Zäsurwirkung; im Einzelfall sei die Annahme einer natürlichen Handlungseinheit bei mehrfachem Verstoß gegen § 315c Abs. 1 Nr. 1a StGB aber nicht ausgeschlossen), in der Regel nicht vorliege. *König* vertritt daher für Trunkenheitsfahrten die Annahme von *Tatmehrheit*, da § 315c StGB als konkretes Erfolgsdelikt nicht dauerdeliktsähnlich sei. Es sei [aus dem Schutzzweck der Norm] nicht recht ersichtlich, warum eine generelle divergierende Behandlung der Trunkenheitsfahrt gegenüber den Regelverstößen nach § 315c Abs. 1 Nr. 2 StGB vorzunehmen sei (Beispiel: Amokfahrer oder Kolonnenspringer); so sei der Gedanke einer Verklammerung durch den § 316 StGB als Dauerstraftat wegen des minder schweren Charakters nicht möglich, LK-*König*, § 315c Rn. 210; ebenso S/S-*Sternberg-Lieben/Hecker*, § 315c Rn. 51; L/K-*Heger*, § 315c Rn. 35; NK-*Zieschang*, § 315c Rn. 63.

499 BGH NJW 1989, 2550 (2550); MK-*Pegel*, § 315c Rn. 123; S/S-*Sternberg-Lieben/Hecker*, § 315c Rn. 51 (durch Fahrunsicherheit ausgehende Dauergefahr, sodass mehrere Gefahrerfolge gegenüber einer Einmalgefährdung nur ein quantitativer Unterschied sei).

500 S/S/W-*Ernemann*, § 315b Rn. 22; S/S-*Sternberg-Lieben/Hecker*, § 315b Rn. 18; § 315c Rn. 50; MK-*Pegel*, § 315b Rn. 61; *ders.*, § 315c Rn. 124; LK-*König*, § 315c Rn. 209 (allerdings auch für die Fälle des § 315c Abs. 1 Nr. 1a StGB); *ders.*, § 315b Rn. 99.

501 BGHSt 22, 67 (76); BGH NJW 1989, 2250 (2250 – Tateinheit); BGH NJW 1995, 1766 (1766 f.); NStZ-RR 1997, 331 (332); BGHSt 48, 233 (239) = NJW 2003, 1613 (1615); BeckRS 2016, 17849. Zur Kritik: LK-*König*, § 315b Rn. 98 (Widerspruch zur aufgegebenen fortgesetzten Handlung, BGHSt 40, 138 ff.); MK-*Pegel*, § 315b Rn. 61 a.E.; *Sowada*, NZV 1995, 465 (466 f.).

D. Konsequenzen für die Auslegung der §§ 315b, 315c StGB

I. Bisherige Erkenntnisse und Ausblick

In den bisherigen Kapiteln wurde die Sicherheit des Straßenverkehrs rechtshistorisch[502] und rechtsdogmatisch[503] als Rechtsgut der Straßenverkehrsdelikte im engeren Sinne begründet. Dabei ist die strafbegründende Funktion der Gefährdungsklausel besonders herausgestellt worden. Mit dem Eintritt einer konkreten Gefährdung für ein taugliches (individuelles) Objekt wird eine tatsächlich gegebene konkrete Beeinträchtigung der Verkehrssicherheit als Rechtsgut angezeigt (Lackmustest). Und dies rechtfertigt es, ein schon abstrakt gefährliches Verhalten gerade wegen der darüber hinaus *tatsächlich* angezeigten besonderen Gefährlichkeit, die mit einer zugespitzten Verkehrssituation ausgedrückt wird (Beinahe-Unfall), mit Strafe zu belegen und so die Verkehrsordnungswidrigkeiten zu strafrechtlichen Vergehen und Verbrechen aufzuwerten.

Geklärt wurde dabei, dass die Straßenverkehrsdelikte im engeren Sinn selbstständig *neben* den Verletzungsdelikten als Straßenverkehrsdelikte im weiteren Sinn stehen. Die hier behandelten §§ 315b, 315c StGB vermitteln daher keinen vorverlagerten Individualrechtsgüterschutz.[504] Mit dem Schutz der Funktionseinheit des Straßenverkehrs wird die Allgemeinheit vor verkehrsspezifischen Gefahren geschützt, die innerhalb oder außerhalb dieser Funktionseinheit durch den Täter erzeugt werden und die sich sowohl innerhalb als auch außerhalb des Verkehrsraums über eine konkrete Gefährdung verwirklichen könnten. Das Vertrauen der Allgemeinheit in die Sicherheit des Straßenverkehrs geht dahin, sich mit ihren Rechtsgütern sicher in diesem System bewegen zu können, als auch außerhalb des Straßenverkehrs vor den verkehrsspezifischen Gefahren desselben verschont zu bleiben. Damit ist auch die Reichweite des Schutzbereichs der Straßenverkehrsdelikte im engeren Sinne umrissen. Diese richtet sich nach der Wirkungsweise der verkehrsspezifischen Gefahr, die über die konkrete Gefährdung angezeigt wird.

Mit dem geklärten Rechtsgut und dem damit verbundenen Schutzzweck der Straßenverkehrsdelikte im engeren Sinne ist nun die Ausgangsfrage dieser Arbeit zu beantworten:

Es ist noch nicht geklärt, ob und wann ein sich außerhalb des Straßenverkehrs befindliches Objekt eine tatsächliche Beeinträchtigung der Verkehrssicherheit anzeigt. Zu diesem Zweck ist die Tatbestandsstruktur der §§ 315b, 315c StGB genauer zu betrachten. Im Hinblick auf die noch vorzustellende Figur des verkehrsfremden

502 Siehe noch einmal das Zwischenergebnis unter B.III.
503 Siehe insbesondere C.I.2.b, C.II.2.d und C.III.1.d.
504 Siehe unter B.II.6.c(2)(d); sowie B.III.

Inneneingriffs ist dabei zu untersuchen, ob sich der vom BGH aufgestellte Grundsatz zur Gefährdung von Objekten außerhalb des Verkehrsraums rechtfertigen lässt. So sind die Begriffe der abstrakten Verkehrsgefahr und deren Verdichtung zu einer konkreten Gefahr für ein taugliches Rechtsgutsobjekt inhaltlich zu füllen, um festzustellen, unter welchen Umständen ein Objekt außerhalb des Straßenverkehrs durch seine Gefährdung eine besonders intensive Beeinträchtigung der Verkehrssicherheit anzeigen kann. Ob eine Gefährdung eines grundsätzlich tauglichen Objekts dann tatsächlich das Strafbedürfnis auslöst, entscheidet sich anhand seiner verkehrsspezifischen Betroffenheit, die in Abhängigkeit der Tatmodalitäten der §§ 315b, 315c StGB zu bestimmen ist. Denn der Lackmustest reagiert so zu sagen nicht auf jede eintretende Individualgefahr für ein taugliches Objekt, sondern nur auf diejenigen Individualgefährdungen, zu der sich eine spezifische Verkehrsgefahr verdichtet hat. Hierzu im Einzelnen:

II. Die konkrete Gefahr als Verdichtung einer abstrakten Verkehrsgefahr

Anders als bei den gering sanktionierten Ordnungswidrigkeiten, die allein an ein abstrakt gefährliches Fehlverhalten anknüpfen, setzen die Straßenverkehrsdelikte nach §§ 315b, 315c StGB einen konkreten Gefahrerfolg voraus. Dabei hat dieser zu verlangende Gefahrerfolg die zuvor[505] dargestellte strafbarkeitsbegründende und eine Kriminalstrafe rechtfertigende Funktion. In einer konkreten Gefahr für ein tatbestandliches Gefährdungsobjekt wird die Verletzung der Sicherheit des Straßenverkehrs *als Rechtsgut* sichtbar (manifestiert). Eine konkrete Gefahr liegt vor,

> „wenn die Tathandlung über die ihr innewohnende latente Gefährlichkeit hinaus in eine kritische Situation geführt hat, in der – was nach allgemeiner Lebenserfahrung auf Grund einer objektiv nachträglichen Prognose zu beurteilen ist – die Sicherheit einer bestimmten Person oder Sache so stark beeinträchtigt war, dass es nur noch vom Zufall abhing (sog. Beinahe-Unfall), ob das Rechtsgut verletzt wurde oder nicht."[506]

Dennoch ist gesetzgeberischer Grund der Strafbarkeit das gemeingefährliche Handeln mit seinen unvorhersehbaren Auswirkungen.[507] Es ist schon dieses Handeln, das bei Strafe verhindert werden soll, zumal es sich als tatsächlich und besonders gefährlich erwiesen hat.

Soll nun die konkrete Gefährdung eines tauglichen Objekts eine besondere Beeinträchtigung der Verkehrssicherheit anzeigen, weil sich eine gemeingefährliche und strafwürdige Verhaltensweise hin zu einem Beinahe-Unfall *verdichtet* hat, so muss diese Individualgefährdung ebenso eine verkehrsspezifische sein. Denn nur so kann

505 Siehe insbesondere C.II.2.d und C.III.1.d.
506 BGH NStZ-RR 2015, 321; zur Entwicklung des Gefahrbegriffs *Küper/Zopfs*, Rn. 242 ff.
507 B.II.6.c(2)(d) und B.III.

die Individualgefährdung die Funktion erfüllen, eine Beeinträchtigung der Sicherheit des Straßenverkehrs widerzuspiegeln. Insoweit wurde schon zuvor[508] betont, dass es sich bei der zugespitzten Verkehrssituation nicht um eine *beliebige* Individualgefahr handelt. Beschrieben wird ein Tatbild, welches aus einer spezifischen unkontrollierbaren Verkehrsgefahr im Sinne einer Gemeingefahr resultiert. Grundvoraussetzung ist danach eine abstrakte *Verkehrsgefahr*, die dem Täterverhalten anhaftet.

Der Schutzbereich bestimmt sich dann in Abhängigkeit der *Reichweite dieser* abstrakten Verkehrsgefahr, d.h. nach verkehrsspezifischen Kriterien. Damit sind im Folgenden die drei maßgeblichen Kriterien herauszuarbeiten: (1.) die abstrakte Verkehrsgefahr; (2.) die Tauglichkeit eines Gefährdungsobjekts, diese Verkehrsgefahr widerspiegeln zu können und (3.) die Verknüpfung zwischen abstrakter Verkehrsgefahr und einem Beinaheunfall als daraus hervorgehende verkehrsspezifische konkrete Gefahrensituation.

1. Anforderungen an die abstrakte Verkehrsgefahr

Die abstrakte Verkehrsgefahr, die mit der vorgenommenen Tathandlung verbunden ist, kennzeichnet sich durch die im Straßenverkehr wirkenden Kräfte. Sie hängt also in erster Linie von der Bewegungsenergie eines sich bewegenden Täter- oder Opferfahrzeugs ab. Als Gefahr für die Sicherheit des Straßenverkehrs muss sie nach dem Wortlaut beider Straßenverkehrsdelikte (§ 315c: „Wer im Straßenverkehr"; § 315b: „Wer die Sicherheit des Straßenverkehrs") im Straßenverkehr selbst geschaffen werden bzw. (auch) dort wirken können. Liegt ein Verhalten gänzlich außerhalb des Straßenverkehrs vor, so kann es mangels straßenverkehrsbezogener Gefährdung nicht in den Anwendungsbereich der Straßenverkehrsdelikte fallen. Andererseits ist mit dem aufgezeigten Schutzzweck klar geworden, dass eine Gefahr, die im Straßenverkehr geschaffen wurde, auch über die Grenzen des Straßenverkehrs hinaus wirksam werden kann und auch am Straßenverkehr nicht Beteiligte vor den Gefahren, die vom Straßenverkehr ausgehen, zu schützen sind. Einzubeziehen ist daher die Sicherheit aller Objekte – innerhalb, aber auch außerhalb des Verkehrsraums –, auf die sich eine geschaffene Verkehrsgefahr *erfahrungsgemäß* auswirken kann. Eine konkrete Betroffenheit bestimmter Objekte ist insoweit noch nicht erforderlich.

Insoweit missverständlich ist die Rechtsprechung bei Eingriffen, die auf deliktischer Planung beruhen, etwa in der Form, dass ein Unfall im gegenseitigen Einverständnis mit den an der Tat Beteiligten herbeigeführt wird (verabredeter Zusammenstoß zu Betrugszwecken). Die Sicherheit des Straßenverkehrs sei insoweit nicht beeinträchtigt bzw. hätte nicht gefährdet werden können, weil bei einem einverständlich herbeigeführten Unfall keiner der Beteiligten dadurch *überrascht* wurde, die Verkehrsgefahr also *nicht vom Zufall bestimmt* worden sei.[509]

---

508 C.II.2.d.

509 Vgl. BGH NJW 1991, 1120. Der BGH bezieht sich dabei unzutreffender Weise auf eine Entscheidung zur Einwilligung BGHSt 23, 261 (265). Dort bezieht sich der

Eine „Überraschung der Beteiligten“ ist jedoch eine Umschreibung, die sich aus der Perspektive eines betroffenen Gefährdungsobjekts ergibt. Die Schaffung einer *abstrakten* Beeinträchtigung der Sicherheit des Straßenverkehrs ist aber – anders als die daraus resultierende konkrete Gefährdung – noch nicht auf bestimmte Gefährdungsobjekte bezogen; dieses muss noch nicht „gefunden“ sein. Die *Entstehung* einer Verkehrsgefahr kann bzw. muss damit für ein Gefährdungsobjekt nicht zufällig oder überraschend sein. Ein Zufalls- oder Überraschungsmoment findet sich allein bei der Bestimmung einer konkreten Gefahr (Beinaheunfall), zu welcher sich die Verkehrsgefahr zu verdichten hat.

Richtig ist daher, dass auch durch einen einvernehmlich herbeigeführten Zusammenstoß (als Eingriff, sofern die Voraussetzungen des Inneneingriffs erfüllt sind) im öffentlichen Straßenverkehr dessen Sicherheit abstrakt beeinträchtigt wird.[510] Dies aber mit der Besonderheit, dass die an diesem Unfall Beteiligten eine Gefahreinheit bilden (Eingriffseinheit) und in diesem Fall keine tauglichen Gefährdungsobjekte des eigenen Eingriffs sein können.[511] Eine Strafbarkeit nach § 315b StGB kann sich nur dann ergeben, wenn sich diese – durch Schädiger und Geschädigten mittels des provozierten Autounfalls – geschaffene abstrakte Sicherheitsbeeinträchtigung innerhalb (oder auch außerhalb) des öffentlichen Straßenverkehrs im Zuge des Unfallgeschehens auf *unbeteiligte* Personen und/oder Sachwerte als taugliche Gefährdungsobjekte erstreckt und sich zu einem konkreten Gefährdungserfolg verdichtet.[512] Hinsichtlich dieser wäre ein

---

Zufall der Verkehrsgefahr auf die konkrete Gefahr, nämlich, ob diese sich als eine einwilligungsfähige Leibes- oder Sachgefahr oder als nicht einwilligungsfähige Lebensgefahr erweise. Hierzu auch *Obermann*, S. 193 mit Fn. 704 dort.

510 LK-*König*, § 315b Rn. 74. Dagegen meint *Fleischer*, NJW 1976, 878 (880), dass die Sicherheit des Straßenverkehrs bei abgesprochenem Zusammenspiel von Geschädigtem und Schädiger nicht beeinträchtigt sei, denn eine solche liege nur dann vor, wenn infolge der Einwirkung des Täters andere Verkehrsteilnehmer nicht ohne Gefahr für Leib oder Leben oder fremde Sachen von bedeutendem Wert am Verkehr teilnehmen können. Die Beteiligten am provozierten Autounfall könnten dies zwar, wollten es aber nicht, sodass das geschützte Rechtsgut der Sicherheit des Straßenverkehrs [aber eben nur in Bezug auf diese!] nicht tangiert sei.

511 Vgl. insoweit und zum Ausschluss der Tatbeteiligten (später D.V.1.d und e) und der Tatfahrzeuge (später D.V.2.b) als Gefährdungsobjekte. So auch *Fleischer*, NJW 1976, 878 (880): „Wer selbst Täter des § 315b StGB sein soll, kann nicht als anderer Verkehrsteilnehmer betrachtet werden.“

512 So dann klarstellend in BGH NJW 1991, 1120 f. selbst, jedoch wurde eine konkrete Gefährdung „anderer“ nicht festgestellt: „[D]as LG [weist] darauf hin, daß durch die absichtlich herbeigeführten Zusammenstöße ‚jedes Mal eine zumindest abstrakte Gefahr auch für andere, unbeteiligte Verkehrsteilnehmer geschaffen‘ worden sei. Es ist zwar zutreffend, daß auch durch einen solchen ‚Unfall‘ im Einzelfall – unabhängig von der Beteiligung der Täter – die Sicherheit des Straßenverkehrs beeinträchtigt und andere Verkehrsteilnehmer gefährdet werden können. Eine abstrakte Gefahr reicht zur Anwendung des § 315b StGB aber nicht aus; eine konkrete Gefährdung anderer Personen oder fremder Sachen von bedeutendem

Zufalls- bzw. Überraschungsmoment gegeben, das sich dann aber in der konkreten Gefährdung niederschlägt und nicht konstitutiv für eine abstrakte Beeinträchtigung der Sicherheit des Straßenverkehrs wirkt.

Für die beiden Straßenverkehrsdelikte ist zusätzlich nach deren Schutzrichtung zu differenzieren. Während sich bei § 315c StGB die abstrakte Verkehrsgefahr aus der spezifischen fehlerhaften Verkehrsteilnahme selbst erklärt, ist für § 315b StGB die Gefährlichkeit für die Sicherheit des Straßenverkehrs aus dem Eingriffsverhalten zu bestimmen. Bei klassischen Außeneingriffen ist das Täterverhalten von außen auf den Straßenverkehr gerichtet. Der Täter trägt quasi eine Verkehrsgefahr in den Straßenverkehr hinein. Sie wird durch eine Verhaltensweise des Täters geschaffen, die selbst nicht mehr als Verkehrsteilnahme zu begreifen ist. Bei den sog. Inneneingriffen als Ausnahmekonstellation muss zunächst zur Verkehrsteilnahme abgegrenzt werden. Eine zu schaffende Verkehrsgefahr muss für einen (Innen-)Eingriff Ausdruck einer *verkehrsfremden* Vorgehensweise sein.[513]

Zu unterscheiden sind die Fälle, in denen in den Straßenverkehr in Gänze angegriffen wird, und diejenigen, in denen sich der Eingriff – von innen oder außen – gezielt gegen ein bestimmtes Objekt richtet. Inwieweit dabei die Gefährlichkeit von Außen- und Inneneingriff vergleichbar ist, bedarf sodann einer genaueren Untersuchung. Ob schließlich das durch den Außen- oder Inneneingriff geschaffene Gefahrenpotential zur Begründung einer *abstrakten Verkehrsgefahr* ausreicht, ist für die jeweilige Eingriffskonstellation zu bestimmen.[514]

2. Tauglichkeit des konkret gefährdeten Objekts

Ist die abstrakte Verkehrsgefahr bestimmt und tatsächlich gegeben, so muss das hierdurch konkret gefährdete Objekt aber auch ein taugliches sein. Das heißt, das Objekt muss durch *seine* konkrete Gefährdung die Verdichtung einer allgemeinen Verkehrsgefahr bzw. eine tatsächliche Sicherheitsbeeinträchtigung widerspiegeln können. Mit der Gefährdung gerade des betroffenen Objekts muss nachgewiesen werden können, dass die Funktionseinheit des sicheren Straßenverkehrs nachweislich, d. h. tatsächlich und eben in verkehrsspezifischer Weise betroffen ist.[515] Insbesondere bei Fahrzeugen als Tatmittel und bei Fahrzeuginsassen (als Tatbeteiligte) ist diese Tauglichkeit, konkret gefährdetes Objekt sein zu können, differenziert zu

---

Wert hat das LG gerade nicht festgestellt." Siehe hierzu BGH NStZ 1992, 233 (234: fahrlässig auf Parkplatz erfasste Passantin) und BGH NStZ 1995, 31 (Beschädigung auch täterfremder Fahrzeuge).

513 Ausführlich zum Inneneingriff nachfolgend unter D.III.

514 Schießt etwa ein Täter gezielt auf ein sich bewegendes Fahrzeug (Außeneingriff) oder rammt der Täter gezielt mit seinem Fahrzeug ein anderes (Inneneingriff), so ist zu vergleichen, ob sich die Gefahrenlage unterscheidet von einem klassischen Außeneingriff, der nicht gegenüber bestimmten Objekten vollzogen wird. Hierzu nachfolgend unter D.IV.

515 Zum „Lackmustest" ausführlicher unter C.II.2.d. und C.III.1.d.

betrachten.[516] Zudem ist festzustellen, ob auch der Nichtverkehrsteilnehmer innerhalb des Verkehrsraums taugliches Gefährdungsobjekt sein kann.[517] Schließlich ist zu klären, *ob* ein außerhalb des Verkehrsraums befindliches Objekt noch Gegenstand einer konkreten Gefahr als Ausdruck einer Verkehrsgefahr sein *kann.*[518]

3. Verkehrsspezifischer Zusammenhang zwischen Verkehrsgefahr und konkreter Gefährdung eines tauglichen Objekts

Zuletzt verlangt das Gesetz nach dem Wortlaut eine Verknüpfung der Tathandlung, der eine abstrakte Verkehrsgefahr anhaftet, mit dem eingetretenen konkreten Gefährdungserfolg („und dadurch"). Als Mindestbedingung ist hierfür ein Kausalzusammenhang zu verlangen. Damit die konkrete Gefahr aber Ausdruck einer verdichteten abstrakten Verkehrsgefahr ist, bedarf es darüber hinaus einer verkehrsspezifischen Verknüpfung[519], damit der Lackmustest positiv ausfallen kann. Diese Verknüpfung ist wiederum in Abhängigkeit der Tathandlung und ihrer Einflussnahme auf den Straßenverkehr zu bestimmen.

III. Straßenverkehrsgefährdung (§ 315c StGB) und Eingriffe in den Straßenverkehr (§ 315b StGB)

Um die Anforderungen an eine abstrakte Verkehrsgefahr, an ein taugliches Gefährdungsobjekt und die verkehrsspezifische Verknüpfung zwischen abstrakt gefährlicher Tathandlung und konkretem Gefährdungserfolg (Beinahe-Unfall) bestimmen zu können, müssen die Tatbestände der §§ 315b, 315c StGB zunächst voneinander abgegrenzt werden.

1. Systematik und Tatbestandsstruktur der §§ 315b und 315c StGB

Zur grundsätzlichen Systematik wurde schon in vorherigen Kapiteln ausgeführt[520], doch sei das Wesentliche noch einmal vor Augen geführt.

a. § 315a StGB a.F. als Vorläufer

§ 315a StGB a.F. hatte folgende Struktur: Durch eine der benannten Tathandlungen in § 315a Abs. 1 Nr. 1–4 StGB musste die Sicherheit des Straßenverkehrs beeinträch-

---

516 Hierzu nachfolgend unter D.V.
517 Hierzu nachfolgend unter D.VI.
518 Hierzu nachfolgend unter D.VII.
519 Hierzu nachfolgend unter D.VIII.
520 Siehe B.II.6.a und f sowie C.II.1.

tigt werden. Voraussetzung war, dass sich diese mit der Tathandlung verknüpfte abstrakte Sicherheitsbeeinträchtigung zu einer Gemeingefahr i.S.v. § 315 Abs. 3 StGB a.F. verdichtete („*und dadurch*"), d.h. zu einer Gefahr für Leib und Leben, sei es auch nur eines einzelnen Menschen, oder für bedeutende Sachwerte, die in fremden Eigentum stehen oder deren Vernichtung gegen das Gemeinwohl verstößt.

b. Änderung durch das Zweite Gesetz zur Sicherung des Straßenverkehrs

Aus der vorherigen einheitlichen Norm des § 315a StGB a.F.[521] gingen die nun getrennten Vorschriften der §§ 315b, 315c StGB hervor.[522] Während § 315b Abs. 1 StGB in seiner Eingangsformel immer noch von einer Beeinträchtigung der „*Sicherheit des Straßenverkehrs*" spricht, enthält § 315c StGB diesen Wortlaut nicht (mehr)[523] und setzt nunmehr bloß ein Verhalten „im Straßenverkehr" voraus. Dies aus dem (klarstellenden) praktischen Bedürfnis heraus, bei § 315c StGB auch Gefährdungs- bzw. Schutzobjekte außerhalb des Straßenverkehrs erfassen zu können.[524] Der Katalog der strafbaren fehlerhaften Verkehrsteilnahme wurde erweitert. Das Merkmal der „Gemeingefahr" wurde aufgegeben[525] und durch eine konkrete Gefahr für spezifizierte Gefährdungsobjekte ersetzt. Hierdurch wurde dem durch die Repräsentanten-Rechtsprechung[526] des BGH bedingten verkehrs-kriminalpolitisch unerfreulichem Zustand Abhilfe geschaffen, dass § 315a StGB a.F. diejenigen Fälle nicht erfassen sollte, in denen eine bestimmte einzelne Person gefährdet wurde bzw. gefährdet werden sollte, wenn diese nicht – mehr oder weniger zufällig – Vertreter einer größeren Allgemeinheit war. Denn durch diese wegen des Begriffs der Gemeingefahr für erforderlich gehaltene Einschränkung fielen die vielfach vorkommenden und schweren Fälle absichtlicher Menschengefährdung im Straßenverkehr durch das verkehrsfeindliche Benutzen des Kraftfahrzeugs als Mittel der Nötigung oder Bedrohung aus dem Anwendungsbereich heraus.[527]

---

521 § 315a StGB a.F. hatte Fälle des Eingriffs in den Straßenverkehr in einer Norm neben die besonders gefährlichen Verstöße von Verkehrsteilnehmern *im* Verkehr – „Todsünden im Verkehr" – gestellt. § 316 Abs. 2 StGB a.F. regelte eine entsprechende Fahrlässigkeitsstrafbarkeit. Siehe hierzu die Gegenüberstellung auf S. 90.

522 Siehe auch die Begründung des E 1962, S. 521 und S. 527 sowie oben B.II.6.

523 B.II.6.b.

524 Dass es dieser Klarstellung nicht bedurfte und dass durch die Wortlautänderung der einheitliche Schutzbereich des § 315a StGB a.F. bei den §§ 315b, 315c dadurch in Frage zu stellen ist, wurde bereits unter B.II.6.b angemerkt. Inwieweit § 315b nun auch Gefährdungen außerhalb des Straßenverkehrs erfasst, ist unter D.VII dargestellt.

525 Zum problematischen Begriff der Gemeingefahr siehe B.II.6.c.

526 Hierzu oben B.II.6.c.

527 Hierzu *Mayr*, FG-BGH (1975), 273 (274); *Lackner*, S. 11: „der ... Rechtsprechung des Bundesgerichtshofs [ist] der Boden entzogen."

c. Auswirkung der Änderung auf die Tatbestandsstruktur

Trotz der nun separaten Regelung sind die aus § 315a StGB a. F. hervorgegangenen Vorschriften der § 315b und § 315c StGB in ihrer *gedanklichen* Struktur gleich geblieben.[528] Der verkehrswidrigen Teilnahme am Straßenverkehr bzw. der Eingriffshandlung muss eine abstrakte Gefährdung der Sicherheit des Straßenverkehrs anhaften. Aus eben dieser abstrakten Gefährdungslage muss sich eine konkrete Gefahr für Leib oder Leben eines anderen Menschen oder für fremde Sachen von bedeutendem Wert entwickeln.[529] Das Erfordernis der Beeinträchtigung der Sicherheit des Straßenverkehrs gilt bei § 315c StGB – nun unausgesprochen – fort, bereitet aber keine praktischen Probleme, denn der Gesetzgeber hat in § 315c StGB die besonders unfallträchtigen Verhaltensweisen abschließend aufgezählt. Diesen ist eine abstrakte Gefährdung der Sicherheit des Straßenverkehrs, also eine Verkehrsgefahr, erfahrungsgemäß immanent.[530] Bei den Eingriffen in den Straßenverkehr muss eine mit dem Eingriffsverhalten verbundene abstrakte Verkehrsgefahr dagegen aus den Tatumständen mit Blick auf die im Straßenverkehr wirkenden Kräfte begründet werden, da z. B. nicht jede Fahrzeugbeschädigung ein solches Potential aufweist.

d. Zur inneren Systematik der §§ 315b und 315c StGB

Untereinander sind die beiden Vorschriften nach der Vorstellung des Gesetzgebers[531] folgendermaßen abzugrenzen:

> „§ 315c [sind] ersichtlich alle Handlungen zugeordnet, die sich in der Verletzung einer für den Verkehr geltenden Verhaltensregel erschöpfen, während § 315b vornehmlich Eingriffe in die Verkehrssicherheit von außen abwehren und im fließenden Verkehr begangene Handlungen nur insoweit erfassen soll, als sie nicht nur fehlerhafte Verkehrsteilnahme sind."

---

528 Vgl. LK-*König*, § 315c Rn. 2, § 315b Rn. 2.

529 Zu § 315b StGB siehe BGHSt 48, 119 (122): „Die nach dem Wortlaut der Norm doppelte Verknüpfung des Tatbestandsmerkmals ‚Beeinträchtigung der Sicherheit des Straßenverkehrs' sowohl mit der tatbestandlichen Handlung des § 315b Abs. 1 StGB in allen in den Nrn. 1 bis 3 aufgeführten Alternativen als auch mit dem tatbestandlichen Erfolg macht deutlich, dass Gefährdungshandlungen und Gefährdungserfolg in besonderer Weise kausal miteinander verbunden sein müssen, um den Tatbestand zu erfüllen. Erforderlich ist, dass die Tathandlung eine abstrakte Gefahr für die Sicherheit des Straßenverkehrs bewirkt, die sich zu einer konkreten Gefahr für die genannten Schutzobjekte verdichtet."

530 LK-*König*, § 315c Rn. 2; MK-*Pegel*, § 315c Rn. 2; S/S-*Sternberg-Lieben/Hecker*, § 315c Rn. 1; BeckOK-*Kudlich*, § 315c Rn. 1.1: § 315c ist damit „nur" zweigliedrig aufgebaut.

531 Hierzu die Begründung des Entwurfs des Zweiten Gesetzes zur Sicherung des Straßenverkehrs, BT-Drucks. IV/651, S. 28. Vgl. auch schon die Begründung zu §§ 344, 345 des E 1962, S. 527, der durch das Zweite Gesetz zur Sicherung des Straßenverkehrs insoweit umgesetzt wird. Diese Systematik berücksichtigend dann: BGHSt 22, 6 (7); 23, 4 (6); 28, 87 (88); 48, 233 (236 f.).

Dieser gesetzgeberische Wille wird auch in den (neuen) amtlichen Überschriften zum Ausdruck gebracht. Denn § 315c StGB spricht von der „Gefährdung des Straßenverkehrs“ und knüpft dabei im Tatbestand an ein Verhalten *im* Straßenverkehr an („Wer im Straßenverkehr“), d.h. an eine aus dem Verkehrsvorgang selbst hervorgehende Gefährdung des Straßenverkehrs durch den Verkehrsteilnehmer. § 315b StGB spricht in der Überschrift dagegen von einem Eingriff (von außen) *in* den Straßenverkehr und stellt damit auf die Zielrichtung des Eingriffs ab.

So sanktioniert § 315c Abs. 1 Nr. 1 StGB eine Gefährdung des Straßenverkehrs aufgrund psychischer oder physischer Beeinträchtigungen des Fahrzeugführers (Fahrunsicherheit); in § 315c Abs. 1 Nr. 2 StGB findet sich dagegen ein (abschließender) Katalog zu besonders gefährlicher fehlerhafter Verkehrsteilnahme, die mit den dort aufgeführten sog. sieben Todsünden (Nr. 2a–g) umschrieben wird.[532] Demgegenüber regelt § 315b Abs. 1 StGB gefährliche Eingriffe in den Straßenverkehr bzw. eine Beeinträchtigung der Sicherheit des Straßenverkehrs durch Beschädigen, Zerstören oder Beseitigen von Anlagen bzw. Fahrzeugen (Nr. 1), durch das Bereiten von Hindernissen (Nr. 2) oder durch „ähnliche, ebenso gefährliche Eingriffe“ (Nr. 3).

e. Zur Sperrwirkung des § 315c StGB gegenüber § 315b StGB

Aufgrund dieser Gesetzessystematik fällt eine fehlerhafte Verhaltensweise eines Fahrzeugführers als Verkehrsteilnehmer im Straßenverkehr, sei sie noch so schwerwiegend und gefahrenträchtig[533], *grundsätzlich* nur in den Anwendungsbereich des § 315c StGB, der die fehlerhafte Verkehrsteilnahme eines Fahrzeugführers anlässlich des eigenen Fortkommens abschließend regelt.[534] § 315b StGB ist dagegen zwar nicht wegen des Wortlauts[535], aber eben aufgrund der vorbenannten Systematik und des gesetzgeberischen Willens grundsätzlich auf Eingriffe von *außen*[536] beschränkt, soll also auf Vorgänge des ruhenden und fließenden Verkehrs nicht anwendbar sein.[537]

---

532 Geplant ist nun auch eine Strafbarkeit nicht genehmigter Kraftfahrzeugrennen im Straßenverkehr (BR-Drucks. 607/17).

533 BGHSt 22, 301 f.; *Wessels/Hettinger*, Rn. 979. So spricht BGH VRS 55 (1978), 126 (127) davon, dass ein Eingriff i.S.v. § 315b StGB nicht schon bei jeder objektiv behindernden Verkehrsteilnahme vorliege, und zwar selbst dann nicht, wenn sie gänzlich aus dem Rahmen dessen falle, was im Verkehr – wenn auch verbotenermaßen – vorzukommen pflege; siehe auch BGHSt 41, 231 (238).

534 *Ranft*, Jura 1987, 608 (608).

535 *Ranft*, Jura 1987, 608 (608): Die Begrenzung der Strafbarkeit ergebe sich aus dem dogmatischen Verhältnis dieser beiden Vorschriften und sei nicht ohne weiteres aus dem Wortlaut ablesbar.

536 BeckOK-*Kudlich*, § 315b Rn. 16; *Ranft*, Jura 1987, 608 (609): Der Wortlaut deute mit den „Leitbeispielen“ in § 315b Abs. 1 Nr. 1 und Nr. 2 StGB darauf hin, dass „verkehrsfremde“ Einwirkungen gemeint sind, die „von außen“ in den Verkehr hineingetragen werden.

537 BGHSt 21, 301 f.; 23, 4 (6). Als Grund für die Sperrwirkung führt z.B. *Fleischer*, NJW 1976, 878 (880) an, dass auch der verkehrswidrig Fahrende als ein am eigenen

Die Vorschrift des § 315c StGB entfaltet danach gegenüber § 315b StGB eine *Sperrwirkung*[538], soweit es sich [nur] um eine fehlerhafte Verkehrsteilnahme handelt. Liegen also bei einem Fehlverhalten im Rahmen der Verkehrsteilnahme die besonderen Voraussetzungen des § 315c StGB nicht vor, so bleibt neben den *allgemeinen* Strafvorschriften[539] nur ein Verstoß gegen die StVO, der als Ordnungswidrigkeit geahndet werden kann. Anderenfalls wird „ein leichter wiegendes und darum nicht in den Katalog des § 315c Abs. 1 Nr. 2 StGB aufgenommenes verkehrswidriges Verhalten eines Verkehrsteilnehmers auf dem Umwege über § 315b StGB doch schwerer bestraft, [so]dass der Katalog des § 315c Abs. 1 Nr. 2 StGB seine bewusst einschränkende Bedeutung weitgehend verlieren“[540] und § 315b StGB folglich eine vom Gesetzgeber nicht gewollte verkehrsstrafrechtliche „Allzweckwaffe“ darstellen würde.[541] Denn anders als § 315c Abs. 1 Nr. 2 StGB enthält § 315b Abs. 1 StGB keinen abschließenden Strafbarkeitskatalog, sondern ist mit dem „ähnlichen, ebenso gefährlichen Eingriff“ (Abs. 1 Nr. 3) generalklauselartig aufgebaut. Damit ließe sich (beliebiges) verkehrsstörendes Verhalten unter § 315b StGB subsumieren, wenn nicht neben dem generellen Bestimmtheitserfordernis (Art. 103 Abs. 2 GG) aus § 315c StGB zusätzlich eine strafbarkeitsbeschränkende Funktion abgeleitet wird.[542]

Im Ergebnis hat der Gesetzgeber damit die Teilnahme am Straßenverkehr gegenüber „verkehrsfremden“ Eingriffen durch die begrenzende und abschließende Aufzählung der in § 315c Abs. 1 Nr. 2 StGB genannten Todsünden privilegiert.[543] Das vorschriftswidrige Verhalten muss zudem objektiv wie subjektiv aus der Masse der Verkehrsverstöße herausragen, was durch die kumulativen Erfordernisse des § 315c Abs. 1 Nr. 2 StGB („grob verkehrswidrig“ und „rücksichtslos“) sichergestellt wird. Wenn diese Voraussetzungen nicht erfüllt sind, ist die Strafbarkeitsschwelle nicht überschritten und der Täter ist dann auch nicht aus § 315b StGB verantwortlich. Diese Privilegierung des Fahrzeugführers, der nur unter den verschärften Voraussetzungen haften soll, ist Sachgrund für die aus dem Wortlaut nicht ablesbare Beschneidung des § 315b StGB.[544]

Fortkommen interessierter Verkehrsteilnehmer zu betrachten sei und daher nicht die gleiche Missbilligung verdiene, wie derjenige, der durch Eingriffe von außen her den Straßenverkehr behindere.

538 BGHSt 48, 233 (237) = NJW 2003, 1613 (1614); *Seier*, JA 1983, 473.

539 Dies sind in der Regel §§ 223, 229, 222, 240 StGB sowie §§ 113 und 142 StGB.

540 BGHSt 23, 4 (7); *Seier*, NZV 1992, 157 (158).

541 *König*, NStZ 2004, 175 mit dem Hinweis, dass namentlich das Hindernisbereiten im Straßenverkehr auf der Tagesordnung stehe.

542 Vgl. *Seier*, Verteidigung in Straßenverkehrssachen, S. 46.

543 *Ranft*, Jura 1987, 608 (609). Die Privilegierung des Verkehrsteilnehmers liegt (also) in der präzisen Beschränkung des § 315c Abs. 1 StGB im Vergleich zum generalklauselartigen § 315b Abs. 1 Nr. 3 StGB, so A/W/H/H-*Hilgendorf*, § 38 Rn. 19. Zur Privilegierung der Verkehrsteilnahme siehe schon im historischen Teil B.II.3.b und III.

544 So die Argumentation von *Seier/Hillebrand*, NZV 2003, 488 (490); *Seier*, Verteidigung in Straßenverkehrssachen, S. 45; *ders.*, JA 1983, 473.

Konsequenterweise wird § 315b StGB daher teilweise auf Eingriffe von außen beschränkt. Erfasst sei nur ein Verhalten, das nicht als Verkehrsteilnahme zu begreifen sei.[545] Aufgrund des abschließenden Katalogs des § 315c StGB könne ein dort nicht erfasstes Fehlverhalten von Verkehrsteilnehmern nur von anderen Normen, etwa § 240 StGB oder § 113 StGB erfasst werden.[546]

2. Der verkehrsfremde Inneneingriff als Ausnahme

Der Wortlaut des § 315b StGB, der allein von einer Beeinträchtigung des Straßenverkehrs spricht, lässt aber eine weitergehende Auslegung zu, denn im Unterschied zu § 315c StGB ist in § 315b StGB nicht von einem Verhalten „im Straßenverkehr" die Rede. So wird aus dem Umstand, dass der Gesetzgeber bei § 315b StGB das Merkmal „im Verkehr" weggelassen hat, lediglich abgeleitet, dass es unerheblich sei, ob der

---

545 So *Solbach/Kugler*, JR 1970, 121 (122 f.) im Hinblick auf die Leitbeispiele der ersten beiden Ziffern. Zudem berufen sie sich auf den Wortsinn des Begriffs „Eingriff". Das Substantiv „Eingriff" bedeute, ebenso wie das dazugehörige Verb „eingreifen", sich einmischen, dazwischen treten. Die Vorsilbe „ein" bezeichne immer eine Richtung, in Zusammensetzung ein Hineinbringen. Der Täter müsse sich nach diesem Verständnis ebenso wie beim Einsteigen, § 243 Abs. 1 S. 2 Nr. 1 StGB, oder beim Eindringen, § 123 StGB „draußen" befinden, also nicht selbst Verkehrsteilnehmer sein. Ein „verkehrsinternes" Verhalten könne danach nicht von § 315b StGB erfasst sein. „§ 315b und § 315c grenzen aneinander, überschneiden sich aber nicht", S. 123.
Für eine Beschränkung des § 315b StGB auf Außeneingriffe auch *Obermann*, S. 23 ff. und S. 46 ff.; *Fabricius*, GA 1994, 164 (169: transitiver Eingriffsbegriff); über das Merkmal der „Ähnlichkeit" einschränkend *Dencker*, FS-Nehm, S. 373 (385); ähnlich *Brand/Albrecht*, ZStW 126 (2014), 669 (687 ff.).
Die *Rechtsprechung* bedient sich hier eines „Tricks", wenn sie bspw. in BGH VRS 64 (1983), 267 (268) sagt, dass es sich „in Fällen, in denen die Behinderung nicht die bloße Folge, sondern der Zweck der verbotenen Fahrweise sei, nicht um eine fehlerhafte Verkehrsteilnahme, sondern um einen von außen kommenden Eingriff in die Verkehrssicherheit [handele], den abzuwehren Zweck des § 315 b StGB sei." – Bildlich gesehen wird also verkehrsinternes Verhalten als ein *Außen*eingriff bewertet. Dass im Straßenverkehr missbräuchlich verwendete Fahrzeug ist quasi eine Außenbereichsexklave (also ein vom Straßenverkehr umschlossener Bereich).

546 So in der Konsequenz *Solbach/Kugler*, JR 1970, 121 (123); *Obermann*, S. 51 f.: De lege lata sei schon nach dem Wortlaut des Kriteriums „Eingriff" die Verkehrsteilnahme aus dem Tatbestand von § 315b StGB ausgeschlossen und fragliche Fälle des verkehrsfremden Inneneingriffs könnten nur sachgerecht durch die Einführung einer Generalklausel in § 315c erfasst werden.
Für einen straßenverkehrsspezifischen Nötigungstatbestand siehe z.B. *Maatz*, NZV 2006, 337 ff.; *Janker*, DAR 2005, 121 (125); *Kropp*, ZRP 2004, 4 ff.; *Krumm* ZRP 2004, 132. Dagegen sieht *König*, NZV 2005, 27 (30), keine Notwendigkeit für einen verkehrsspezifischen Nötigungstatbestand und auch nicht für eine angedachte Erweiterung des § 315c Abs. 2 StGB.

Täter – anders als bei § 315c StGB – Verkehrsteilnehmer ist oder nicht. Die zuvor ausgeführte systematische Sperrwirkung des § 315c StGB ist dann keine absolute. Denn die Tathandlungen des § 315b Abs. 1 Nr. 1 StGB (Beschädigen, Zerstören) und Nr. 2 (Hindernisbereiten) können grundsätzlich auch durch *verkehrsinternes* Verhalten verwirklicht werden, z. B. durch absichtliches Rammen eines Fahrzeugs oder durch Ausbremsen anderer Fahrzeuge. Ebenso können auch „ähnliche, ebenso gefährliche Eingriffe" nach § 315b Abs. 1 Nr. 3 StGB unter Einsatz des Fahrzeugs vorgenommen werden, z. B. durch gezieltes Zufahren auf Personen.[547] Dementsprechend hat auch der Gesetzgeber die Grenze der (privilegierten) Straßenverkehrsgefährdung nach § 315c StGB dort gezogen, wo die fehlerhafte Verkehrsteilnahme in verkehrsfremdes Verhalten übergeht.

a. Rechtsprechungsrückblick zu § 315a StGB a. F. (bis 1964)

Letzterer Standpunkt der h.M. und auch der bezeichnete Wille des Gesetzgebers lassen sich an der Rechtsprechung zu § 315a StGB a. F. nachvollziehen. Dort hatte die tatbestandliche Abgrenzung zwischen § 315a Abs. 1 Nr. 1 gegenüber Nr. 4 StGB a. F. Schwierigkeiten bereitet.[548] Vor allem das Merkmal des Hindernisbereitens wurde von den Gerichten nicht einheitlich ausgelegt.[549]

(1) Strikte Trennung der Verkehrsteilnahme von externen Eingriffen

Zunächst hat der BGH[550] Verhaltensweisen, die unter die fehlerhafte Teilnahme am Straßenverkehr zu fassen sind, allein dem hierzu geschaffenen § 315a Abs. 1 Nr. 4 StGB a. F. mit seinen strengeren Anforderungen („grob verkehrswidrig und rücksichtslos") zugeordnet.

---

547 Zu weiteren Beispielen von Inneneingriffen nach § 315b Abs. 1 Nr. 1–3 siehe H/K/D-*König*, § 315b Rn. 6, 10 und 18–21.

548 § 315a StGB a. F.:
Wer die Sicherheit des Straßenverkehrs dadurch beeinträchtigt, dass er
1. Anlagen oder Beförderungsmittel beschädigt, zerstört oder beseitigt, Hindernisse bereitet oder einen ähnlichen Eingriff vornimmt, (...)
4. *in grob verkehrswidriger und rücksichtsloser Weise* die Vorfahrt nicht beachtet, falsch überholt oder an unübersichtlichen Stellen, an Straßenkreuzungen oder -einmündungen zu schnell fährt

und dadurch eine Gemeingefahr (§ 315 Abs. 3) herbeiführt, wird mit Gefängnis bestraft. (...)

549 Zur Rechtsprechungsentwicklung *Mayr*, FG-BGH (1975), 273 (276 f.). Das Hindernisbereiten ist ein Mischtatbestand der durch externes Verhalten (§ 315b), aber auch durch vorschriftswidriges Verhalten, vgl. § 1 Abs. 2 StVO [...mehr, als nach den Umständen unvermeidbar, *behindert* ... wird] möglich ist, vgl. *Floegel/Hartung*, 11. Aufl. (1958), § 315a, Rn. 10.

550 BGHSt 5, 297 (299 f.).

Ausgewählte Straßenverkehrsgefährdungen nach § 315a Abs. 1 Nr. 4 StGB a.F. waren danach streng zu trennen von Außeneingriffen nach § 315a Abs. 1 Nr. 1 StGB a.F. Dies selbst dann, wenn es sich um eine schwerwiegende und gefährliche Behinderung des Verkehrs durch vorschriftswidrige Fahrweise handelte. Derartige fehlerhafte Verkehrsteilnahme konnte nach Ansicht des BGH nicht auch unter das „Hindernisbereiten" oder den „ähnlichen Eingriff" nach § 315a Abs. 1 Nr. 1 StGB a.F. subsumiert werden.

Für den Fall des *„falschen Überholens"* begründete der BGH[551] dies folgendermaßen: Die Gefährdung des Verkehrs durch „falsches Überholen" sei in § 315a Abs. 1 Nr. 4 StGB a.F. als selbständiges Vergehen unter Strafe gestellt. Diese tatbestandliche Regelung schließe es aber aus, die mit falschem Überholen regelmäßig verbundene Behinderung des überholten Fahrzeugs in den Begriff des Hindernisbereitens oder der Vornahme eines ähnlichen Eingriffs nach § 315a Abs. 1 Nr. 1 StGB a.F. einzubeziehen. Denn sonst sei dasselbe Verhalten in derselben Strafvorschrift mehrfach unter Strafe gestellt. Es sei nicht verständlich, wenn das Gesetz die nicht grob verkehrswidrigen und rücksichtslosen Verstöße i.S.v. § 315a Abs. 1 Nr. 4 StGB a.F. von der schärferen Strafandrohung ausnehme, andererseits aber dasselbe Verhalten unter dem allgemeineren Gesichtspunkt nach § 315a Abs. 1 Nr. 1 StGB a.F. dennoch der strengen Strafdrohung unterwerfe. Dies sei nicht der Wille des Gesetzgebers, denn dieser habe eine fehlerhafte Verkehrsteilnahme nur für den Fall eines grob verkehrswidrigen und rücksichtslosen Verhaltens als strafwürdig und bei Eintritt einer Gemeingefahr als strafbedürftig erachtet. Fehle es an diesen strafbarkeitseinschränkenden Voraussetzungen, könne das Verhalten nur als Übertretung geahndet werden.

Konsequenterweise galt dies dann in der nachfolgenden Rechtsprechung auch für das *Nichtbeachten der Vorfahrt* und das *zu schnelle Fahren* an unübersichtlichen Stellen, an Straßenkreuzungen oder -einmündungen. Mit seinen strengeren Voraussetzungen stellte § 315a Abs. 1 Nr. 4 StGB a.F. danach gegenüber § 315a Abs. 1 Nr. 1 StGB a.F. eine Sonder- bzw. Spezialvorschrift dar. Hierzu führt der BGH[552] an, dass diese Spezialvorschrift eine durch die Störungshandlung nach § 315a Abs. 1 Nr. 4 StGB a.F. geschaffene Behinderung anderer Verkehrsteilnehmer als Folgeerscheinung der verbotenen Fahrweise miteinschließe und diese Behinderung keiner gesonderten rechtlichen Beurteilung unterliege. Denn andernfalls hätte § 315a Abs. 1 Nr. 4 StGB a.F. keinen Sinn, da mit der verkehrswidrigen Fahrweise in der Regel auch eine Gefährdung und Behinderung anderer Verkehrsteilnehmer verbunden sei. Der Wille des Gesetzgebers bestehe darin, dass eine – selbst schwere und gefährliche – Behinderung des Verkehrs, die der Fahrzeuglenker durch falsches Fahr-

551 Zum Nachfolgenden BGHSt 5, 297 (299 f.). Siehe hierzu auch die Diskussion der Strafrechtskommission, Niederschriften, Band 9, 103. Sitzung, S. 433 (440): Fehlerhafte Verkehrsteilnahme als Hindernisbereiten.

552 BGHSt 5, 392 (394); 6, 219 (221).

verhalten bewirkt, regelmäßig nicht als Bereiten eines Hindernisses i.S. des § 315a Abs. 1 Nr. 1 StGB a.F. angesehen werden könne.[553]

(2) Ausnahme für verkehrsfremde Verkehrsteilnahme außerhalb von § 315a Abs. 1 Nr. 4 StGB a.F.

Trotz dieser grundsätzlichen Spezialität des § 315a Abs. 1 Nr. 4 StGB a.F. war der BGH[554] aber der Auffassung, dass das Gesetz eine *Ausnahme* zu dieser grundsätzlichen Trennung der Anwendungsbereiche zulässt und es in besonders gelagerten Fällen ermöglicht, auch den Lenker eines im fließenden Verkehrs befindlichen Fahrzeugs wegen Bereitens eines Hindernisses zu bestrafen.[555]

Zunächst beschränkte der BGH die Sperrwirkung des § 315a Abs. 1 Nr. 4 StGB a.F. nur auf die dort genannten Verhaltensweisen. Ein Hindernisbereiten durch *andere* als die in § 315a Abs. 1 Nr. 4 StGB a.F. gekennzeichneten Verstöße sei indessen nicht ausgeschlossen.[556] Danach ging der BGH davon aus, dass auch durch ein in Bewegung befindliches Fahrzeug „jedenfalls dann" ein Hindernis bereitet wird, wenn der Fahrzeugführer die Schaffung dieses Hindernisses *beabsichtigt* und eben dadurch vom Verhalten eines normalen Verkehrsteilnehmers abweicht. Denn dann sei die Behinderung des Verkehrs nicht bloße Folge, sondern *Zweck* der verbotenen Fahrweise.[557]

In der Konsequenz wurde spezifisches fehlerhaftes Fahrverhalten nach § 315a Abs. 1 Nr. 4 StGB a.F. privilegiert, da es nur als Ordnungswidrigkeit geahndet werden konnte, wenn es die tatbestandlichen Voraussetzungen nicht erfüllte. § 315a Abs. 1 Nr. 1 StGB a.F. bot aufgrund der Sperrwirkung der Nr. 4 keine rechtliche Alternative. Für anders geartetes Fehlverhalten war dagegen der Anwendungsbereich des § 315a Abs. 1 Nr. 1 StGB a.F. eröffnet.

(3) Ausnahme für verkehrsfremde Verkehrsteilnahme als solche

Diese Ungleichbehandlung verkehrs*fremder* Verkehrsteilnahme ebnete der BGH schließlich ein und ließ auch für die Fälle des § 315a Abs. 1 Nr. 4 StGB a.F. im Ausnahmefall die Anwendung des § 315a Abs. 1 Nr. 1 StGB a.F. zu. Dazu führt der BGH[558] aus:

Beabsichtige der Täter mit seinem Fahrverhalten die Schaffung eines Hindernisses, so handele es sich nicht um eine bloße, wenn auch nachhaltige Behinderung des Verkehrs, wie sie die regelmäßige oder doch sehr häufige Folge des Verhaltens eines Fahrzeuglenkers sei, der zwar verkehrswidrig handele, bei dem aber doch

553 BGHSt 15, 28 (33).
554 BGHSt 7, 379 (380); 15, 28 (33).
555 BGHSt 15, 28 (33).
556 BGHSt 7, 379 (380).
557 Vgl. BGHSt 7, 379 (380).
558 BGHSt 15, 28 (34 f.) zum Wenden auf der Autobahn als Hindernisbereiten; siehe dort auch zu den unterschiedlichen Ansätzen der obergerichtlichen Rechtsprechung.

sein *Interesse am eigenen Fortkommen* im Verkehr im Vordergrund stehe. Dem Täter, der sein Fahrzeug in der Absicht und zu dem Zweck verwende, anderen Verkehrsteilnehmern den Weg – wenn auch nur vorübergehend – zu verlegen, komme es nicht in erster Linie auf seine eigene Fortbewegung an. Wenn er sein Fahrzeug zu dem bezeichneten Zweck verwende, handle er nicht nur bewusst verkehrswidrig. Sein Fahrzeug sei dann vielmehr ebenso, wie wenn er überhaupt nicht Verkehrsteilnehmer wäre, das bloße Mittel, anderen Verkehrsteilnehmern ein Hindernis zu bereiten. Das rechtfertige es, ihn nach § 315a Abs. 1 Nr. 1 StGB a. F. zu bestrafen, wenn er durch sein Verhalten eine Gemeingefahr herbeigeführt habe. Wer die Nr. 1 des § 315a Abs. 1 StGB a. F. unbefangen lese, werde der Meinung zuneigen, dass das Gesetz unter „Hindernis" einen von außen in den Verkehr hineingetragenen, also einen verkehrs*fremden* Eingriff verstehe. Unter diesem Gesichtspunkt sei es verständlich, dass das Gesetz die Behinderung, die das nur verkehrswidrige Verhalten des Lenkers eines im fließenden *Verkehr* befindlichen Fahrzeugs mit sich bringt, in § 315a Abs. 1 Nr. 4 StGB a. F. einer gesonderten Regel unterstellt habe. Verfahre aber ein Fahrzeuglenker derart außergewöhnlich, dass sein Verhalten gänzlich aus dem Rahmen dessen herausfalle, was im Verkehr – wenn auch verbotenermaßen – vorzukommen pflege, so stehe nichts im Wege, auf ein solches Verhalten, weil es sich *gleichfalls*[559] als verkehrs*fremd* darstellt, *nicht nur* die Regel der Nr. 4 des § 315a Abs. 1 StGB a. F., *sondern auch* diejenige seiner Nr. 1 anzuwenden. § 315a Abs. 1 Nr. 1 StGB a. F. erfasse daher verkehrs*feindliche* Fahrweisen, die wie ein verkehrs*fremder* Eingriff erscheinen.

Nach dem BGH kann daher das Hindernisbereiten von der bloßen Behinderung abgegrenzt werden, sodass es keinen Unterschied macht, durch welche Verkehrswidrigkeit der Lenker des Fahrzeugs dieses als Mittel zur Behinderung anderer Verkehrsteilnehmer verwendet. Es kommt nicht darauf an, ob der Täter eine der in § 315a Abs. 1 Nr. 4 StGB a. F. genannten Verkehrswidrigkeiten begeht oder eine andere Vorschrift missachtet. *In jedem Falle*, in dem der Täter mit seinem Fahrzeug anderen Verkehrsteilnehmern ein Hindernis zu bereiten beabsichtigt, sei er nach § 315a Abs. 1 Nr. 1 StGB a. F. zu bestrafen, sofern seine Handlungs-

559 Unklar ist hiermit, ob *dasselbe* Verhalten unter § 315a StGB a. F. Nr. 1 *und* Nr. 4 fällt, oder ob nach der Abgrenzung zwischen einer Behinderung als Begleitfolge der Verkehrsteilnahme einerseits und dem absichtlichen Bereiten eines Hindernisses durch verkehrs*fremdes* Verhalten andererseits nicht ein Exklusivitätsverhältnis besteht. Entweder ist eine Teilnahme am Straßenverkehr *so fehlerhaft, dass* sie *zugleich* verkehrsfremd ist, oder sie ist verkehrsfremd und daher keine Verkehrsteilnahme mehr. Die Rechtsprechung zu § 315a StGB wird im ersteren Sinne verstanden. Für §§ 315b, 315c StGB gilt, dass § 315b Abs. 1 StGB regelmäßig den zugleich verwirklichten § 315c Abs. 1 (Nr. 2) StGB verdrängt, BGH NZV 2007, 151. Siehe hierzu auch BeckOK-*Kudlich*, § 315c Rn. 79; B/H/H/J/J-*Burmann*, § 315b Rn. 17b, sowie LK-*König*, § 315b Rn. 95. Zur Tateinheit aus Klarstellungsgründen dagegen bei Verstoß gegen § 315c Abs. 1 Nr. 1 StGB siehe BGH NJW 1968, 1244.

weise eine Gemeingefahr zur Folge hat und der Vorsatz des Täters sich auch auf diese erstreckt.[560]

(4) Konsequenzen und Reaktion des Gesetzgebers

Über den Ausnahmefall des verkehrs*fremden* Eingriffs ist daher auch das Verhalten der Verkehrsteilnehmer erfasst. Die fehlerhafte Verkehrsteilnahme ist dahingehend abzugrenzen, ob sie lediglich als Verkehrsverstoß nach dem Recht der Ordnungswidrigkeiten geahndet werden kann, ob sie als besondere Verhaltensweise unter § 315a Abs. 1 Nr. 4 StGB a. F. mit Kriminalstrafe bedroht ist oder ob die Verhaltensweise ausnahmsweise – und dabei unabhängig von der Art des Verkehrsverstoßes – nicht nur fehlerhaft, sondern schon verkehrsfremd ist und deshalb (auch) in den Anwendungsbereich des § 315a Abs. 1 Nr. 1 StGB a. F. fällt.

In Reaktion auf diese Rechtsprechung hat der Gesetzgeber den Katalog des § 315a Abs. 1 Nr. 4 StGB a.F. in der neuen Fassung des § 315c Abs. 1 Nr. 2 StGB zwar zur Schaffung von Rechtsklarheit erweitert, doch war damit die Ausnahmerechtsprechung seit BGHSt 7, 379 ff. keinesfalls überholt. Vielmehr wurde sie durch die amtliche Begründung des Zweiten Gesetzes zur Sicherung des Straßenverkehrs ausdrücklich bestätigt.[561] Die Abgrenzungsproblematik an sich hatte sich dadurch aber nicht erledigt.[562]

b. Der Begriff des Inneneingriffs seit der Neufassung (1964)

§ 315b Abs. 1 Nr. 1–3 StGB erfasst – typischerweise von außen her vorgenommene – Eingriffshandlungen, durch die der Täter die Sicherheit des Straßenverkehrs beeinträchtigt, also „der Verkehr in seinem ungestörten, geregelten Ablauf gefährdet wird".[563] Daneben will der Gesetzgeber aber auch *verkehrsinternes* Verhalten erfasst wissen. Im ruhenden oder fließenden Verkehr begangene Handlungen stellen sich dann als Eingriff dar, wenn sie sich (qualitativ) von bloß fehlerhafter Verkehrsteil-

560 BGHSt 15, 28 (34).

561 BGHSt 21, 301 (302): Hindernisbereiten durch absichtliches Wegabschneiden. Überholt hatte sich lediglich die Rechtsprechung zum Hindernisbereiten durch Wenden auf der Autobahn, das nun auch in § 315c Abs. 1 Nr. 2 f. StGB aufgeführt ist. BGHSt 22, 6 (7) absichtliches Zufahren auf Polizeibeamten als „ähnlicher, ebenso gefährlicher Eingriff" sowie BGHSt 22, 67 (72). BGHSt 23, 4 (6 f.) zur notwendigen bewussten Zweckentfremdung und dem Hinweis, dass ein fahrlässiger ähnlicher, ebenso gefährlicher Inneneingriff kaum möglich sei; S/S-*Sternberg-Lieben/Hecker*, § 315b Rn. 15 a.E.; H/K/D-*König*, § 315b Rn. 18.

562 *Mayr*, FG-BGH (1975), 273 (276).

563 BGHSt 22, 4 (8). Alternativ: Eine Sicherheitsbeeinträchtigung ist gegeben, wenn die mit dem Straßenverkehrs ohnehin verbundene abstrakte Gefahr („Betriebsgefahr") so erhöht ist, dass eine konkrete Gefahr deutlich wahrscheinlicher geworden ist, der Verkehr also in seinem ungestörten Ablauf tangiert wird, H/K/D-*König*, § 315b Rn. 22.

nahme unterscheiden[564], dem Täter also vorgeworfen werden kann, mehr als nur „verkehrs*widrig*“[565], sprich verkehrs*fremd* gehandelt zu haben.

Die oben aufgezeigte grundsätzliche Sperrwirkung des § 315c StGB [§ 315a Abs. 1 Nr. 4 StGB a. F.] soll danach – unter systematischem, aber auch teleologischem Gesichtspunkt – nicht für diejenigen Fälle gelten, die unter dem nachfolgenden Begriff des sog. „verkehrs*fremden*“ bzw. „verkehrs*feindlichen* Inneneingriffs“ zusammengefasst werden.[566]

Ein solcher *Inneneingriff* liegt nach dem BGH[567] vor, wenn ein Fahrzeug bewusst zweckentfremdet wird, indem es absichtlich als Mittel der Verkehrsbehinderung[568] oder zu einem ähnlichen ebenso gefährlichen Eingriff benutzt wird. Dieser verkehrsfeindlichen Absicht bedürfe es, um der Gefahr einer uferlosen Ausdehnung der Anwendung des § 315b StGB auf „normale“ Verkehrsverstöße vorzubeugen.[569] Gehe der Täter in bzw. mit dieser besagten Absicht vor, so handele es sich nicht nur um verkehrswidriges, sondern um ein verkehrs*feindliches* Verhalten im fließenden Verkehr. Unter dem Schein eines Verkehrsverhaltens verberge sich in Wirklichkeit ein verkehrs*fremdes* Vorgehen[570]; der Täter handle in der Absicht, einen Verkehrsvorgang zu einem Eingriff zu „pervertieren“, wenn es ihm darauf ankomme, durch diesen Verkehrsvorgang in die Sicherheit des Straßenverkehrs einzugreifen.[571] Das Kraftfahrzeug werde entgegen seiner Zweckbestimmung nicht als Fortbewegungs-

564 Vgl. noch einmal BT-Drucks. IV/651, S. 28.

565 Ob dabei auch äußerlich *verkehrsgerechtes* Verhalten erfasst ist, ist umstritten. Dazu unten D.III.2.c.

566 BGHSt 23, 4 (7) zum Hindernisbereiten durch ein Fahrzeug im fließenden Verkehr und zur Polizeiflucht durch Zufahren auf einen Polizeibeamten.

567 BGHSt 23, 4 (7) in Fortentwicklung von BGHSt 7, 379 f. und BGHSt 22, 6 (7). Ähnlich BGH VRS 55 (1978), 126 (127): „wenn der Täter das von ihm gesteuerte Kraftfahrzeug in verkehrsfeindlicher Einstellung bewußt zweckwidrig einsetzt und zur Vornahme eines den Begehungsformen des § 315b Abs. 1 Nr. 1 und 2 StGB ähnlichen, ebenso gefährlichen Eingriffen mißbraucht.“

568 In BGHSt 41, 231 (234) heißt es im Zusammenhang mit dem besonderen Fall des Hindernisbereitens durch Fußgänger (Gehen auf der Fahrbahn), dass kein durchgreifender Grund ersichtlich sei, die zu den Führern von Kraftfahrzeugen entwickelten Grundsätze auf den Fall der Teilnahme des Täters am Straßenverkehr (auch) auf Fußgänger zu übertragen.

569 BGHSt 41, 231 (239).

570 BGHSt 23, 4 (7) m.w.N. Siehe auch BGHSt 28, 87 (88 f.) und 41, 231 (233 f.).

571 BGHSt 41, 231 (234); BGH NZV 1990, 35 – Griff des Beifahrers in das Lenkrad: „Soll nur auf einen Verkehrsvorgang Einfluß genommen werden, etwa zur Erzwingung des Abbiegens oder des Anhaltens, ohne daß damit eine bewußte Zweckentfremdung des Verkehrsvorganges beabsichtigt ist, so sind die Voraussetzungen des § 315b StGB nicht gegeben.“

mittel *ge*braucht, sondern (zweckfremd) als Mittel (Waffe) zur Bedrohung/Verletzung eines Menschen *miss*braucht.[572]

So ist auch verkehrsinternes Verhalten als *Ein*griff „von außen" zu verstehen.[573] Dabei muss der gefährliche Eingriff aber Zweck[574], nicht nur (bloße) Folge des Verhaltens sein.[575] Zur hinreichenden Bestimmtheit, Art. 103 Abs. 2 GG, setzt ein derartiger (zweckentfremdender) Eingriff nach der Rechtsprechung[576] objektiv aber eine *grobe Einwirkung von einigem Gewicht* voraus, sodass Bagatellangriffe[577] aus dem Anwendungsbereich ausscheiden.[578]

---

572 BGHSt 28, 87 (88); BGH NJW 1983, 1624 – Zufahren auf einen Fußgänger. BGH VRS 94 (1998), 213 (214) = NStZ-RR 1998, 187 – Stoß eines Beifahrers aus dem Kfz: Missbrauch als Waffe oder Schadenswerkzeug. Siehe schon BGH VRS 64 (1983), 267 (268) zum (gezielten Zu-)fahren auf den Bürgersteig, um einem Fußgänger den Weg abzuschneiden („Außeneingriff").

573 BGH VRS 64 (1983), 267 (268).

574 BGH NJW 1999, 3132 f.; beim Hindernisbereiten also die Behinderung anderer, vgl. BGHSt 41, 231 (234).

575 BGH NJW 1999, 3132 f.: „Die Anwendbarkeit des § 315b StGB scheidet nicht schon deshalb aus, weil der Angekl. die schädigenden Handlungen im Rahmen der Teilnahme am Straßenverkehr vorgenommen hat. Auch der Verkehrsteilnehmer selbst kann Täter eines gefährlichen Eingriffs in den Straßenverkehr sein. Allerdings wird bloß vorschriftswidriges Verkehrsverhalten grundsätzlich nicht von § 315b StGB, sondern – bei Vorliegen der weiteren Voraussetzungen – nur von § 315c StGB erfaßt... Doch können auch Vorgänge im ruhenden und fließenden Verkehr ein Hindernisbereiten i.S. von § 315b Abs. 1 Nr. 2 StGB sein, wenn der Täter vom Verhalten eines ‚normalen' Verkehrsteilnehmers dadurch abweicht, daß er durch die Zuwiderhandlung gegen die Verkehrsvorschriften die Schaffung eines Hindernisses beabsichtigt, wenn also das Hindernis nicht die bloße Folge, sondern der Zweck des verbotswidrigen Verhaltens ist... Damit übereinstimmend nimmt ein Fahrzeugführer durch Handlungen im fließenden Verkehr in tatbestandsmäßiger Weise einen „ähnlichen, ebenso gefährlichen Eingriff" i.S. von § 315b Abs. 1 Nr. 2 StGB vor, wenn er das von ihm gesteuerte Kraftfahrzeug in verkehrsfeindlicher Einstellung bewußt zweckwidrig einsetzt. Beiden Fällen der Anwendung des § 315b StGB auf Verkehrsvorgänge ist gemeinsam, daß der Täter in der Absicht handelt, diese zu einem Eingriff zu ‚pervertieren'; es muß ihm darauf ankommen, in die Sicherheit des Straßenverkehrs einzugreifen..." – Unter strengeren Voraussetzungen (bedingter Schädigungsvorsatz) dann BGHSt 48, 233 (238) m.w.N.

576 Verfassungsrechtliche Bedenken wegen Verstoßes gegen den Bestimmtheitsgrundsatz wurden in BGHSt 22, 365 (366 f.) verneint; BGHSt 26, 176 (178); zahlreiche (positive und negative) Beispiele hierzu in BGHSt 28, 87 (89 f.). Siehe auch BGHSt 41, 231 (238) zum Hindernisbereiten, wonach nicht jede objektiv behindernde Verkehrsteilnahme ausreiche, selbst wenn sie gänzlich aus dem Rahmen dessen falle, was im Verkehr vorzukommen pflege; ebenso reiche eine nur unwesentliche Behinderung nicht aus.

577 Siehe die Rechtsprechungskasuistik bei LK-*König*, § 315b Rn. 48.

578 Zur Kritik an diesem (ergebnisorientierten) Abgrenzungskriterium siehe MK-*Pegel*, § 315b Rn. 49–52, der von einer verkehrsspezifischen „Erheblichkeit", „*be-*

c. *Eingriff durch äußerlich verkehrsgerechtes Verhalten?*

Widersprüchlich erscheint die Annahme, auch in einem äußerlich verkehrsgerechten Verhalten ein zugleich verkehrsfremdes Vorgehen zu erblicken.

(1) Nach der Rechtsprechung erfasstes Verhalten bei Schädigungsabsicht

Für einen verkehrsfremden Inneneingriff ist nach der Rechtsprechung in erster Linie nicht maßgebend, ob sich der Täter äußerlich verkehrs*gerecht*[579] oder [durch äußerlich sichtbares Fehlverhalten] verkehrs*widrig* verhält, sondern entscheidend für die Anwendbarkeit des § 315b StGB seien die vom Täter verfolgten Zwecke – also die Absicht – und das Gewicht der Tat.

(a) Äußerlich verkehrsgerechtes Verhalten und die „böse Hoffnung"

So ist die Rechtsprechung[580] der Ansicht, dass sich wegen gefährlichen Eingriffs in den Straßenverkehr gemäß § 315b Abs. 1 StGB nicht strafbar macht, wer sich (objektiv) in jeder Hinsicht verkehrsgerecht verhält, dies aber mit der *Hoffnung* verbindet, dass ihm ein Unfall Gelegenheit zu einer vorteilhaften Schadensabrechnung mit der gegnerischen Haftpflichtversicherung bietet. Dies soll selbst dann gelten, wenn der Verkehrsteilnehmer das *Unfallereignis* billigend in Kauf nehme. Denn die *bloße Hoffnung* auf einen Verkehrsunfall wie auch die billigende Inkaufnahme eines drohenden Unfalls mögen zwar verwerflich sein, doch werde aus derartigem

---

zogen auf die Wahrscheinlichkeit und Intensität einer dadurch bedingten Kollision" spricht. „*Diese wäre* nur zu verneinen, wenn „die Erhöhung der Verkehrsgefahr so geringfügig ist, dass sie im Falle ihrer Realisierung lediglich unerhebliche Körperverletzungen bzw. geringfügige Sachschäden verursachen könnte oder aber ein erheblicher Schaden nicht mehr dem Täter, sondern Dritten oder dem Fehlverhalten des Opfers *zuzurechnen* wäre." In diese Richtung schon *Rüth*, JR 1979, 519, der die Formulierung „geringes Gewicht" für unbrauchbar hält und auf eine ernstzunehmende Gefahrenlage und auf die darauf gerichtete Absicht des Täters abstellt. Auch BGHSt 41, 231 (238) spricht von einer fehlenden Erheblichkeit der Einwirkung, die sich unabhängig von der Tatfolge bestimme; „[f]reilich kann eine tatsächlich eingetretene Gefahrenlage ein Indiz für die Erheblichkeit der Einwirkung sein, was namentlich in Betracht kommt, wenn dem *Verhalten in spezifischer Weise das Risiko* anhaftet, zu einer konkreten Gefährdung im Sinne der Strafvorschrift zu führen."

579 Im Falle eines *provozierten Unfalls durch Abbremsen bei Gelblicht* ist nach BGH NStZ 1992, 182 (183) „nicht entscheidend, ob sich der Täter im Hinblick auf seine Anhaltepflicht gerade noch verkehrsmäßig oder schon verkehrswidrig verhält, sondern daß er sein Fahrzeug unter dem Schein verkehrsgerechten Verhaltens absichtlich als Mittel zur Unfallverursachung – und damit bewußt zweckentfremdet – verkehrsfeindlich einsetzt." Zu diesem von § 315b StGB nach der Rechtsprechung erfassten sog. „Autobumsen" siehe *Seier*, NZV 1992, 157 (158 f.).

580 BGH NJW 1999, 3132 (3133).

verkehrsordnungsgemäßen Fahrverhalten kein unerlaubter Eingriff in die Sicherheit des Straßenverkehrs. Andernfalls liefe eine Bestrafung nach § 315b StGB darauf hinaus, dass schon die böse Gesinnung bestraft wird.

(b) Äußerlich verkehrsgerechtes Verhalten und Schädigungsabsicht

Zum verkehrsfremden Inneneingriff (durch ein Hindernisbereiten) könne ein äußerlich verkehrsgerechtes Verhalten aber dann werden, wenn ein Unfall *absichtlich* herbeigeführt werden soll. Denn:

> „Wer ein bestimmtes – in der korrekten Verkehrssituation an sich korrektes – Fahrmanöver (etwa ein Bremsen oder Beschleunigen des Fahrzeugs oder ein Abbiegen) zu dem Zweck ausführt, die Unaufmerksamkeit oder eine Fehleinschätzung eines anderen Verkehrsteilnehmers auszunutzen und so einen Verkehrsunfall herbeizuführen, der die Möglichkeit einer vorteilhaften Schadensregulierung eröffnet, setzt sein Fahrzeug verkehrsfeindlich und zweckwidrig ein. Damit erfüllt er den Tatbestand des § 315b Abs. 1 StGB, selbst wenn sein Verhalten äußerlich verkehrsgerecht erscheinen mag. Tatsächlich verhält er sich damit verkehrswidrig; denn ein Verhalten, das allein die Schädigung eines anderen Verkehrsteilnehmers bezweckt, verstößt stets (vgl. nur § 1 Abs. 2 StVO) gegen die Straßenverkehrsordnung."[581]

Danach sei auch äußerlich scheinbar verkehrsgerechtes Verhalten – tatsächlich aber als verkehrs- bzw. pflichtwidrig einzustufendes Verhalten – von § 315b StGB erfasst, wenn es von der verkehrsfeindlichen Absicht „gelenkt" wird, einen Unfall herbeizuführen.[582] Die Einbeziehung äußerlich verkehrsgerechten Verhaltens sei

581 BGH NJW 1999, 3132 (3133).

582 Zustimmend *König* JA 2000, 777 (778 f.): „Im Straßenverkehr sei kein Raum für Desperados und Wegelagerer". *König* wendet ein, dass es einen Täter, der durch ein verkehrs*gerechtes* Verhalten *gezielt* schädigen wolle, nicht gebe. Denn ein so handelnder Täter bewege sich stets außerhalb der Verkehrsteilnahme. Danach könne er gar nicht „verkehrsgerecht" handeln. Diese Selbstverständlichkeit, ergebe sich aus der straßenverkehrsrechtlichen Grundnorm nach § 1 Abs. 2 StVO, die hier absichtlich verletzt werde. Zum Ergänzungsverhältnis des § 1 StVO siehe auch *Seier*, NZV 1992, 157 f.
Um nicht allein die böse Gesinnung strafen – hierzu im Überblick *Eisele*, BT I, Rn. 1158 – wird über die objektive Zurechnung vorausgesetzt, dass die rechtlich tolerierte Gefahrschaffungsgrenze überschritten werde, siehe *Rath*, Gesinnungsstrafrecht, S. 26, 47. Nach *Hecker*, DAR 2011, 186 (190), liegt die zurechnungsbegründende Risikoschaffung darin, dass der Täter das Fahrzeug abbremst, in dem Wissen, dass das Brems- und Abbiegemanöver in der konkreten Situation mit hoher Wahrscheinlichkeit zu einem Auffahren des nachfolgenden Fahrzeugs führen wird. Ein Fahrmanöver werde daher zur Herbeiführung eines Unfallereignisses genutzt und nicht wie geboten zur Vermeidung desselben. Der Fahrer verstoße damit gegen § 1 Abs. 2 StVO. Es werde zwar der Anschein eines verkehrsordnungs-

auch keine Besonderheit. Zum sog. *Straßengeher*[583] hatte der BGH schon zuvor ausgeführt, dass es nicht darauf ankommt, dass das Gehen auf der Fahrbahn dem gezielten Streben nach Ortsveränderung dient und einen typischen, in keiner Weise entfremdenden Verkehrsvorgang darstellt. Der ausschlaggebende Grund, auch verkehrswidriges Verhalten eines Verkehrsteilnehmers ausnahmsweise der Strafdrohung des § 315b StGB zu unterwerfen, sei die *innere* Einstellung des Täters, insbesondere der von ihm verfolgte *Zweck*. Das Gesetz selbst biete für die Auslegung, ein Verhalten nur deshalb aus dem Anwendungsbereich des § 315b StGB herauszunehmen, weil es zugleich objektiv auch als bloß verkehrswidrige Teilnahme am Straßenverkehr erscheint, keinen genügenden Anhalt. Dass danach letztlich insoweit die subjektive Tatseite beim Täter bei äußerlich gleichem Verhalten über die Qualifizierung der Tat als Straftat entscheiden könne, sei dem Strafrecht auch sonst im Zusammenhang mit sowohl strafbegründenden[584] als auch qualifizierenden[585] Umständen nicht fremd.

(2) Kritik aus dem Schrifttum

Das Schrifttum steht der Ausdehnung des Inneneingriffs auf äußerlich verkehrsgerechtes Verhalten hingegen kritisch gegenüber. Als Haupteinwand wird vorgebracht, dass ein objektiv verkehrsgerechtes Verhalten in der Absicht, einen Verkehrsunfall herbeizuführen, also ein Handeln, dass allein durch die Absicht geprägt sei, ein Fehlverhalten *Dritter* einzukalkulieren, schon nicht die tatbestandlichen Umschreibungen des § 315b StGB erfülle.[586] Allein ein Verstoß gegen § 1 StVO – soweit er mit der Ansicht der Rechtsprechung angenommen wird – sage nichts darüber aus, ob das Verhalten des Täters objektiv den Anforderungen von § 315b Abs. 1 Nr. 1–3 StGB entspreche,[587] denn § 315b Abs. 1 StGB stelle verhaltensgebundene Voraussetzungen auf, die zur tatbestandlichen Bestimmtheit erforderlich seien; § 1 Abs. 2 StVO als Generalklausel verzichte aber gerade auf eine nähere Spezifizierung eines Verhaltens. Allein aus einer Schädigungsabsicht bei zugleich äußerlich verkehrsgerechtem Verhalten könne ein tatbestandsmäßiges Verhalten (hier ein Hindernisbereiten) nicht abgeleitet werden.[588]

---

gemäßen Verhaltens erweckt, tatsächlich sei der Vorgang objektiv verkehrswidrig. Siehe auch *Freund*, JuS 2000, 754 (755, 758 f.).

583 BGHSt 41, 231 (236).

584 Als Beispiel nennt der BGH die Abgrenzung von Diebstahl und strafloser Gebrauchsentwendung.

585 Als Beispiel nennt der BGH die Abgrenzung von gefährlicher Körperverletzung und bedingt vorsätzlichem Totschlag/Mord.

586 *Wessels/Hettinger*, Rn. 979a.

587 BeckOK-*Kudlich*, § 315b Rn. 19 (21.1).

588 *Kudlich*, StV 2000, 23 (25).

(3) Stellungnahme

Letztlich geht es hier um die Akzeptanz, ein objektiv verkehrsgerechtes Verhalten – der Handelnde macht objektiv nichts „falsch“ – wegen seiner Zwecksetzung als pflichtwidrig i.S.v. § 1 StVO und damit als verkehrswidrig anzusehen und allein diese Pflichtverletzung mit ihrer subjektiven Prägung als Eingriff zu betrachten.

Vergleicht man einerseits den Fall, dass der Täter durch verkehrsgerechtes (allenfalls in der konkreten Situation irreführendes) Verhalten andere in einen Auffahrunfall verwickeln will, mit der unter § 315b Abs. 1 Nr. 2 StGB fallenden Konstellation des grundlosen und abrupten Abbremsens andererseits, so ist fraglich, ob im ersteren Fall ein *qualitativer* Unterschied liegt.

Auf den ersten Blick lässt sich behaupten, dass im ersteren Fall der Täter doch viel gewiefter handelt, wenn er seine deliktische Zwecksetzung (absichtlicher Einsatz des Fahrzeugs als Hindernis) noch in verkehrsgerechtem Verhalten zu verstecken sucht, um sich die Vorteile einer Schadensregulierung zu sichern.[589] So vermag dieses täuschende Verkehrsverhalten umso mehr als Eingriff zu bewerten sein, als der Fall, in dem der Täter sein Fahrzeug „plump“ und unvorhergesehen „querstellt“; denn der Täter nutzt in beiden Fällen die fehlende Vorsicht und das Bremsverhalten des Nachfahrenden aus, wobei er bei äußerlich verkehrsgerechtem Verhalten umso mehr mit dem Vertrauen der nachfolgenden Verkehrsteilnehmer spielt. Auch gerade im Hinblick auf § 315b Abs. 3 i.V.m. § 315 Abs. 3 Nr. 1b StGB muss der Täter doch zwangsläufig mit diesem äußerlichen versteckten Vorgehen agieren, um sich eine Straftat (Versicherungsbetrug) ermöglichen zu können. Diese Qualifikation liefe ins Leere, würde man dem Täterverhalten schon im Grundtatbestand eine Eingriffsqualität absprechen.

Wenn sich nun das Verhalten des Täters als fehlerhaft, sprich als verkehrs*widrige* Verkehrsteilnahme einstufen ließe und sich die Verkehrswidrigkeit erst aus der subjektiven Zwecksetzung ergäbe, so genügt dies dennoch nicht, um letztlich von einem Eingriff in die Sicherheit des Straßenverkehrs auszugehen. Zu verlangen ist, dass sich ein Verhalten insgesamt (also auch äußerlich) als v*erkehrs*fremd darstellt. Ein nur *täuschendes oder listiges* Fahrverhalten vermag trotz subjektiver Zwecksetzung den Anforderungen an einen verkehrsfremden *Eingriff* nicht gerecht zu werden. Für einen Eingriff verlangt die Rechtsprechung selbst eine *grobe Einwirkung von einigem Gewicht.* Und an eben diesem groben Fehlverhalten im Sinne einer Verkehrsstörung fehlt es, wenn der Täter allein und in geschickter Weise – etwa anstelle eines plumpen Ausbremsen – die Unachtsamkeit anderer Verkehrsteilnehmer für seine Zwecke ausnutzt. Die Tatsache, dass andere Verkehrsteilnehmer ein anderes Fahrverhalten des Täters antizipieren und in Folge *eigener* (!) Unachtsamkeit dadurch einen Auffahrunfall verursachen, erfüllt nicht die Anforderungen, die an einen verkehrsstörenden Eingriff zu stellen sind.[590] Ein objektives Eingriffsverhalten lässt sich nicht dadurch

---

589 So hat der Täter zunächst den Anscheinsbeweis, dass der Auffahrende den Unfall zu verschulden hat, auf seiner Seite, BeckOK-ZPO-*Bacher*, § 284 Rn. 95.1.

590 So lässt sich eine Parallele ziehen zu der Frage, ob ein Angriff auf die Entschlussfreiheit eines Kraftfahrers i.S.v. § 316a StGB denn allein in einer Täuschung oder

fingieren, dass die Rechtsprechung neben der Zweckentfremdungsabsicht eine Schädigungs*absicht* verlangt. Erst wenn die subjektiven Anforderungen an einen Inneneingriff zu dem objektiv tatsächlich gegebenen Eingriffsverhalten i.S.v. § 315b StGB *hinzutreten* – ein möglicher Verstoß gegen § 1 Abs. 2 StVO, wie er vorgetragen wird, genügt dafür noch nicht – liegt ein von der Rechtsprechung verlangter pervertierter Verkehrsvorgang vor. Die Fälle äußerlich verkehrsgerechten Verhaltens sind danach aus dem Anwendungsbereich des § 315b Abs. 1 StGB auszusondern.

d. Verkehrsfeindliche Absicht und Gefährdungsvorsatz

Bis 2003 genügte nach Ansicht der Rechtsprechung für die Verwirklichung des § 315b Abs. 1 StGB – und zwar für den tatsächlichen Eingriff von außen, aber gleichermaßen auch für den ausnahmsweise anerkannten verkehrsfremden/-feindlichen Inneneingriff – hinsichtlich des zu verursachenden Gefährdungserfolgs ein dementsprechender *Gefährdungs*vorsatz.

In den entschiedenen Polizeiflucht- bzw. Nötigungsfällen[591] lag ein Gefährdungsvorsatz zumeist vor. Legte es der Täter mit seinem Verhalten sogar darauf an, einen Verkehrsunfall herbeizuführen[592], war dieser Gefährdungsvorsatz unschwer feststellbar. Denn hierzu lässt sich – verallgemeinert – sagen, dass sich in solchen „Auffahrfällen“[593] der Vorsatz zur Verwirklichung des § 315b Abs. 1 Nr. 2 StGB auf den Eintritt eines *Schadens* zwar nicht zu erstrecken braucht; vielmehr genügt, dass der Vorsatz die *Gefährdung* für Leib oder Leben eines anderen oder fremde Sachen von bedeutendem Wert umfasst, der Täter also die Umstände kennt und billigt, die zu einer bestimmten Gefährdung führen und die Schädigung eines der genannten Rechtsgüter als eine naheliegende Möglichkeit erscheinen lassen. Dass bei provozierten Auffahrunfällen regelmäßig ein solcher (bedingter) Gefährdungsvorsatz vorliegt, versteht sich quasi von selbst: Denn wenn der Täter in der Absicht handelt, Auffahrunfälle herbeizuführen, um beispielsweise später betrügerisch gegen die Versicherungen der mutmaßlichen Schädiger Ansprüche geltend machen zu können, so nimmt er zumindest eine solche Fremdgefährdung auch dann in Kauf,

---

List gesehen werden kann. Auch hier wird überwiegend verlangt, dass das Täterverhalten, zumindest nötigungsgleiche Wirkung haben muss, um mit einem *Angriff* auf Leib oder Leben vergleichbar zu sein und um damit die hohe Strafdrohung zu rechtfertigen. Hierzu *Küper/Zopfs*, Rn. 38 sowie BGH NJW 2015, 2131 ff. Vergleichsweise begründet bloß listiges Verhalten mangels objektiver Erheblichkeit keinen *Eingriff*.

591 Siehe dazu die oben zum Inneneingriff aufgeführten älteren Entscheidungen.

592 BGH NZV 1992, 325 f. (absichtliches anlassloses Bremsen); NStZ 1992, 182 (Bremsen während der Gelbphase, um Auffahrunfall herbeizuführen).

593 Gemeint ist das vorsätzliche Herbeiführen eines Verkehrsunfalls durch vorsätzliches Auffahren auf ein anderes Fahrzeug (Rammen), aber auch das vorsätzliche „Auffahrenlassen“ durch ein Hindernisbereiten mit dem eigenen Fahrzeug (z. B. durch abruptes Bremsen).

wenn es ihm im Rahmen der von ihm verfolgten Absicht, einen möglichst hohen eigenen Schaden zu erzielen, darauf nicht entscheidend ankommt, er einen hohen Fremdschaden sogar zu vermeiden sucht.[594]

Konnte dem Täter letztlich die *Absicht*, einen Unglücksfall (hier Verkehrsunfall) herbeizuführen und/oder um eine Straftat zu ermöglichen, nachgewiesen werden[595], erreichte der verkehrsfremde Inneneingriff sogar Verbrechensqualität (§§ 315b Abs. 3, § 315 Abs. 3 Nr. 1a und 1b StGB).

Handelte der Täter mit einer derartigen spezifischen (verkehrsfeindlichen) Absicht im Sinne des § 315 Abs. 3 Nr. 1a (und b) StGB, so geht sein Vorsatz regelmäßig über eine Gefährdung fremder Sachen (von bedeutendem Wert) oder Leib und Leben anderer Menschen hinaus, sodass schon ein (bedingter) Schädigungs- bzw. Verletzungsvorsatz vorlag, wenn die Eingriffshandlung das notwendige erhebliche Gewicht hatte.[596] Wenn der Täter mit dem absichtlich zweckentfremdeten Kraftfahrzeug (Schädigungswerkzeug) zielgerichtet einen Verkehrsunfall (als Unglücksfall) provozieren will, dann geht er *notwendigerweise* über eine bloße Gefährdung eines anderen Fahrzeugs (Sache von bedeutendem Wert) oder Menschen hinaus.[597] Denn für die gegenüber einem Verkehrsunfall gesteigerte Form des Unglücksfalls wird die Absicht verlangt, nicht nur eine Gefährdung, sondern einen *Schaden* zu erzeugen.[598] Ein Unglücksfall ist wie in § 323c StGB ein plötzliches äußeres Ereignis, bei dem der Eintritt eines durch die Gefahr verursachten Schadens droht. Dabei ist ein tatsächlicher Schadenseintritt nicht erforderlich.[599] Dass ein Täter bei einem beabsichtigten Verkehrsunfall (Auffahrunfall) nur *sein* Eigentum geschädigt wissen will, er dagegen fremdes Eigentum bloß gefährden möchte, ist faktisch (wohl) ausgeschlossen. Es erscheint praktisch abwegig, dass das auffahrende Fahrzeug bei einem beabsichtigten Verkehrsunfall unbeschädigt bleibt/bleiben soll. Der so notwendigerweise mit Schädigungsvorsatz handelnde Täter kann allenfalls auf das Ausbleiben eines

---

594 So die Argumentation in BGH NZV 1992, 325 (326).

595 BGH NZV 1992, 325 (326).

596 Zur absichtlichen Herbeiführung eines Auffahrunfalls: Der BGH (NStZ 2012, 700 [70]) geht problemlos nicht nur von einem Gefährdungs-, sondern von einem (seit BGHSt 48, 233 ff. erforderlichen) Schädigungsvorsatz aus, denn er bemängelt zwar die Feststellungen zur erforderlichen objektiven konkreten Gefährdung, hält einen Tatentschluss für einen versuchten gefährlichen Eingriff in den Straßenverkehr mit dem erforderlichen Schädigungsvorsatz aber für gegeben.

597 BGH NZV 2001, 265 (mit dem Auffahren notwendigerweise verbundene Beschädigung). Für den Fall, dass bei nachgewiesenem Schädigungsvorsatz auch die qualifizierenden Umstände nach §§ 315b Abs. 3, 315 Abs. 3 StGB zu prüfen sind, siehe OLG Hamm DAR 2014, 594.

598 OLG München NStZ 2006, 452; BGH NZV 2001, 265: „Für die nach § 315 Abs. 3 Nr. 1a StGB erforderliche Absicht reicht es aus, dass der Täter den Verkehrsunfall – und damit unter den hier gegebenen Umständen einen Unglücksfall – durch einen verkehrsfremdem (verkehrsfeindlichen) Eingriff gezielt herbeigeführt hat."

599 BeckOK-*Kudlich*, § 315 Rn. 23.

höheren Fremdschadens spekulieren.[600] Möglich ist lediglich, dass der Täter zwar einen Schädigungsvorsatz in Bezug auf fremde Sachen von bedeutendem Wert hat, dagegen aber darauf vertraut, dass ein Personenschaden ausbleiben werde.

In Fällen, in denen das Kraftfahrzeug zu dem Zweck eingesetzt wurde, einen Auffahrunfall herbeizuführen, ist mit dieser Zweckentfremdung ein *Schädigungs*vorsatz (oder gar Schädigungsabsicht) verknüpft, sodass damit die Voraussetzungen des § 315b StGB, der in subjektiver Hinsicht nur einen Gefährdungsvorsatz verlangt, unschwer erfüllt waren.

Bei den übrigen Polizeiflucht- und Nötigungsfällen durch ein Zufahren oder Hindernisbereiten war ein Gefährdungsvorsatz genau festzustellen, denn der Täter konnte hier mangels notwendiger Berührung mit einem Fremdobjekt je nach Fallkonstellation durchaus darauf vertrauen, dass eine *konkrete* (!) Gefährdung eines Menschen oder einer Sache von bedeutendem Wert nicht eintrete.

e. Tatbestandseinschränkung durch BGHSt 48, 233 ff.

Mit der Grundsatzentscheidung in BGHSt 48, 233 ff.[601] aus dem Jahr 2003 hat der BGH die Anforderungen an den Ausnahmefall des verkehrsfremden Inneneingriffs verschärft. Als verkehrsfremder Inneneingriff wird zwar (weiterhin)

> „ein vorschriftswidriges Verkehrsverhalten im fließenden Verkehr nur dann von § 315b StGB erfasst, wenn ein Fahrzeugführer das von ihm gesteuerte Kraftfahrzeug in verkehrsfeindlicher Einstellung bewusst zweckwidrig einsetzt, er mithin in der Absicht handelt, den Verkehrsvorgang zu einem Eingriff in den Straßenverkehr zu ‚pervertieren', und es ihm darauf ankommt, durch diesen in die Sicherheit des Straßenverkehrs einzugreifen. [...] Ein bloß vorschriftswidriges Verkehrsverhalten fällt dagegen grundsätzlich nicht unter § 315b StGB, sondern – bei Vorliegen der weiteren Voraussetzungen – nur unter § 315c StGB. [...] Insoweit kommt § 315c StGB eine ‚Sperrwirkung' zu."[602]

(1) „(Bedingter) Schädigungsvorsatz" als einschränkendes Kriterium

Über die vorausgesetzte verkehrsfeindliche Einstellung des Täters (Absicht) hinaus, fordert der BGH[603] nun aber weiter einschränkend, dass „zu dem bewusst zweckwid-

---

600 Vgl. die Argumentation in BGH NZV 2001, 265. Für den Fall, dass ein Verkehrsunfall zu Betrugszwecken einverständlich herbeigeführt wird, fehle es an einem Unglücksfall und an einer Beeinträchtigung der Sicherheit des Straßenverkehrs, sodass schon § 315b StGB nicht einschlägig sei, BGH NJW 1991, 1120; NStZ 1992, 233. Dazu ausführlich schon unter D.II.1.: Nach hiesigem Verständnis liegt zwar eine Sicherheitsbeeinträchtigung vor, doch sind die Tatbeteiligten als einverständlich *verkehrsfremd* handelnde Personen keine tauglichen Gefährdungsobjekte für eine konkrete Gefährdung, zu der sich die Sicherheitsbeeinträchtigung zu verdichten hat.

601 Dort m.w.N.; für das Zufahren auf einen Menschen zuletzt BGH NZV 2014, 184.

602 BGHSt 48, 233 (236 f.).

603 BGHSt 48, 233 (237).

rigen Einsatz eines Fahrzeugs[604] in verkehrsfeindlicher Einstellung hinzukommen muss, dass das Fahrzeug mit (mindestens bedingtem) Schädigungsvorsatz – etwa als Waffe oder Schadenswerkzeug ... – missbraucht wird."[605] Dies aus der Erwägung heraus, dass nur bei gegebenem Schädigungsvorsatz eine über den Tatbestand des § 315c StGB hinausgehende verkehrs-atypische „Pervertierung" des Verkehrsvorgangs zu einem gefährlichen „Eingriff" in den Straßenverkehrs i.S. des § 315b Abs. 1 StGB vorliege.[606] Dabei stellt der BGH aber nicht in Frage, dass für den subjektiven Tatbestand des § 315b StGB – im Übrigen – Gefährdungsvorsatz ausreiche. Lediglich die für verkehrsfremde Inneneingriffe geforderte verkehrsfeindliche Absicht werde „konkretisiert".[607]

(2) Erläuterung dieser Konkretisierung

Was der BGH mit dieser „Konkretisierung" meint, insbesondere wo diese im Prüfungsaufbau zu verorten ist, ist unklar. Nach dem Normverständnis dürfte die Konkretisierung aber wie folgt einzuordnen sein:

(a) Einschränkung des objektiven Tatbestandsmerkmals „Eingriff"

Im Ausnahmefall des verkehrsfremden Inneneingriffs durch verkehrswidriges Verhalten sind neben dem objektiven Eingriffsverhalten nach § 315b Abs. 1 StGB die zwei folgenden subjektiven Voraussetzungen zu prüfen, die das objektive Tatbestandsmerkmal des (Innen)Eingriffs mitbestimmen:

- Der Täter muss bei Vornahme des Eingriffs in den Straßenverkehr in der verkehrsfeindlichen Absicht handeln, sein Kraftfahrzeug als Schädigungswerkzeug zu missbrauchen. Dieser zielgerichtete Wille beinhaltet die Bestimmung eines Fortbewegungsmittels zu einem verkehrsfremden Zweck (Zweckentfremdung) und knüpft dabei an das Tat*handlungsobjekt* (i. d. R. das vom Täter geführte Kraftfahrzeug[608]) an, mit dem der Täter die Eingriffshandlung vornimmt.
- Neben diese *werkzeugbezogene Absicht* tritt nun *weiter einschränkend* bzw. konkretisierend hinzu, dass das Fahrzeug mit mindestens bedingtem *Schädigungs*vorsatz missbraucht wird.[609] Dabei steht dieser mindestens bedingte Schädigungsvorsatz als zusätzliche subjektive Komponente nicht im Widerspruch zur werkzeugbezo-

---

604 Der verkehrsfremde Inneneingriff ist danach nicht auf Kraftfahrzeuge (so der Anschein im vorherigen Zitat) beschränkt, sondern durch den Einsatz jeden Fahrzeugs möglich. Klarstellend ist im Leitsatz daher von Fahrzeugen die Rede, vgl. auch BGH NStZ 2010, 391 (392); NZV 2014, 184.

605 BGHSt 48, 233 (237); BGH NZV 2016, 533 (534). Das Erfordernis eines Schädigungsvorsatzes ist umstritten, soll aber hier als Voraussetzung für den verkehrsfremden Inneneingriff nicht vertieft in Frage gestellt werden.

606 BGHSt 48, 233 (237).

607 BGHSt 48, 233 (237).

608 Der Inneneingriff ist – wie vorstehend – nicht auf Kraftfahrzeuge beschränkt.

609 BGHSt 48, 233 (237).

genen verkehrsfeindlichen Absicht. Denn mit der Zweckentfremdungsabsicht wird das Fahrzeug zunächst bloß zum Werkzeug umfunktionalisiert, da primärer Zweck nicht mehr die Fortbewegung sein soll. Mit dem bedingten Schädigungsvorsatz erhält das Fahrzeug darüber hinaus seine Widmung als ein *gefährliches* (Schadens)Werkzeug.

Durch diese *doppelte*, sich aber in der Zielrichtung unterscheidende Subjektivierung des Merkmals des verkehrsfremden Inneneingriffs soll die systematisch geforderte Sperrwirkung des § 315c StGB beachtet und der Anwendungsbereich des § 315b StGB auf tatsächliche *Eingriffs*situationen beschränkt bleiben. Das Merkmal des Eingriffs wird danach über eine subjektiv zu bestimmende *Pervertierung* eines Verkehrsvorgangs eingegrenzt.

Das Erfordernis des Schädigungsvorsatzes ist damit – wie vom BGH beabsichtigt, aber missverständlich formuliert – doch geeignet[610], die verkehrsfeindliche Einstellung des Täters zu „konkretisieren". Denn konkretisiert wird nicht die verkehrsfeindliche Absicht im engeren Sinn, d. h. die beabsichtigte Zweckentfremdung eines Fortbewegungsmittels zur Pervertierung eines Verkehrsvorgangs, sondern die angestrebte Pervertierung als solche. Eine Pervertierung eines Verkehrsvorgangs ist subjektiv geprägt, denn die Zweckänderung ist äußerlich auch beim Erfordernis einer groben Einwirkung von einigem Gewicht[611] nicht notwendigerweise erkennbar. Eine grobe Einwirkung von einigem Gewicht als objektives Eingriffsverhalten stellt erst dann einen pervertierten Verkehrsvorgang (Inneneingriff) dar, wenn das Eingriffsverhalten auf eine bewusste Zweckentfremdung des Fahrzeugs zurückzuführen ist, die von einem zumindest bedingten Schädigungsvorsatz getragen ist. Erst bei einer derartigen Verknüpfung objektiver und subjektiver Voraussetzungen kann dem Täter vorgeworfen werden, kein Verkehrsteilnehmer mehr zu sein, weil er sich gänzlich über die im Straßenverkehr geltenden Grundregeln, vgl. § 1 StVO, hinwegsetzt. Denn er setzt vorsätzlich sein Fahrzeug nicht mehr als Mittel der Fortbewegung, sondern als Schädigungsmittel gegenüber anderen ein.

(b) Kein Finalzusammenhang mittels Schädigungsabsicht erforderlich

Klarstellend sind beide subjektiven Komponenten mit ihrer unterschiedlichen Ausrichtung nicht notwendigerweise in der Weise *final* verknüpft, dass der Täter das Fahrzeug in der Absicht zweckentfremden müsse, *um* damit andere zu schädigen. Wäre dem so, dürfte die Rechtsprechung keinen bedingten Schä-

610 Anders LK-*König*, § 315b Rn. 12a: „Es sei generell nicht ersichtlich, wie ein bedingter Verletzungsvorsatz eine verkehrsfeindliche Absicht soll konkretisieren können"; *ders.*, NStZ 2004, 175 (177).

611 Zum strittigen Fall des äußerlich verkehrsgerechten Verhaltens oben unter D.III.2.c.

digungsvorsatz ausreichen lassen, sondern müsste[612] eine Schädigungsabsicht verlangen.[613]

Auf den ersten Blick liegt ein derartiger absichtsbezogener Finalzusammenhang jedoch nahe, denn warum sonst sollte ein Fahrzeug als Schädigungswerkzeug zweckentfremdet und damit in die Sicherheit des Straßenverkehrs eingegriffen werden, wenn es dem Täter nicht auf eine Schädigung ankommt? – Eine solche *enge finale* Sichtweise deckt aber nicht das volle Spektrum der praktisch relevanten Fälle ab. Denn gerade bei Polizeifluchtfällen als Kernbereich des verkehrsfremden Inneneingriffs bedarf es *faktisch* keiner Schädigungs*absicht*, denn eine Schädigung ist hier nicht *notwendiges* Zwischenziel für eine erfolgreiche Flucht.

So soll nach der Rechtsprechung eine Pervertierung eines Verkehrsvorgangs nicht nur dann gegeben sein, wenn der Täter (in typischen Fällen) mit Schädigungsabsicht handelt, sondern schon dann, wenn ihm ein Schädigungserfolg nur als möglich erscheint, dieser aber dennoch gebilligt wird. Dagegen fehlt es an einer Pervertierung, wenn der Täter das Fahrzeug zwar zweckentfremdet, aber nur in *Nötigungs*absicht einsetzt und sein weiterer Vorsatz sich auf die Schaffung einer *Gefährdungs*lage beschränkt.

Um dem kriminalpolitischen Bedürfnis gerecht zu werden, zumindest den gravierenden Teil der Polizeifluchtfälle weiterhin über die Straßenverkehrsdelikte im engeren Sinne zu erfassen, muss es genügen, einen weiter gefassten Finalzusammenhang zugrunde zu legen. Dieser ist gegeben, wenn der Täter den Eingriff durch Zweckentfremdung des Fahrzeugs vornimmt, um über eine als möglich erkannte und gebilligte Schädigung sein Tatziel (z. B. die Flucht) zu erreichen. Denn der Täter stellt seinen deliktischen Zweck (Zweckentfremdung) in diesem Fall deutlich über die Sicherheit des Straßenverkehrs, wenn er, um diesen Zweck zu erreichen, sogar eine Schädigung anderer in Kauf nimmt und damit eine Verkehrsstörung einkalkuliert. Sein Verhalten ist dann schon als verkehrsfremd bzw. als pervertierter Verkehrsvorgang zu begreifen.

(c) Kein Widerspruch zur bestehenden Deliktsstruktur

Letztlich widersprüchlich erscheint aber die Voraussetzung, dass der Täter einen zumindest bedingten „*Schädigungs*vorsatz" aufweisen müsse, der Tatbestand des § 315b StGB aber lediglich als konkreter *Gefährdungs*tatbestand aufgebaut ist.

Insoweit stellt der BGH klar, dass für den subjektiven Tatbestand des § 315b Abs. 1 StGB im Grundsatz weiterhin ein Gefährdungsvorsatz ausreicht. Der von

612 Lediglich in den strittigen Fällen des äußerlich verkehrsgerechten Verhaltens, in denen der Täter es mit seiner Verhaltensweise auf einen Verkehrsunfall anlegt, dürfte nach der Rechtsprechung eine solche Schädigungsabsicht erforderlich sein, vgl. oben D.III.2.c.

613 So im Ergebnis BeckOK-*Kudlich*, § 315b Rn. 28, der generell eine Schädigungs*absicht* verlangt, mit der Folge, dass regelmäßig dann auch die Verbrechensvoraussetzungen des §§ 315b Abs. 3, 315 Abs. 3 Nr. 1a StGB gegeben sind.

der Rechtsprechung verlangte Schädigungsvorsatz als Konkretisierung knüpft allein an das *objektive* Merkmal des verkehrsfremden Inneneingriffs an und kennzeichnet die verkehrsfremde Handlung. Von dem eigentlichen konkreten Gefährdungsvorsatz, den der subjektive Tatbestand des § 315b StGB Abs. 1 als konkretes Gefährdungsdelikt verlangt, ist der eingriffsbezogene Schädigungsvorsatz daher schon tatbestandlich zu trennen. Bei letzterem handelt es sich um einen Vorsatz zur Schädigung fremder Rechtsgüter im Allgemeinen. Er bezieht sich nicht wie der auf das Merkmal der konkreten Gefahr bezogene Gefährdungsvorsatz auf taugliche Gefährdungsobjekte. Ein Inneneingriff liegt also auch dann vor, wenn sich der Schädigungsvorsatz auf Sachen von *un*bedeutendem Wert bezieht.

Da die konkrete Gefahr als Indikator für die Beeinträchtigung der Sicherheit des Straßenverkehrs aber eine Gefährdung eines tauglichen Gefährdungsobjekts voraussetzt, ist der Vorsatz diesbezüglich *enger* gefasst. Hier muss der Vorsatz die Gefährdung fremder Sachen von bedeutendem Wert einbeziehen. Fehlt es dem Täter an dieser engeren Vorstellung, so liegt kein *vorsätzlicher* verkehrsfremder Inneneingriff nach § 315b Abs. 1 StGB vor. Zu denken ist dann an eine Vorsatz-Fahrlässigkeitskombination nach § 315b Abs. 4 StGB.[614] Bedingter Schädigungsvorsatz und konkreter Gefährdungsvorsatz sind daher nicht zwingend deckungsgleich. Regelmäßig lässt sich unter der genannten Einschränkung mit dem Schädigungsvorsatz aber auch der Gefährdungsvorsatz begründen.

Trotz der subjektiven Einschränkung des objektiven Tatbestands ist dieser aber weiterhin schon vollendet, wenn es „nur" zu einer konkreten Gefährdungssituation kommt, eine Schädigung bzw. Verletzung eines tauglichen Gefährdungsobjekts also

614 Eine solche ist hiernach möglich, wenn der Täter *fahrlässig* die (zusätzliche) Gefährdung tauglicher Gefährdungsobjekte hervorruft, vgl. etwa S/S/W-*Ernemann*, § 315b Rn. 18; LK-*König*, § 315b Rn. 84 a.E. Erst auf den Gefährdungsvorsatz wirken sich eventuelle Abweichungen vom Kausalverlauf aus. Denn faktisch kann die Vorstellung des Täters nur hinsichtlich des tatsächlich gefährdeten Objekts abweichen, nicht aber hinsichtlich eines von Zweckentfremdungsabsicht und mindestens bedingtem Schädigungsvorsatz getragenem Eingriffsverhalten, das ja erst die Grundlage für die darauf folgende Gefährdung bildet. Beispiel: Gefährdet der Täter durch seinen verkehrsfremden Inneneingriff letztlich nicht die Person, die er anvisiert hat, sondern eine andere, so kann hinsichtlich des anvisierten Objekts ein qualifizierter Versuch nach §§ 315b Abs. 1 Nr. 3, Abs. 2, Abs. 3 StGB vorliegen, hinsichtlich des tatsächlich gefährdeten Objekts eine Vorsatz-Fahrlässigkeitskombination nach §§ 315b Abs. 1, Abs. 4 StGB. Diese Strafbarkeit lässt sich allerdings nicht über § 315b Abs. 3 StGB qualifizieren, denn § 315b Abs. 3 StGB ist nur auf Fälle des vorsätzlichen Vergehens nach § 315b Abs. 1 StGB anwendbar, nicht aber auf Fälle des § 315b Abs. 4 StGB, siehe B/H/H/J/J-*Burmann*, § 315b Rn. 12; S/S-*Sternberg-Lieben/Hecker*, § 315b Rn. 17. Systematisch ergibt sich dies schon daraus, dass die Qualifikation des Abs. 3 der Vorsatz-Fahrlässigkeitskombination nach Abs. 4 vorgeschaltet ist, und letztere eine von Abs. 1 abweichende Strafdrohung vorsehen, die in dem Qualifikationstatbestand nicht widergespiegelt werden.

ausbleibt. § 315b StGB wird daher durch die subjektiven Einschränkungen des Eingriffsmerkmals nicht der Charakter eines *Gefährdungs*delikts genommen.

f. Prüfungsaufbau für den verkehrsfeindlichen Inneneingriff

Damit ergibt sich – klarstellend – nach der Rechtsprechung folgender Tatbestandsaufbau des verkehrsfremden Inneneingriffs nach § 315b Abs. 1 StGB:

(1) Objektiver Tatbestand

Der Täter muss durch die Verwendung eines Fahrzeugs eine Handlung im Sinne des § 315b Abs. 1 Nr. 1–3 StGB vornehmen, mit der er die Sicherheit des Straßenverkehrs abstrakt beeinträchtigt bzw. gefährdet. Steht die herauszuarbeitende Tathandlung im Zusammenhang mit der Teilnahme am Straßenverkehr, ist auf den grundsätzlichen Vorrang des § 315c StGB einzugehen und die Sperrwirkung für ein Verhalten im Straßenverkehr darzustellen.

Sodann ist die vom Gesetzgeber vorgesehene und durch die Rechtsprechung bestimmte Ausnahmefigur des verkehrsfremden Inneneingriffs mit den oben dargestellten Voraussetzungen zu prüfen. Der Täter muss durch verkehrswidriges Verhalten objektiv eine grobe Einwirkung von einigem Gewicht vornehmen (objektives Eingriffsverhalten).[615] Über die *subjektiven* Voraussetzungen ist zu begründen, dass es sich hierbei um ein verkehrsfremdes Verhalten handelt, das einen Verkehrsvorgang pervertiert. Dem Täter muss eine verkehrsfeindliche Einstellung nachzuweisen sein. Diese setzt eine fahrzeugbezogene Zweckentfremdungsabsicht voraus, die mit einem zumindest bedingten Schädigungsvorsatz gegenüber einem Gefährdungsobjekt verknüpft ist. Durch die strengen Anforderungen an das Eingriffsverhalten ist ein nur fahrlässiger verkehrsfremder Inneneingriff in die Sicherheit des Straßenverkehrs nicht möglich.[616]

Wird ein verkehrsfremder Inneneingriff bejaht, so ist in einem zweiten Schritt festzustellen, dass durch diesen eine konkrete Gefahr für ein taugliches Gefährdungsobjekt eingetreten ist. Zwischen eingetretener konkreter Gefahr und dem verkehrsfremden Eingriffsverhalten bedarf es eines spezifischen Zusammenhangs („dadurch“).

(2) Subjektiver Tatbestand

Der subjektive Tatbestand setzt zum einen Vorsatz hinsichtlich des verkehrsfremden Inneneingriffs als auch hinsichtlich einer konkreten Gefährdung voraus. Der Täter muss sich der Umstände bewusst sein, die das Vorliegen eines Inneneingriffs und einer konkreten Gefahr für ein taugliches Gefährdungsobjekt begründen und er

---

615 An einem derartigen objektiven Eingriff fehlt es nach hier vertretener Ansicht, wenn sich der Täter äußerlich verkehrsgerecht verhält, oben D.III.2.c(3).

616 BGHSt 23, 4 (4); OLG Karlsruhe NJW 1978, 1391 (1391); S/S-*Sternberg-Lieben/Hecker*, § 315b Rn. 15; LK-*König*, § 315b Rn. 84 a.E.

muss den Eintritt einer konkreten Gefahr aufgrund seines Eingriffsverhaltens zumindest billigend in Kauf nehmen.

Aus den Tatsachen, die das objektive Vorliegen eines verkehrsfremden Inneneingriffs begründen, lässt sich aus der Zweckentfremdungsabsicht grundsätzlich auch der zumindest bedingte Vorsatz hinsichtlich der Eingriffshandlung ableiten, mit der die Zweckentfremdung umgesetzt wird.

Der Gefährdungsvorsatz, der sich auf die durch den Inneneingriff geschaffene Gefahrenlage für ein taugliches Objekt bezieht, ist sodann festzustellen und vom eingriffsbezogenen, mindestens bedingten Schädigungsvorsatz zu trennen.[617] Denn hier geht es um die Kenntnis derjenigen Umstände, die eine durch den Inneneingriff geschaffene abstrakte Beeinträchtigung der Sicherheit des Straßenverkehrs hin zu einer tatsächlichen konkreten Gefahr für ein taugliches Objekt verdichten. Diese erkannte Gefahrenprognose muss der Täter in seinen Verwirklichungswillen aufnehmen. Gleichwohl können die Umstände, die den Schädigungsvorsatz hinsichtlich der Eingriffshandlung begründen ebenso relevant sein für die Subsumtion des Vorsatzes zur nachfolgenden konkreten Gefährdung.

g. *Praktische Konsequenz*

Aufgrund der strengeren subjektiven Anforderungen an den verkehrsfremden Inneneingriff entsteht mit dem Charakter des § 315b StGB als konkretes Gefährdungsdelikt eine Spannungslage.[618] Soweit nämlich früher Nötigungsfälle, in denen der Täter nur mit Gefährdungsvorsatz, nicht aber mit Schädigungsvorsatz handelte (Polizeifluchtfälle), unter § 315b StGB subsumiert werden konnten, ist die Anwendung des § 315b StGB in solchen Fällen seit der Rechtsprechungsänderung trotz Vorliegens einer Gefährdungssituation ausgeschlossen:[619] Denn um einen Verkehrsvorgang zu einem Eingriff pervertieren zu können, muss der Täter sein Fortbewegungsmittel zweckentfremden und darüber hinaus die Schädigung eines Gefährdungsobjekts zumindest als möglich erkennen und in Kauf nehmen wollen.

So ist es bildlich gesehen ein Unterschied, ob jemand (anlässlich des eigenen Fortkommens) riskant und gefährlich fährt, aber sein Vorsatz über eine Gefährdung nicht hinausgeht (so bei egoistischer Fahrweise, die aber gerade auf das Ausbleiben eines Unfalls vertraut: „Verkehrsrowdy"). Oder ob dieser jemand sogar eine tatsächlich mögliche Schädigung erkennt und (zum weiteren Fortkommen) billigt oder gar anstrebt („Flucht um jeden Preis" sowie „Tatverdeckung" oder „gezielter Angriff aus anderen Motiven"). Hier wird schlicht der Gedanke des Straßenverkehrs zur Ermöglichung eines ungestörten und geregelten Ortswechsels einem deliktischen Zweck untergeordnet, also schlechthin pervertiert.[620]

---

617 D.III.2.e(2)(c).

618 *Seier/Hillebrand*, NZV 2003, 488 (490).

619 BeckOK-*Kudlich*, § 315b Rn. 18.1; LK-*König*, § 315b Rn. 12a.

620 Zu dieser Überlegung ablehnend *König*, NStZ 2004, 175 (177): „Wenig überzeugend erscheint auch das Kriterium des (zumindest bedingten) Verletzungsvorsatzes, das

Aufgrund der bestehenden Sperrwirkung des § 315c StGB und der intendierten Privilegierung der Verkehrs*teilnahme* fällt ersteres Verhalten nur unter § 315c Abs. 1 Nr. 2 StGB, sofern eine der dort aufgeführten sieben Todsünden erfüllt ist. Für letzteres Verhalten kann dagegen (auch) § 315b StGB einschlägig sein, wenn ein „Eingriff" zu bejahen ist. Abgrenzungsmerkmal ist danach die *Verkehrsteilnahme*, die den Bereich sowohl des verkehrs(regel)gerechten als auch verkehrs(regel)widrigen (meint: bloß fehlerhaften) Verhaltens abdeckt, nicht aber ein außerhalb der Verkehrsteilnahme liegendes verkehrswidriges und zugleich verkehrs*fremdes* Verhalten.[621]

Seit 2003 ist v. a. bei Polizeifluchtfällen deshalb folgende Einschränkung zu beachten: Benutzt der Täter sein Fahrzeug als *Flucht*mittel und damit zu Verkehrszwecken[622] und fährt er dabei lediglich verkehrswidrig, so scheidet ein verkehrsfremdes und verkehrsfeindliches Verhalten jedenfalls dann aus, wenn der Täter dabei lediglich mit Gefährdungsvorsatz handelt.[623] So fällt ein Hindern am Überholen, ohne dazu durch die Verkehrslage veranlasst zu sein, nur bei gegebenem Schädigungsvorsatz unter § 315b Abs. 1 Nr. 2 StGB (Behinderung als Zweck und nicht nur bloße Folge der verbotenen Fahrweise). Denn nach Ansicht des BGH[624] ist es so, dass, wenn

> „das eigene Fortkommen primäres Ziel einer bestimmten Fahrweise [ist], ... das in der gewollten Behinderung eines anderen Fahrzeugs liegende Nötigungselement allein ein Verkehrsverhalten noch nicht zu einem gefährlichen Eingriff in den Straßenverkehr [macht]. Der Nötigungscharakter ist ebenso wie die Inkaufnahme der Gefährdung anderer Verkehrsteilnehmer Bestandteil einer Vielzahl alltäglichen bewusst regelwidrigen

---

der *BGH* zur Eingrenzung des verkehrsfeindlichen Inneneingriffs heranziehen will. Geht man den (m. E. unrichtigen) Gedanken des *Senats* für einen Moment mit, dass das Fahrzeug als ‚Verkehrsmittel' eingesetzt wird, wenn der Täter das Fernziel des Fliehens verfolgt, so leuchtet nicht ein, warum aus dem ‚Verkehrsmittel' eine ‚Waffe' bzw. ein ‚Schadens*werkzeug*' wird, sofern der Täter nicht nur einen Beinaheunfall, sondern auch einen Unfall billigend in Kauf nimmt. Denn es bleibt dabei, dass er unter allen Umständen entkommen will, wobei ihm der Verletzungseintritt in höchstem Maße unerwünscht ist".

621 Praktisch begünstigt wird mit der engen Ansicht des BGH damit der Täter, dem es [durch geschickte Fahrmanöver] gelingt, ohne tatsächliche Schädigung, sein Fluchtziel zu erreichen. Denn fehlt es objektiv an einer Schädigung, so erschwert dies nicht nur der Nachweis einer konkreten Gefahrensituation (Beinaheunfall), sondern mangels möglicher Rückschlüsse aus objektiven Umständen auch der Nachweis der subjektiven Tatsache, dass der Täter eine Schädigungsmöglichkeit tatsächlich erkannte und diese billigte. Zum Vorsatznachweis siehe OLG Hamm, Beschluss vom 04.06.2013 – III 5 RVs 41/13, BeckRS 2013, 12328.

622 BGH VRS 65 (1983), 428 (429).

623 BGHSt 48, 233 (237 f.), einschlägig sei dann allenfalls § 315c StGB: BGH NZV 2016, 345 (345).

624 BGHSt 48, 233 (238). Siehe auch BGH NStZ 2010, 391; NStZ-RR 2012, 123; NZV 2014, 184.

Verkehrsverhaltens (bspw. bewusster Vorfahrtverletzungen), ohne dass solche vorsätzlichen Verkehrsverstöße als ‚Pervertierung' gewertet würden. Ebenso wenig kann es für die rechtliche Einordnung von regelwidrigem Verkehrsverhalten im fließenden Straßenverkehr auf eine ‚moralische Bewertung' der Motive ankommen, aus denen der Täter sein Interesse an der ungehinderten Fortsetzung seiner Fahrt über das Interesse anderer Verkehrsteilnehmer an gefahrloser Teilnahme am Straßenverkehr stellt."

Diese Begründung hatte die (praktische) Frage aufgeworfen, ob danach weiterhin Gefährdungsvorsatz ausreichend sei, wenn Beweggrund *nicht* das Fortkommen (mit dem Fahrzeug im Straßenverkehr) sei.[625] Im Nachgang stellt der BGH[626] daher noch einmal klar, dass die obige Formulierung hinsichtlich des Nötigungselements nicht einschränkend zu verstehen sei, denn „eine Differenzierung der Fälle danach, ob der Täter seine Fahrt nach dem gefährlichen Eingriff fortsetzen will oder nicht, würde nicht nur zu Abgrenzungsschwierigkeiten, sondern auch zu schwer nachvollziehbaren unterschiedlichen Ergebnissen bei gleichem Unrechtsgehalt der Tat führen." Beim Einsatz eines Fahrzeugs als Nötigungsmittel sei lediglich vorausgesetzt, dass der Fahrzeugführer [neben der verkehrsfeindlichen Absicht] nicht nur mit Gefährdungsvorsatz[627], sondern mit zumindest bedingtem Schädigungsvorsatz handelt. Dem Differenzierungsgrund des Fortbewegungszwecks und damit auch die Unterscheidung danach, ob die Nötigung Nah- oder Fernziel[628] sei, hat die Rechtsprechung damit den „Boden entzogen".[629]

Zusammenfassend gilt, dass unter der jetzigen Rechtsprechung[630] das Abschneiden des Weges, um ein Überholen zu verhindern, oder das Zufahren auf einen Polizeibeamten, um ihn zu zwingen, bei Seite zu springen bzw. den Weg freizugeben, nur noch die Voraussetzungen des § 315b StGB erfüllt, wenn der Täter die Tathandlung (Zufahren bzw. Vorbeifahren) in verkehrsfeindlicher Absicht und mit (bedingtem) Schädigungsvorsatz durchführt. Der Täter kann also neben seiner verkehrsfremden (zweckentfremdenden) Einstellung (1) von vornherein mit Schädigungs- bzw. Verletzungs*absicht*

---

625 H/K/D-*König*, § 315b Rn. 10 mit Beispielen; *König*, NStZ 2004, 175 (177 f.).

626 BGH NStZ 2010, 391 (392) – Abschneiden des Weges.

627 Z.B. OLG Hamm NStZ-RR 2014, 141.

628 *Hecker*, JuS 2010, 364 (365) dagegen meint in seiner Anmerkung zu BGH, *Beschluss* vom 3.11.2009–4 StR 373/09, dass die vom *BGH* intendierte und auch notwendige Abgrenzung des verkehrsfeindlichen Inneneingriffs zu bloßen Fehlleistungen im Straßenverkehr auch ohne das Erfordernis eines Schädigungsvorsatzes erfolgen könne. In den insoweit relevanten Fallkonstellationen sei nämlich die *Nötigung* des anderen Verkehrsteilnehmers *nicht bloßer Nebeneffekt verbotener Fahrweise*, sondern das *vom Täter angestrebte Nahziel*. Dies aber stelle einen bewusst zweckentfremdeten und verkehrsfeindlichen Einsatz des Kfz dar, der von § 315b Abs. 1 StGB erfasst werden sollte; *ders.* in S/S-*Sternberg-Lieben/Hecker*, § 315b Rn. 10.

629 H/K/D-*König*, § 315b Rn. 10.

630 Anders noch z. B. die in obigen Fußnoten angegebene Rechtsprechung BGHSt 7, 379 (380); 23, 4 (6 f.); 41, 231 (234). Weitere Nachweise in BGHSt 48, 233 (238).

handeln oder (2) lediglich mit *Nötigungs*absicht[631]. Letztere muss aber zur Verwirklichung eines verkehrsfremden Inneneingriffs als *pervertierter* Vorgang im Straßenverkehr zusätzlich mit einem zumindest bedingten Schädigungsvorsatz einhergehen.[632]

So fallen neben (schlichten) Nötigungsfällen[633] (durch Hindernisbereiten) auch die meisten Fälle des Zufahrens auf eine Person[634] oder auf ein Fahrzeug zur Erreichung eines Ziels jenseits der Schädigung[635] nicht (mehr) in den Anwendungsbereich des § 315b StGB.[636] Für den Täter bleibt dann nur eine Bestrafung wegen Nötigung (§ 240 StGB[637]), Widerstand gegen Vollstreckungsbeamte (§ 113 StGB) und die – bei fehlendem Schädigungsvorsatz – nur verbleibende fahrlässige Tötung oder Körperverletzung (§§ 222, 229 StGB). Handelt der Täter in Nötigungsabsicht und (im Zweifel) nur mit Gefährdungsvorsatz, so ist nicht nur ein verkehrsfeindlicher Inneneingriff nicht gegeben, sondern auch der Zugriff auf § 315 Abs. 3 StGB über § 315b Abs. 3 StGB (Verbrechen!) versperrt.[638] Umgekehrt tendieren die praktischen Fälle in ihrer Qualität zu einem Verbrechen nach §§ 315b Abs. 1, Abs. 3, 315 Abs. 3 Nr. 1a[639] StGB, sofern sich nicht nur ein Schädigungsvorsatz, sondern sogar eine Schädigungsabsicht nachweisen lässt[640]. Der Anwendungsbereich wird also tendenziell auf die schweren Fälle erhöhten Unrechts (Verbrechen) verengt.

---

631 Bei den Fällen des *Zufahrens* ist nach dem Zweck des Einsatzes zu Nötigungs- oder Verletzungszwecken zu differenzieren, BGH NZV 2014, 184; BGH NZV 2016, 345.

632 Zum verengten Anwendungsbereich H/K/D-*König*, § 315b Rn. 18.

633 Ein Hindernisbereiten in bloßer Nötigungsabsicht kann vorliegen beim „Ausbremsen", absichtlichen Linksausscheren, „Schneiden", absichtlichen Verbleiben auf dem linken Fahrstreifen und dem Verursachen künstlicher Staus durch die Polizei. Zu diesen Beispielen m.w.N. siehe H/K/D-*König*, § 315b Rn. 11. Zum „Ausbremsen" etwa auch BGH NZV 2016, 533 (534) und OLG Hamm BeckRS 2016, 17849.

634 Hierzu BGH NZV 2014, 184; OLG Hamm NStZ-RR 2014, 141 (dort nicht abgedruckt) (Zufahren durch anlasslosen Rechtsschlenker) = DAR 2014, 594 f.

635 Etwa um eine Person zu stellen, zu erschrecken oder um zu flüchten. Im Zuge des Rechtsprechungswandels fallen aufgrund der *praktischen* Schwierigkeiten bei der Feststellung eines Schädigungsvorsatzes viele sog. Polizeifluchtfälle und vergleichbare Konstellationen aus dem Anwendungsbereich heraus, vgl. H/K/D-*König*, § 315b Rn. 18.

636 B/H/H/J/J-*Burmann*, § 315b Rn. 2. Zur Kritik insb. hinsichtlich der Polizeifluchtfälle siehe auch *Seier/Hillebrand*, NZV 2003, 488, 490 f.: Die Anwendung des § 315b Abs. 1 [ggf. i.V.m. §§ 315b Abs. 3, 315 Abs. 3 Nr. 1a, b] StGB als „prozessökonomische" und zugleich sachangemessene „mittlere Lösung" werde in Zukunft den Gerichten versagt. Es bleibe nur die große Lösung eines schwer nachweisbaren Verdeckungsmordes oder die kleine Lösung (§§ 240, 113 StGB).

637 Hier wird die Verwendung des Kraftfahrzeuges als Hindernis (Autobahnblockade) als besonders schwerer Fall der Nötigung eingestuft, BGH NStZ-RR 1997, 196.

638 H/K/D-*König*, § 315b Rn. 18.

639 Praktisch relevant ist aber auch § 315 Abs. 3 Nr. 1b StGB (Ermöglichungs- oder Verdeckungsabsicht), die insbesondere bei Polizeifluchtfällen in Betracht kommt.

640 Hierzu auch *König*, JA 2000, 777 (779).

IV. Gefährdung von tauglichen Objekten durch gezielten Eingriff

Nach der Abgrenzung der Straßenverkehrsgefährdung gegenüber den Eingriffen in die Sicherheit des Straßenverkehrs sind nun im Anschluss an die grundsätzlichen Ausführungen zur Verkehrsgefahr[641] die unterschiedlichen Gefahrenlagen der Tatmodalitäten in den Blick zu nehmen.

1. Zur Ausgestaltung einer Verkehrsgefahr

Den Tathandlungen des § 315c Abs. 1 StGB ist eine abstrakte Gefahr für die Sicherheit des Straßenverkehrs (Verkehrsgefahr, Bild 1) immanent, denn umschrieben sind dort Handlungsweisen, die der Gesetzgeber wegen ihrer spezifischen Unfallträchtigkeit mit ungewissem Ausmaß in den Katalog der Todsünden im Straßenverkehr eingestellt hat. Bei den Handlungen nach § 315b Abs. 1 StGB muss die vorausgesetzte Verkehrsgefahr („wer die Sicherheit des Straßenverkehrs dadurch beeinträchtigt, dass...") dagegen im Zusammenhang mit der spezifischen Tathandlung bewertet werden. Dabei sind zwei verschiedene Verkehrsgefahren denkbar:

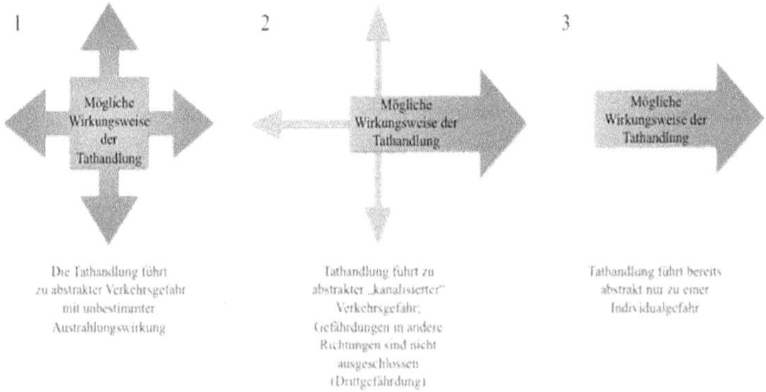

Einerseits kann die von der Tathandlung ausgehende abstrakte Gefahr quasi in alle Richtungen auf mögliche (unbestimmte) Gefährdungsobjekte ausstrahlen („Verkehrsgefahr mit unbestimmter Ausstrahlungswirkung"[642], Bild 1). Andererseits kann der Täter mit dem Eingriff seine Tathandlung aber auch *gezielt* gegen ein Gefährdungsobjekt ausrichten und damit die Gefahrenlage kanalisieren, ohne dabei aber eine Drittgefährdung ausschließen zu können („kanalisierte" Verkehrsgefahr, Bild 2). Während der erste Fall gerade der typische Fall einer gemeingefährlichen Situation mit unbestimmtem Fortgang ist, so bildet der zweite Fall den Übergang zu

641 Oben D.II.1.
642 *Hörtz*, S. 103, spricht von einer abstrakten „Vielgefahr".

einer nicht mehr erfassten reinen Individualgefahr (Bild 3), bei der bereits abstrakt gesehen keine Ausstrahlungswirkung gegenüber potentiellen dritten Gefährdungsobjekten besteht.

2. Zur Tauglichkeit eines einzelnen bestimmten Gefährdungsobjekts

Die Rechtsprechung zu § 315a StGB a.F. beschränkte dessen Anwendungsbereich zuletzt auf den ersten Fall der Verkehrsgefahr als Gemeingefahr.[643] Mit der engen Auslegung durch BGHSt 11, 199 galt dabei die Einschränkung, dass eine solche Gemeingefahr zwar hinsichtlich einzelner, aber nur *un*bestimmter Gefährdungsobjekte eintreten konnte. Nicht ausreichend war dagegen eine Individual- bzw. Sondergefahr hinsichtlich eines einzelnen bestimmten Gefährdungsobjekts. Denn in letzterem Fall sei durch die Aussonderung des Gefährdungsobjekts der Zufall ausgeschaltet.[644] So konnte sich das Tatgeschehen bzw. dieselbe durch die Tathandlung geschaffene Gefahr für ein (unbestimmtes) Gefährdungsobjekt als relevante Gemeingefahr, für ein anderes (bestimmtes) Gefährdungsobjekt dagegen als nicht ausreichende Sondergefahr darstellen. Der Anwendungsbereich des § 315a StGB a.F. war damit erheblich eingeschränkt. Denn einem gezielt anvisierten und damit bestimmten Objekt wurde aufgrund seiner Aussonderung durch den Täter die Fähigkeit abgesprochen, eine besondere Sicherheitsbeeinträchtigung auch zu Lasten potentieller anderer Gefährdungsobjekte anzeigen zu können. Diese Fähigkeit wurde nur der unbestimmten Allgemeinheit zuteil und diese war dann nicht identisch mit den sich tatsächlich im Wirkungsbereich von Verkehrsgefahren befindlichen Menschen und Sachwerten.

Mit dem Zweiten Gesetz zur Sicherung des Straßenverkehrs hat der Gesetzgeber das Merkmal der Gemeingefahr gestrichen und damit diesem engen Verständnis den Boden entzogen und den Anwendungsbereich auf die beiden zuvor genannten Verkehrsgefahren ausgedehnt. Aus rechtspolitischer Sicht war nicht verständlich, warum der letztlich Gefährdete allein aufgrund seiner Aussonderung aus der Allgemeinheit (fehlende Repräsentanz) nicht wie ein unbestimmtes drittes Gefährdungsobjekt die besondere verkehrsspezifische Gefährlichkeit der Tathandlung anzeigen konnte.[645] Denn maßgeblich für eine Strafbarkeit nach §§ 315b, 315c StGB ist die besondere Gefährlichkeit der Tathandlung, die es zu verhindern gilt.

---

643 Ausführlich zur Problematik um das Merkmal der Gemeingefahr oben B.II.6.c.

644 Siehe BGHSt 14, 395 = NJW 1960, 1822 (1823) im Anschluss an BGHSt 11, 199; ausführlich oben B.II.6.c.

645 Anders *Bender*, NJW 1959, 326. Dieser spricht davon, dass der letztlich Gefährdete zu recht nicht habe verstehen können, dass *er* aufgrund seiner Aussonderung einen geringeren strafrechtlichen Schutz erhalten solle. – Mit dem hier vertretenen Verständnis geht es aber nicht um den unmittelbaren Schutz des Einzelnen selbst, sondern um dessen dargestellte Tauglichkeit, über seine konkrete Gefährdung eine intensive Beeinträchtigung der Verkehrssicherheit anzeigen zu können.

Über den „Lackmustest“ der konkreten individuellen Gefährdung soll eine tatsächliche Sicherheitsbeeinträchtigung belegt werden, d. h. es wird festgestellt, dass die Tathandlung geeignet war, (auch) eine Mehrzahl von Menschen und bedeutenden Sachwerten zu gefährden und dass der Täter die Auswirkung der Gefahrhandlung regelmäßig nicht in der Hand hat. Nach dem Willen des Gesetzgebers soll diese Tauglichkeit grundsätzlich aber auch dem *einzelnen* und *bestimmten* gefährdeten Objekt zukommen.[646]

3. Die abstrakte Verkehrsgefahr beim gezielten Eingriff

Sind danach beide Arten der Verkehrsgefahr erfasst, ergibt sich für die §§ 315b, 315c StGB folgendes Bild: Während die Fälle des § 315c StGB regelmäßig zu einer Gefahrensituation mit unbestimmter Ausstrahlungswirkung (Bild 1) führen, so gilt dies auch für die klassischen (ungezielten) Außeneingriffe nach § 315b Abs. 1 StGB. Denn wer Fahrzeuge oder Anlagen beschädigt, (mit Fahrzeugen) ein Hindernis bereitet oder etwa als ähnlichen ebenso gefährlichen Eingriff Steine ungezielt auf eine Autobahn wirft, schafft Gefahren für andere Menschen und Sachwerte, die von der mit der Tathandlung verbundenen und kaum beherrschbaren Gefahr betroffen werden können. Es ist unter Berücksichtigung des typischen Verkehrsgeschehens – abstrakt gesehen – möglich, dass etwas passiert, d. h. jemand oder etwas dadurch in Mitleidenschaft gezogen wird.

Bei *gezielten* Eingriffen in den Straßenverkehr, sei es durch einen Innen- oder Außeneingriff, ist nach dem obigen Schaubild abzugrenzen und festzustellen, ob nur eine nicht erfasste reine Individualgefahr (Bild 3) besteht oder eine, durch die gemeingefährliche Handlungsweise bedingte, abstrakte – wenn auch kanalisierte – Verkehrsgefahr gegenüber der Allgemeinheit (Bild 1 oder Bild 2).[647]

Eine Orientierung hierzu bietet die Bestimmung der Gemeingefährlichkeit eines Mittels i.S.v. § 211 Abs. 2 StGB. Diese liegt vor, wenn dessen Einsatz aufgrund der

---

646 Siehe BT-Drucks. III/2368, S. 20. Zum Vorstehenden auch schon B.II.6.c(3). Siehe auch B/H/H/J/J-*Burmann*, § 315c Rn. 5 und § 315b Rn. 7.

647 *Ranft*, Jura 1987, 608 (611) knüpft hierbei – trotz der Gesetzesänderung – an einen Rest einer Gemeingefahr und die Voraussetzung an, dass ein Gefährdungsopfer die Allgemeinheit, d. h. eine Vielzahl von Menschen oder Sachen „repräsentieren“ müsse. Wenn die „abstrakte“ Gefahr für die Sicherheit des Straßenverkehrs sich in einer konkreten Individualgefahr objektivieren müsse, so sei umgekehrt zu prüfen, ob eine konkret eingetretene Individualgefahr ihrer Art nach eine die Sicherheit des Straßenverkehrs beeinträchtigende Gefahr ist. Eine hierbei zu verlangende Repräsentanz liege aber bei einer gezielten Gefährdung eines einzelnen Menschen, um diesen individuell zu treffen, nicht vor. Zu Recht ablehnend im Hinblick darauf, dass mit der Gesetzesänderung gerade auch die gezielte Gefährdung einzelner und bestimmter Objekte erfasst sein soll, LK-*König*, § 315b Rn. 60; *Hörtz*, S. 245 f.; *Obermann*, S. 191 f. So kann die Sicherheit des Straßenverkehrs auch dadurch beeinträchtigt werden, wenn der Täter einen Verkehrsvorgang dadurch pervertiert, dass er einen zielgerichteten Angriff vornimmt.

konkreten Tatsituation unter Berücksichtigung der persönlichen Fähigkeiten und Absichten des Täters geeignet ist, eine Mehrzahl anderer Menschen an Leib oder Leben zu gefährden, weil der Täter die Auswirkungen des Mittels nicht sicher beherrschen kann.[648] Der Strafgrund dieses Mordmerkmals beruht damit auf der besonderen Sozialgefährlichkeit des Täters und der Nichtkontrollierbarkeit der Auswirkungen des eingesetzten Tatmittels. Der Täter schafft unberechenbare Gefahren für andere, um seine Ziele durchzusetzen und verwendet dabei Tötungsmittel mit Breitenwirkung, die nicht nur gegen das unmittelbar angegriffene Opfer gerichtet sind, sondern auch unbeteiligte Dritte in Mitleidenschaft ziehen können. Gerade ein solches Vorgehen vermittelt eine Verunsicherung der Allgemeinheit, denn diese gerät ohne Anlass zufällig in den Einzugsbereich des Täters, ohne eine Chance zu haben, sich auf die ihm drohende Gefahr einzustellen und darauf zu reagieren.[649] So wurde die Begehung eines Mordes mit gemeingefährlichem Mittel i.S.v. § 211 StGB z.B. bei Steinwürfen von der Autobahn[650], aber auch beim Rammen eines anderen Fahrzeugs mit hoher Geschwindigkeit[651] bejaht.

---

648 *Küper/Zopfs*, Rn. 371; BGHSt 38, 353 (354).

649 Hierzu MK-*Schneider*, § 211 Rn. 121; BeckOK-*Eschelbach*, § 211 Rn. 66; BGHSt 34, 13 (14).

650 BGH NStZ-RR 2010, 373 (374) und zwar dann, wenn bei dichtem Verkehr gezielt ein Auto beworfen wird (drohende Folgeunfälle), aber auch dann, wenn der Täter bei dem Steinwurf noch kein bestimmtes Fahrzeug im Auge hat, sondern sich die Tat auf ein beliebiges, sich möglicherweise noch außerhalb seines Sichtbereichs befindliches Fahrzeug und dessen Insassen bezieht. In beiden Fällen hat der Täter die Ausdehnung der Gefahr nicht in seiner Gewalt. Dazu MK-*Schneider*, § 211 Rn. 123.

651 BGH NStZ 2010, 515 (Zufahren auf ein ausgewähltes Fahrzeug im Baustellenbereich). Nach den Feststellungen war es so, dass infolge des durch den Aufprall unmittelbar verursachten Unfalls eine unbestimmte Anzahl weiterer Personen – etwa die Fahrer oder Beifahrer anderer Fahrzeuge oder die auf der Baustelle tätigen Bauarbeiter – tödliche Verletzungen hätten erleiden können. Neben einem vorsätzlichen gefährlichen Eingriff in den Straßenverkehr lag damit auch ein gemeingefährliches Handeln i.S.v. § 211 Abs. 2 StGB nahe.
Das LG Berlin (Aktenzeichen: 535 Ks 8/16) hat nun auch mit Urteil vom 27.2.2017 in einem Fall des illegalen Autorennens einen Mord mit gemeingefährlichen Mitteln bejaht und führt in der Pressemitteilung (https://www.berlin.de/gerichte/presse/pressemitteilungen-der-ordentlichen-gerichtsbarkeit/2017/pressemitteilung.565340.php, abgerufen am 1.3.2017, aus: „Die Angeklagten hätten ihre Autos, schwere und PS-starke Gefährte, nicht mehr unter Kontrolle gehabt und damit eine hohe Anzahl von anderen Verkehrsteilnehmern und Passanten auf dem auch nachts stark frequentierten Kurfürstendamm in Gefahr gebracht. Sie hätten es dem Zufall überlassen, ob und wie viele Menschen durch ihr Verhalten zu Schaden kommen. Gleichsam wies der Vorsitzende darauf hin, dass die Summe der einzelnen konkreten Tatumstände und die Persönlichkeiten der Angeklagten in diesem Fall den Ausschlag gegeben hätten. Der Fall sei nicht vergleichbar mit anderen Vorfällen im Straßenverkehr, die jüngst für Aufsehen gesorgt hatten." Siehe hierzu nun die Urteilsgründe in NStZ 2017, 471 (477 f.). Zum Tötungsvorsatz beim Zufahren auf Fußgänger, BGH NZV 2016, 189 (190 f.)

Überträgt man diese Bestimmung der Gemeingefährlichkeit eines Mittels auf das Merkmal eines gezielten *Eingriffs* in den Straßenverkehr, so muss dieser *abstrakt* gesehen in der konkreten Situation so beschaffen (geeignet) sein, dass eine Gefährdung anderer als des anvisierten Objekts unter Berücksichtigung der typischen Verkehrssituation *erfahrungsgemäß* nicht auszuschließen ist. Entscheidend ist damit weniger das zu dem Eingriff genutzte *Mittel*, sondern der hierdurch geschaffene Zustand mit seiner möglichen Auswirkung auf die Verkehrssicherheit.[652]

Dementsprechend ist bei klassischen (gezielten) Außeneingriffen – z. B. Steinewerfen in den *fließenden* Verkehr – eine abstrakte Verkehrsgefahr in der Regel zu bejahen. Andererseits fehlt es etwa an einer relevanten Verkehrsgefahr, wenn ein stehendes oder parkendes Fahrzeug beschädigt oder dessen Fahrer verletzt wird, ohne dass dies unmittelbar weitere Auswirkungen gegenüber Dritten haben kann. Hier realisiert sich allein eine Individualgefahr, die über die Verletzungserfolgsdelikte erfasst wird (§§ 223 ff., 303 StGB).

Beim gezielten Zufahren auf bestimmte Objekte durch Zweckentfremdung eines Fahrzeugs (Inneneingriff) spricht schon das *verkehrsfremde* Vorgehen (pervertierter Verkehrsvorgang) für die Annahme einer abstrakten Verkehrsgefahr. Denn wer verkehrsfremd agiert, missachtet die Belange und Rücksichten, die im Verkehr gelten (§ 1 StVO). Wenn der Täter *gezielt* gegenüber einem Gefährdungsobjekt vorgeht, so ist damit abstrakt gesehen und unter Berücksichtigung des erfahrungsgemäß gestalteten Verkehrsraums nicht ausgeschlossen, dass sich die Tathandlung auf eine Vielzahl anderer Gefährdungsobjekte auswirken kann. Diese hat der Täter mit seiner fokussierten Tathandlung – gerade beim verkehrsfremden Inneneingriff – als mögliche Gefährdungsobjekte womöglich gar nicht im Blick (Tunnelblick). Folglich können andere – aus dem Blickwinkel des Täters – ausgeblendete[653] Verkehrsteilnehmer innerhalb des Risikobereichs nicht (mehr) gefahrlos am Straßenverkehr teilnehmen. Wird letztlich nur das anvisierte Objekt – dessen Tauglichkeit unterstellt – konkret gefährdet, so spiegelt sich auch hier in der zu einer konkreten Gefahr verdichteten Verkehrsgefahr das gemeingefährliche Handeln wider. Dieses besteht darin, dass der Täter beim Zufahren das Gefahrenpotential seiner verkehrsfremden Handlung nicht beherrscht und weitere Gefährdungsobjekte ebenso hätten betroffen werden können.[654]

---

652 Beschädigt ein Täter die Bremsleitung eines Fahrzeugs, so benutzt er dabei kein gemeingefährliches Mittel i.S.v. § 211 StGB, doch schafft er zurechenbar eine abstrakte Verkehrsgefahr, wenn dieses beschädigte Fahrzeug in Verkehr gebracht wird. Kommt es dabei zu einem Beinahe-Unfall gegenüber dem Fahrer als Opfer oder gegenüber Dritten als taugliche Gefährdungsobjekte, so zeigen diese über ihre Gefährdung die tatsächliche Sicherheitsbeeinträchtigung an. Zur Tauglichkeit des beschädigten Fahrzeugs selbst, siehe unter D.V.2.b.

653 Gegenüber diesen werden dann die Vorsatz-Fahrlässigkeits-Kombinationen relevant.

654 Zu *eng* ist daher die Ansicht von *Cramer*, JZ 1983, 812 (813 f.). Dieser will alle Fälle aus dem Anwendungsbereich des § 315b StGB ausklammern, in denen es (nur) zu einer gezielten Gefährdung eines zuvor bestimmten Rechtsgutsobjekts kommt,

Eine Verkehrsgefahr wird nur dann zu verneinen sein, wenn sich das Eingriffsgeschehen etwa auf einen engen Raum begrenzt bzw. begrenzen soll und dabei unter Beachtung der typischen Verkehrssituation bereits abstrakt ausgeschlossen ist, dass über das anvisierte Objekt hinaus andere (etwa zufällig dazwischentretende) unbeteiligte Gefährdungsobjekte betroffen werden könnten. Mangels geschaffener Verkehrsgefahr, sondern nur bestehender Individualgefahr, wird hier kein gefährlicher Eingriff vorliegen. Unter diesem Blickwinkel und durch die objektiven Anforderungen an den verkehrsfremden Inneneingriff („grobe Einwirkung von einigem Gewicht") werden so schon Verhaltensweisen aus dem Anwendungsbereich des § 315b StGB ausgeschieden, die trotz Pervertierung eines Verkehrsvorgangs dennoch keine abstrakte Gefahr für die Sicherheit des Straßenverkehrs (Verkehrsgefahr) schaffen können. Erfahrungsgemäß sind hier unbestimmte Rechtskreise Dritter (noch) nicht betroffen.

4. Zwischenergebnis und Ausblick

Mit Blick auf die Ausgangsfrage dieser Arbeit muss der Täter mit seinem gezielten Eingriff eine abstrakte Verkehrsgefahr im obigen Sinne schaffen. Besteht eine solche, hat sich diese in der konkreten Gefährdung eines tauglichen Objekts zu bestätigen. Eine solche Bestätigungswirkung kommt grundsätzlich auch dem anvisierten und damit individuell bestimmten Gefährdungsobjekt zu. Das Strafbedürfnis wird ausgelöst, wenn dieses taugliche Objekt verkehrsspezifisch betroffen ist.

„während sonst niemand in den Gefahrenbereich kommen konnte". Dies mit dem Argument, dass § 315b StGB keine „Superqualifikation" der Körperverletzungsdelikte und auch kein Lückenbüßer für Fälle sei, in denen ein Tötungsvorsatz nicht nachgewiesen werden könne und die Bewertung eines Verhaltens als gefährliche oder versuchte gefährliche Körperverletzung in Anbetracht der ganz erheblichen kriminellen Energie des Täters als nicht mehr angemessen erscheine. Fälle innerhalb und außerhalb des Straßenverkehrs seien in diesen Fallgestaltungen daher gleich zu behandeln.
Anzuknüpfen ist aber nicht an das konkrete Tatgeschehen mit seinen möglichen tatsächlichen Auswirkungen. Maßgeblich ist bereits die abstrakte Verkehrsgefahr, die mit der Tathandlung einhergeht: So kommt es gerade nicht darauf an, ob auch andere Gefährdungsobjekte sich im Gefahrenbereich befunden haben oder nicht. Entscheidend ist, dass sich andere Gefährdungsobjekte im erfahrungsgemäß gestalteten Straßenverkehr ebenso in der Gefahrenzone hätten befinden können. Damit liegt es in der Natur der Sache, dass Vorgänge innerhalb des öffentlichen Straßenverkehrs gerade anders zu beurteilen sind als Vorgänge außerhalb, vgl. auch LK-*König*, § 315b Rn. 60.
Richtig ist aber, dass allein die Tatsache, dass ein Delikt mit Hilfe eines Pkw im öffentlichen Verkehrsraum begangen wird, noch nicht erklärt, warum der Täter zusätzlich nach § 315b StGB weitaus schärfer haften soll. Mit dem Merkmal der Beeinträchtigung der Sicherheit des Straßenverkehrs bedarf es mehr als eines räumlichen Ursachenzusammenhangs, dazu unter D.VIII.

Aktuell verlangt der BGH bei einem gezielten verkehrsfremden Inneneingriff nicht nur, dass die Tathandlung vom öffentlichen Verkehrsraum ausgeht, sondern darüber hinaus, dass sich „das Opfer in dem *Zeitpunkt*, in dem der Täter zur Verwirklichung des Tatbestandes der Straßenverkehrsgefährdung durch zweckwidrigen Einsatz des Fahrzeugs als Waffe oder Schadenswerkzeug *unmittelbar ansetzt*, noch im öffentlichen Raum befindet, die abstrakte Gefahr also noch im öffentlichen Verkehrsraum entsteht."[655]

Wenn auch das gezielt anvisierte Gefährdungsobjekt eine tatsächliche Sicherheitsbeeinträchtigung anzeigen kann, ist im Hinblick auf den festgestellten Schutzzweck der Sicherheit *im* und *vor* dem Straßenverkehr zu begründen, weshalb dazu dessen zeitweise Anwesenheit im Straßenverkehr notwendig sein soll.[656] Auch scheint der BGH schon die *Schaffung* einer abstrakten Verkehrsgefahr an den Aufenthaltsort des später gefährdeten Objekts zu knüpfen („*noch* im öffentlichen Verkehrsraum entsteht"). Ob eine Verkehrsgefahr begründet wird, ist aber nach den obigen Ausführungen allein anhand des Eingriffscharakters mit dessen konkreter Eignung zu bestimmen. Davon zu trennen ist die Frage, welches Objekt an welchem Ort durch seine konkrete Gefährdung eine solche und tatsächlich bestehende Verkehrsgefahr anzeigen bzw. bestätigen kann („Lackmustest"[657]).

Dass die mit Zufälligkeiten belastete Einschränkung dem Schutzgedanken des § 315b StGB nicht vollkommen gerecht wird, ist im Späteren unter dem Gesichtspunkt von Gefährdungen außerhalb des Straßenverkehrs mit besonderem Blick auf den verkehrsspezifischen Zusammenhang genauer zu betrachten.

V. Tatbeteiligte und Tatmittel als taugliche Gefährdungsobjekte?

Schon einleitend[658] wurde klargestellt, dass für eine Strafbarkeit nach §§ 315b, 315c StGB nicht irgendeine Individualgefährdung ausreicht. Vielmehr kommt es darauf an, dass das betroffene Objekt durch seine konkrete Gefährdung eine Verkehrsgefahr für die Allgemeinheit widerspiegeln kann. Die Tauglichkeit des Objekts filtert diejenigen strafbedürftigen Gefährdungslagen heraus, in welchen die besondere Gefährlichkeit der Tat und die tatsächliche Gefährdung der Sicherheit des Straßenverkehrs zum Ausdruck kommen. Gerade beim tatbeteiligten Fahrzeuginsassen und beim fremden Tatfahrzeug ist diese Tauglichkeit umstritten.

---

655 BGH NStZ-RR 2012, 185 = NZV 2012, 394.

656 Siehe D.VII. Zur Kritik im Überblick *Hörtz*, S. 13–15. Zustimmend dagegen S/S/W-*Ernemann*, § 315b Rn. 9.

657 Oben C.II.2.d.

658 Oben D.I und D.II.2.

1. Der (tatbeteiligte) Fahrzeuginsasse als taugliches Gefährdungsobjekt

Zunächst ist die Tauglichkeit eines tatbeteiligten Fahrzeuginsassen zu beurteilen.

a. Die Rechtsprechung zu § 315a StGB a. F.

Die Frage der Insassengefährdung hatte der BGH bereits zu § 315a StGB a. F. unter dem Gesichtspunkt des Begriffs der Gemeingefahr zu entscheiden.[659] Während (unbestimmte) Personen- und Sachwerte außerhalb des Täterfahrzeugs erfasst waren, war zu klären, ob eine Gemeingefahr auch gegeben sein konnte, wenn der Täter mit dem geführten Fahrzeug allein die Insassen desselben gefährdete.

Mit BGHSt 6, 100 hatte der BGH die Grundsätze aus dem Eisenbahnverkehr auch für den Straßenverkehr übernommen und damit den grundsätzlichen Schutz der Fahrzeuginsassen begründet. Vom Schutzbereich ausgenommen hatte er lediglich, allerdings ohne nähere Begründung, den Fahrer und etwaige Tatteilnehmer.

In BGHSt 11, 148 wurde die Frage, ob auch das Tatfahrzeug von einer Gemeingefahr erfasst sein kann, verneint. Denn das Fahrzeug als notwendiges Werkzeug zur Verwirklichung des Tatbestands nehme auf der Seite des Täters an dessen vorschriftswidrigem Verhalten teil, so dass es nicht gleichzeitig von dem Strafschutz mitumfaßt werden könne.[660] Bei dieser Gelegenheit wies der BGH darauf hin, dass die Rechtsprechung bereits die Tatteilnehmer, „ohne dass dies durch den Wortlaut der genannten Bestimmungen geboten wäre, ... aus *gleichartigen Erwägungen* aus dem Kreis der durch § 315a StGB als Teilnehmer am Straßenverkehr geschützten Personen“ ausgenommen habe.[661] Der BGH ging damit davon aus, dass Tatbeteiligte und Tatfahrzeug in einem gemeinsamen Lager stehen und deshalb der notwendigen Gemeingefahr keinen Ausdruck verleihen können. Zwar würden die Tatbeteiligten zum an sich geschützten Publikum gehören, doch stünden sie für die rechtliche Bewertung auf der Seite des Täters und nicht stellvertretend für die Gemeinschaft.[662] Letztlich schränkte der BGH den Wortlaut („anderer“) daher mit „rechtslogischen Erwägungen“ ein, was in der Sache einer teleologischen Reduktion entspricht. Denn eine bloß auf den Wortlaut gestützte Auslegung sei mit dem gesetzgeberischen Zweck nicht vereinbar.[663] Dem Täter und dem Teilnehmer, der die Gefährdung als Anstifter initiiere oder als Gehilfe antreibe[664], könne nicht der strafrechtliche Schutz teilhaftig werden, den das Gesetz gerade anderen durch die Tatbeteiligten gefährdeten Verkehrsteilnehmern zugedacht habe.[665]

659 Ausführlich schon unter B.II.6.c(2). Siehe auch *Hörtz*, S. 31–55.
660 Ausführlich unter D.V.2.
661 BGHSt 11, 148 (149 f.).
662 So BGHSt 11, 199 (203).
663 BGHSt 11, 148 (150) zum Ausschluss des Tatfahrzeugs.
664 Hierzu *Geppert*, Jura 2001, 559 (565).
665 BGHSt 11, 199 (203).

Den grundsätzlichen Schutz von Fahrzeuginsassen, die nicht Tatbeteiligte sind, schränkte der BGH in BGHSt 11, 199 aber mit der sog. Repräsentantenlösung weiter ein, um dem Merkmal der Gemeingefahr gerecht zu werden. Er differenzierte zwischen einer echten Gemeingefahr gegenüber einer nicht ausreichenden Individual- bzw. Sondergefahr. Eine Gemeingefahr sei „nur dann zu bejahen, wenn an Stelle des betroffenen Fahrzeuginsassen auch ein beliebiger anderer der Gefahr hätte ausgesetzt sein können. Nur dann sei in ihm die *Allgemeinheit* gefährdet."[666] Der BGH nahm damit neben dem Tatfahrzeug und den Tatbeteiligten zusätzlich auch diejenigen an der Tat unbeteiligten individuell *bestimmten* Personen aus, auf die es der Täter gezielt abgesehen hat, sowie die Insassen seines Fahrzeugs, die er aus einer unbestimmten Vielzahl von Personen nach persönlichen Gründen ausgewählt hat, oder die ihn als Fahrer angestellt haben.[667]

Diese Rechtsprechung führte letztlich dazu, dass der Reformgesetzgeber den Begriff der Gemeingefahr nicht weiter benutzen wollte und stattdessen eine individuelle Gefährdungsklausel verwendete, um aus rechtspolitischen Gründen auch die Gefährdung einzelner und *bestimmter* Objekte zu erfassen.[668]

b. Die Rechtsprechung zu §§ 315b, 315c StGB

Mit der Aufgabe des Begriffs der Gemeingefahr und der Neufassung der Straßenverkehrsdelikte geht der BGH davon aus, dass sich deren Schutz auch bzw. wieder auf an der Tat „nicht beteiligte Insassen des Fahrzeugs" bezieht, wie es schon BGHSt 6, 100 vor der weiter einschränkenden und nun überholten Rechtsprechung aus BGHSt 11, 199 begründete.[669] Allein die Tatbeteiligten sind nach der Rechtsprechung weiterhin vom Schutzbereich ausgenommen. Dabei argumentiert der BGH[670] im Zusammenhang mit dem vom Täter geführten Fahrzeug mit einer verkehrsspezifischen Auslegung:

---

666 BGHSt 11, 199 (203).

667 Vgl. für letzteres den Leitsatz zu BGHSt 11, 199.

668 Siehe bereits B.II.6.c(2)(d).

669 Siehe OLG Karlsruhe NJW 1967, 2321 (2322): „Damit ist die frühere, zu § 315a StGB a. F. ergangene Rechtsprechung überholt, wonach die Gefährdung nur von Mitfahrern keine Gemeingefahr begründe (BGHSt. 11, 199 = NJW 58, 507; anders noch und jetzt wieder zutreffend BGHSt. 6, 100; ...). (...) Anderes müsste allerdings dann gelten, wenn der verletzte Mitfahrer als Teilnehmer an der Tat ... anzusehen ist."
BGH NJW 1989, 1227: „Daß nach Beseitigung des Begriffs der Gemeingefahr somit die [an der Tat nicht beteiligten] Insassen eines Fahrzeuges zu dem von § 315c StGB geschützten Personenkreis gehören, "versteht sich deshalb wieder von selbst". Zum Zitat siehe *Hillenkamp*, JuS 1977, 166 (167).
BGH NZV 1995, 80 a.E.: „Auch die Insassen des Fahrzeugs des Täters gehören zu dem von § 315c StGB geschützten Personenkreis." BGH NStZ-RR 1998, 150 – Gefährdung der nicht tatbeteiligten Beifahrerin.

670 BGHSt 27, 40 (42 f.).

„Erforderlich ist ... eine Gefährdung, die dem besonderen *verkehrsrechtlichen* Schutz Dritter entspricht, den der Gesetzgeber für den Bereich des Straßenverkehrs geschaffen hat. Dieser geht dahin, daß durch eine Teilnahme am Straßenverkehr nicht in den durch *Verkehrs*vorschriften geschützten Rechtskreis eines anderen (§ 1 II StVO; vgl. dazu BGHSt 12, 282 = NJW 1959, 637) eingegriffen werden darf. Solange jemand – sei es mit eigenem oder fremdem Fahrzeug – im öffentlichen Straßenverkehr ohne verkehrsmäßige (verkehrstypische) Beteiligung eines Dritten lediglich eine Gefahr für das von ihm eingesetzte Fahrzeug setzt, werden die Strafvorschriften über die Gefährdung des Straßenverkehrs überhaupt nicht angesprochen. Erst wenn eine (verkehrsbezogene) Beteiligung eines Dritten am Verkehr vorliegt, der sich selbst in den Verkehrsbereich eingebracht hat, nimmt er an dem besonderen verkehrsrechtlichen Schutz teil. Deshalb erstreckt sich der Schutz auch auf an der Tat nicht beteiligte Insassen des Fahrzeugs."[671]

Den Tatbeteiligten spricht der BGH also eine derartige *verkehrsbezogene Beteiligung* ab. Tatbeteiligte seien weiterhin kein „anderer Mensch" i.S.v. §§ 315b, 315c.[672]

Eine vom BGH abweichende Ansicht vertrat aber zuvor noch das OLG Stuttgart.[673] Dieses ging davon aus, dass die in BGHSt 6, 100 (102) und 11, 199 (203) aufgestellten Grundsätze dem Begriff der Gemeingefahr geschuldet waren. Mit der neuen Fassung des § 315c StGB sei das Tatbestandsmerkmal der Gemeingefahr aber entfallen und an seine Stelle das Erfordernis der Gefährdung von Leib oder Leben eines anderen oder fremder Sachen von bedeutendem Wert getreten. Maßgeblich sei hierbei, ob der Täter nur sich selbst oder einen anderen in Gefahr bringe. Ein „anderer" sei aber auch der Mitfahrer, der physisch oder psychisch Beihilfe leiste.[674] Der bezweckte Schutz der allgemeinen Verkehrssicherheit spreche dabei nicht gegen, sondern *für* die Einbeziehung der Gefährdung eines Tatgehilfen in den Anwendungsbereich der Vorschrift. Denn eine andere Auslegung hätte zur Folge, dass bereits Zweifel darüber, ob der gefährdete Mitfahrer Gehilfe ist, eine Bestrafung

---

671 BGHSt 27, 40 (43).

672 BGHSt 27, 40 (43); BGH NStZ-RR 1998, 150; BGH NStZ 2012, 701 f.; BGH NStZ 2013, 167. Da der BGH die Rechtsprechung zu § 315a StGB a.F. insoweit übernimmt, gilt dies entsprechend auch für § 315b StGB; klarstellend dann BGH NJW 1991, 1120 (Gefährdung lediglich der Tatteilnehmer); ebenso OLG Düsseldorf NZV 1998, 76 zum Auto-Surfen, wobei schon das Vorliegen eines Eingriffs verneint wird; *Hörtz*, S. 49 f. und 54 f.

673 OLG Stuttgart NJW 1976, 1904.

674 So zur neuen Fassung *Rengier*, BT II, § 44 Rn. 17 m.w.N. Der Wortlaut gebe für eine Einschränkung keinen Anlass, zumal der Tatbeteiligte auch bei den Individualdelikten der §§ 212, 222, 223, 229 StGB ein „anderer" sei. Siehe auch LK-*König*, § 315b Rn. 74 und SK-*Wolters*, Vor § 306 Rn. 9 zur Selbstverständlichkeit, dass nach der Aufhebung des Merkmals der Gemeingefahr nichts mehr zugunsten des Ausschlusses von Tatbeteiligten abgeleitet werden könne.

nach § 315c StGB ausschlössen.[675] Damit würde die Schutzfunktion des § 315c StGB in nicht zu rechtfertigender Weise beeinträchtigt.[676]

Das OLG Stuttgart beruft sich zudem auf die Begründung des Zweiten Gesetzes zur Sicherung des Straßenverkehrs.[677] Diese verneine, allerdings ohne überhaupt auf die erörterte Problematik einzugehen, die Möglichkeit einer Gefährdung nur für den *Täter* selbst. Auch gebe es keinen allgemeinen Grundsatz, wonach der Teilnehmer selber nicht Objekt der Straftat sein könne.[678] Nach Auffassung des OLG Stuttgart sind Tatbeteiligte damit generell taugliche Gefährdungsobjekte.

c. *Stellungnahme*

Nach dieser verkehrsspezifischen Auslegung des BGH sollen aus dem gemeingefährlichen Spektrum, diejenigen Fälle ausscheiden, in denen sich ein Dritter entweder nicht in den durch den Täter (und andere Tatbeteiligte) geschaffenen Gefahrenbereich begibt oder in denen sich der mittels Täter und Fahrzeug geschaffene Risikobereich nicht auf *andere* Gefährdungsobjekte erstreckt.

Geht man – wie hier – davon aus, dass sich die durch den Täter geschaffene Verkehrsgefahr „nach außen hin"[679] zu einer konkreten Gefahr für andere verdichten muss, so ist nicht nur der sich außerhalb des Fahrzeugs befindliche Dritte geschützt, sondern zumindest auch der *unbeteiligte* Fahrzeuginsasse. Denn dieser begibt sich in die Rechtssphäre des Täters, die dieser gemeinsam mit dem Fahrzeug bildet. Die persönliche Rechtssphäre der Fahrzeuginsassen als Teil der zu schützenden Allgemeinheit wird also von Täter und Fahrzeug umschlossen (Außenbereichsenklave). In diesem Sinne ist es gleichgültig, ob sich die durch den Täter geschaffene Verkehrsgefahr nach außen hin gegenüber Dritten oder nach innen gegenüber dem Fahrzeuginsassen zu einer konkreten Gefahr verdichtet.

---

675 So beispielhaft in BGH NStZ 2012, 701 f. – Mitfahrer als vermeintlicher Anstifter; BGH NStZ 2013, 167 – Mitfahrer als vermeintlicher Gehilfe.

676 Mit der Auffassung des BGH hat der Insasse es quasi in der Hand, eine Strafbarkeit des Täters entfallen zu lassen, indem er sich (wahrheitswidrig) zum Beteiligten erklärt. Hierin liegt zwar ein durch das OLG Stuttgart zutreffend erkanntes *prozessuales* Problem. Dieses ist aber von der *materiell-rechtlichen* Frage gemeingefährlichen Handelns zu trennen. Zur Manipulationsgefahr, die dem Strafprozessrecht stets immanent sei, siehe auch *Hörtz*, S. 268 f.

677 Siehe BT-Drucks. IV/651, S. 24: „Bei der Gefahr für den Menschen reicht die für den Täter selbst nicht aus."

678 OLG Stuttgart NJW 1976, 1904 mit dem Hinweis auf BGHSt 11, 268 (Verfolgerfall). Das OLG Stuttgart geht also beim tatbeteiligten Insassen von einem tauglichen Gefährdungsobjekt aus und würde wegen des Rechtsguts der Sicherheit des Straßenverkehrs die Wirksamkeit einer durch diesen erklärten Einwilligung verneinen und – anders als der BGH – den Weg zur Strafbarkeit eröffnen. Gegen eine „strafrechtsfreie Exklave" für Tatbeteiligte auch LK-*König*, §§ 315c Rn. 160; 315b Rn. 74 a.E.

679 LK-*König*, § 315 Rn. 5, vgl. schon oben C.II.2.b.

Wenn der BGH nun von einem „Sich-Einbringen" in den Verkehrsbereich bzw. von einer verkehrsbezogenen Beteiligung spricht, so ist diese nicht eng[680] im Sinne einer aktiven und freiwilligen Verkehrsteilnahme zu verstehen.[681] So verweist der BGH auf den durch Verkehrsvorschriften geschützten Rechtskreis eines anderen i.S.v. § 1 Abs. 2 StVO. Ein Anderer ist im Grundsatz jeder beliebige Mensch, d.h. jede durch den Straßenverkehr in ihrem Rechtskreis beeinträchtigte Person. Diese muss nicht Verkehrsteilnehmer sein und kann sich auch – vorbehaltlich der Rechtsprechung in BGH 4 StR 401/11 = NZV 2012, 394 f. – außerhalb des öffentlichen Verkehrsraums befinden.[682] Ausgeschlossen sind nur der Täter und sein Fahrzeug, da diese als Angriffsmittel im Gegensatz zu dem Rechtskreis des *anderen* stehen.[683] Damit wird ausgedrückt, dass ein Tatbeteiligter selbst nicht tauglich sein soll, über seine Gefährdung eine bestehende Sicherheitsbeeinträchtigung mit möglicher Auswirkung auf an der Tat nicht beteiligte dritte Gefährdungsobjekte anzeigen zu können. Dies ist aber notwendig, damit das Allgemeinrechtsgut der Sicherheit des Straßenverkehrs verletzt ist.

Im Hinblick auf die übrigen Fahrzeuginsassen verlangt der BGH mit dem Sich-Einbringen unter Fortführung der Grundsätze zu § 1 StVO eine Beziehung des Gefährdungsobjekts zum Straßenverkehr. Dass der BGH dies nicht in einem aktiv, freiwilligen Sinne versteht, ergibt sich schon daraus, dass er mit dieser Formel den an der Tat nicht beteiligten Fahrzeuginsassen ohne Einschränkung erfasst wissen will, also auch den passiven und möglicherweise unfreiwilligen Fahrzeuginsassen. Entscheidend ist allein, dass der Rechtskreis des Gefährdungsobjekts *durch den Straßenverkehr* betroffen ist.[684] Erfasst ist mit diesem Ansatz und Verständnis des „anderen" i.S.v § 1 Abs. 2 StVO jedes Gefährdungsobjekt, das den Gefahren des Straßenverkehrs ausgesetzt sein kann.

So decken sich im Kern die Entscheidung des BGH[685] und die vorherige Entscheidung des OLG Stuttgart.[686] Denn maßgeblich stellen beide darauf ab, ob sich die

680 Hierzu *Klaus*, S. 67, 77–80. Dieser geht davon aus, dass der BGH in BGHSt 27, 40 (43) seine Tatmittelargumentation aufgegeben habe und seine Argumentation nur auf die modifizierte Gefährdungsformel stütze (hiergegen spricht aber die Ausführung in BGH NStZ-RR 1999, 120). Mit der Formel des Sich-Einbringens sei aber nicht zu erklären, wie der auf dem Feld pflügende Bauer, staatliches Eigentum oder der unfreiwillige Verkehrsteilnehmer (mit Zwang in ein Fahrzeug verbrachte Person; bewusstloser Kranke) geschützt werden soll; siehe auch LK-*König*, § 315c Rn. 168c.

681 So auch *Rüth*, JR 1977, 432 (432).

682 H/K/D-*König*, § 1 StVO Rn. 33 m.w.N.

683 BGH NJW 1959, 637 (637); B/H/H/J/J-*Heß*, § 1 StVO Rn. 72. So war auch schon in § 25 RStVO das Täterfahrzeug bzw. dessen Eigentümer aus dem Schutzbereich ausgenommen. Somit wird ein aus dem Bereich der Übertretungen geltender Grundsatz auf die strafrechtlichen Vergehen erstreckt.

684 Ausführlicher zu den Deutungsmöglichkeiten der „verkehrsbezogenen Beteiligung" auch *Hörtz*, S. 249–252.

685 BGHSt 27, 40 ff. = NJW 1977, 1109 ff.

686 OLG Stuttgart NJW 1976, 1905 f.

Tat als eine Selbstgefährdung von Täter und Tatfahrzeug (als Einheit) darstellt oder ob auch ein anderer Dritter – aufgrund einer verkehrsbezogenen Beteiligung – am Tatgeschehen involviert ist. Während der BGH aber den Tatbeteiligten, also dem Täter und dem Teilnehmer (§ 28 Abs. 2 StGB), generell eine schutzwürdige Position abspricht, also die Rechtskreise der einzelnen Beteiligten einem einheitlichen Lager zuordnet, so will das OLG Stuttgart mit den zuvor genannten Argumenten zwischen den einzelnen Beteiligten differenzieren.

Würde man mit dem BGH aber den tatbestandlichen Ausschluss von Tatbeteiligten damit begründen, dass diese „im Lager" des Täters stünden[687] und damit keine Rechtssphäre eines Dritten betroffen sei, und verbände man damit gar den Gedanken einer „Verwirkung", so führt dies zu einer nicht nachvollziehbaren Ungleichbehandlung der betroffenen Personen. Denn dem Tatbeteiligten kommt dann durch seine Stellung eine Rechtsmacht zu, die ein an der Tat nicht beteiligter, aber sich mit einer Gefährdung einverstanden erklärender Fahrzeuginsasse nicht für sich beanspruchen kann. Dies deshalb, weil mit der hier vertretenen Auffassung den Straßenverkehrsdelikten ein nicht disponibles Rechtsgut zugrunde liegt.[688] Und wenn die Straßenverkehrsdelikte dazu bestimmt sind, das Allgemeininteresse an der Sicherheit des Straßenverkehrs zu schützen, so lässt sich eine „strafrechtsfreie Exklave" für Tatbeteiligte schwerlich konstruieren, indem diese insoweit doch über das Rechtsgut sollen disponieren können.[689]

Auch der im Vergleich zum Tatfahrzeug gezogene Gedanke einer Instrumentalisierung kann nicht umfassend überzeugen. Denn während das Tatfahrzeug – zumindest für § 315c StGB – zwingend mit der Tathandlung verknüpft ist, kommt dem Tatbeteiligten eine derart zwingende Stellung nicht zu. Für die Erzeugung einer Verkehrsgefahr ist neben dem fahrenden Täter kein weiterer Tatbeteiligter als „Tatmittel" unabdingbar, sodass dies einen *generellen* tatbestandlichen Ausschluss von Tatbeteiligten nicht rechtfertigen kann.[690]

Das Argument, dass der Tatbeteiligte auf der Seite bzw. im Lager des Täters und deshalb nicht stellvertretend für die Allgemeinheit stehe, also eine Gefährdung der Sicherheit des Straßenverkehrs als Allgemeinrechtsgut nicht widerspiegeln könne[691], ist zu daher undifferenziert: Atypisch, aber denkbar, wäre auch der Fall, dass der Täter zur Trunkenheitsfahrt angestiftet wird, der Anstifter aber nicht zusteigt, sondern nach Hause läuft und dabei zufällig vom Angestifteten konkret gefährdet wird.[692] Mit der (pauschalen) Rechtsprechung des BGH, der den Ausschluss der

687 Siehe schon OLG Braunschweig DAR 1957, 46 (47) und *Otto*, Jura, 1991, 443 (445).

688 So auch *Hillenkamp*, JuS 1977, 166 (169). *Geppert*, Jura 1996, 47 (48). Siehe auch LK-*König*, § 315b Rn. 74 mit Fn. 147 dort.

689 Vgl. LK-*König*, § 315c Rn. 160. Siehe auch *Hörtz*, S. 200 ff.

690 Ablehnend zum Instrumentalgedanken siehe schon *Hörtz*, S. 136 f.

691 So die zu §§ 315b, 315c StGB übernommene Rechtsprechung zu § 315a StGB a. F.: BGHSt 11, 199 (203).

692 Beispiel nach *Hillenkamp*, JuS 1977, 166 (169 f.).

Tatbeteiligten nicht ausdrücklich und ausschließlich auf *mitfahrende* beschränkt[693], wäre auch in diesem Fall (konsequenterweise) der tatbeteiligte Anstifter oder Gehilfe (psychische Beihilfe) als im Lager des Täters stehend kein taugliches Gefährdungsobjekt. Dies auch dann, wenn er in der konkreten Situation gar nicht in seiner Urheberrolle als Anstifter, sondern als *gewöhnlicher* Verkehrsteilnehmer betroffen wird. Mit der Rechtsprechung würde dem Anstifter quasi ein „Makel der Tatbeteiligung" angeheftet, der ihm gegenüber dem Angestifteten in jeder Situation die Tauglichkeit als Gefährdungsobjekt abspricht.[694]

Es bleibt festzuhalten, dass der durch die Rechtsprechung des BGH begründete generelle Ausschluss eines Tatbeteiligten dem Gedanken der Straßenverkehrsdelikte als gemeingefährliche Delikte zum Schutz der Allgemeinheit durch Gewährleistung eines sicheren Straßenverkehrs nicht in jedem Falle gerecht wird. Will man einen Tatbeteiligten daher grundsätzlich als taugliches Gefährdungsobjekt in den Tatbestand miteinbeziehen, so ist eine Straflosigkeit im Einzelfall auf andere Weise zu begründen.

Nach hier vertretener Auffassung (oben C.III.1) lässt sich eine Straflosigkeit nicht über den Weg der Einwilligung rechtfertigen, da die Straßenverkehrsdelikte einer Einwilligung nicht zugänglich sind.[695] Eine sachgerechte Lösung ist damit auf Tatbestandsebene zu suchen.[696]

Wenn aber an Stelle eines generellen Tatbestandsausschlusses die Lösung des Problems in einem Zurechnungsausschluss gesehen wird[697], so kann dies im Ergebnis ebenso wenig überzeugen. Denn das „Korrektiv" des unterbrochenen Zurechnungszusammenhangs müsste erklären, wieso das Rechtsgut der Sicherheit des Straßenverkehrs unverletzt bleibt, wenn sich jemand bewusst in eine Gefahrensituation begibt. Das ideelle Sicherheitsinteresse der Allgemeinheit besteht unabhängig vom

693 So meint *Zimmermann*, JuS 2010, 22 (25), dass ein Teilnehmer keineswegs automatisch den Gefahren der Tat ausgesetzt ist, sondern nur, wenn er den Fahrer begleitet. Dann aber bedürfe es keines *Kunstgriffs* der teleologischen Reduktion, denn es liege ein klassischer Fall der Einwilligung vor. – [sofern möglich!].

694 Zu diesem doch „seltsamen Ergebnis" auch LK-*König*, § 315c Rn. 160.

695 Anders: *Maurach/Schroeder/Maiwald*, BT/2 § 50 Rn. 8; SK-*Wolters*, § 315b Rn. 24; § 315c Rn. 23, denn mit der Anerkennung der Einwilligung lässt sich die Gefährdung von Fahrzeuginsassen rechtfertigen, ohne dass es „aufwendiger Konstruktionen" bedürfe.

696 In diese Richtung auch *Otto*, § 80 Rn. 33. Die Frage werde sachwidrig als Einwilligungsfrage erörtert; es handele sich aber um eine *Zurechnung*sfrage, denn wenn jemand mit einer Gefährdung einverstanden sei, dann greife der Täter nicht in dessen Rechtskreis ein. Vielmehr begründe die Person, die eine Gefahr bewusst auf sich nehme, selbst eine Gefahr für ihre Rechtsgüter.

697 *Otto*, § 80 Rn. 33; MK-*Pegel*, § 315c Rn. 114; *Ranft*, Jura 1987, 608 (614). Siehe auch *Duttge*, Jura 2006, 15 (17); *Eisele*, JA 2007, 168 (171: generelle Einbeziehung auch der Tatbeteiligten in den Schutzbereich und Ausschluss im Einzelfall nach den Grundsätzen der eigenverantwortlichen Selbstgefährdung oder Einwilligung in Fremdgefährdung); siehe auch *Wirsch*, JuS 2006, 400 (402).

konkreten Opferverhalten. Das Individuum allein kann nicht für die Allgemeinheit „sprechen"; das Rechtsgut der Sicherheit des Straßenverkehrs ist nicht disponibel. Unter dem Deckmantel einer Unterbrechung eines Zurechnungszusammenhangs bei eigenverantwortlicher Selbstgefährdung wird eine Straflosigkeit des Täters geschaffen, die über die rechtfertigende Einwilligung nicht erreicht werden kann.[698] Zudem wird der Tatbeteiligte in den wenigsten Fällen das Gefährdungsrisiko *mitbeherrschen* können, sodass mit der Kenntnis einer möglichen Gefährdung in der Regel nur eine einverständliche Fremdgefährdung[699] des Tatbeteiligten vorliegt, die nach den Regeln der Einwilligung zu lösen ist.[700]

Eine eigenverantwortliche Selbstgefährdung wäre etwa bei einem verabredeten Zusammenstoß zweier Fahrzeuge denkbar. Mit dem Allgemeinrechtsgut der Sicherheit des Straßenverkehrs sind die Straßenverkehrsdelikte in engeren Sinne nach §§ 315b, 315c StGB aber „opferlos". Denn mit dem hier vertretenen Ansatz geht es nicht um den Schutz des Tatbeteiligten selbst. Und so kann das „Einverständnis eines Gefährdeten weder unter dem Blickwinkel der Einwilligung noch im Rahmen der Zurechnung ausschlaggebend sein."[701] Maßgeblich und entscheidend für die Straßenverkehrsdelikte ist allein die *Tauglichkeit* eines Tatbeteiligten, durch seine Gefährdung eine Verletzung des Rechtsguts der Sicherheit des Straßenverkehrs zu bestätigen. Und daran fehlt es, wenn das Gefährdungsobjekt nicht geeignet ist, anzuzeigen, dass durch die Tathandlung über die Tätersphäre *hinaus*, ein *weiteres* unbeteiligtes, aber taugliches Gefährdungsobjekt ebenso hätte betroffen werden können.[702] Gerade dies aber bleibt bei der Gefährdung nur eines Tatbeteiligten ungeklärt und bedarf deshalb genauerer Betrachtung.[703]

Mit dem OLG Stuttgart ist damit davon auszugehen, dass die Tatbeteiligten wie auch sonstige Fahrzeuginsassen grundsätzlich – wegen ihrer isoliert zu betrachtenden Rechtskreise – *taugliche* Gefährdungsobjekte sind, an denen sich die zur einer konkreten Gefahr verdichtete abstrakte Verkehrsgefahr widerspiegeln kann.[704] Für die Tauglichkeit entscheidend ist letztlich die verkehrsspezifische Betroffenheit.

---

698 Anders nur, wenn den Straßenverkehrsdelikten ein dualer Rechtsgüterschutz zukommt, dazu bereits oben C.II.2.c sowie ablehnend wie hier LK-*König*, § 315 Rn. 74a.

699 Vgl. *Hörtz*, S. 206.

700 Vergleiche hierzu *Geppert*, Jura 2001, 559 (565). Zur strittigen Einordnung der einverständlichen Fremdgefährdung siehe *Hörtz*, S. 206 f. Zur herrschenden Rechtfertigungslösung L/K-*Kühl*, § 228 Rn. 2a und 2b m.w.N. auch zur Gegenansicht von *Roxin*. Zur Rechtfertigungs- und Zurechnungslösung ausführlich *Walter*, NStZ 2013, 673 ff.

701 Im Ergebnis wie hier schon LK-*König*, § 315b Rn. 74a; ebenso *Hörtz*, S. 210.

702 Siehe oben D.II.1. zur einverständlichen Herbeiführung eines Unfalls und C.III.1.d zur Einwilligung in eine Trunkenheitsfahrt.

703 Hierzu sogleich unter D.V.1.d.

704 Siehe zur Rechtfertigung der Einbeziehung von Tatbeteiligten auch *Hörtz*, S. 255–262.

Somit kann eine Strafbarkeit nach §§ 315b, 315c StGB auch dann in Betracht kommen, wenn sich nur Tatbeteiligte untereinander gefährden. Dabei „erkaufen" sich die Tatbeteiligten durch die Einbeziehung in den Schutzbereich aber nicht den Schutz der Straßenverkehrsdelikte aufgrund ihrer nun möglichen strafrechtlichen Verantwortlichkeit.[705] Denn allein die im Einzelfall anzunehmende Tauglichkeit, eine Beeinträchtigung des Allgemeinrechtsguts der Sicherheit des Straßenverkehrs anzeigen zu können, spricht den Tatbeteiligten nicht zugleich auch eine schutzbedürftige bzw. schutzwürdige Position zu.[706]

d. Einschränkung der Tauglichkeit der Tatbeteiligten als Gefährdungsobjekt

Die zu beantwortende Frage besteht aber nun darin, zu bestimmen, in welchen Fällen der Rechtskreis eines Tatbeteiligten ein *tauglicher* ist, um eine verkehrsspezifische Betroffenheit bzw. Beteiligung zu begründen. Es ist ein im Einzelfall entscheidendes Kriterium zu suchen, das dem Schutzzweck der Straßenverkehrsdelikte gerecht wird. Dabei ist der verkehrsspezifische Bezug bzw. die verkehrsbezogene Beteiligung eines Dritten am Straßenverkehr – wie von BGHSt 27, 40 (43) gefordert – aufzugreifen und zu spezifizieren.

Einen Lösungsvorschlag sieht *Hörtz*[707] in dem Kriterium der *„Inanspruchnahme des Straßenverkehrs als Rechtsfriedensbereich"*. Die geschützte Person als Indikator einer Beeinträchtigung der Sicherheit des Straßenverkehrs müsse am Straßenverkehr und dessen originärer Widmung „interessiert" sein, d. h. die innere Einstellung bzw. den Willen haben, den Straßenverkehr als geschützten Rechtsfriedensbereich zu nutzen. Nach Maßgabe der *inneren Einstellung* bestimme sich so die persönliche Erstreckungswirkung der Straßenverkehrsdelikte nach §§ 315b, 315c StGB auch auf Tatbeteiligte.[708] Eine sachgerechte Abgrenzung der maßgeblichen Verkehrsbetroffenheit nimmt *Hörtz* durch eine *Zwei-Stufen-Prüfung*[709] vor:

> „Auf der ersten Stufe ist negativ danach zu fragen, ob das Gefährdungsobjekt objektiv den Straßenverkehr entgegen seines Wesens zweckwidrig zu verkehrsfremden Zwecken missbraucht und damit schon – für einen (unbeteiligten) Dritten – ersichtlich

---

705 So aber BeckOK-*Kudlich*, § 315b Rn. 60, der aus diesem Widerspruch mit dem BGH die Tatbeteiligten aus dem Anwendungsbereich ausschließen will. – Es wurde hier klargestellt, dass die Straßenverkehrsdelikte im engeren Sinn mit dem Rechtsgut der Sicherheit des Straßenverkehrs „opferlos" sind, es also nicht um den Schutz eines Einzelnen geht.

706 Hierzu mit dem treffenden Hinweis, dass dies bei einem zugrunde gelegten Individualrechtsgut anders sei, *Hörtz*, S. 280.

707 *Hörtz*, S. 264 ff. – Spezifiziert wird also das „Sich-Einbringen" in den Straßenverkehr, im Sinne einer *friedlichen* Verkehrsteilnahme.

708 *Hörtz*, S. 265 f.

709 *Hörtz*, S. 266–270.

> zum Ausdruck bringt, dass er den Rechtsfriedensbereich nicht nutzen möchte. Dies kann dadurch geschehen, dass durch das Gefährdungsopfer entweder ein unmittelbar wirkendes verkehrsfeindliches bzw. verkehrsfremden Verhalten an den Tag gelegt wird, oder dass das Gefährdungsopfer mit der Inanspruchnahme des Verkehrsraums ein verkehrsfeindliches bzw. verkehrsfremdes Verhalten des (Haupt-)Täters herbeiführt, fördert oder unterstützt bzw. versucht."

Da eine Person mit einer derartigen Einstellung bereits äußerlich deutlich mache, dass sie den Schutzraum des sicheren Straßenverkehrs nicht benötige, könne diese Person auch nicht die Sicherheit des Straßenverkehrs verkörpern. Denn wer eine verkehrsfremde Gefahr setze, könne sich nicht auf den Schutz desjenigen Systems berufen, das er selbst (unmittelbar) gefährde.[710] Sei dagegen kein Missbrauch des Straßenverkehrs zu verkehrsfremden Zwecken durch das Gefährdungsopfer zu erkennen, liege also aus dem Blickwinkel eines objektiven Dritten ein verkehrsgerechtes oder lediglich verkehrswidriges Verhalten vor, so bestimme sich die Tauglichkeit des Gefährdungsobjekts auf zweiter Stufe:

> Hier ist zu fragen, „ob das vermeintliche Gefährdungsopfer mit seiner intendierten Handlung verkehrsfeindliche oder verkehrsfremde Zwecke des (Haupt-)Täters zum Zeitpunkt des Eintritts der konkreten Gefährdung unterstützt bzw. ein solches Tatbeteiligtenverhalten unmittelbar bevorsteht. Zeigt sich, dass eine solche Einstellung nicht vorliegt, so ist daraus zu schlussfolgern, dass das Gefährdungsopfer den Willen hat, als Verkehrsbetroffener zu agieren bzw. eine verkehrsgerechte Nutzung des Straßenverkehrs avisiert. Immer dann ist der Status eines Verkehrsbeteiligten anzuerkennen, sodass die Indikatorenwirkung und eine entsprechende Verkehrsbetroffenheit zu bejahen ist."[711]

Der Tatbeteiligte ist nach dieser Differenzierung auch dann taugliches Gefährdungsobjekt, wenn die avisierte Inanspruchnahme des Straßenverkehrs als Rechtsfriedensbereich unter Begehung von Verkehrsverstößen erfolgt, denn die Schutzrichtung der §§ 315b, 315c StGB umfasse auch die Verursachung fehlerhafter, aber verkehrstypischer Verkehrsvorgänge. Die Straßenverkehrsdelikte sollen vor den Gefahren schützen, die aus der Dynamik des Straßenverkehrs resultieren. Und eben dieser Schutzzweck werde auch – wenn nicht gerade – bei einem fehlerhaften Verkehrsvorgang angesprochen, der sich auf die Dynamik des Straßenverkehrs in gefährlicher Weise auswirken kann, was durch eine tatsächlich eintretende konkrete Gefahr für ein Gefährdungsobjekt dann manifestiert werde. Insoweit könne der Tatbeteiligte genauso wie ein sonstiger Fahrzeuginsasse die Gefahr, die aus dem verkehrswidrigen Vorgang erwächst und damit die Sicherheit des Straßenverkehrs beeinträchtigt, widerspiegeln und sei daher taugliches Gefährdungsobjekt. Denn das *Einverstandensein* mit einem verkehrswidrigen Verhalten und einer daraus möglicherweise resultierenden Gefährdung nehme dem Tatbeteiligten nicht seine

---

710 *Hörtz*, S. 266.
711 *Hörtz*, S. 267 f.

grundsätzliche Bereitschaft, den Straßenverkehr zu seinem originären Zweck in Anspruch zu nehmen.[712]

Die Abgrenzung der Straßenverkehrsdelikte nach einer Verkehrsgefährdung durch fehlerhaftes Verhalten (§ 315c StGB) einerseits und den Eingriffen in den Straßenverkehr durch verkehrsfremdes Verhalten (§ 315b StGB) andererseits ist somit – folgt man *Hörtz* – auch für die Bestimmung der Tauglichkeit der Tatbeteiligten als Gefährdungsobjekte von Bedeutung. Nach seiner Zwei-Stufen-Theorie ist ein Beteiligter an einer verkehrsfremden Tat nach § 315b StGB regelmäßig kein taugliches Gefährdungsobjekt, wenn er *im Zeitpunkt seiner Gefährdung*[713] – in diesem wird die Sicherheitsbeeinträchtigung angezeigt – objektiv verkehrsfremd[714] handelt[715] (1. Stufe) oder zumindest (noch) eine verkehrsfremde Einstellung auf-

---

712 So im Ergebnis *Hörtz*, S. 269 mit einem Vergleich zu § 142 StGB. Dort liege ein Unfall im Straßenverkehr vor, wenn das Verhalten noch als typisch für eine Fortbewegung im Straßenverkehr zu bezeichnen sei, nicht aber, wenn es erkennbar allein verkehrsfremden Zwecken diene. Hierzu auch *Müller/Kraus*, NZV 2003, 559 (560).

713 Hierzu genauer *Hörtz*, S. 271–274.

714 Die Fälle des äußerlich verkehrsgerechten Verhaltens – nach hier vertretener Auffassung mangels Eingriffs von § 315b StGB nicht erfasst, oben D.III.2.c. – sind nach der zweiten Stufe zu beurteilen.

715 Beispielhaft nennt *Hörtz* hier das sog. *Autosurfen*: Gemeint sind hiermit Fälle, in denen bei einem fahrenden Kraftfahrzeug eine oder mehrere Personen auf dem Fahrzeugdach liegen, die sich bei konstant gesteigerter Fahrtgeschwindigkeit allein dadurch Halt verschaffen, dass sie sich z.B. gegenseitig umklammern bzw. durch die geöffneten Fenster an den jeweiligen Türholmen festhalten, siehe *Saal*, NZV 1998, 49 (49). Das OLG Düsseldorf NStZ-RR 1997, 325 (326 f.) hat – dem BGH folgend – die tatbeteiligten Autosurfer als Schutzobjekte der Straßenverkehrsdelikte ausgenommen. Darüber hinaus hatte es aber bereits unter Hinweis auf die Sperrwirkung des § 315c StGB einen Eingriff i.S.v. § 315b Abs. 1 Nr. 3 StGB verneint, denn es fehle – trotz Zweckentfremdung zu Unterhaltungszwecken – die verkehrsfeindliche Absicht: „Der Angekl. hat den Pkw zwar zweckentfremdet und nicht mehr als Verkehrsmittel, sondern als Mittel der Unterhaltung mißbraucht. Das geschah jedoch nicht, um absichtlich verkehrsfremd auf den öffentlichen Straßenverkehr einzuwirken, ihn zu stören oder zu unterbinden, sondern der Angekl. und seine Freunde hatten bewußt nachts verkehrsfreie Wege ausgewählt, um ihr Vergnügen ungehindert durch andere Verkehrsteilnehmer ausüben zu können und damit zugleich auch die Gefährdung anderer Verkehrsteilnehmer auszuschließen." Zustimmend unter Hinweis auf den ebenso häufig fehlenden Schädigungsvorsatz als zweites subjektives Element eines verkehrsfremden Inneneingriffs, LK-*König*, § 315b Rn. 55.
Nach *Hörtz*, S. 275 f., wird der Straßenverkehr schon objektiv nicht im Sinne eines auf das Fortkommen gerichteten Systems, sondern zweckwidrig als Vergnügungsstätte genutzt (1. Stufe), sodass es zusätzlich nicht auf die innere Einstellung des Beteiligten ankomme. Ein Autosurfer sei als Verkehrsfremder betroffen und damit kein taugliches Gefährdungsobjekt.

weist[716] (2. Stufe).[717] Anders sei dies bei einer Tatbeteiligung an einem (bloß) verkehrswidrigen Verhalten nach § 315c StGB. Mangels objektiv verkehrsfremden Verhaltens im Zeitpunkt der Gefährdung müsse dann in der 2. Stufe eine verkehrsfremde Einstellung nachgewiesen werden. An dieser werde es bei § 315c StGB aber regelmäßig[718] fehlen, sodass der Tatbeteiligte hier taugliches Gefährdungsobjekt sei,

---

716 Etwa bei einem durch Tatbeteiligte absichtlich herbeigeführten Unfall (hierzu BGH NJW 1991, 1120) liege äußerlich ein „normaler" Verkehrsvorgang mit einem als verkehrstypisch „unglücklichem" Ausgang vor, sodass *Hörtz* auf zweiter Stufe den Missbrauch des Straßenverkehrs und die verkehrsfremde Einstellung aus dem verfolgten Zweck ableitet (Erlangen unberechtigter Versicherungsleistungen) und damit die Betroffenheit der Beteiligten als Verkehrsfremde begründet, vgl. dort S. 276 f. Dabei weist er auf ein treffendes Zitat von *Fleischer*, NJW 1976, 878 (880), hin: „Wer gewollt auffährt, kann teilnehmen, will es aber nicht." Der BGH verneinte eine Beeinträchtigung der Sicherheit des Straßenverkehrs dagegen damit, dass es an einem Zufalls- bzw. Überraschungsmoment fehle, dazu bereits D.II.1. Die Frage, ob ein Verhalten *rechtlich* verkehrsfremd *ist* und damit einen verkehrsfremden Inneneingriff darstellen kann, ist bei *Hörtz* zu trennen von der Frage, ob ein Verhalten äußerlich als verkehrsfremd *erscheint*. Letzteres soll nach *Hörtz* aber ausreichend sein, um eine Betroffenheit als Verkehrsfremder mangels Inanspruchnahme des Straßenverkehrs als Rechtsfriedensbereich annehmen zu können (1. Stufe). Bei äußerlich verkehrsgerechtem oder bloß verkehrswidrigem Verhalten, sei dagegen die innere Einstellung entscheidend (2. Stufe). Hier ist für *Hörtz* allein die Zwecksetzung der Beteiligungshandlung maßgebend, vgl. S. 276. Es kommt für ihn also nicht auf die *rechtlichen* Voraussetzungen an, die an eine Pervertierung eines Verkehrsvorgangs im Sinne eines verkehrsfremden Inneneingriffs gestellt werden. Der Beteiligte muss daher nicht – wie der Täter – in *seiner* Person mit Zweckentfremdungsabsicht und bedingtem Schädigungsvorsatz handeln. So bezeichnet das OLG Düsseldorf, NStZ-RR 1997, 325 (326 f.) auch das Autosurfen als zweckfremden Vorgang, auch wenn die Voraussetzungen des verkehrsfremden Inneneingriffs nicht gegeben seien.

717 Zur besonderen Stellung des *Mittäters* und zum Ausschluss des *Tatmittlers* bei Fällen der *mittelbaren Täterschaft* siehe *Hörtz*, S. 272 bzw. S. 274 f.

718 Eine Ausnahme stelle aber ein *„illegales Beschleunigungsrennen"* dar. Hier leitet *Hörtz*, S. 278, die Betroffenheit des Tatbeteiligten als Verkehrsfremder aus dem objektiv erkennbaren Missbrauch des Straßenverkehrs zur „Vergnügungsstätte" bzw. aus der Verkehrsfremdheit einer solchen „Veranstaltung" her und versagt den Tatbeteiligten die Eigenschaft, taugliches Gefährdungsobjekt zu sein. Eine Strafbarkeit nach § 315c Abs. 1 Nr. 2 StGB scheide daher in Bezug auf die Gefährdung der Tatbeteiligten untereinander aus. Zur geplanten Strafbarkeit nicht genehmigter Kraftfahrzeugrennen im Straßenverkehr siehe BR-Drucks. 607/17. Wird ein illegales Autorennen aber nach § 315c StGB rechtlich als nur fehlerhafte Verkehrsteilnahme und noch nicht als verkehrsfremder Eingriff beurteilt – siehe BGHSt 53, 55 ff. (*hier nicht abgedruckt*) = NJW 2009, 1155 (1157) mit dem Hinweis, dass sich die Strafbarkeit nach § 315c StGB auf die Gefährdung des am Rennen nicht beteiligten Pkw samt Insassen bezieht –, so erscheint die objektive Einordnung des Geschehens als verkehrsfremd zunächst widersprüchlich. Dieser Wider-

das eine Sicherheitsbeeinträchtigung durch den Täter anzeigen könne. Wenn ein Tatbeteiligter in der konkreten Situation nicht als Indikator für eine Beeinträchtigung der Sicherheit des Straßenverkehrs als Allgemeinrechtsgut dienen könne, so liege trotz einer den Straßenverkehr beeinträchtigenden Verhaltensweise nur eine abstrakte Verkehrsgefahr vor. Oder anders gesagt: Da sich eine solche Verkehrsverfahr nicht an einem tauglichen Gefährdungsobjekt manifestiert habe, sei der Straßenverkehr nicht (nachweislich) erschüttert worden und es fehle an der notwendigen Drittbetroffenheit des Straßenverkehrs, sodass die §§ 315b, 315c StGB nicht eingreifen würden.[719]

e. *Ergebnis und Bewertung*

Hörtz liefert ein dem Rechtsgut der Sicherheit des Straßenverkehrs gerecht werdendes und ein an das maßgebliche Merkmal der Sicherheit des Straßenverkehrs ansetzendes Kriterium, nach dem ein Tatbeteiligter nicht absolut, sondern abhängig vom jeweiligen Einzelfall taugliches Gefährdungsobjekt der Straßenverkehrsdelikte sein kann. Wenn es um die Frage geht, ob das Gefährdungsobjekt *stellvertretend* für das Rechtsgut der Sicherheit des Straßenverkehrs steht, entscheidet nicht mehr – wie mit der nun überholten Repräsentantenrechtsprechung – die *Bestimmtheit* des Gefährdungsobjekts über dessen Tauglichkeit. Auch richtet sich die Tauglichkeit nicht undifferenziert nach der Zuordnung in das „Lager" der Tatbeteiligten. Maßgeblich ist vielmehr, ob die betroffene Person im Zeitpunkt der Gefährdung den Straßenverkehr als Rechtsfriedensbereich in Anspruch nimmt und aus diesem Grund sein Rechtskreis verkehrsspezifisch durch eine Verkehrsgefahr beeinträchtigt werden *kann.*

Das vorgestellte Kriterium deckt damit die Fälle ab, in denen ein Tatbeteiligter als Fahrzeuginsasse den Täter begleitet oder in atypischen Fällen von diesem im Straßenverkehr mit dem Status eines Verkehrsteilnehmers konkret gefährdet wird. Damit können die Fälle der *Insassengefährdung* sachgerecht gelöst werden.

---

spruch ist aber dahingehend aufzulösen, dass sich nach *Hörtz* die *Betroffenheit als Verkehrsfremder* und die Voraussetzungen an den *verkehrsfremden Inneneingriff* nicht decken. Ein Verhalten kann nach *Hörtz* objektiv schon verkehrsfremd sein, ohne dass es die Voraussetzungen eines verkehrsfremden Inneneingriffs mit seinen subjektiven Einschränkungen erfüllen muss, vgl. oben Fn. 716.

719 So in der Konsequenz *Hörtz*, S. 270 und 277 f. mit Hinweis auf den oben dargestellten Fall nach *Hillenkamp*: Wird der Anstifter zu einer Trunkenheitsfahrt später auf dem Fußweg nach Hause vom Angestifteten gefährdet, so ist dieser Tatbeteiligte taugliches Gefährdungsobjekt, denn seine innere Einstellung ist in diesem Zeitpunkt verkehrsgerechter Natur. Als teilnahmefähige Haupttat kommt hier nicht nur § 316 StGB in Betracht, sondern durch die Gefährdung des Anstifters als taugliches Gefährdungsobjekt auch § 315c Abs. 1 Nr. 1a StGB. Der Anstiftervorsatz ist dabei gegeben, denn der Anstifter selbst ist aus Sicht des Angestifteten ja ein tauglicher anderer.

Für die im Weiteren interessierenden Fälle, dass ein Gefährdungsobjekt nicht Verkehrsteilnehmer ist[720] oder sich gar außerhalb des Straßenverkehrs befindet[721], lässt sich das Kriterium aber ebenso heranziehen. Denn auch hier geht es um die Tatsache, ob der Verkehrsraum als Rechtsfriedensbereich in „Anspruch genommen" wird. Dies aber nicht unter dem Aspekt, ob der Verkehrsraum verkehrsfremd oder mit verkehrsfremder Einstellung *genutzt* wird. Die *Inanspruchnahme* des Verkehrsraums als Rechtsfriedensbereich ist dort anders zu begründen: Nichtverkehrsteilnehmer halten sich im Verkehrsraum oder in dessen Nähe auf, weil sie darauf *vertrauen*, dass dieser Verkehrsraum sicher ist und aus dem Straßenverkehr heraus keine Gefahr droht. Dieses Vertrauen im Hinblick auf bestehenden Rechtsfrieden im Verkehrsraum wird solange in „Anspruch genommen", wie nicht mit eigenem Verhalten, das entsprechend der Zwei-Stufen-Theorie zu bewerten ist, dieser Rechtsfrieden gestört wird.

2. Das (fremde) Fahrzeug als Tatmittel

Dass ein (fremdes) Fahrzeug, das zur Tat i.S.v. §§ 315b, 315c StGB gebraucht wird, geeignet ist, durch seine konkrete Gefährdung eine Beeinträchtigung der Sicherheit des Straßenverkehrs anzeigen zu können, und damit ein taugliches Gefährdungsobjekt sein kann, wird bezweifelt.

Zunächst ist festzustellen, dass der Gesetzgeber bei §§ 315b, 315c StGB nur *fremde* Sachen von bedeutendem Wert als überhaupt taugliche Gefährdungsobjekte ansieht. Ausgenommen sind über den Wortlaut *tätereigene* Sachen und damit das eigene (geführte) Tatfahrzeug. Wenn dabei kritisiert wird, dass auch die Gefährdung tätereigener Sachen in gleicher Weise indiziell für die Beeinträchtigung der Sicherheit des Straßenverkehrs sein könne, so wurde klargestellt, dass der Gesetzgeber der Ansicht war, dass sich die durch die fehlerhafte Verkehrsteilnahme geschaffene abstrakte Gefahr für die allgemeine Verkehrssicherheit (Verkehrsgefahr) über die eigene Rechtsphäre des Täters hinaus in den Rechtskreis eines *anderen* hinein verdichten muss.[722] Täter*eigenen*[723] Sachen fehle diese Eigenschaft, eine Sicherheitsbeeinträchtigung gegenüber der Allgemeinheit anzeigen zu können.

---

720 Hierzu nachfolgend unter D.VI.

721 Hierzu nachfolgend unter D.VII.

722 Vgl. oben C.II.2.b mit Fn. 439 für die Gegenansicht sowie zuvor die Ausführungen zum „Anderen" i.S.v. § 1 Abs. 2 StVO unter D.V.1.c.

723 Die Frage, ob und wie stark der gemeingefährliche Charakter einer Tat an die Eigentumsverhältnisse geknüpft ist, betraf auch andere gemeingefährliche Delikte, insbesondere die Brandstiftungsdelikte. Am Beispiel des preußischen Brandstiftungsrechts *Bender*, S. 48–52, 64. Die mit dieser Frage verbundene Debatte um den Deliktstypus und den Schutzweck setzte sich (auch hier) bis zum sechsten Strafrechtsreformgesetz fort, vgl. *Bender*, § 1 B und § 2 I.1. Zur Beschränkung auf „fremde" Tatobjekte im Hinblick auf eine historisch begründete Privilegierung des Täters bei den Brandstiftungsdelikten *Bender*, S. 231 ff.

Aber auch *fremden* Sachen von bedeutendem Wert soll diese notwendige Eigenschaft, taugliches Gefährdungsobjekt zu sein, nicht uneingeschränkt zukommen. Insbesondere bei dem fremden Tatfahrzeug wird die Tauglichkeit als Gefährdungsobjekt in Frage gestellt.

Die Antwort ist auch hier maßgeblich durch die Rechtsgutsbetrachtung bestimmt. Bei einem Individualrechtsgüterschutz liegt die Einbeziehung des Fahrzeugs als fremde Sache von bedeutendem Wert nahe.[724] Stellt man dagegen – wie hier – im Hinblick auf die Gemeingefährlichkeit der Tathandlung auf das Interesse der Allgemeinheit an der Sicherheit des Straßenverkehrs ab, so muss begründet werden, ob die konkrete Gefährdung des geführten (fremden) Fahrzeugs selbst schon Ausdruck eines (abstrakt) *gemein*gefährlichen Verhaltens ist, das die Sicherheitsinteressen der Allgemeinheit berührt. Ausgehend vom Schutzgut der Sicherheit des Straßenverkehrs und dem Wortlaut sind dann grundsätzlich alle fremden Gegenstände in den Tatbestand einbezogen, die durch ihre konkrete Gefährdung eine zuvor nur abstrakt bestehende Verkehrsgefahr auch für andere bestätigen können.

a. Ausschluss des geführten fremden Tatfahrzeugs bei der Straßenverkehrsgefährdung (§ 315c StGB)

Im Zusammenhang mit der Problematik der Gemeingefahr, aber auch bei der Frage zur Einbeziehung von Tatbeteiligten in den Kreis der tauglichen Gefährdungsobjekte wurde für die Argumentation schon der Vergleich zum Tatfahrzeug angesprochen.[725]

(1) Einschränkung durch die Rechtsprechung

So hat die Rechtsprechung das eigene aber auch das fremde geführte Fahrzeug nicht nur als *Tatmittel*, sondern auch wegen des (im Vergleich zu Beförderungsmitteln nach §§ 315, 315a StGB) fehlenden *verkehrsartspezifischen Gefahrenrisikos* vom Schutzbereich des § 315c StGB ausgenommen:[726]

Das Tatfahrzeug stehe unter der tatsächlichen Verfügungsgewalt des Täters, ohne Rücksicht darauf, wem es gehöre, und es sei *notwendiges Mittel* für die Durchführung der Tat. Es nehme an dem vorschriftswidrigen Verhalten teil, sodass es als Tatwerkzeug nicht zugleich vom Strafschutz mitumfasst werden könne.[727] Die

724 SK-*Wolters*, Vor § 306 Rn. 11; NK-*Zieschang*, § 315b Rn. 35, § 315c Rn. 27; MK-*Pegel*, § 315b Rn. 55.

725 Vgl. oben B.II.6.c und D.V.1.a.

726 Vgl. oben B.II.6.c; BGHSt 11, 148 (149 f., 151 f.); BGH VRS 42 (1972), 97 (98); BGHSt 27, 40 (42 f. – für § 315c StGB: Die Vorschrift ist jedoch entsprechend ihrer gesetzgeberischen Zielsetzung einschränkend auszulegen); BGH NStZ-RR 1992, 233 (233 f. – für § 315b StGB); BGH NJW 2015, 2898 (2900); weitere Nachweise bei MK-*Pegel*, § 315 Rn. 74.

727 BGHSt 11, 148 (149 f.). Siehe auch *Geppert*, Jura 1996, 339 (346): Das vom Täter selbst geführte Fahrzeug ist weniger schutzbedürftiges Tat- oder Angriffsobjekt als

Rechtsprechung nimmt damit, „ohne, dass es durch den Wortlaut[728] geboten sei“[729], das Fahrzeug von den tauglichen Gefährdungsobjekten aus, genauso wie sie zuvor schon den Tatbeteiligten[730] vom Strafrechtsschutz ausgenommen hatte. Für den generellen Ausschluss des fremden Tatfahrzeugs spricht hiernach, dass dieses bei § 315c StGB fast durchwegs benötigt wird, um eine abstrakte Gefahr in den Straßenverkehr hineinzubringen, sodass das Tatfahrzeug *untrennbar* mit der Gefahrschaffung verbunden ist.

Zusätzlich argumentiert der BGH mit dem *Schutzzweck der Norm*, der über die Begrifflichkeit der Gemeingefahr zu berücksichtigen sei. Geschütztes Rechtsgut sei hier nicht der *Betrieb* des Fahrzeugs als Verkehrsmittel, sondern die allgemeine Sicherheit des Verkehrs auf öffentlichen Straßen, die bei einer Gefährdung (nur) des Fahrzeugs *noch* nicht beeinträchtigt werde.[731] Die Grundsätze zur Transportgefährdung, nach denen auch das Beförderungsmittel als Gefährdungsobjekt erfasst ist, ließen sich nicht uneingeschränkt auf § 315a StGB a.F. übertragen. Daran habe sich mit der Neufassung der §§ 315 ff. StGB durch das Zweite Gesetz zur Sicherung des Straßenverkehrs vom 26.11.1964 nichts geändert. Denn nach wie vor beruhten diese Vorschriften auf der Unterscheidung von Mittel und Objekt der Gefährdung, wie sich deutlich aus § 315b Abs. 1 Nr. 1 StGB ergebe.[732] § 315b StGB sei nicht schon dann erfüllt, wenn überhaupt ein Fahrzeug [gefährdet,] beschädigt oder zerstört werde. Denn erforderlich sei darüber hinaus, dass *hierdurch* die Sicherheit des Straßenverkehrs beeinträchtigt werde. Bei § 315c StGB könne nichts anderes gelten. Auch hier sei das zur Herbeiführung der Verkehrsgefahr benutzte Fahrzeug als notwendiges Mittel nicht das zu schützende Objekt.[733] Der Wortlaut des § 315c Abs. 1 StGB sei wegen der gesetzgeberischen Zielsetzung des Verkehrsstrafrechts *einschränkend* auszulegen.[734] Aus der Entstehungsgeschichte und den Gesetzesmaterialen ergebe sich keine [entgegenstehende] ausdrückliche Stellungnahme zu dieser Frage. Zu sichern sei der Straßenverkehr vor Handlungen, die sich gegen die Allgemeinheit richten und die das Funktionieren des Verkehrs und damit die Sicherheit aller Verkehrsteilnehmer beeinträchtigen. Eine Beeinträchtigung dieser Sicherheit scheide aber nach der gesetzlichen Regelung als gemeingefährliche

---

vielmehr Tatwaffe und als solche nicht schutzbedürftig. Ebenso S/S/W-*Ernemann*, § 315c Rn. 26.

728 Dieser spricht (ohne Einschränkung) von fremden Sachen von bedeutendem Wert.

729 BGHSt 11, 148 (149 f.). Es fehlt für die Ausnahme also an der „Stütze im Gesetz“, vgl. MK-*Pegel*, § 315b Rn. 55.

730 BGHSt 6, 100 (102 f.).

731 BGHSt 11, 148 (151 f.).

732 BGH VRS 42 (1972), 97 (98).

733 OLG Stuttgart VRS 32 (1967), 43 (44). Siehe auch OLG Schleswig NJW 1965, 1727 (1727). Die abstrakte Verkehrsgefahr muss sich also an einem anderen Objekt als dem Tatfahrzeug verdichten bzw. muss an einem anderen Objekt die Sicherheitsbeeinträchtigung widerspiegeln.

734 OLG Stuttgart VRS 32 (1967), 43 (44).

Straftat aus, wenn der Täter bei der Teilnahme am Straßenverkehr nur sich selbst und sein eigenes Fahrzeug gefährde. Die Sicherheit des Straßenverkehrs werde aber ebenso wenig in Mitleidenschaft gezogen, wenn der Täter bei seiner Fahrt zufällig ein fremdes Fahrzeug nutze und *nur* dieses in Gefahr bringe. Ein zusätzlicher – also über die Sachbeschädigungsdelikte hinausgehender – Eigentumsschutz sei nicht gewollt.[735]

Der BGH begründet einen Ausschluss des Tatfahrzeugs mit einer verkehrsspezifischen Auslegung, wie sie schon in Bezug auf die Tatbeteiligten näher ausgeführt wurde. Da Täter und Tatfahrzeug dem Rechtskreis eines anderen i.S.v. § 1 Abs. 2 StVO entgegenstünden, seien diese generell keine tauglichen Gefährdungsobjekte.[736] Hierbei betont der BGH, dass es einer Gefährdung bedürfe, die dem besonderen *verkehrsrechtlichen* Schutz der Straßenverkehrsdelikte im engeren Sinn entspreche. Solange jemand – sei es mit eigenem oder fremdem Fahrzeug – im öffentlichen Straßenverkehr ohne verkehrsmäßige (verkehrstypische) Beteiligung eines Dritten lediglich eine Gefahr für das von ihm eingesetzte Fahrzeug setze, würden die Strafvorschriften über die Gefährdung des Straßenverkehrs überhaupt nicht angesprochen.[737] So ergebe sich aus §§ 315 Abs. 1 Nr. 1, 315b Abs. 1 Nr. 1 und 315c Abs. 1 Nr. 2g[738] StGB der allgemeine Grundsatz, dass es immer zu einer konkreten Gefährdung des Straßenverkehrs kommen müsse; die bloße *Gefährdung* des Fahrzeugs *auf der Straße* reiche nicht aus.[739]

Das geführte (fremde) Fahrzeug – auch wenn gestohlen[740] oder geraubt[741] – scheidet nach der Rechtsprechung demnach generell als ein die (Verkehrs-)Gefahr schaffendes Objekt aus.[742] Es kommt insoweit nicht darauf an, ob der Eigentümer sein Fahrzeug verkehrsbezogen eingebracht hat oder nicht.

---

735 BGHSt 27, 40 (42 f.).

736 Siehe D.V.1.b und c.

737 BGHSt 27, 40 (43).

738 Auch das liegengebliebene Fahrzeug ist danach nicht taugliches Gefährdungsobjekt. Dieses wird hier aufgrund der fehlenden Sicherung durch den Täter zum Werkzeug gegen andere.

739 BGHSt 27, 40 (44). Kritisch zur (ungenauen) Formulierung LK-*König*, § 315c Rn. 168d hinsichtlich einer nur erforderlichen abstrakten Gefahr für den Straßenverkehr, die sich als konkrete Gefahr für ein Gefährdungsobjekt auswirken müsse.

740 BGHSt 11, 148 (151).

741 BGH NJW 1999, 350.

742 Zur *Fracht* als taugliches Gefährdungsobjekt: MK-*Pegel*, § 315c Rn. 87; LK-*König*, § 315c Rn. 164. Zwar sieht *König* die Problematik, dass es wenig einleuchtend erscheine, den transportierten fremden Computer von bedeutendem Wert zu schützen, das geführte Fahrzeug des Arbeitgebers im Wert von 50.000 Euro dagegen nicht. Wolle man aber alles ausgrenzen, was sich im Inneren des Fahrzeugs befinde, so müsse auch die Insassengefährdung generell unberücksichtigt bleiben. Der Unterschied zwischen Fahrzeug und Fracht ist eben der genannte, dass das Fahrzeug untrennbar mit der Gefahrschaffung verbunden ist. Fahrzeuginsassen und Ladung sind dagegen als Außenbereichsexklave in gleicher Weise geschützt

(2) Kritik der Literatur

Zunächst wird der Rechtsprechung vorgeworfen, dass sich die Unterscheidung von Tatmittel und Gefährdungsobjekt nicht durchhalten lasse. Dies zeige sich an der strafbaren Sachbeschädigung, wo Tatmittel und Tatobjekt identisch sein könnten. Für die Sachgefährdung könne nun kein Unterschied bestehen.[743] Einen allgemeinen Grundsatz, dass ein Tatmittel nicht zugleich geeignetes Gefährdungsobjekt sein könne, gebe es nicht. Auch wenn § 315c StGB fast durchwegs den Gebrauch des Fahrzeugs voraussetze, sei es nur passives Element; seine Verwendung erschöpfe sich im Gebrauch, auf dessen Verhinderung § 315c StGB abziele.[744]

In Teilen der Literatur wird das geführte fremde Tatfahrzeug daher grundsätzlich als taugliches Gefährdungsobjekt eingestuft. So setzt *König* in der Sache an die Überlegung des BGH an, dass die Grundsätze der Transportgefährdung nicht uneingeschränkt auf die Straßenverkehrsdelikte zu übertragen seien, weil die Sicherheit des Straßenverkehrs bei einer Gefährdung nur des Fahrzeugs noch nicht beeinträchtigt sei. Maßgeblich sei das gesetzgeberische Konzept, dass sich in der Gefährdung fremder Objekte die Gefährlichkeit der Tat ausprägen müsse, was aber auch bei einer Gefährdung bzw. Schädigung des selbst geführten (fremden) Fahrzeugs der Fall sei und in Bezug auf zugleich beförderte Ladung anerkannt sei.[745] *König*[746] kritisiert, dass mit der Streichung des Begriffs der Gemeingefahr auch die Gefährdung eigener Sachen, deren Vernichtung gegen das Gemeinwohl verstößt, für den Tatbestand irrelevant geworden sei und die Neufassung (wegen der gemischten Eigentumslage an Kraftfahrzeugen) zu (diesen) beträchtlichen Auslegungsschwierigkeiten geführt habe. Das Erfordernis der Gemeinwohlgefährdung habe den Charakter der §§ 315 ff. StGB als gemeingefährliche Straftaten besser zum Ausdruck gebracht als das geltende Recht. Wenn ausgehend vom Schutzgut des Allgemeininteresses an der Sicherheit des Straßenverkehrs sich dessen Beeinträchtigung in der Gefährdung *fremder* Objekte indiziell zeige, so müssten sich Gründe finden lassen, warum dies nicht auch für das fremde geführte Fahrzeug gelte.[747] Diese seien aber nicht vorhanden. Die Argumente der Rechtsprechung fänden keine Anhaltspunkte im Gesetz und hinzu kämen krasse Widersprüchlichkeiten gerade im Vergleich zu den

---

wie außenstehende Personen und fremde Sachen von bedeutendem Wert. Bei der fremden Fracht, die *zwecks Beförderung* übergeben wird, ist ebenso wie beim Fahrzeuginsassen eine „verkehrsbezogene Beteiligung" gegeben. Das fremde Tatwerkzeug ist dagegen *nur* über § 303 StGB und die zivilrechtliche Haftung geschützt.

743 So SK-*Wolters*, Vor § 306 Rn. 10 mit dem Beispiel des an die Hauswand gefahrenen Fahrzeugs anstelle dieses eigenhändig zu beschädigen; *Klaus*, S. 73; *Saal*, NZV 1998, 49 (50).

744 LK-*König*, § 315c Rn. 168a.

745 LK-*König*, § 315c Rn. 164 sowie § 315b Rn. 80 a.E. Zum Unterschied zwischen Fahrzeug und Fracht siehe schon Fn. 742.

746 LK-*König*, § 315c Rn. 162 mit § 315 Rn. 72.

747 LK-*König*, § 315c Rn. 168b und 168f.

anderen Verkehrsdelikten (§§ 315, 315a StGB).[748] In den Schutzbereich einbezogen seien daher im Prinzip alle für den Täter fremden Sachgegenstände. Damit sei auch das geführte fremde Fahrzeug grundsätzlich taugliches Gefährdungsobjekt. Dies, so gibt *König* zu, mit der rechtspolitisch unbefriedigenden Situation, dass der Zufall der Eigentumslage am geführten Fahrzeug den Ausschlag für eine Strafbarkeit gebe.[749]

(3) Stellungnahme

Die Kritik der Literatur zielt auf eine erklärungsbedürftige Abweichung von den Grundsätzen in §§ 315, 315a StGB. Dass allerdings die Auffassung der Rechtsprechung „im Wortlaut keine Stütze" finde[750], ist für sich gesehen zutreffend. Da es sich aber um eine einschränkende Auslegung handelt, kann diese im Wortlaut auch keine Stütze finden. Vielmehr wird der weite Wortlaut, der grundsätzlich jede fremde Sache von bedeutendem Wert als Gefährdungsobjekt erfassen kann, teleologisch unter dem Gesichtspunkt einer verkehrsspezifischen Gemeingefährlichkeit der Tathandlung reduziert. Während das Beförderungsmittel i.S.v. §§ 315, 315a StGB für den angestellten Führer desselben grundsätzlich eine fremde Sache ist, die im Dienste der Allgemeinheit steht, ist die Eigentumslage an den Fahrzeugen im Straßenverkehr unterschiedlich. Hier ist es vom Zufall abhängig, ob das Fahrzeug im Eigentum des Nutzers steht, ob es (noch) mit Sicherungsmitteln (Eigentumsvorbehalt, Sicherungsübereignung etc.) belastet ist oder ob der Nutzer bloß die tatsächliche Verfügungsgewalt über das Fahrzeug hat (gemietetes, geleastes oder gestohlenes Fahrzeug). Hinsichtlich all dieser Konstellationen müsste im Einzelfall entschieden werden, ob das (auch) fremde Fahrzeug als Gefährdungsobjekt ein taugliches sein soll. Denn ohne eine – zumindest teilweise – einschränkende Auslegung mag es in der Praxis „zu wenig einleuchtenden Ergebnissen"[751] kommen.

So sieht ein Teil der Literatur das fremde geführte Fahrzeug zwar als grundsätzlich taugliches Gefährdungsobjekt an, will aber dann wieder Rückausnahmen für nicht strafwürdige Fälle machen.[752] Die Rechtsprechung dagegen vermeidet

---

748 LK-*König*, § 315c Rn. 168.

749 LK-*König*, § 315c Rn. 162, 168e und 168f. Härtefällen sei de lege lata über das Strafprozessrecht oder über die Strafzumessung Rechnung zu tragen. Für einen Ausschluss dagegen BeckOK-*Kudlich*, § 315c StGB Rn. 63.

750 MK-*Pegel*, § 315b Rn. 55; ähnlich auch LK-*König*, § 315c Rn. 168 a.E. (richterliche Rechtsfortbildung).

751 Siehe *Hartung* NJW 1966, 15 (17 f.) und NJW 1947, 909 (910). Hierzu auch *Mayr*, FG BGH (1975), 273 (275); SK-*Wolters*, Vor § 306 Rn. 10.

752 *Ranft*, Jura 1987, 608 (615) m.w.N. Im Überblick auch LK-*König*, § 315c Rn. 165 f. *Hartung* NJW 1966, 15 (17 f.) und NJW 1947, 909 (910) sieht einen Lösungsansatz darin, mit Sicherungseigentum belastete Sachen oder „Familieneigentum" vom Begriff der Fremdheit auszunehmen. Wolle man das fremde geführte Fahrzeug dennoch einbeziehen, so könne ein Korrektiv darin gefunden werden, dass dem „verletzten" Angehörigen ein absolutes Antragsrecht zugesprochen werde oder von § 154a StPO Gebrauch gemacht werde, sofern bei der Gefährdung externer

nicht gewollte Härten durch eine verkehrsspezifische und schutzzweckorientierte Auslegung ohne Rücksicht auf die Eigentumslage.[753]

Wenn als Argument für die Einbeziehung des fremden geführten Fahrzeugs angeführt wird, dass der Führer eines fremden Fahrzeugs gegenüber fremdem Eigentum noch höhere Sorgfalt wahren müsse als gegenüber eigenen Sachen[754], ist dem unter Hinweis auf das hier vertretene Rechtsgut zu widersprechen. Ein individueller Eigentumsschutz muss vom intendierten Schutz der Straßenverkehrsdelikte mit ihrer verkehrsspezifischen Ausrichtung unterschieden werden: Die Tatsache, dass das Fahrzeug ein fremdes ist und der Führer zu besonderer Sorgfalt angehalten ist, ist über die Sachbeschädigungsdelikte (§§ 303 ff. StGB) abgedeckt. Für die Straßenverkehrsdelikte der §§ 315b, 315c StGB mit der Sicherheit des Straßenverkehrs als Rechtsgut der Allgemeinheit ist dagegen maßgeblich, dass das Sicherheitsinteresse der Allgemeinheit berührt ist. Dafür ist Voraussetzung, dass der Täter mit seiner Tathandlung i.S.v § 315c Abs. 1 StGB *mittels des Fahrzeugs* eine Gefahrenquelle schafft, die sich auf *andere* taugliche Gefährdungsobjekte auswirken kann. Dies ergibt sich aus dem Wortlaut des § 315c StGB, der verlangt, dass der Täter ein Fahrzeug führt und *dadurch* „andere" Personen- oder Sachwerte gefährdet. Das betroffene taugliche Gefährdungsobjekt muss also *durch den Täter und das geführte Fahrzeug* (als Gefährdungseinheit) *betroffen* werden. Ansonsten wird eine Sicherheitsbeeinträchtigung für *andere* Rechtskreise i.S.v. § 1 Abs. 2 StVO unter verkehrsrechtlichem

---

Gefährdungsobjekte die Gefährdung des geführten (fremden) Fahrzeugs nicht ins Gewicht fällt. Der Familienvater könne dann etwa zur Wahrung des Familienfriedens sein Kind vor einer Strafverfolgung bewahren, wenn sich die Gefährdung auf Kind und Fahrzeug beschränke. Auch sei der Täter bei der Schädigung des beinahe abgezahlten (fast eigenen) Fahrzeugs schon selbst gestraft (zu denken ist an § 60 StGB).

Für einen abweichenden Fremdheitsbegriff unter Ausschluss rechtmäßiger Besitzlagen etwa *Rüth*, JR 1977, 432 (433). Hiergegen LK-*König*, § 315c Rn. 166, denn unter Berücksichtigung des Rechtsguts könne die Rechtmäßigkeit des Besitzes nicht die Indizwirkung des gefährlichen Täterverhaltens entkräften. Zur Kritik auch SK-*Wolters*, Vor § 306 Rn. 10.

Ablehnend zum abweichenden Fremdheitsbegriff auch *Klaus*, S. 71, der stattdessen eine wirtschaftliche Betrachtung anstellt, S. 85: Ins Gewicht fällt das Unrecht nur noch dann, wenn es sich um ein fremdes Fahrzeug mit noch bedeutender Restschuld handelt. Fehlt es bei materieller anstelle einer formellen Eigentumsbetrachtung an diesem bedeutenden (Rest)wert, so ist der Tatbestand schon mangels erreichter Wertgrenze (fremde Sache von bedeutendem Wert) nicht erfüllt. Kritisch zur wirtschaftlichen Betrachtungsweise LK-*König*, § 315c Rn. 165 a.E. („erhebliche untragbare Unsicherheiten").

Wenn nach der hier vertretenen Ansicht aber ein Allgemeinrechtsgut hinter den Straßenverkehrsdelikten steht, so ist der individuell Betroffene kein „Verletzter" der Tat und eine Strafverfolgung kann nicht in dessen Ermessen stehen.

753 BGHSt 27, 40 (42 f.) – oben unter D.V.2.a(1).

754 *Hartung*, NJW 1966, 15 (16).

Gesichtspunkt nicht ausreichend zum Ausdruck gebracht. Denn gefährdet der Täter als Fahrer nur sich und das durch ihn geführte (fremde) Fahrzeug, so wird in dieser konkreten Gefährdung nicht die notwendige Verkehrsgefahr mit unbestimmter Ausstrahlungswirkung bestätigt. Da das Rechtssicherheitsgefühl der Allgemeinheit nur durch eine gefährliche Tathandlung mit nicht kontrollierbarer Breitenwirkung angesprochen wird (Verkehrsgefahr)[755], muss durch den konkreten Gefährdungserfolg bestätigt werden können, dass die Allgemeinheit ohne Anlass und zufällig in den Gefahrenbereich des Täters geraten und sich auf die geschaffene Verkehrsgefahr weder einstellen noch darauf reagieren konnte. Erst dann schwindet das Vertrauen der Allgemeinheit in einen sicheren Straßenverkehr, den es zu gewährleisten gilt.

Das betroffene Gefährdungsobjekt und das zur Tat eingesetzte Objekt dürfen nach dem Schutzzweck nicht identisch sein.[756] Dem fremden – wie auch dem eigenen – (Tat-)Fahrzeug als Tatmittel fehlt schlicht die Tauglichkeit, eine Sicherheitsbeeinträchtigung über den vorgestellten Lackmustest[757] anzeigen zu können, wenn das Gesetz eine Gefährdung von fremden Sachen von bedeutendem Wert gerade erst *durch* das Führen eines Fahrzeugs im Straßenverkehr voraussetzt. Die innere Struktur bestätigt damit das Bedürfnis zur teleologischen Reduktion des Wortlauts.[758]

Klarstellend gilt: Wenn es im Zuge eines Fehlverhaltens nach § 315c Abs. 1 StGB zu einer (bedingt) vorsätzlichen (!) Schädigung nur des geführten fremden Fahrzeugs kommt, begründet dies zwar eine Strafbarkeit nach § 303 Abs. 1 StGB am Fahrzeug. Eine Strafbarkeit nach § 315c StGB geht wegen des unterschiedlichen Schutzgedankens damit aber (noch) nicht einher. Das Verkehrsgeschehen ist für das Sachbeschädigungsunrecht nicht konstitutiv, denn für die Sachbeschädigungsdelikte ist es irrelevant, wo die fremde Sache beschädigt oder zerstört wird. Genauso unerheblich ist es, ob die Tathandlung von außen vorgenommen wird oder der Sachbeschädigungserfolg durch die Fahrt selbst verursacht wird.

§ 315c Abs. 1 Nr. 1a StGB ist dagegen erst einschlägig, wenn der Täter mittels des Fahrzeugs eine Gefahrenquelle schafft und andere mit der Gefahrschaffung nicht verknüpfte Rechtskreise erheblich tangiert werden. Andernfalls fehlt eine relevante konkrete Gefahr für *andere* Personen oder *(andere)* fremde bedeutende Sachwerte als Gefährdungsobjekte.[759] Dieser bedarf es aber, um das durch die konkrete Gefährdungsklausel heraufgesetzte Strafbedürfnis auszulösen.[760] Anwendbar bleibt allein der subsidiäre § 316 StGB.

---

755 Zur parallel zu bestimmenden Beschaffenheit eines Eingriffs, oben D.IV.3.

756 Vgl. MK-*Pegel*, § 315c Rn. 97 und *Zimmermann*, JuS 2010, 22 (25).

757 Genauer oben unter C.II.2.d. und C.III.1.d.

758 So auch *Sternberg-Lieben*, JuS 1998, 428 (430).

759 Konsequent ist BGHSt 48, 119 unter Beibehaltung der Erschöpfungsformel, wenn ein Sachbeschädigungserfolg nicht für § 315b StGB tatbestandsrelevant ist, wenn sich hierin nicht zugleich eine verkehrsspezifische Gefahr verwirklicht.

760 Da das Strafbedürfnis des § 315c StGB nur ausgelöst wird, wenn die Sicherheit des Straßenverkehrs in besonders intensiver Weise beeinträchtigt wurde, was der konkrete Gefahrerfolg bestätigen muss, macht es einen Unterschied, ob der

(4) Kein Widerspruch zur abweichenden Auslegung der §§ 315, 315a StGB

Das geführte fremde Fahrzeug wird danach anders behandelt als das Beförderungsmittel i.S.d §§ 315, 315a StGB. Sind diese dort aber taugliche Gefährdungsobjekte[761], so ist zu überlegen, ob im Hinblick auf das allgemeine Sicherheitsinteresse ein geführtes fremdes Tatfahrzeug dann als ein taugliches Gefährdungsobjekt angesehen werden kann, wenn es der Funktion eines Beförderungsmittels i.S.v. §§ 315, 315a StGB nahekommt. Dann könnte entgegen des generellen Ausschlusses durch die Rechtsprechung der fremde Lkw, das fremde Taxi oder ein fremder Linienbus[762] taugliches Gefährdungsobjekt sein.

Der Straßenverkehr ist seinem Wesen nach aber systematisch getrennt von den anderen großen Verkehrsträgern, die über §§ 315, 315a StGB geschützt sind. Folgerichtig hat der BGH die dort geltenden Grundsätze nicht vollständig auf die Straßenverkehrsdelikte übertragen. Unabhängig davon, ob nach den §§ 315, 315a StGB ebenso nur die Verkehrssicherheit oder auch (noch) der *Betrieb* geschützt wird,[763] rechtfertigt der BGH seine Differenzierung mit den Besonderheiten eben

---

betrunkene Fahrer von der Straße abkommt und das geführte fremde Fahrzeug an einem Erdhügel beschädigt (allenfalls § 303, wenn bedingter Vorsatz nachzuweisen ist) oder ob andere fremde Sachen von bedeutendem Wert (Leitplanke in großem Umfang) oder sogar Leib oder Leben anderer gefährdet werden. Anders wohl LK-*König*, § 315c Rn. 168b, der auch diesen Fall erfasst wissen will, indem er auf des gefährdete und beschädigte Fahrzeug als taugliches Objekt abstellt, da hier die Gefährlichkeit des Tathandelns ebenso greifbar sei.

761 S/S-*Sternberg-Lieben/Hecker*, § 315 Rn. 14, die bei § 315c StGB das geführte Fahrzeug als Tatmittel ausschließen (§ 315c Rn. 31), bei § 315b StGB dagegen nicht (§ 315b Rn. 14); MK-*Pegel*, § 315 Rn. 74; § 315b Rn. 55 zur Einbeziehung des Tatfahrzeugs, dagegen Ausschluss bei § 315c Rn. 71. Für einen Gleichlauf aufgrund der identischen Struktur LK-*König*, § 315c Rn. 168a; *Klaus*, S. 75.

762 Vgl. *Hartung*, NJW 1966, 15 (16 f.).

763 Siehe hierzu die Argumentation in BGHSt 11, 148 (151 f.). Siehe aber auch die Begründung des E 1962 S. 522: „Daß nicht mehr ‚die Sicherheit des Betriebes einer Schienenbahn oder Schwebebahn, der Schiffahrt oder der Luftfahrt' geschützt wird, sondern ‚die Sicherheit des Schienenbahn-, Schwebebahn-, Schiffs- oder Luftverkehrs', dient vornehmlich der Vereinheitlichung des Sprachgebrauchs; denn schon im geltenden Recht ist in den vergleichbaren Tatbeständen der Straßenverkehrsgefährdung (§ 315 a StGB) davon die Rede, daß ‚die Sicherheit des Straßenverkehrs' beeinträchtigt wird. Darüber hinaus bietet die Änderung den Vorteil, daß sie den für den Strafschutz maßgeblichen Gesichtspunkt deutlicher hervortreten läßt und das aus sprachlichen Gründen mögliche, aber sinnwidrige Ergebnis vermeidet, der Täter müsse die Sicherheit des Betriebes der Schiffahrt oder der Luftfahrt im ganzen beeinträchtigen." Ebenso BT-Drucks. IV/651, S. 22. Hierzu MK-*Pegel*, § 315 Rn. 2, der davon ausgeht, dass der Transportbetrieb als solcher anders als bei § 315 StGB a. F. nicht mehr geschützt sei und Beförderungsmitteln und Verkehrsanlagen kein besonderer Eigentumsschutz zukomme, da die §§ 315 ff. StGB nicht dem Schutz bestimmter Objekte dienten, sondern vor

dieser Verkehrsdelikte. In BGHSt 27, 40 (43 f. – zu § 315c StGB) hatte der BGH offen gelassen, ob es *allgemein* zutrifft, daß das Mittel der Gefährdung nicht gleichzeitig geschütztes Gut sein könne. Solange aber keine verkehrsbezogene Gefährdung Dritter festzustellen sei, stelle das vom Täter benutzte Fahrzeug auch noch kein Mittel einer Fremdgefährdung dar; es bleibe – verkehrsrechtlich gesehen – bei einer Selbstgefährdung. Für den Bahn-, Schiffs- und Luftverkehr hält der BGH aber daran fest, dass dort „eine differenzierende Betrachtungsweise geboten ist, deren Notwendigkeit sich aus den Besonderheiten des Bahn-, Schiffs- und Luftverkehrs mit seinen außergewöhnlich hohen Sachwerten und entsprechend großen Gefahren ergibt".

Der BGH war sich bei der Vornahme der tatbestandlichen Einschränkung für die Straßenverkehrsdelikte bewusst, dass die Verkehrsdelikte der §§ 315 ff. StGB eine ungleiche Auslegung erfahren. Man wird dabei anerkennen müssen, dass sich Verkehrsmittel, die als Massenbeförderungsmittel Einsatz finden, in ihrer Bedeutung vom Lastkraftwagen und Personenkraftwagen unterscheiden. Auch ist das Interesse der Allgemeinheit an der Sicherheit dieser Fahrzeuge, deren Dienste die Allgemeinheit nutzt, unter dem Blickwinkel des verkehrsspezifischen Risikos anders zu bewerten. Das Interesse Dritter am Erhalt und der Funktionsfähigkeit des für den Führer fremden Beförderungsmittels ist hier *regelmäßig* und in besonderem Maße betroffen.[764] Anders ist es im Straßenverkehr. Hier setzt der Fahrzeugführer eigene oder fremde Fahrzeuge ein. Bedingt durch die Wortlautbeschränkung auf fremde Sachen von bedeutendem Wert entscheidet *ohne* eine teleologische Einschränkung der Rechtsprechung der Zufall der zivilrechtlichen Eigentumslage über die Eigenschaft, taugliches Gefährdungsobjekt und/oder Werkzeug der Tat zu sein. Dabei ist das Tatbild bei ausgeblendeter Eigentumsposition identisch, d.h. gleich gefährlich. Trotz gleicher Wortfassung ist der Kreis der tauglichen Gefährdungsobjekte wegen einer andersartigen Betroffenheit der Allgemeinheit und Zweckbestimmung der Straßenverkehrsdelikte gegenüber den anderen Verkehrsdelikten daher anders abzugrenzen.[765] Dafür spricht der Unterschied von § 315a zu § 315c StGB. Denn anders als in § 315a StGB ist in § 315c Abs. 1 Nr. 2 StGB ein Katalog der sieben Todsünden enthalten. Mit diesem Katalog seien Fallgruppen ausgewählt, bei denen ein rechtspolitisches Bedürfnis, das benutzte fremde Fahrzeug in den Strafschutz einzubeziehen, nicht bestehe.[766] Für den Bahn-, Schiffs- und Luftverkehr geht der BGH umgekehrt von einer *verkehrsspezifischen* Fremdgefährdung aus, auch wenn der Führer eines/r Flugzeugs, Schiffs oder Bahn *allein diese/s* einer konkreten

---

bestimmten Gefahren schützten. Tatmittel und vom Täter selbst geführtes Beförderungsmittel könnten aber Gefährdungsobjekte sein, denn durch das im Rahmen des § 315 StGB angesprochene verkehrs(art)spezifische Gefahrenpotential sind die Eigentumsinteressen Dritter gerade an dem vom Täter selbst geführten fremden Fahrzeug in besonderem Maße betroffen, MK-*Pegel*, § 315 Rn. 73 f.

764 S/S-*Sternberg-Lieben/Hecker*, § 315 Rn. 14; MK-*Pegel*, § 315 Rn. 74. Hierzu auch BGHSt 11, 148 (151); 27, 40 (43 f.); OLG Celle NJW 1967, 1767 (1767).

765 In diese Richtung OLG Celle NJW 1967, 1767 (1767).

766 OLG Celle NJW 1967, 1767 (1767).

Gefahr aussetzt (was praktisch selten sein wird). Das erhöhte Sicherheitsinteresse rechtfertigt es, für die Fälle der §§ 315, 315a StGB *auch* das geführte oder beschädigte Beförderungsmittel als Tatmittel aus generalpräventiven Erwägungen als taugliches Gefährdungsobjekt einzubeziehen und den Wortlaut hier dementsprechend *uneingeschränkt* anzuwenden. Das Automobil ist kein Massentransportmittel und wird regelmäßig auch nicht zum Dienst der Allgemeinheit eingesetzt. Es ist lediglich ein massenhaft individuell verwendetes Verkehrsmittel.[767] Das Sicherheitsinteresse an den verschiedenen Verkehrsträgern lässt sich daher – wie historisch belegt – abstufen.

Das verschiedenartige Sicherheitsinteresse hat der Gesetzgeber auch bei den Strafdrohungen berücksichtigt. Insoweit lässt sich im Straßenverkehr nicht nur eine geringere Strafdrohung, sondern auch eine einschränkende Tatbestandsauslegung hinsichtlich der tauglichen Gefährdungsobjekte rechtfertigen.[768] So sind zwar die

---

767 Zum Betriebsschutz im engeren Sinne *Hörtz*, S. 238.

768 Vgl. Begründung E 1962 S. 524: „Während im Bahn-, Schiffs- und Luftverkehr der Großtransport weitaus im Vordergrund steht und zur Abwicklung der Verkehrsvorgänge überwiegend die Zusammenarbeit vieler Menschen erforderlich ist, hat im Straßenverkehr die alleinverantwortliche Teilnahme des einzelnen eine große Bedeutung. Gerade weil hier der Verkehrsteilnehmer in sehr viel geringerem Umfang zur Vorbereitung und Bewältigung des Verkehrs der Hilfe anderer bedarf und weil außerdem das Massenverkehrsmittel gegenüber dem Einzelfahrzeug nicht überwiegt, ist der Straßenverkehr gegen widerrechtliche Eingriffe von außen nicht so empfindlich wie die anderen Verkehrsarten. Wenn die Sicherheit des Bahn-, Schiffs- oder Luftverkehrs beeinträchtigt wird, ist das Ausmaß der Gefahren im Durchschnitt wesentlich größer. Diese Erkenntnis führt zwangsläufig zu einer Abstufung der Strafdrohungen, die jedoch gegenüber dem geltenden Recht wesentlich verringert werden muß. Das kann in sachgemäßer Weise dadurch geschehen, daß durch Androhung der gleichen Strafart in den jeweils vergleichbaren Tatbeständen die Eingriffe in die verschiedenen Verkehrsarten qualitativ gleich bewertet werden und das größere Ausmaß der Gefahren im Bahn-, Schiffs- und Luftverkehr nur in der zeitlichen Ausdehnung der Strafrahmen zum Ausdruck gebracht wird."
Hartung, NJW 1967, 909 (909) ist dagegen der Auffassung, dass mit dem Zweiten Gesetz zur Sicherung des Straßenverkehrs die Verkehrsdelikte gleichmäßig neu gestaltet worden seien. Das wörtlich gleichlautende Merkmal habe in allen Tatbeständen die gleiche Bedeutung. Die rechtliche Grundlage, auf die der BGH aufbaue, habe sich mit dem Zweiten Gesetz zur Sicherung des Straßenverkehrs vollständig geändert; die Neufassung sei mit dadurch veranlasst worden, dass dem Gesetzgeber die Auslegung, die der BGH den §§ 315a, 316 Abs. 2 a. F. StGB gegeben hatte, wenig befriedigend und der Unrechtsgehalt der Tatbestände nicht ausschöpfend erschien.
Richtig ist hierbei, dass die Gesetzesbegründung sich mit diesen konkreten Fragen nicht befasst, umgekehrt die hier von der Rechtsprechung vorgenommene Einschränkung für § 315a StGB a. F. im Gegensatz zu § 315 StGB a. F. aber auch nicht in Frage stellt. So kann man davon ausgehen, dass der Gesetzgeber die vor-

Strafdrohungen der §§ 315a Abs. 1, 315c Abs. 1 StGB identisch; bei § 315 Abs. 1 und § 315b Abs. 1 StGB unterscheiden sie sich dagegen erheblich.[769] Dass die Sicherheit des Bahn-, Schiffs- und Luftverkehrs durch Eingriffe besonders empfindlich beeinträchtigt werden kann, wird damit betont.

b. Ausschluss des geführten fremden Fahrzeugs bei Eingriffen in den Straßenverkehr (§ 315b StGB)

Während bei § 315c StGB die Problematik praktisch relevant ist, wenn abgesehen vom (fremden) Tatfahrzeug andere (externe) Gefährdungsobjekte durch das verkehrswidrige Verhalten *nicht* involviert sind, so liegen die Fälle des § 315b StGB praktisch doch so, dass dort durch den gefährlichen Einsatz eines Fahrzeugs (Eingriff) in der Regel (externe) fremde Gefährdungsobjekte betroffen sind. Relevanz bekommt die Frage hier aber etwa bei *einvernehmlich fingierten Verkehrsunfällen.*[770]

Da die obige einschränkende Rechtsprechung auf § 315a StGB a. F. zurückgeht, war damit unausgesprochen auch das Fahrzeug als Tatmittel nicht nur bei der Straßenverkehrsgefährdung, sondern auch bei Eingriffen in den Straßenverkehr ausgenommen. Angesichts des gleichen Rechtsguts und Schutzzwecks geht die Rechtsprechung deshalb davon aus, dass die für § 315c StGB gefundene (einschränkende) Auslegung auch für § 315b StGB gelte, da sich mit der Aufspaltung des § 315a StGB a. F. in § 315b und § 315c StGB sachlich kein Unterschied ergeben habe. Das (geführte) Tatfahrzeug sei auch in § 315b StGB als notwendiges Tatmittel ausgeschlossen.[771]

Dem wird im Schrifttum entgegnet, dass die Rechtsprechung es sich zu leicht mache, wenn sie die für § 315c StGB zutreffende Einschränkung ohne weiteres auf § 315b StGB übertrage. Denn das Bild vom tätergeführten Kraftfahrzeug als tatbestandlich notwendiges Tatwerkzeug sei im Fall von § 315b StGB gerade nicht zwingend.[772] Andere halten die Einschränkung weder kriminalpolitisch noch dogmatisch für überzeugend[773], noch finde die Einschränkung im Gesetz eine Stütze.[774] *König* dagegen meint, dass der Gedanke, dass das Fahrzeug als Schadenswerkzeug

genommene tatbestandliche Einschränkung durch die Rechtsprechung entweder akzeptiert oder die Problematik übersehen hat. Zumindest war mit der Streichung des Begriffs der Gemeingefahr nicht bezweckt, das vom Täter geführte Fahrzeug in den Schutzbereich der Straßenverkehrsdelikte einzustellen (hierzu: OLG Celle NJW 1967, 1767).

769 § 315 Abs. 1 StGB: Freiheitsstrafe von sechs Monaten bis zu zehn Jahren; § 315b Abs. 1 StGB: bis zu fünf Jahren Freiheitsstrafe oder Geldstrafe.

770 Siehe hierzu bereits D.II.1. unter dem Aspekt der fehlenden „Fremdgefährdung".

771 Vgl. BGH NStZ 1992, 233 (233 f.); BGH NStZ-RR 1999, 120; BGH NZV 2012, 448. Dagegen SK-*Wolters*, Vor § 306 Rn. 10.

772 *Geppert*, Jura 1996, 339 (346).

773 S/S-*Sternberg-Lieben/Hecker*, § 315b Rn. 14 (anders in § 315c Rn. 31).

774 MK-*Pegel*, § 315b Rn. 55 m.w.N.

eingesetzt werde, strukturell für § 315b und die dort relevanten Fallgestaltungen besser passe, doch sei im Rahmen von § 315b StGB wie auch bei § 315c StGB eine bedeutende Fremdgefährdung maßgeblich, die sich aber auch in der Gefährdung des selbst geführten (fremden) Fahrzeugs auspräge.[775]

Mit den obigen Überlegungen zur gemeingefährlichen Tathandlung ist auch hier maßgeblich, ob die Rechtskreise *anderer* in einer Weise tangiert sind, dass durch deren konkrete Gefährdung (verdichtete Verkehrsgefahr) eine Beeinträchtigung der Sicherheit des Straßenverkehrs als Rechtsgut angezeigt werden kann (verkehrsspezifische Betroffenheit). Bei § 315c StGB ist das Fahrzeug fast durchgängig[776] als Tathandlungswerkzeug benannt, bei § 315b StGB dagegen nicht. Dies erklärt sich aber daraus, dass § 315b StGB in erster Linie der Abwehr von Eingriffen von außen dient, die nicht zwangsläufig mittels eines Fahrzeugs vorgenommen werden müssen. Bei der verkehrsfremden „Verkehrsteilnahme" in Form des verkehrsfremden Inneneingriffs wird dagegen das Fahrzeug als Schädigungswerkzeug missbraucht. Mittels des Fahrzeugs wird in die Sicherheit des Straßenverkehrs eingegriffen. Täter und Tatmittel stehen damit in diesen Fallkonstellationen wie bei § 315c StGB den tauglichen Gefährdungsobjekten gegenüber, mit deren konkreter Gefährdung das strafbedürftige Maß einer Sicherheitsbeeinträchtigung indiziert wird. Das geführte Fahrzeug als Eingriffsmittel scheidet daher auch hier als taugliches Gefährdungsobjekt aus.

Dieser Ausschluss des Fahrzeugs ist aber in Abhängigkeit der Tathandlungen des § 315b Abs. 1 Nr. 1–3 StGB noch einmal klarzustellen:

Zu unterscheiden ist bei der jeweiligen Tatmodalität zwischen dem Tatmittel, das eine abstrakte Verkehrsgefahr schafft und deshalb nicht zugleich taugliches Gefährdungsobjekt sein kann, und dem durch das Tatmittel betroffenen tauglichen Gefährdungsobjekt. Denn es ist zwischen einem bloßen Sachbeschädigungsunrecht und einem verkehrsspezifischen konkreten Gefahrerfolg an einem tauglichen Gefährdungsobjekt zu trennen.[777] Für § 315b StGB darf es dabei nicht maßgeblich sein, ob der Täter ein Fahrzeug selbst als Schädigungswerkzeug i.S.v. § 315b Abs. 1 Nr. 3 StGB einsetzt oder ob er das Fahrzeug zum Gegenstand eines klassischen Außeneingriffs im Sinne des § 315b Abs. 1 Nr. 1 oder Nr. 2 StGB macht. Auch ist nicht zu differenzieren, ob der Täter ein (fremdes) Fahrzeug einsetzt oder einen anderen (fremden) Gegenstand. In allen Fällen des § 315b Abs. 1 StGB schafft der Täter mit seiner Tathandlung und dem hierzu eingesetzten Gegenstand eine abstrakte Verkehrsgefahr, die sich zu einer konkreten Gefahr für ein anderes taugliches Gefährdungsobjekt zu verdichten hat. Für die Fallgruppen der klassischen Außeneingriffe scheiden damit konsequenter Weise neben tätereigenen auch jegliche fremden Sachen als

775 LK-*König*, § 315b Rn. 80; siehe schon oben unter D.V.2.a(2).

776 Das liegengebliebene Fahrzeug nach § 315c Abs. 1 Nr. 2g StGB wird zwar nicht als Werkzeug geführt, doch ist es sachlich gesehen ebenso zur Tatbegehung nötig, vgl. Fn. 738.

777 Hierzu schon D.V.2.a(3).

taugliche Gefährdungsobjekte aus, *mittels* derer der Täter überhaupt erst die abstrakte Verkehrsgefahr schafft.

Beispiel: Entführt oder manipuliert der Täter also einen besetzten Linienbus und begeht damit eine Tat nach §§ 315b oder 315c StGB, so beschränkt sich eine Strafbarkeit auf die konkrete Gefährdung der Businsassen und ggf. deren Gepäck (Außenbereichsexklaven) und andere taugliche externe Gefährdungsobjekte. Der Linienbus ist jedoch als Tatmittel kein Gefährdungsobjekt der Straßenverkehrsdelikte.[778] Klarstellend können hier nur die Sachbeschädigungsdelikte Berücksichtigung finden, sofern sie nicht – trotz eines anderen Rechtsguts – als subsidiär[779] eingeordnet werden.

Konkret gilt für die Tathandlungen des § 315b Abs. 1 StGB:

Zerstört, beschädigt oder beseitigt der Täter nach § 315b Abs. 1 Nr. 1 StGB ein Fahrzeug oder eine Anlage, so ist diese Tathandlung für sich genommen als Sachbeschädigungsunrecht strafbar. Da das Fahrzeug oder die Anlage, auf die der Täter eingewirkt hat, aber zum Tatmittel wird[780], mit dem eine abstrakte Verkehrsgefahr für andere geschaffen wird, scheidet dieses als taugliches Gefährdungsobjekt i.S.v. § 315b Abs. 1 Nr. 1 StGB aus. Die abstrakte Verkehrsgefahr besteht darin, dass durch die Eingriffshandlung erfahrungsgemäß dritte Objekte durch die im Straßenverkehr wirkende Bewegungsenergie gefährdet oder infolge eines Unfalls gar geschädigt werden. Zu einer solchen konkreten Gefährdung für ein taugliches Gefährdungsobjekt muss sich die geschaffene abstrakte Verkehrsgefahr verdichten. Ein Schaden darf sich nicht im Beschädigungsschaden am Tatmittel erschöpfen.

Entsprechendes gilt für das *Bereiten eines Hindernisses* von außen (Straßenblockade) oder durch einen verkehrsfremden Inneneingriff (Ausbremsen/Querstellen).

---

778 Anders *Klaus*, S. 74 f., denn es sei rechtlich nicht haltbar, wenn die Ladung und der Lkw unterschiedlichen Eigentümern gehörten, denn hier läge eine Ungleichbehandlung der Eigentümer in ihren schutzwürdigen Interessen vor, die sich durch keinen sachlichen Grund rechtfertigen lasse. Zugegebenermaßen ist der Eigentümer der Ladung faktisch schon vor fahrlässiger Gefährdung derselben geschützt, der Eigentümer des Lkw nur vor vorsätzlicher Beschädigung. Der sachliche Grund liegt aber in der vorgestellten unterschiedlichen Schutzrichtung der Eigentums- und Straßenverkehrsdelikte.

779 Das Sachbeschädigungsunrecht lässt sich als Vorbereitungshandlung zur Begehung des Straßenverkehrsdelikts verstehen, sodass es materiell subsidiär ist (mitbestrafte Vortat), siehe hierzu LK-*König*, § 315b Rn. 93; a.A. MK-*Pegel*, § 315b Rn. 62. Schädigt der Täter im Zuge einer Tat sein geführtes fremdes Fahrzeug (vorsätzlich), so bestünde hier ein klarstellungsbedürftiges Sachbeschädigungsdelikt, das aber ggf. von der Strafverfolgung ausgenommen werden kann, wenn es nicht ins Gewicht fällt, § 154a Abs. 1 Nr. 1 StPO.

780 Etwa dadurch, dass das manipulierte Fahrzeug (Beschädigung der Bremsanlage) von Dritten unwissend in den Verkehr gebracht und dort beschleunigt wird, sodass eine abstrakte Verkehrsgefahr begründet wird.

Auch hier scheidet das eingesetzte Hindernis als Gefährdungsobjekt aus.[781] Das Hindernis schafft im Verkehrsraum eine abstrakte verkehrsspezifische Gefahr. Denn erfahrungsgemäß bringt ein solches Hindernis wegen der Bewegungsenergie im Straßenverkehr eine Gefährdung oder Schädigung für andere Objekte, die in einen Unfall verwickelt werden können, mit sich. Zu einer solchen konkreten Gefährdung muss sich die geschaffene abstrakte Verkehrsgefahr für ein taugliches Gefährdungsobjekt verdichten.

Zuletzt scheidet auch bei den sonstigen verkehrsfremden Verhaltensweisen (von außen oder von innen wirkend) das (fremde) Tatmittel als taugliches Gefährdungsobjekt aus. Die ähnliche, ebenso gefährliche (verkehrsfremde) Verhaltensweise begründet eine abstrakte verkehrsspezifische Gefahr. Denn erfahrungsgemäß führt ein solches verkehrsfremdes Verhalten zu Schäden an tauglichen Gefährdungsobjekten. Zu einer eben solchen konkreten Gefahr für ein beliebiges taugliches Gefährdungsobjekt muss sich die abstrakte Verkehrsgefahr verdichten.[782]

Im Unterschied zu § 315b Abs. 1 Nr. 1 und Nr. 2 StGB begründet bereits die Vornahme einer (verkehrsfremden) Verhaltensweise nach Nr. 3 (z.B. geworfener Stein oder ein abgegebener Schuss) und nicht erst deren „Erfolg" (Beschädigung; Zerstörung; Beseitigung; bereitetes Hindernis) eine abstrakte Verkehrsgefahr. Das mit dem Gegenstand getroffene Objekt kann daher taugliches Gefährdungsobjekt sein, wenn dessen Gefährdung gerade Ausdruck der verkehrsspezifischen Gefahr ist. Abhängig von der Tathandlung ist daher zu untersuchen, ob der Täter ein Objekt zum Mittel seiner Tat macht oder ob auf dieses bereits in einer den Straßenverkehr abstrakt gefährdenden Weise eingewirkt wird.[783] Dementsprechend begründet der betroffene

781 *Beispiel:* Der Täter zersticht an einer Ampel den Reifen eines haltenden Fahrzeugs. Dieser Beschädigungsschaden begründet noch keinen § 315b Abs. 1 Nr. 1 StGB. Es bedarf einer konkreten Gefährdung eines anderen tauglichen Objekts (etwa des Fahrzeugführers) infolge der Beschädigung und der damit geschaffenen Verkehrsgefahr. Das beschädigte Fahrzeug kann so auch zum Hindernis im Sinne der Nr. 2 werden, das wiederum eine Verkehrsgefahr für andere schafft.

782 *Beispiel:* Wirft also ein Dieb seine Beute, eine fremde Sache von bedeutendem Wert, von einer Autobahnbrücke und gefährdet diese dabei, so begeht er dadurch allein noch keinen § 315b StGB. Erforderlich ist vielmehr, dass *hierdurch andere* Personen und/oder *andere* bedeutende Sachwerte gefährdet werden. Es macht ebenso keinen Unterschied, ob der Täter über einen Innen- oder Außeneingriff vorgeht, er also ein fremdes Fahrzeug als Hindernis im Straßenverkehr abstellt oder sich mit diesem im Straßenverkehr als Hindernis „bewegt" bzw. andere ausbremst. Zur abweichenden (unbegründeten) Ansicht für täterfremde Gegenstände, unter deren Verwendung als Hindernisse von außen in den Verkehr eingewirkt wird, *Fischer*, § 315b Rn. 16.

783 BGH NZV 1990, 77: „Hat erst die Beschädigung die Beeinträchtigung der Sicherheit des Straßenverkehrs und die Gefahr i. S. des § 315b I StGB begründet, wie etwa bei der Zerstörung der Bremsleitungen eines Fahrzeuges (BGH NStZ 1985, 263; NZV 1989, 119) oder dem Einwerfen der Scheiben eines fahrenden Pkw durch Steinwürfe (OLG Schleswig, VerkMitt 1967, 21), greift § 315b I Nr. 1 StGB ein. Stellt

Gegenstand als Tatmittel eine abstrakte Verkehrsgefahr oder der Gegenstand kann als taugliches Gefährdungsobjekt eine bereits geschaffene verkehrsspezifische Gefahr über seine konkrete Gefährdung bestätigen und damit zur Strafbarkeit aus § 315b StGB führen.[784]

---

dagegen die Beschädigung des Fahrzeuges – wie hier – schon die Realisierung einer durch eine Tathandlung nach § 315b I Nrn. 2 oder 3 StGB verursachten Gefahr dar, so sind allein diese Tatbestandsalternativen anzuwenden."
Siehe auch BGHSt 48, 119 (122) = NJW 2003, 836 (837): „Der Tatbestand des § 315b I StGB kann ... in sämtlichen Handlungsalternativen auch dann erfüllt sein, wenn die Tathandlung unmittelbar zu einer konkreten Gefahr oder Schädigung führt, sofern dieser Erfolg sich als Steigerung der abstrakten Gefahr darstellt. Daran fehlt es, wenn der Täter losgelöst von einem Verkehrsgeschehen ein Fahrzeug oder eine Anlage beschädigt (beispielsweise durch Zerstören der Bremsleitung), ohne dass die so geschaffene abstrakte Gefahr für den Straßenverkehr in eine konkrete Gefahr umschlägt. Der durch das Verhalten des Täters eingetretene Schaden am Fahrzeug ist nicht Folge einer abstrakten Verkehrsgefahr, sondern umgekehrt die Ursache dafür, dass eine solche Gefahr überhaupt erst entsteht. Insoweit behält die von der Rechtsprechung entwickelte Formel, dass sich ein Verhalten, das sich in der Schaffung einer – abstrakten – Gefahr – sei es auch durch Einwirken auf eines der von § 315b StGB grundsätzlich unter Schutz gestellten Objekte – erschöpft, noch nicht den Tatbestand des § 315b StGB erfüllt, seine Berechtigung. Hierzu auch S/S/W-*Ernemann*, § 315b Rn. 5 mit Beispielen sowie Rn. 17; *Fischer*, § 315b Rn. 17 f.

784 BGHSt 25, 306 (307 f.) = NJW 1974, 1340. Zur Tatmodalität dieses Außeneingriffs wird ausgeführt: Der Abgabe eines Schusses kommt eine Begehungsform des § 315b Abs. 1 Nr. 1 oder Nr. 2 nur dann zu, „wenn sie unmittelbar in gewichtiger Weise auf einen Verkehrsvorgang einwirkt. Die Abgabe des Schusses – gleichviel ob von außen her oder aus einem in Fahrt befindlichen Fahrzeug – muß sich als eine derartige Einwirkung darstellen, daß sie die erhebliche konkrete Gefährdung eines oder auch mehrerer Verkehrsteilnehmer zur Folge hat. Wird etwa ein Schuß in die Luft abgegeben, den ein Verkehrsteilnehmer nur als akustische Beeinflussung empfindet, so mag eine solche konkrete Gefährdung in der Regel ausscheiden. Wird indessen ein Fahrer durch den Knall des Schusses so in Schrecken versetzt, daß er deswegen andere Verkehrsteilnehmer oder auch sich selbst in Gefahr bringt, dann kann auch schon die Abgabe eines solchen ungezielten Schusses im Einzelfall den Tatbestand des § 315b Abs. 1 Nr. 3 StGB erfüllen. Wird ein Schuß in Richtung auf ein im fließenden Verkehr befindliches Fahrzeug derart abgegeben, daß der Führer dieses Fahrzeugs den Schußvorgang und die Schußrichtung erkennt, so wird dies regelmäßig zu einer konkreten Gefährdung führen, und zwar – infolge der psychischen Einwirkung – auch dann, wenn der Schuß den Fahrer und selbst das Fahrzeug nicht trifft und noch nicht einmal treffen soll. Das bedarf keiner weiteren Begründung. Auch die Bedrohung eines Verkehrsteilnehmers mit einer Schußwaffe, die von diesem nur optisch wahrgenommen werden kann und soll, kann ausreichen, um einen ebenso gefährlichen Eingriff i.S. von § 315b Abs. 1 Nr. 3 StGB zu bejahen."

Beispielhaft gilt bei Schüssen in den Straßenverkehr, dass auf einen Gefährdungserfolg am Fahrzeug durch den Schuss grundsätzlich nicht abgestellt werden kann. „Vielmehr gebietet der Schutzzweck des § 315b StGB insoweit eine restriktive Auslegung der Norm, als unter einer konkreten Gefahr für Leib oder Leben eines anderen Menschen oder für fremde Sachen von bedeutendem Wert nur verkehrsspezifische Gefahren verstanden werden dürfen… Dies ist der Fall, wenn die konkrete Gefahr – jedenfalls auch – auf die Wirkungsweise der für Verkehrsvorgänge typischen Fortbewegungskräfte (Dynamik des Straßenverkehrs) zurückzuführen ist."[785] Hieran fehle es beim Sachschaden durch das eingeschlagene Projektil.[786] Denn dieser Sachschaden stehe in keinem relevanten Zusammenhang mit der Eigendynamik der Fahrzeuge zum Tatzeitpunkt, sondern sei ausschließlich auf die durch die Pistolenschüsse freigesetzte Dynamik der auftreffenden Projektile zurückzuführen.[787] Er sei somit keine spezifische Folge des Eingriffs in die Sicherheit des Straßenverkehrs und müsse daher bei der Bestimmung eines „bedeutenden" Sachschadens bzw. einer entsprechenden Gefährdung außer Betracht bleiben.[788]

---

785 BGH NZV 2009, 155 (155); BGH NZV 2016, 40 (41) mit Anm. von *Kulhanek*, NStZ 2016, 408 (409), dass § 315b StGB die Sicherheit des Straßenverkehrs schütze und hierdurch vermittelt ebenfalls die dort genannten Individualrechtsgüter, nicht jedoch letztere isoliert ohne die besagte verkehrsspezifische Vermittlung. Zum Ganzen auch H/K/D-*König*, § 315b, Rn. 26.

786 Denn der Schaden wäre beim parkenden Fahrzeug genauso eingetreten, siehe *Obermann*, NStZ 2009, 539 (541) mit unterschiedlichen Fallgruppen.

787 Anders dann wohl bei einem Backstein, der von einer Brücke in den fließenden Verkehr geworfen und zusammen mit verkehrsspezifischer Energie wirkt.

788 BGHSt 48, 119 (124) = NZV 2003, 196 (198); BGH NZV 2009, 155 (155). Macht der Täter das Fahrzeug über die Schussabgabe und die folgende Beschädigung (z. B. geplatzter Reifen) quasi zum Werkzeug seines Angriffs, so ist fraglich, ob das Fahrzeug per se noch taugliches Gefährdungsobjekt ist. Nach den obigen Ausführungen wäre es als über den Schuss funktionalisiertes Tatmittel nicht erfasst, insoweit greift nur § 303 StGB. Geschützt ist nur der Führer des angegriffenen Fahrzeugs oder andere Sachen von bedeutendem Wert, sofern sich die durch den Schuss und Sachbeschädigungserfolg vermittelte abstrakte Gefährdung – ggf. zeitgleich – zu einer konkreten verkehrsspezifischen Gefahr (Beinahe-Unfall) verdichtet. Hierzu BGH NZV 2016, 40 (41).
Eine Ausnahme wäre mit der Begründung denkbar, dass im konkreten Fall nicht das verkehrsspezifisch beschädigte Fahrzeug zum gefährdenden Werkzeug des Täters wird (zerschossener Reifen), sondern Werkzeug allein die Pistole bleibt (Schuss nur in die Karosserie), deren Einsatz eine Schreckreaktion des Verkehrsteilnehmers auslöst. Dann wäre das betroffene Fahrzeug (den ggf. durch den Schuss verursachten Schaden ausgeblendet) im Übrigen noch taugliches Gefährdungsobjekt. Dies zeigt, dass zwischen den Tatmodalitäten nach § 315b Abs. 1 Nr. 1 und Nr. 3 StGB und der dort unterschiedlichen Verknüpfung von Tathandlung, zu schaffender Verkehrsgefahr und eingetretener konkreter Gefährdung zu unterscheiden ist.

VI. Gefährdung von tauglichen Objekten innerhalb des Verkehrsraums

Mit dem herausgearbeiteten Rechtsgut und dem Schutzzweck der Norm lässt sich nun auch die Reichweite des Schutzbereichs der Straßenverkehrsdelikte im engeren Sinn bestimmen. Dabei ist zunächst der Verkehrsraum selbst abgedeckt. Dieser umfasst nur den öffentlichen Verkehr, d. h. den auf Wegen (einschließlich Plätzen), die jedermann oder allgemein bestimmten Gruppen von Verkehrsteilnehmern dauernd oder vorübergehend zur Benutzung offen stehen.[789]

Innerhalb dieses Bereichs beschränkt sich die Eigenschaft, eine Beeinträchtigung der Sicherheit des Straßenverkehrs über eine konkrete Gefährdung anzeigen zu können, nicht auf Verkehrsteilnehmer oder das Zubehör des Straßenverkehrs. Denn geschützt ist nach dem Schutzzweck der §§ 315b, 315c StGB jedes taugliche Gefährdungsobjekt, auf das sich die im Straßenverkehr durch fehlerhafte Verkehrsteilnahme oder durch verkehrsfremde Eingriffe geschaffene Verkehrsgefahr in verkehrsspezifischer Weise verdichten kann. Mit anderen Worten erstreckt sich in Anlehnung an die Rechtsprechung in BGHSt 27, 40 (43) der Schutzbereich auf den Rechtskreis eines jeden anderen i.S.v. § 1 Abs. 2 StVO, d. h. auf jedermann und jedweden fremden bedeutenden Sachwert, der mit einer Verkehrsgefahr in Berührung kommen kann.[790]

Diese Maßgabe der Generalklausel der Ordnungswidrigkeiten ist für die Straßenverkehrsdelikte zu übernehmen und dementsprechend ist die konkrete Gefährdungsklausel auszulegen.[791] Wie im historischen Teil gezeigt, sind die Ordnungswidrigkeiten (früher Übertretungen) in das Straßenverkehrsstrafrecht hineingewachsen und aufgewertet worden. Mit dem weitreichenden Schutzzweck, der sich nicht nur auf den Schutz *im* Straßenverkehr beschränkt, sondern ebenso auf den Schutz *vor* dem Verkehr erstreckt, ist die Eigenschaft der Verkehrsteilnahme für die Tauglichkeit eines Gefährdungsobjekts nicht entscheidend.[792] Maßgeblich ist letztlich seine verkehrsspezifische Betroffenheit. Befindet sich das Gefährdungsobjekt aber innerhalb des Verkehrsraums oder nimmt es gar am Verkehr teil[793], so liegt diese nahe. Denn ein Nichtverkehrsteilnehmer innerhalb des Verkehrsraums (etwa ein Straßenreiniger) vertraut wie ein Verkehrsteilnehmer darauf, dass der

789 Vgl. L/K-*Heger*, § 315c Rn. 2. Näher B/H/H/J/J-*Heß*, § 1 StVO Rn. 5 ff.; BeckOK-*Kudlich*, § 315c Rn. 4 ff. Zur Unterscheidung des fließenden und ruhenden Verkehrs siehe *Henseler*, S. 4 ff.

790 B/H/H/J/J-*Heß*, § 1 StVO Rn. 72 für „andere" und Rn. 73 für fremde Sachen mit Verkehrsbezug; H/K/D-*König*, § 1 StVO Rn. 33 m.w.N.

791 Vgl. B/H/H/J/J-*Burmann*, § 315b Rn. 9 und § 315c Rn. 5, 6.

792 Siehe schon B.III und später unter D.VIII.1.d. Eine aktive Verkehrsteilnahme ist gerade nicht notwendig. Zum Begriff des Verkehrsteilnehmers B/H/H/J/J-*Heß*, § 1 StVO Rn. 5 ff.

793 Zur Ausnahme hinsichtlich Tatbeteiligter und des Tatfahrzeugs D.V.

Verkehrsraum sicher ist und kann als taugliches Gefährdungsobjekt diesen Rechtsfriedensbereich „in Anspruch nehmen“.[794]

VII. Gefährdung von Objekten außerhalb des Straßenverkehrs

Die Frage nach der Reichweite der Straßenverkehrsdelikte wird wesentlich problematischer, wenn sich das Gefährdungsobjekt außerhalb des Straßenverkehrs befindet. Denn hier ist genau zu untersuchen, ob dieses noch eine Beeinträchtigung der Sicherheit des Straßenverkehrs anzeigen und so durch seine konkrete Gefährdung eine Strafbarkeit begründet werden kann.

Das Problem war schon zu § 315a StGB a. F. praktisch geworden und wurde mit der Umstrukturierung der Straßenverkehrsdelikte dahingehend klarstellend gelöst, dass für verkehrsinternes Verhalten nach § 315c StGB eine verkehrsbezogene[795] Gefährdung außenstehender Objekte ausreicht. Der konkrete Gefahrerfolg kann zumindest hier auch auf einer nicht-öffentlichen Fläche eintreten.[796]

Dagegen sah die Große Strafrechtskommission für die Fälle des Außeneingriffs in den Straßenverkehr und für verkehrsfremdes Verhalten innerhalb des Straßenverkehrs – der verkehrsfremde Inneneingriff war damals schon eine bekannte und akzeptierte Fallkonstellation – dort kein Bedürfnis einer Klarstellung, trotz der gleichlaufenden Auslegung des § 315a StGB a. F. durch Rechtsprechung und Literatur. Diese setzten lediglich voraus, dass die Gemeingefahr in ursächlichem Zusammenhang mit dem in § 315a Abs. 1 Nr. 1–4 StGB a. F. bezeichneten Verhalten stand.[797]

Ob die für § 315a StGB a. F. gezogene Grenze für § 315b und § 315c StGB weiterhin *einheitlich* zu ziehen ist, ist mit den Änderungen durch das Zweite Gesetz zur Sicherung des Straßenverkehrs fraglich geworden.[798] Durch die Aufspaltung des § 315a StGB a. F. in §§ 315b, 315c StGB wurde das Merkmal der Beeinträchtigung der Sicherheit des Straßenverkehr für verkehrsinternes und fehlerhaftes Verhalten überflüssig, da der Gesetzgeber gezielt Handlungsweisen in § 315c Abs. 1 StGB einstellte, denen eine abstrakte Verkehrsgefahr bzw. Sicherheitsbeeinträchtigung

---

794 Fehlt es an der vertrauensbasierten Inanspruchnahme, so ist das gefährdete Objekt kein taugliches, vgl. oben unter D.V.1.e a.E. – Zum Vertrauensaspekt von Nichtverkehrsteilnehmern als Außenstehende siehe D.VII.2. Ist das gefährtete Objekt jedoch ein taugliches, bedarf es zusätzlich eines verkehrsspezifischen Zusammenhangs, dazu unter D.VIII.

795 Zum verkehrsspezifischen Zusammenhang später unter D.VIII. Zum Vertrauensaspekt von Nichtverkehrsteilnehmern als Außenstehenden sogleich, D.VII.2.

796 Siehe ausführlich B.II.6.b, sowie MK-*Pegel*, § 315c Rn. 90; S/S-*Sternberg-Lieben/Hecker*, § 315c Rn. 6; LK-*König*, § 315c Rn. 3, 4 und 159; BeckOK-*Kudlich*, § 315c Rn. 2.

797 Siehe schon B.II.6.b(2) und B.II.6.b(3).

798 Oben unter B.II.6.b(5).

bereits immanent ist. Daher konnte sich der Gesetzgeber mit einer Handlungsweise „im Straßenverkehr" begnügen, die zu einer verkehrsbezogenen konkreten Gefährdung eines Objekts innerhalb oder außerhalb des Verkehrsraums führt. Dagegen ist § 315b StGB offener formuliert, sodass hier zunächst festgestellt werden muss, dass mit der Tathandlung eine abstrakte Verkehrsgefahr einhergeht, diese also geeignet ist, die Sicherheit des Straßenverkehrs zu beeinträchtigen.

Dennoch kann in allen Fällen der §§ 315b, 315c StGB die geschaffene abstrakte Verkehrsgefahr so beschaffen sein, dass sie sich *zufällig* erst außerhalb des Verkehrsraums zu einer konkreten Gefährdung eines Objekts verdichtet. Allein nach dem Wortlaut lässt sich danach keine Grenze der Reichweite des Schutzbereiches ziehen. Eine solche lässt sich widerspruchsfrei erst im Hinblick auf den über die Historie herausgearbeiteten Schutzzweck – historische und teleologische Auslegung – und die Systematik der Straßenverkehrsdelikte bestimmen.

1. Mögliches Missverständnis des Gesetzgebers

Möglich ist, dass durch die Umstrukturierung verkehrsinternen Verhaltens gegenüber den Außeneingriffen bei der Frage der Reichweite des Schutzbereiches eine Divergenz bewirkt wurde, die so nicht gewollt war:[799] Soll bei Eingriffen in den Straßenverkehr der Außenbereich nicht in gleicher Weise geschützt sein? – Auf den ersten Blick erscheint diese Frage widersprüchlich, da sich klassische externe Eingriffe in ihrer Zielrichtung doch gerade auf den Straßenverkehr und damit gegen den Innenbereich richten.

Ausgeschlossen ist damit zum einen aber nicht, dass durch das gegen den Straßenverkehr gerichtete Verhalten *mittelbar* auch außen stehende Objekte gefährdet werden können, d. h. die *im* Straßenverkehr geschaffene abstrakte Gefahr sich *auch* außerhalb des Verkehrsraums zu einer konkreten Gefahrensituation verdichtet.[800] Zwar ist der objektive Tatbestand der Verkehrsdelikte schon über die unmittelbare Sicherheitsbeeinträchtigung mit Eintritt einer konkreten Gefahr im Straßenverkehr verwirklicht; tritt darüber hinaus auch mittelbar ein konkreter Gefährdungserfolg außerhalb des Straßenverkehrs ein, so bestätigt sich in gleicher Weise die Gemeingefährlichkeit des Eingriffsverhaltens nicht nur für den Verkehrsraum, sondern auch für am Verkehr unbeteiligte Objekte. Das (quantitative) Erfolgsunrecht wird verstärkt.[801] Wird durch ein Eingriffsverhalten aber zufällig *nur* der Außenbereich

---

799 So bezeichnet *Geppert*, DAR 2012, 372 (375), den Zusatz des Gesetzgebers, dass § 315b StGB im fließenden Verkehr begangene Verhaltensweisen nur insoweit erfasst, als sie nicht nur fehlerhafte Verkehrsteilnahme seien, als „Ursünde", mit der die Handhabung des § 315b StGB von Beginn an zu kämpfen habe.

800 Beispiel: Ein Steinwurf auf die Straße schafft eine abstrakte Verkehrsgefahr, die sich gegenüber dem herannahenden LKW-Fahrer zu einer kritischen Situation (Beinahe-Unfall) verdichtet. Im Zuge des Ausweichmanövers wird zugleich der in seinem Vorgarten arbeitende X gefährdet.

801 Vgl. hierzu die Konkurrenzbetrachtung, wenn durch eine Handlung mehrere Gefahrerfolge eintreten, oben C.III.2.b.

tangiert[802], so bestätigt dies ebenso eine Sicherheitsbeeinträchtigung in Bezug auf eine vom Straßenverkehr ausgehende Verkehrsgefahr (Schutz *vor* dem Verkehr).

Die eigentliche Problematik zur Reichweite des § 315b StGB stellt sich aber in Bezug auf die Ausnahmefigur des verkehrsfremden Inneneingriffs. Denn dieser kann (z. B. als Hindernisbereiten) entweder auf den Verkehr gerichtet sein oder aber gezielt aus dem Verkehr heraus erfolgen (z. B. durch gezieltes Zufahren) und dabei auf den Außenbereich gerichtet sein. Soll der Außenbereich bzw. die außen stehende Allgemeinheit hier deshalb nicht mehr geschützt sein, weil es sich in diesem Fall nicht mehr um fehlerhafte Verkehrsteilnahme, sondern schon um verkehrsfremdes Verhalten handelt? – Dass aber auch gezielte Eingriffe einen gemeingefährlichen Charakter haben können, wurde bereits dargestellt.[803]

Die Große Strafrechtskommission wie auch der Gesetzgeber haben hier – womöglich – eine problematische Fallgruppe übersehen. Dem Ziel „gleichlaufender Auslegung"[804] wurde mit der Neugestaltung vielleicht selbst ein Hindernis bereitet, wenn der Gesetzgeber für § 315c StGB das Merkmal der Sicherheitsbeeinträchtigung gestrichen, für § 315b StGB aber beibehalten hat, um damit den Schutzbereich vermeintlich klarstellend abzustecken. Denn dies mag in missverständlicher Weise zu der Konsequenz geführt haben, dass im Umkehrschluss bei § 315b StGB der Außenbereich grundsätzlich ausgespart bleiben sollte.

Ein derartiges Verständnis ist aber nicht zwingend, wenn doch die Rechtsprechung zur einheitlichen Norm des § 315a StGB a. F. schon vor der semantischen und systematischen Änderung des Gesetzestextes externe Gefährdungsobjekte in den Schutzbereich einbezogen hat. Einer klarstellenden und im Ergebnis missverständlichen oder gar überflüssigen Änderung hätte es gar nicht bedurft. Der Wortlaut des § 315a StGB a. F. stand der Erfassung der vermeintlich problematischen Fälle („der auf dem Feld pflügende Bauer") tatsächlich nicht entgegen.[805]

So heißt es in der Kommentierung von *Floegel/Hartung*[806] unmittelbar nach dem Zweiten Gesetz zur Sicherung des Straßenverkehrs:

> „Im Gegensatz zum § 315b, der Gefährdungen des Straßenverkehrs (von außen her) unter Strafe stellt, betrifft § 315c Gefährdungen, die von dem Verkehr auf der Straße ausgehen. Betroffen von der Gefahr, die hier gemeint ist, sind zwar hier auch wieder *vorzugsweise*[807] die (anderen) Teilnehmer am Straßenverkehr; doch ist hier Schutzobjekt

---

802 Beispiel: Zwar wird durch einen Steinwurf eine abstrakte Verkehrsgefahr geschaffen, doch bleibt eine konkrete Gefährdung gegenüber dem herannahenden LKW-Fahrer aus, sodass hier im Zuge des kontrollierten Ausweichmanövers nur (dem Täter zurechenbar) der in seinem Vorgarten arbeitende X gefährdet wird.

803 Oben D.IV.

804 Siehe hierzu auch die Diskussion der Großen Strafrechtskommission, 103. Sitzung, S. 433 (440): Fehlerhafte Verkehrsteilnahme als Hindernisbereiten.

805 Vgl. bereits B.II.6.b.

806 *Floegel/Hartung*, 15. Aufl. (1965), § 315c Rn. 1.

807 Hervorhebung durch den Verfasser.

der Vorschrift nicht *eigentlich*[808], wie im § 315b, der Straßenverkehr als solcher; die Vorschrift schützt vielmehr „jedermann" gegen die vom Straßenverkehr ausgehenden Gefahren, also auch den, der sich außerhalb dieses Verkehrs befindet. Das ergibt sich nunmehr eindeutig auch aus dem Text des § 315c selbst. Abweichend von § 315a a. F. *[abweichend auch vom § 315b n. F.]* setzt § 315c nämlich nicht mehr voraus, daß der Täter ‚die Sicherheit des Straßenverkehrs' beeinträchtigt, sondern läßt es genügen, daß er im Straßenverkehr handelt (bzw. pflichtmäßig gebotenes Handeln unterlässt), und stellt damit – in Übereinstimmung mit der Auslegung, die § 315a a. F. für die hier fraglichen Tatbestände in Rechtsprechung und Schrifttum gefunden hatte – klar, daß die Vorschrift nicht nur die Verkehrsteilnehmer, sondern auch andere schützen will."

Die Kommentierung spricht hier in Bezug auf § 315b StGB vom „eigentlichen" und für § 315c StGB „vorzugsweisen" Schutz *des Straßenverkehrs* als Schutzobjekt. Dieses „eigentlich" bzw. „vorzugsweise" bedeutet aber eine Einschränkung nur im Grundsatz: Gerade im Hinblick auf den oben vorgestellten verkehrsfremden Inneneingriff, der schon bei § 315a StGB a. F. anerkannt war,[809] ist zu klären, ob die Reichweite des Schutzbereichs – bei gleichem Rechtsgut – unabhängig von der (missverständlichen) Tatbestandsformulierung nicht weiterhin ein gleichlaufendes Schutzniveau hat.

2. Argumentation für einen gleichlaufenden Schutzbereich

Nun ist es so, dass die Straßenverkehrsdelikte – in ihrer alten als auch neuen Fassung – zunächst eine abstrakte Gefährdung der Sicherheit des Straßenverkehrs voraussetzen, entweder durch fehlerhafte Verkehrsteilnahme i.S.v. § 315c StGB oder durch Eingriffshandlungen i.S.v. § 315b StGB. Die durch diese Handlung geschaffene oder ihr schon immanente abstrakte Gefahr für die Sicherheit des Straßenverkehrs (Verkehrsgefahr) hat sich dann zu einer konkreten Gefahr für gewisse Gefährdungsobjekte zu verdichten.

Bei dieser konkreten Gefahr mag es in beiden Fällen letztlich aber nicht darauf ankommen, *wo* sich das Gefährdungsobjekt befindet oder zuvor befunden hat, obwohl sich dieses in aller Regel („eigentlich"), aber eben nicht zwingend, ebenso im Straßenverkehr befindet. Entscheidend sein muss allein, ob *dieser* konkrete (externe) Gefahrerfolg (noch) Ausdruck der vorausgegangenen abstrakten Beeinträchtigung der Sicherheit des Straßenverkehrs ist. Denn eine solche, durch die verkehrsspezifische konkrete Gefährdung eines tauglichen Objekts eintretende Sicherheitsbeeinträchtigung ist maßgeblich für den verfolgten Schutzzweck der Straßenverkehrsdelikte. Als verdichtete abstrakte Verkehrsgefahr spiegeln sich im konkreten Gefährdungserfolg Qualität und Quantität einer tatsächlich gewordenen Sicherheitsbeeinträchtigung wider („Lackmustest"[810]). Dass aber ein außenstehendes Objekt grundsätzlich taugliches Gefährdungsobjekt sein kann, ergibt sich aus dem

808 Hervorhebung durch den Verfasser.
809 Siehe oben D.III.2.a.
810 Zur Erläuterung oben C.II.2.d. und C.III.1.d.

dargestellten Schutzzweck, den das *Bundesverfassungsgericht* für das Straßenverkehrsrecht im generellen folgendermaßen formuliert hat:

> „Das Straßenverkehrsrecht [ist] aus dem allgemeinen Polizeirecht hervorgegangen und hat entsprechend der technischen Entwicklung des Straßenverkehrs seit den ersten Regelungen im Gesetz über den Verkehr mit Kraftfahrzeugen vom 3.5.1909 – KfzG – bis zum jetzt geltenden Straßenverkehrsgesetz inhaltlich wesentliche Änderungen erfahren. Die bis zum Erlaß des Straßenverkehrsgesetzes vom 19.12.1952 maßgeblichen Regelungen verfolgten vorwiegend das Ziel, *Gefahren von der am Verkehr nicht beteiligten Öffentlichkeit fernzuhalten*, die *durch den Verkehr* entstanden. Das Kraftfahrzeuggesetz und die hierzu ergangene Straßenverkehrs-Ordnung vom 13.11.1937 war in Übereinstimmung mit den Grundsätzen des Kraftfahrzeuggesetzes *noch auf den Schutz der Allgemeinheit vor den vom Verkehr ausgehenden Gefahren beschränkt*... Das Gesetz zur Sicherung des Straßenverkehrs – VerkSichG – vom 19.12.1952 (BGBl I, 832), das das Kraftfahrzeuggesetz unter der Bezeichnung Straßenverkehrsgesetz – StVG – abgelöst hat, brachte in doppelter Richtung wichtige Rechtsänderungen: ... Nicht nur die vom Kraftfahrzeugverkehr auf die Umwelt ausgehenden Gefahren, sondern auch die den Kraftfahrzeugverkehr selbst beeinträchtigenden Gefahren wurden rechtlichen Regelungen unterworfen. Die Entwicklung des Straßenverkehrs hatte es notwendig gemacht, *nicht nur den Unbeteiligten, sondern auch den Kraftfahrer selbst vor Einwirkungen von außen und durch den Verkehr zu schützen*... Das Straßenverkehrsrecht dient hiernach dem Zweck, die spezifischen Gefahren, Behinderungen und Belästigungen auszuschalten oder wenigstens zu mindern, die mit der Straßenbenutzung unter den Bedingungen des modernen Verkehrs verbunden sind. Es regelt in diesem Rahmen die (polizeilichen) Anforderungen, die an den Verkehr und die Verkehrsteilnehmer gestellt werden, um *Gefahren von anderen Verkehrsteilnehmern oder Dritten abzuwenden* und den optimalen Ablauf des Verkehrs zu gewährleisten."[811]

Nimmt man dieses Schutzzweckverständnis des Straßenverkehrsrechts auch für den Teilbereich des Straßenverkehrs*straf*rechts ernst, so war es doch primär gerade der Außenbereich, der *vor* Verkehrsgefahren zu schützen war und erst in zweiter Linie die Sicherheit *im* Straßenverkehr selbst. Schon aus oben belegter historischer Sicht spricht danach nichts dagegen, den Außenbereich grundsätzlich zu erfassen, sodass es einer gespaltenen Auslegung und Anwendung von § 315b und § 315c StGB nicht bedarf.

Zudem lässt sich weder dem Wortlaut des § 315b StGB, aber noch dem Sinn und Zweck der Straßenverkehrsdelikte entnehmen, dass sich ein konkret betroffenes Gefährdungsobjekt überhaupt im öffentlichen Verkehrsraum befinden muss: die Gefährdungsklausel bietet für eine derartige Einschränkung keinen Anlass.[812] Zwar

---

811 BVerfGE 40, 371 (379 f.) = BVerfG NJW 1976, 559 (559) – Hervorhebungen durch den Verfasser.

812 LK-*König*, § 315b Rn. 61 mit Fn. 117 dort; *ders.*, DAR 2004, 656, 657; NK-*Zieschang*, § 315b Rn. 28 a.E.

ist die Verkehrsgefahr, die mit dem vorzunehmenden Eingriff geschaffen wird, mit der konkreten Gefährdung eines tauglichen Objekts verknüpft („und dadurch"), doch folgt daraus keine örtliche Einschränkung. Nach dem Schutzzweck der Norm ist das Vertrauen der Allgemeinheit in einen sicheren Straßenverkehr zu stärken. Dabei endet dieses Vertrauen nicht am Ende des Verkehrsraums[813], sondern die Allgemeinheit vertraut auch darauf, dass aus dem Verkehrsraum *heraus* keine Gefahren für sie erwachsen, sodass sie sich auch in Nähe des Verkehrs aufhält und sich so als Anlieger im Vorgarten, aber auch auf einer Caféterrasse[814] oder im angrenzenden Biergarten sicher fühlt. Mit dem viel betonten Schutzzweck der Sicherheit auch vor dem Straßenverkehr kann der Aufenthaltsort des Gefährdungsobjekts – wie bei § 315c StGB – nicht entscheidend sein.[815]

Dieser Vertrauensaspekt lässt sich konkret auch mit dem für den Straßenverkehr formulierten Vertrauensgrundsatz zu § 1 StVO begründen. Dieser besagt, dass der sich selbst verkehrsrichtig verhaltende Verkehrsteilnehmer nicht vorsorglich auf alle möglichen Verkehrswidrigkeiten anderer Verkehrsteilnehmer einzustellen braucht, sondern mangels gegenteiliger Anhaltspunkte erwarten und sich darauf einstellen darf, dass andere Verkehrsteilnehmer die für sie geltenden Vorschriften beachten und den Verkehr nicht durch pflichtwidriges Verhalten gefährden.[816] Wenn aber *im* öffentlichen Straßenverkehr diese Art von Solidarität herrschen soll (jeder fügt sich im Sinne einer echten Gemeinschaft aller Verkehrsteilnehmer ein[817]) und der Verkehrsteilnehmer sich so grundsätzlich in einem (auf die Betriebsgefahr beschränkten) „sicheren" Straßenverkehr wähnen darf, so nimmt ein solches Vertrauen eben auch der außen stehende Nichtverkehrsteilnehmer in Anspruch: Denn dieser geht ebenso davon aus, dem Straßenverkehr (als System) und seinen Gefahren nicht ausgesetzt zu sein. Und historisch gesehen war zunächst gerade der (außenstehende) Nichtverkehrsteilnehmer in seiner Person und mit seinen Sachwerten

---

813 Vgl. oben unter D.VI.

814 Diese gehört wohl nicht zum öffentlichen Straßenverkehr, vgl. BGH NStZ 2006, 167.

815 Vgl. *Geppert*, DAR 2012, 372 (373 ff.) und diesem – ohne Begründung –folgend SK-*Wolters*, § 315b Rn. 22: „Vorausgesetzt ist nur, dass die jeweilige Tathandlung im Sinne der Nummern 1 bis 3 im Straßenverkehr unternommen wird; wo sich das Opfer zu dieser Zeit aufhält, ist ohne Bedeutung".

816 H/K/D-*König*, § 1 StVO Rn. 20 m.w.N. Anders wohl *Dencker*, FS-Nehm, S. 373 (385), beschränkt auf Außeneingriffe: Beim Vertrauensgrundsatz ginge es um das Vertrauen in die sächlichen Grundlagen der Verkehrssicherheit und nicht um das Vertrauen in das ordnungsgemäße Verhalten anderer Verkehrsteilnehmer. Auf S. 381 aber: „Enttäuschungen dieses Vertrauens ist Gegenstand des § 315c StGB. Es muss aber ein solches Vertrauen auch im Hinblick darauf vorhanden sein, dass die Bremsleitungen des eigenen Pkw nicht durchtrennt sind und keine Fußgänger- oder Autofallen der o. g. Art existieren."

817 *Kirschbaum*, S. 60 ff. So spricht *Kirschbaum*, S. 63, davon, dass das Wort „Vertrauen" im Vertrauensgrundsatz die Bedeutung von „jemandem vertrauen" und auch „auf etwas vertrauen" enthalte.

taugliches Gefährdungsobjekt des Rechtsguts der Sicherheit des Straßenverkehrs. Und deshalb muss der Begriff des „Anderen" i.S.v. § 1 Abs. 2 StVO entsprechend auch für die §§ 315b und 315c StGB („anderer Mensch" oder „[andere] Sache von bedeutendem Wert") gelten.[818]

3. Konkrete Gefährdungen außerhalb des Straßenverkehrs bei § 315b StGB

Fallen daher grundsätzlich auch konkrete Gefährdungen außerhalb des Straßenverkehrsraums in den Schutzbereich des § 315b StGB, so sind verschiedene Fallkonstellationen zu unterscheiden.

Soweit es dort um die konkrete *Gefährdung eines tauglichen Objekts* geht, ist im Hinblick auf die einschlägige Tathandlung zu differenzieren. Denn das durch den Täter i.S.v. § 315b Abs. 1 Nr. 1 StGB *beschädigte* Fahrzeug (etwa manipulierte Bremsanlage) scheidet als taugliches Gefährdungsobjekt aus. Verdichten kann sich die abstrakte Verkehrsgefahr in diesem Fall nur gegenüber anderen Objekten: so in der Regel auf den Führer des beschädigten Fahrzeugs, der es unbewusst in den Verkehr gebracht hat.[819]

a. Überblick über die zu besprechenden Fallkonstellationen

Zunächst gibt es die klassischen und unproblematischen Fälle, in denen sich eine geschaffene Verkehrsgefahr innerhalb des öffentlichen Straßenverkehrs zu einer konkreten Gefährdung eines tauglichen Objekts verdichtet ( ), Fall 1a, 1b und Fall 2:

Fall 1a – Klassischer Außeneingriff: Der Täter, der sich innerhalb oder außerhalb des öffentlichen Straßenverkehrs bewegt, greift mit seiner (verkehrsfremden) Tathandlung im Sinne von § 315b Abs. 1 StGB in dessen Sicherheit ein, z. B.[820] Entfernung eines Gullydeckels ( ) (§ 315b Abs. 1 Nr. 1 StGB), Errichten einer Sperre ( ) (Nr. 2); Herabwerfen von Gegenständen von einigem Gewicht auf fahrende Fahrzeuge ( ) (Nr. 3). Die durch die Tathandlung geschaffene abstrakte Beeinträchtigung der Sicherheit des Straßenverkehrs verdichtet sich zu einer konkreten Gefährdung eines tauglichen Objekts ( ) innerhalb des öffentlichen Straßenverkehrs.

818 Zu § 1 StVO: OLG Köln VRS 95 (1999), 321 (322); OLG Celle MDR 1958, 789 (Lärmbelästigung durch haltendes Motorrad); OLG Celle VRS 31 (1966), 212 (Eigentümer von im Straßenbereich abgestellten Milchkannen); H/K/D-*König*, § 1 StVO Rn. 33; B/H/H/J/J-*Burmann*, § 315c Rn. 5; § 315b Rn. 9 sowie oben D.VI und D.VII.2.

819 Oben D.V.2.b. und dem Beispiel unter d.

820 Zahlreiche Beispiele jeweils bei H/K/D-*König*, § 315b, Rn. 5, 8, 15.

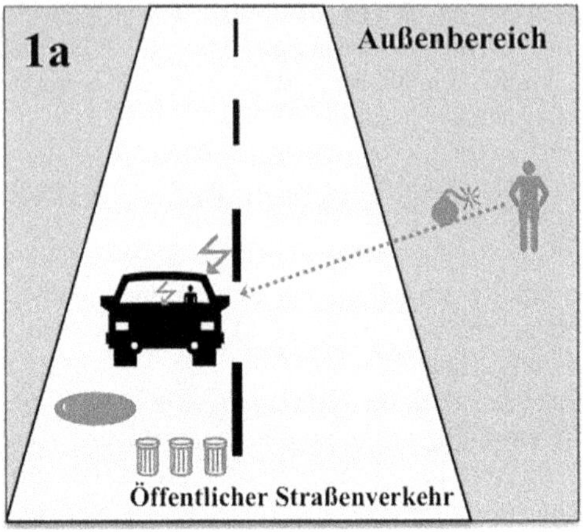

Fall 1b: Der Täter beschädigt ein Fahrzeug, etwa Manipulation einer Bremsanlage (✕) (§ 315b Abs. 1 Nr. 1 StGB), das von einem Dritten sodann unbewusst in den Straßenverkehr eingebracht wird, wo es zu einer konkreten Gefährdung eines tauglichen Objekts kommt.

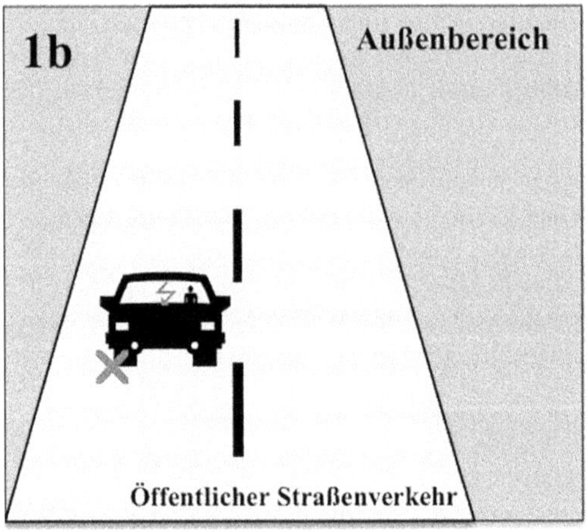

Nach hier vertretener Ansicht (oben D.V.2.b) scheidet das geführte beschädigte Fahrzeug als taugliches Gefährungsobjekt aus. Verdichten kann sich die Verkehrsgefahr nur gegenüber dem Führer des Fahrzeugs (oder gegenüber dritten Objekten). Gleiches gilt nachfolgend in Fall 3, wenn eine konkrete Gefährdung erst außerhalb des Straßenverkehrs eintritt.

Fall 2 – Klassischer verkehrsfremder Inneneingriff: Der Täter pervertiert durch eine verkehrsfremde Verhaltensweise einen Straßenverkehrsvorgang, indem er sein Fahrzeug in verkehrsfeindlicher Absicht zweckentfremdet und mit zumindest bedingtem Schädigungsvorsatz einsetzt, z.B. absichtliches Rammen oder Zufahren. Dadurch wird ein taugliches Gefährdungsobjekt innerhalb des Straßenverkehrsraums konkret gefährdet.

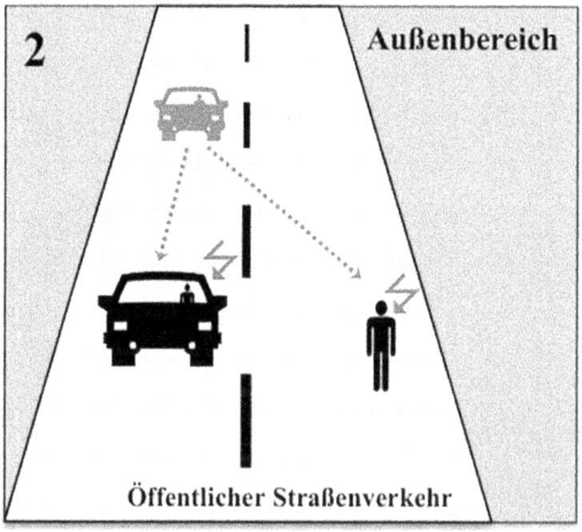

Problematisch werden klassische *Außeneingriffe* dann, wenn ein taugliches Objekt – etwa aufgrund einer Ausweichbewegung – erst außerhalb des Straßenverkehrs konkret gefährdet wird, Fall 3. Möglich ist auch, dass nur ein außenstehendes Objekt konkret gefährdet wird, Fall 4.

Fall 3: Das manipulierte, getroffene oder ausweichende Fahrzeug kommt von der Straße ab, bricht aus dem öffentlichen Verkehrsraum aus. Erst dort tritt eine konkrete Gefährdung gegenüber einem tauglichen Objekt ein.

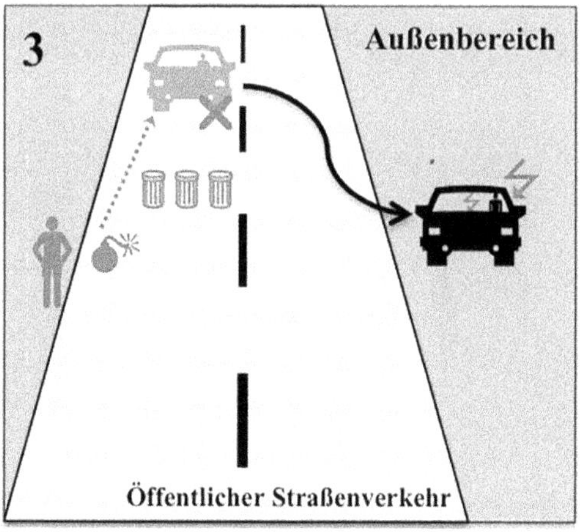

Fall 4: Wie in Fall 3, doch wird nur ein außenstehendes Objekt (z. B. beiseite springender Bauarbeiter) konkret gefährdet.

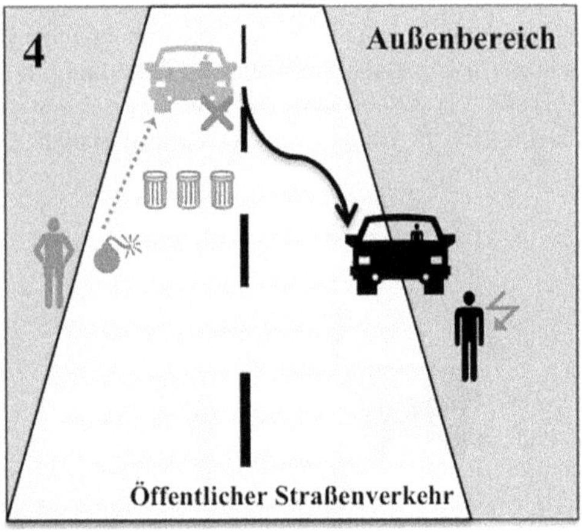

Auch für den *verkehrsfremden Inneneingriff* sind verschiedene Konstellationen denkbar. Der Täter kann seinen Eingriff auf den Verkehrsraum selbst ausrichten und dort taugliche Gefährdungsobjekte einer abstrakten Verkehrsgefahr aussetzen. Die sich daraus verdichtende konkrete Gefahr kann nun noch im Verkehrsraum (schon Fall 2) oder erst (zufällig) außerhalb eintreten, Fall 5.

Fall 5: Der Täter fährt im öffentlichen Straßenverkehr gezielt auf eine andere Person zu, kann diese flüchtende Person aber erst außerhalb des öffentlichen Straßenverkehrs konkret gefährden.

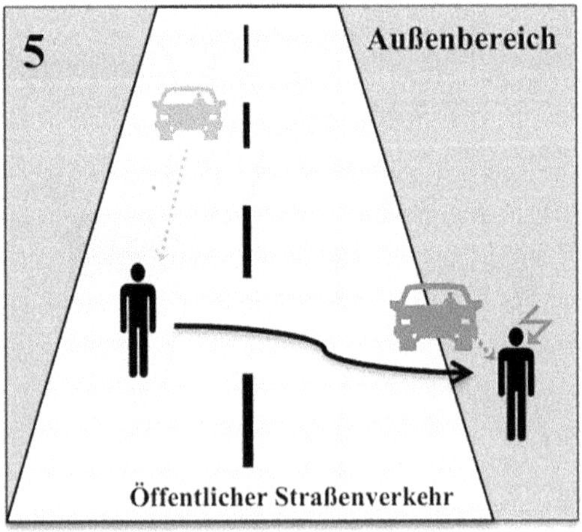

Der verkehrsfremde Inneneingriff kann aber auch aus dem Straßenverkehr heraus erfolgen und sich auf Gefährdungsobjekte beziehen, die sich gänzlich außerhalb des Straßenverkehrs befinden, Fall 6.

Fall 6: Der Täter zielt seinen Eingriff aus dem Straßenverkehr heraus auf eine Person, die sich neben der Straße auf einer nicht öffentlichen Fläche (z. B. etwa ein privater Hof) befindet und dort konkret gefährdet wird.
[Gerät die Person auf der Flucht in den Straßenverkehr und wird nun dort vom Täter konkret gefährdet, so liegt wiederum ein Regelfall nach Fall 2 vor.]

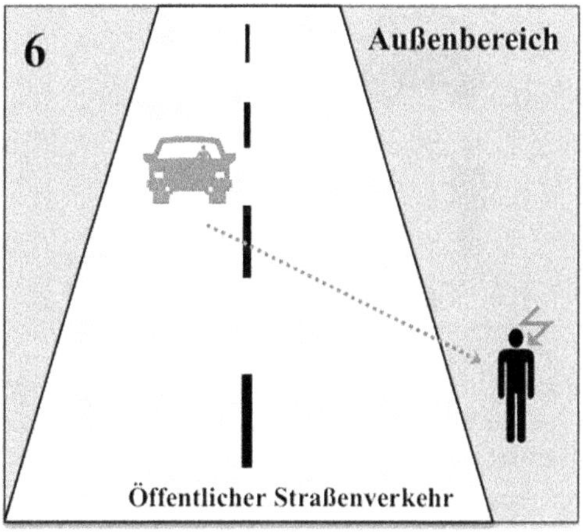

Schließlich ist noch der Fall denkbar, dass der Täter von einer nicht dem öffentlichen Straßenverkehr zuzurechnenden Fläche heraus angreift (z. B. von einem Privatgelände aus) und das Opfer, nicht aber der Täter in den öffentlichen Straßenverkehr gelangt und es dort zur Gefährdung eines tauglichen Objekts kommt, Fall 7 und Fall 8:

Fall 7: Der Täter fährt auf einer privaten Fläche auf eine Person zu. Diese kann mangels anderer Ausweichmöglichkeit nur in den Straßenverkehr flüchten und wird dort durch Dritte konkret gefährdet.

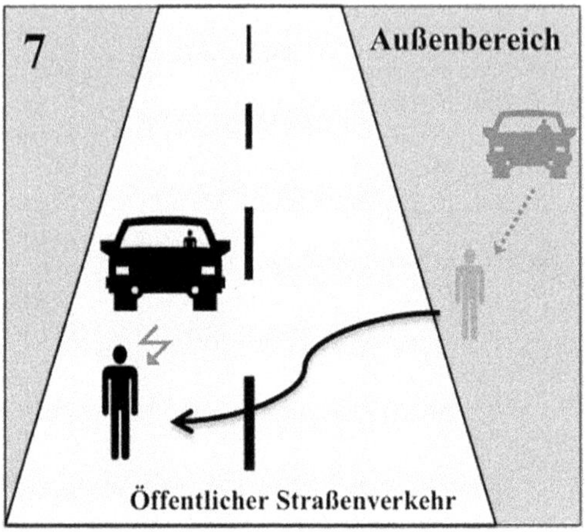

Fall 8: Der Täter fährt auf einer privaten Fläche auf eine Person zu. Diese kann nur mangels anderer Ausweichmöglichkeit nur in den Straßenverkehr flüchten. Dort werden andere durch erforderliche Ausweichmanöver konkret gefährdet.

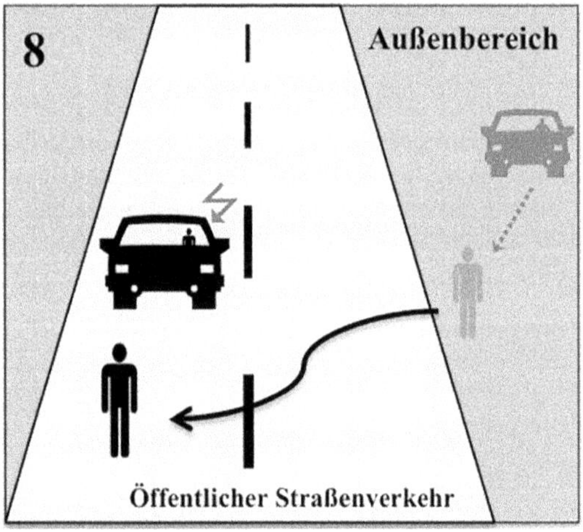

In den Fällen 7 und 8 verwirklicht sich aber nicht unmittelbar die vom Täter ausgehende Gefahr des Zufahrens, sondern eine solche, die das Opfer notgedrungen – mangels alternativem Fluchtraum – für sich selbst (Fall 7) oder (zusätzlich) für Dritte (Fall 8) schafft. Um einen verkehrsfremden Inneneingriff handelt es sich hier aber nicht, da die Tathandlung nicht vom öffentlichen Verkehrsraum ausgeht und der Täter damit keinen *Verkehrsvorgang* pervertiert. Vielmehr ähnelt die Konstellation einem klassischen Außeneingriff, indem der Täter das Opfer quasi als Mittel zu dessen Selbst- und ggf. Drittgefährdung einsetzt. Hier wäre zu klären, ob ein Mensch als Werkzeug genutzt werden kann und ob dieses Werkzeug zugleich auch ein taugliches Gefährdungsobjekt sein kann. Ist dies zu verneinen, so kann sich eine Strafbarkeit nur daraus ergeben, dass der Täter mittels eines menschlichen Werkzeugs von außen in die Sicherheit des Straßenverkehrs eingreift und nur Dritte vor dieser fluchtbedingten Verkehrsgefahr geschützt sind. Es liegt dann ein Außeneingriff vor, wobei dem Täter das gefährdende Verhalten des menschlichen Werkzeugs zugerechnet wird. Der Tatmittler scheidet hier als Gefährdungsobjekt aus, da er den Straßenverkehr wie ein sonstiges Werkzeug mit einer verkehrsfeindlichen Verhaltensweise durchzieht.[821] Eine Strafbarkeit nach § 315b Abs. 1 Nr. 3 StGB liegt erst im Fall der Gefährdung eines tauglichen dritten Objekts vor.

b. Der klassische Eingriff in den Straßenverkehr

Die klassischen Außeneingriffe nach § 315b StGB (Fall 1a und Fall 1b) beschränken sich regelmäßig auf den öffentlichen Verkehrsraum, denn die Eingriffshandlung ist auf den Verkehr gerichtet. Der Außenbereich scheint hier auf den ersten Blick nicht involviert. Gleichwohl *kann* die geschaffene abstrakte Verkehrsgefahr so beschaffen ist, dass sie sich *zufällig* auch/erst außerhalb des Verkehrsraums verwirklichen kann, vgl. Fall 3 und Fall 4 sowie die Ausführungen zuvor.[822] Dennoch hat der Gesetzgeber nur für die Fälle der fehlerhaften Verkehrsteilnahme nach § 315c StGB ein klarstellendes Bedürfnis gesehen und den Außenbereich für die Fälle, dass der Verkehrsraum durch eine fehlerhafte Verkehrsteilnahme durchbrochen wird, miteinbezogen. Dass dieses Bedürfnis aber auch für Fälle des § 315b besteht, wurde zuvor (D.VII.2.) begründet. Für die im Besonderen streitigen Fälle 5 und 6 beim verkehrsfremden Inneneingriff ist dieses Bedürfnis im Folgenden noch gesondert zu belegen.

c. Der Ausnahmefall des verkehrsfremden Inneneingriffs

Gerade in den Fällen des verkehrsfremden Inneneingriffs[823] kann eine konkrete Gefährdung erst außerhalb des Verkehrsraums relevant werden. Dabei sind die beiden möglichen Eingriffsrichtungen zu unterscheiden:

821 Siehe hierzu *Hörtz*, S. 274 f.
822 Siehe schon die Einleitung zu D.VII. und D.VII.1.
823 Oben D.III.2.

Soweit ein Eingriff über die Zweckentfremdung eines Fahrzeugs *im* öffentlichen Straßenverkehr vorgenommen wird, agiert der Täter mit dem zweckentfremdeten Fahrzeug quasi aus einer Außenbereichsexklave heraus, richtet sein Handeln aber auf den Verkehr, sodass sich der Gefahrenbereich – wie beim klassischen Außeneingriff – ebenso bzw. „eigentlich" auf den öffentlichen Verkehrsraum selbst beschränkt (vgl. Fall 2).

Richtet der Täter aber seinen Eingriff mittels des zweckentfremdeten Fahrzeugs aus dem öffentlichen Straßenverkehr heraus auf den Außenbereich, so ist streitig, inwieweit dieser erfasst sein kann und soll (vgl. Fall 5 und Fall 6).

(1) Beschränkung auf (regelwidrige) Vorgänge im öffentlichen Verkehrsraum

Ursprünglich beschränkte der BGH[824] den Anwendungsbereich auf den öffentlichen Verkehrsraum[825]. Während § 315c StGB nach der Klarstellung durch den Gesetzgeber „auch die neben der Straße befindlichen Personen schützen soll und deshalb das Merkmal der Beeinträchtigung der Sicherheit des Straßenverkehrs im Gegensatz zu § 315b StGB nicht enthält", bestehe bei § 315b StGB für eine solche „Tatbestandserweiterung" kein kriminalpolitisches Bedürfnis. § 315b StGB erfasse also nicht den Fall, dass jemand sein Fahrzeug aus dem Verkehr in ein Getreidefeld hineinlenke, um eine auf dem Feld stehende Person zu erschrecken. Ein gefährlicher Inneneingriff könne nur im öffentlichen Straßenverkehr begangen werden.

Dementsprechend legte auch beispielsweise das OLG Düsseldorf[826] einen engen Schutzbereich zu Grunde und stellte einen Vergleich zu § 142 StGB[827] her:

> „Tatbestandsmerkmal der Bestimmung des § 315b ist eine Beeinträchtigung der Sicherheit des Straßenverkehrs. Diese liegt vor, wenn durch eine der in Abs. 1 Nrn. 1 bis 3 umschriebenen Verhaltensweisen für andere Verkehrsteilnehmer eine gefahrlose Teilnahme am Straßenverkehr nicht mehr möglich ist... Die Beeinträchtigung der Sicherheit des Straßenverkehrs kann demnach nur durch Handlungen der in den Nrn. 1 bis 3 beschriebenen Art erfolgen, deren Auswirkungen eben die Sicherheit des *im öffentlichen Verkehrsraum fließenden Verkehrs* herabmindern oder unmöglich machen, da nur so der Tatbestand verwirklicht ist. Rechtlich unzutreffend ist deshalb der Hinweis des LG darauf, *daß es ausreiche, wenn die Ursache des schädigenden Ereignisses durch die Teilnahme am öffentlichen Straßenverkehr gesetzt werde, der Schaden aber außerhalb des öffentlichen Verkehrsraums eintrete.* Für das Vorbringen eines Verkehrs-

---

824 BGH VRS 61 (1981), 122 (123).

825 Dies impliziert nun, dass sich die abstrakte Gefahr für die Sicherheit des Straßenverkehrs auch im öffentlichen Straßenverkehr zu einer konkreten Gefahrenlage verdichten muss.

826 OLG Düsseldorf NJW 1982, 2391 (Hervorhebung durch den Verfasser).

827 Hier genügt es, dass der Unfall seine Ursache im Straßenverkehr hat bzw. sich im Unfall die typischen Gefahren des Straßenverkehrs realisieren, vgl. hierzu MK-*Zopfs*, § 142 Rn. 32, 33.

unfalls im Sinne der Bestimmung des § 142 StGB trifft dies zu... Dies läßt sich jedoch nicht auf die Bestimmung des § 315b StGB in der vom LG angenommenen Weise übertragen. Für die Wartepflicht des Verkehrsteilnehmers nach einem Unfall genügt in der Tat jedes Ereignis, das im ursächlichen Zusammenhang mit dem Verkehr und seinen Gefahren zur Verletzung eines Menschen oder zur Sachbeschädigung geführt hat, wobei zumindest auf seiten eines der Unfallbeteiligten Teilnahme am öffentlichen Straßenverkehr genügt. Dies hat daher Gültigkeit, weil in der Bestimmung des § 142 StGB ein der Beeinträchtigung der Sicherheit des Straßenverkehrs vergleichbares Tatbestandsmerkmal fehlt."

§ 315b StGB sei danach nicht einschlägig in Fällen, in denen der Täter das außenstehende Objekt mit seinem Kraftfahrzeug schon aus dem Straßenverkehr heraus anvisiere, dann aber die *abstrakte* Beeinträchtigung der Verkehrssicherheit und die konkrete Gefahr erst auf nicht öffentlichen Verkehrs- oder sonstigen Flächen eintrete.[828] Mit dieser Auffassung sollen danach Fallkonstellationen ausgeschlossen werden, in denen sich der *gesamte regelwidrige Vorgang* außerhalb des öffentlichen Verkehrsraums abspiele.[829] Dass das Täterverhalten im Zusammenhang mit dem Straßenverkehr stehe bzw. „seinen Ausgang im öffentlichen Straßenverkehr gefunden habe"[830], reiche allein nicht aus, weil die Sicherheit gerade des öffentlichen Verkehrsraums, auf den sich § 315b StGB beschränke[831], nicht beeinträchtigt werde.[832]

828 So MK-*Pegel*, § 315b Rn. 12. – Diese Formulierung ist insoweit missverständlich, als es eine abstrakte Gefährdung der Verkehrssicherheit, die gänzlich *außerhalb* des Straßenverkehrs begründet werden und nur dort wirken soll, mangels Verkehrsbezugs nicht geben kann.

829 So LK-*König*, § 315b Rn. 6 und 9 mit Beispielen sowie *Obermann*, S. 186. Siehe auch S/S-*Sternberg-Lieben/Hecker*, § 315b Rn. 2. Fraglich ist hierbei, wie das Wort „regelwidrig" zu verstehen ist. Außerhalb des öffentlichen Straßenverkehrs, wo die Straßenverkehrsregeln nicht (mehr) gelten, kann nicht „verkehrsregelwidrig" gehandelt werden und somit auch nicht die Sicherheit des Straßenverkehrs durch ein verkehrsregelwidriges Verhalten abstrakt gefährdet werden. „Regelwidriges" Verhalten ist also in einem weiteren Sinne zu verstehen.

830 BGH NStZ 2004, 625.

831 BGH NStZ 2004, 625; LK-*König*, § 315b Rn. 6.

832 LK-*König*, § 315b Rn. 9. Siehe auch *Obermann*, S. 186: „Von einer Beeinträchtigung der Sicherheit des Straßenverkehrs könne nur geredet werden, wenn sich der Eingriff in irgendeiner Weise nachteilig auf den Verkehr selbst ausgewirkt hat." Auch wenn ein kriminalpolitisches Bedürfnis bestehen mag, spreche die vom Gesetzgeber vorgegebene Normüberschrift von Eingriffen *in* den Straßenverkehr, nicht aber von solchen *aus* dem Straßenverkehr (heraus), so *Joecks*, § 315b Rn. 17. Dieser Einwand greift allerdings zu kurz. Zwar geht es nach dem Willen des Gesetzgebers vornehmlich um Eingriffe von außen *in* den Straßenverkehr, doch sind erkanntermaßen auch Vorgänge *im* Verkehr erfasst, sofern sie über eine fehlerhafte Verkehrsteilnahme hinausgehen. Dieses Verhalten kann sowohl auf den Verkehr selbst, aber auch aus diesem hinaus gerichtet sein. So greift der Täter, der sein Fahrzeug zur Waffe pervertiert (abstrakt) *in* den Straßenverkehr

Unter diesem Aspekt ist der Beispielsfall der Rechtsprechung[833], dass ein Fahrzeug in ein Getreidefeld gelenkt wird, um eine dortige Person zu erschrecken, genauer zu betrachten. Erfüllt der Täter mit seinem Tatverhalten bereits im Straßenverkehr die Anforderungen, die an einen verkehrsfremden Inneneingriff gestellt werden (grobe Einwirkung von einigem Gewicht mit Zweckentfremdungsabsicht und bedingtem Schädigungsvorsatz), so bewirkt er auch dort eine relevante und erforderliche abstrakte Verkehrsgefahr. Fehlt es daran, etwa weil der Täter das Opfer nur visuell ausmacht („anvisiert"), nicht aber auch durch z. B. beschleunigtes Zufahren schon seinen Eingriff startet (zumindest i.S.v. § 22 StGB), so verlagert sich der maßgebliche Vorgang mit Verlassen des Verkehrsraums gänzlich in den Außenbereich. Mangels *im* Straßenverkehr geschaffener Verkehrsgefahr ist § 315b StGB dort nicht mehr einschlägig, auch wenn das Tatgeschehen im Ganzen[834] seinen *Ausgang* im Straßenverkehr genommen hat.

Mit dieser Klarstellung ist der obigen Grundannahme, regelwidrige Vorgänge auszuschließen, die sich gänzlich außerhalb des Verkehrsraums abspielen, zuzustimmen. Denn § 315b StGB bedroht (natürlich) nicht jedweden zu Verletzungszwecken pervertierten Fahrzeugeinsatz mit Strafe.[835] Ein Ausschluss „regelwidriger" und damit gefährlicher Vorgänge, die gänzlich außerhalb des Straßenverkehrs stattfinden, findet einen Gleichlauf mit § 315c StGB. Denn dort ist der Außenbereich ja auch nur für den Fall erfasst, dass es *im öffentlichen* Straßenverkehr zu einem in § 315c Abs. 1 StGB benannten Fehlverhalten kommt, dem eine Beeinträchtigung der Sicherheit des Straßenverkehrs immanent ist. Dieses Verhalten wirkt sich unter Beachtung des Pflichtwidrigkeits- und Schutzzweckzusammenhangs[836] aber erst außerhalb des Straßenverkehrs aus, d. h. verdichtet sich dort zu einer konkreten Gefährdungslage. Diese (zufällig) erst außerhalb des Verkehrsraums eingetretene konkrete Gefährdung eines tauglichen Objekts bestätigt dennoch die zugrundeliegende Verkehrsgefahr, die sich unter Berücksichtigung der typischen Verkehrslage genauso gut auch dort hätte verwirklichen können.

Ein verkehrsfremder Inneneingriff muss also begrifflich zwangsläufig schon *im* Straßenverkehr (zumindest i.S.v. § 22 StGB) beginnen, damit eine Gefährdung im Außenbereich eine taugliche sein kann.

---

ein (keine fehlerhafte, sondern zweckfremde Verkehrsteilnahme), auch wenn sein (konkreter) Angriff letztlich nach außen gerichtet sein mag (Beispiel: Hetz- bzw. Verfolgungsjagd im und aus dem Straßenverkehr heraus).

833 BGH VRS 61 (1981), 122 (123).

834 Aber eben nur durch noch verkehrsgemäßes oder verkehrswidriges, nicht aber durch verkehrsfremdes Verhalten i.S.v. § 315b StGB.

835 *König*, DAR 2004, 656 (656): Der Täter begehe ein (versuchtes) Tötungs- und/oder Körperverletzungsdelikt, aber keine Verkehrsstraftat, wenn sich der gesamte regelwidrige Vorgang im nichtöffentlichen Raum abspiele.

836 Genauer unter D.VIII.

(2) *Eingriffsverhalten im Straßenverkehr und externe konkrete Gefahr*

So hat die Rechtsprechung später klargestellt, dass es für die Fälle des verkehrsfremden Inneneingriffs – im Gleichlauf mit § 315c StGB – genügt, dass die *Tathandlung* ganz oder teilweise im öffentlichen Verkehrsraum stattfindet und dadurch die Sicherheit des öffentlichen Straßenverkehrs abstrakt gefährdet wird:[837]

(a) Einschränkung durch BGH 4 StR 160/04

Für die Tauglichkeit eines außerhalb des Straßenverkehrs konkret gefährdeten Objekts macht die Rechtsprechung aber folgende Einschränkung:[838]

> „[D]ie Anwendbarkeit der Strafvorschrift des § 315b StGB [wird] nicht schon dadurch ausgeschlossen, dass die **konkrete** Gefahr oder gar der Schaden erst **außerhalb** des öffentlichen Verkehrsraums eintreten. So hätte der *Senat* keine Bedenken, einen tatbestandsmäßigen gefährlichen Eingriff in den Straßenverkehr nach § 315b StGB auch dann zu bejahen, wenn der Täter mit seinem Pkw das Opfer **bereits auf der Straße** verfolgt, er es aber erst außerhalb des öffentlichen Verkehrsraums erfasst.
> Befindet sich wie hier das Opfer dagegen von **vorneherein** – d.h. in dem Zeitpunkt, in dem sich der Täter zur Tatbegehung **entschließt** und sein Fahrzeug zweckwidrig als Waffe oder Schadenswerkzeug **einsetzt** („pervertiert") – **außerhalb** des öffentlichen Verkehrsraums, fehlt es an einer Beeinträchtigung der Sicherheit des Straßenverkehrs und damit an einer tatbestandlichen Voraussetzung für die Anwendbarkeit des § 315b StGB..."

Der Täter muss danach bereits im öffentlichen Verkehrsraum, entsprechend seines Tatentschlusses, damit beginnen, das *dort befindliche* (!) Opfer zu verfolgen, um von einer erforderlichen abstrakten Sicherheitsbeeinträchtigung sprechen zu können.

Auf dieser Grundlage hatte der BGH eine Strafbarkeit nach § 315b StGB verneint, weil das Opfer sich im maßgeblichen Zeitpunkt auf einer Rasenfläche (Grünstreifen) befand, den die Rechtsprechung nicht dem öffentlichen Straßenverkehr zuordnete. Der unmittelbare Zusammenhang der Tathandlung mit dem Straßenverkehr (Fahrt über die Straße und den angrenzenden Gehweg als öffentlicher Verkehrsraum) führe nicht zu einem anderen Ergebnis und kriminalpolitische Überlegungen hätten dabei außer Betracht zu bleiben.[839]

Eine Strafbarkeit nach § 315b StGB schied hier mangels Beeinträchtigung der Sicherheit des Straßenverkehrs also deshalb aus, weil das Opfer – zufällig aus Bequemlichkeit – eine Abkürzung über die Rasenfläche zwischen einem Polizeiparkplatz und einem Polizeigebäude genommen hatte und der Täter erst in diesem Zeitpunkt mit aufheulendem Motor beschleunigend auf diesen Grünstreifen zufuhr,

837 BGH NStZ 2004, 625; BGH NStZ-RR 2012, 185 = NZV 2012, 394; BeckOK-*Kudlich*, § 315b Rn. 23; S/S-*Sternberg-Lieben/Hecker*, § 315b Rn. 2; im Grundsatz auch LK-*König*, § 315b Rn. 61.

838 BGH 4 StR 160/04 = BGH NStZ 2004, 625 – Hervorhebungen durch den Verfasser.

839 BGH NStZ 2004, 625.

das Opfer erfasste und verletzte. Das heißt, umgekehrt wäre mit der genannten Einschränkung eine Strafbarkeit zu bejahen gewesen, wenn der Täter – zufällig – seinen Eingriff bereits gestartet hätte, als sich das Opfer noch auf dem angrenzenden Parkplatz befand.

(b) Bestätigung durch BGH 4 StR 401/11

Diese Rechtsprechung aus 2004 wurde 2011 noch einmal sprachlich konkretisiert. Voraussetzung für die Anwendbarkeit des § 315b StGB sei nicht nur, dass die Tathandlung vom öffentlichen Verkehrsraum ausgehe, sondern darüber hinaus, dass sich „das Opfer in dem *Zeitpunkt*, in dem der Täter zur Verwirklichung des Tatbestandes der Straßenverkehrsgefährdung durch zweckwidrigen Einsatz des Fahrzeugs als Waffe oder Schadenswerkzeug *unmittelbar ansetze*, noch im öffentlichen Raum befinde, die abstrakte Gefahr also noch im öffentlichen Verkehrsraum entstehe."[840] Der Entscheidung[841] lag folgender Sachverhalt zugrunde:

> „Nach den Feststellungen befindet sich das Bürogebäude der geschädigten Firma K im Erdgeschoss eines mehrstöckigen Gebäudes mit einem der Straßenseite abgewandten Eingang, der aus einer zweiflügeligen Glastür mit einer vorgebauten Betonstufe besteht. Zum Tatzeitpunkt hatte der Angeklagte das Mietfahrzeug, das er bei der Firma K zurückgeben wollte, auf dem durch eine unverschlossene Zufahrt erreichbaren gepflasterten Hof vor dem Eingangsbereich des Büros abgestellt. Als er beschloss, sich für die ihm seitens der Beschäftigten der Firma widerfahrene, als ungerecht empfundene Behandlung zu rächen und das Bürogebäude mit dem als Rammbock eingesetzten Fahrzeug zu zerstören, befanden sich die beiden später verletzten Angestellten der Autovermietung, die Zeugin Ko. und der Zeuge S., außen „unmittelbar vor der Glastür", mithin auf der Betonstufe vor der Tür."

Der Bundesgerichtshof sah auf Grundlage dieses Sachverhalts eine Beeinträchtigung der Sicherheit des öffentlichen Straßenverkehrs nicht als belegt an. Denn zwar befand sich der Angeklagte „zum Zeitpunkt des unmittelbaren Ansetzens zur Tatbestandsverwirklichung im öffentlichen Verkehrsraum, nämlich auf einem für einen unbestimmten Personenkreis allgemein zugänglichen Kunden- und Besucherparkplatz eines mehrstöckigen Gebäudes..., nicht aber die Geschädigten, die auf der unmittelbar zum Eingangsbereich des Büros der Firma K. gehörenden Treppenstufe standen. Schon wegen des Höhenunterschiedes zu dem vorgelagerten Parkplatz rechnete diese Stufe, die den Zugang zu den Büroräumen der Firma K. ermöglichte und an der nach den Urteilsfeststellungen der erste Zufahrtversuch des Angeklagten scheiterte, nicht mehr zum öffentlichen Verkehrsraum."[842] Eine Strafbarkeit scheiterte also an einer Treppenstufe.

---

840 BGH NStZ-RR 2012, 185 = NZV 2012, 394 (Hervorhebung durch den Verfasser). Zustimmend S/S/W-*Ernemann*, § 315b Rn. 9.

841 BGH NStZ-RR 2012, 185 = NZV 2012, 394.

842 BGH NStZ-RR 2012, 185 = NZV 2012, 394.

(3) *Kritische Betrachtung*

Nach der Rechtsprechung ist bereits die *Schaffung* einer Verkehrsgefahr im Sinne einer abstrakten Gefährdung der Sicherheit des Straßenverkehrs objektsgebunden, zumindest beim verkehrsfremden Inneneingriff durch Zufahren auf Personen. Der Aufenthaltsort des anvisierten Gefährdungsobjekts entscheidet darüber, ob mit der Tathandlung (dem Eingriff) eine abstrakte Verkehrsgefahr begründet werden kann. Wird das anvisierte Gefährdungsobjekt erst außerhalb des Verkehrs konkret gefährdet, so muss sich nach Ansicht des BGH das Gefährdungsobjekt zumindest zeitweise im öffentlichen Straßenverkehr befinden/befunden haben, damit es die nur dann im öffentlichen Straßenverkehr geschaffene abstrakte Verkehrsgefahr quasi aus dem Verkehrsraum „herausziehen" und sich diese außerhalb zu einer konkreten Gefährdungslage verdichten kann.

(a) Zum Verständnis der abstrakten Verkehrsgefahr und zur Rolle des Gefährdungsobjekts

Der Einschränkung des BGH, die auf einen „Zugeffekt" eines Gefährdungsobjekts hinausläuft, ist mit dem hier dargestellten Verständnis einer Verkehrsgefahr zu widersprechen.

Im Zusammenhang mit der Gefährdung von Objekten durch *gezielten* Eingriff wurden bereits die möglichen Verkehrsgefahren in Form der kanalisierten Gefahr und der Gefahr mit unbestimmter Ausstrahlungswirkung dargestellt. Entscheidend für die *Schaffung* einer solchen Verkehrsgefahr ist aber die Beschaffenheit allein der Tathandlung![843] Der schon im öffentlichen Straßenverkehr vorzunehmende gezielte Eingriff muss so beschaffen sein, dass eine Gefährdung anderer als des anvisierten Objekts unter Berücksichtigung der typischen Verkehrssituation *erfahrungsgemäß* nicht auszuschließen ist, d. h. auch andere dritte Rechtskreise, die auf die Sicherheit im und vor dem Verkehr vertrauen, durch das verkehrsfremde Verhalten berührt werden könnten. Eine konkrete Betroffenheit bestimmter Objekte ist insoweit noch nicht erforderlich.[844] Die Verkehrsgefahr wird danach im Straßenverkehr bereits durch ein verkehrsfremdes Verhalten begründet, d. h. durch die Zweckentfremdung des Tatfahrzeugs mit verkehrsfeindlicher Absicht und zumindest bedingtem Schädigungsvorsatz. Denn durch die zweckentfremdete Nutzung eines Fahrzeugs und des Verkehrsraums gewinnt der Täter Bewegungsenergie, die kaum kontrollierbar zu verkehrsfremden Zwecken auf ein Gefährdungsobjekt gerichtet wird (pervertierter Verkehrsvorgang).[845] Dabei werden die nach § 1 StVO aufgestellten Verkehrsinteressen und die geforderte gegenseitige Rücksichtnahme missachtet und das Vertrauen

843 In § 315b Abs. 1 StGB heißt es: „Wer die Sicherheit des Straßenverkehrs dadurch beeinträchtigt, dass" … [Tathandlung].

844 D.II.1 und D.IV.3 und 4.

845 Vgl. in diese Richtung MK[1]-*Barnickel*, § 315b Rn. 12, der dem aufgezeigten (früheren) engen Verständnis, dass der gesamte regelwidrige Vorgang innerhalb des Straßenverkehrs stattfinden müsse, widerspricht. Die *Sicherheit des Straßenver-*

der Allgemeinheit auf die Sicherheit im und vor dem Verkehr enttäuscht. Denn der Täter kann mit seiner fokussierten Tathandlung, mangels Kontrollierbarkeit kaum ausschließen, dass andere, aus seinem Blickfeld ausgeblendete Gefährdungsobjekte, nicht ebenso gefährdet werden könnten (Tunnelblick).[846]

Entgegen dem BGH ist die Entstehung einer abstrakten Verkehrsgefahr gerade nicht abhängig vom Aufenthaltsort des späteren Gefährdungsobjekts. Liegen die Eingriffsvoraussetzungen vor, so wird auch eine abstrakte Verkehrsgefahr geschaffen.

Genau genommen spricht der BGH dem konkret gefährdeten Objekt lediglich seine Tauglichkeit ab, eine solche bestehende Verkehrsgefahr bestätigen zu können, wenn es sich nicht zuvor im Straßenverkehr befunden hat. Es ist aber nicht das Gefährdungsobjekt, das die Verkehrsgefahr mit aus dem Verkehrsraum „ziehen" muss, sondern es ist der Täter, der die Auswirkungen seiner Eingriffshandlung mit aus dem Verkehrsraum heraustransportiert, indem er diesen durchbricht (Ausstrahlungswirkung). Dabei kommt es nicht auf die konkrete Verkehrslage an, sondern auf den erfahrungsgemäß typischerweise gestalteten Verkehrsraum.

Ebenso wie eine abstrakte Verkehrsgefahr bei §§ 316, 315c StGB bereits gegeben ist, wenn der Täter eine dort als per se unfallträchtig eingestufte Tathandlung vornimmt, so schafft der Täter auch eine abstrakte Verkehrsgefahr, wenn er eine Eingriffshandlung in einem tatsächlich „leeren", erfahrungsgemäß aber frequentierten öffentlichen Verkehrsraum vornimmt. Die abstrakt zu schaffende Verkehrsgefahr ist damit nicht an ein sich bereits *im* Straßenverkehr befindliches Objekt geknüpft. Schon mit der Tatsache, dass von einer abstrakten Gefährdung der Sicherheit des Straßenverkehrs die Rede ist, erstreckt sich diese doch auf alle *potentiellen* Gefährdungsobjekte, auf die sich die Eingriffshandlung erfahrungsgemäß auswirken *könnte* und nicht nur solche, tatsächlich anwesende Objekte, hinsichtlich derer sich diese abstrakte Gefahr nach dem Tätervorsatz zu einer konkreten Gefährdung verdichten *soll.*

Dementsprechend führt *Geppert* in seiner Anmerkung zur obigen Entscheidung zutreffend an, dass zu bewerten gewesen sei, ob das In-Gang-Setzen eines Fahrzeugs durch den Angeklagten auf dem Hofparkplatz und somit *im* öffentlichen Verkehrsbereich, in der Absicht, das sich außerhalb des Verkehrsraumes befindliche Bürogebäude zu beschädigen, nicht schon die Voraussetzungen einer abstrakten Gefährdung der Sicherheit des Straßenverkehrs als Grundvoraussetzung eines ähnlichen, ebenso gefährlichen Eingriffs erfüllt. Dazu führe der BGH aber nichts aus, sondern scheine diese Frage wie selbstverständlich verneint zu haben.[847] Doch hätte dargelegt werden müssen, weshalb in einem rammbockartigen Zufahren auf ein Gebäude nicht doch schon jene verkehrsspezifische Gefahr zum Ausdruck komme,

kehrs sei sogar in ihrem Kernbereich betroffen, wenn ein Fahrzeug die räumlichen Grenzen seines Verkehrsraums durchbreche.

846 Zur ausführlichen Begründung oben D.IV.3.

847 *Geppert*, DAR 2012, 372 (374 f.).

wie sie § 315b Abs. 1 Nr. 3 StGB verlange.[848] So sei nach einer durch die Fahrt im öffentlichen Verkehrsbereich verursachte oder jedenfalls gesteigerte Verkehrsgefahr zu fragen. Eine verkehrsspezifische Gefahr sei vor allem eine solche, die auf die Wirkungsweise der für Verkehrsvorgänge *typischen Fortbewegungskräfte* zurückzuführen ist, wie dies vor allem durch Ausnutzung der *Eigendynamik* des vom Täter selbst benutzten Fahrzeugs, aber auch durch die Kraft und Wucht eines von einem anderen Verkehrsteilnehmer genutzten Fahrzeugs oder durch das Zusammenwirken beider Kräfte erfolgen kann. Letztlich habe es im zugrundeliegenden Fall beim alleinigen Zufahren auf die Treppenstufen aber an einer solchen *gesteigerten* verkehrsspezifischen Gefahr gefehlt; aus einem schlichten Zufahren auf Treppenstufen sei diese nicht abzuleiten.[849]

Ebenso hätte man nach *Geppert* auch in der Entscheidung von 2004 danach fragen müssen, ob eine derartige verkehrsspezifische Gefahr gegeben ist, wenn der Täter mit aufheulendem Motor beschleunigt und dabei den Zweck verfolgt, eine sich in diesem Zeitpunkt außerhalb des öffentlichen Straßenverkehrs befindliche Person zu schädigen. Warum es auch dort aber an einer Verkehrsgefahr fehlte, legt *Geppert* aber nicht näher dar.

Dass aber durch beschleunigtes Zufahren auf ein Objekt eine kanalisierte Verkehrsgefahr geschaffen werden kann, wurde eingangs sowie unter dem Aspekt des gezielten Eingriffs[850] bereits dargestellt: Sobald der Täter i.S.v. § 22 StGB unmittelbar zu seiner Eingriffshandlung ansetzt und diese im Straßenverkehr zumindest teilweise vollzieht, ist eine abstrakte Verkehrsgefahr gegeben. Mit der Fokussierung auf ein Objekt – egal wo sich dieses befindet – ist das Verhalten i.d.R.[851] *abstrakt* – d.h. unabhängig von der konkreten Verkehrslage – geeignet, dass andere – aus dem Blickwinkel des Täters – ausgeblendete, alternativ mögliche Gefährdungsobjekte, auf die sich das Vertrauen auf Sicherheit im und vor dem Straßenverkehr erstreckt, innerhalb des Risikobereiches einer verkehrsspezifischen Gefahr ausgesetzt werden. So liegt die Annahme einer abstrakten Verkehrsgefahr unter den obigen Voraussetzungen grundsätzlich nahe. Es ist anhand festzustellender Tatsachen zu begründen, warum es im Einzelfall bei gezieltem Zufahren auf ein Objekt an einer abstrakten Verkehrsgefahr fehlt, es sich also lediglich um eine nicht verkehrsspezifische Individualgefahr handelt. An derartigen Feststellungen etwa zur typischen Gestaltung des Verkehrsraums, dem Fahrverhalten des Täters, der Nähe zum angrenzenden Außenbereich fehlt es: Das genannte laute Beschleunigen allein lässt eine differenzierte Betrachtung und Einordnung als Verkehrs- oder Individualgefahr nicht zu.

---

848 *Geppert*, DAR 2012, 372 (375).

849 *Geppert*, DAR 2012, 372 (374 f.). Das heißt, selbst wenn es zu einer konkreten Gefährdung gekommen ist, so sei diese jedenfalls nicht auf eine abstrakte Verkehrsgefahr zurückzuführen.

850 Oben D.IV.3.

851 Zur Einschränkung der abstrakten Eignung bei etwa typischerweise fehlendem Querverkehr oben D.IV.3.

(b) Zu berücksichtigende Zufallsmomente

Gegen die Überlegungen des BGH spricht auch der über die Schaffung einer Verkehrsgefahr bestimmende mit dem Opfer- und Täterverhalten bedingte Zufall. In beiden Entscheidungen (BGH NStZ 2004, 625 und BGH NZV 2012, 394) hinge es vom Zufall ab, welche Wegstrecke das Opfer wählt bzw. welchen Fluchtweg es vor dem Angreifer einschlägt. Läuft das anvisierte Opfer, das sich zunächst nicht im Straßenverkehr befand, während der Verfolgung in diesen hinein und verlässt ihn wieder, so würde – folgt man dem BGH – in diesem Zeitpunkt die Anwendbarkeit des § 315b StGB begründet. Denn sobald das Opfer den Verkehrsraum „betritt", entstünde nach der Rechtsprechung die vorausgesetzte abstrakte Gefährdungslage, auch wenn diese dem unmittelbaren Ansetzen zur Tat nachfolgt. Instinktiv wird das Opfer es – zum Vorteil des Täters – aber meiden, sich in den Straßenverkehr zu begeben und unzugängliche Stellen bevorzugen. Um einer Strafbarkeit zu entgehen, müsste der Täter seinen Eingriff so ausrichten, dass er mit dem Pkw als Werkzeug ein sich außerhalb des öffentlichen Verkehrsbereichs befindliches Opfer schon dort erreicht und überrascht, damit sich dieses nicht in den Straßenverkehr „retten" und damit eine Verkehrsgefahr begründet kann.[852]

Setzt man die Rechtsprechung also konsequent fort, so müsste gelten, dass sich das Opfer im Zeitpunkt des unmittelbaren Ansetzens noch im Straßenverkehr befinden muss *oder* bei andauernder Eingriffshandlung den Straßenverkehr im Zeitraum zwischen unmittelbarem Ansetzen und Eintritt eines konkreten Gefährdungserfolgs einmal „betreten" haben muss, damit die notwendige abstrakte Sicherheitsbeeinträchtigung (Verkehrsgefahr) begründet wird.

Hinzu kommt Folgendes: Richtigerweise verlangt die Rechtsprechung nicht, dass neben der abstrakten Gefährdung der Sicherheit des Straßenverkehrs auch

---

852 Betrachtet man die Strafrahmen liegt zwischen dem Einsatz eines Pkw als gefährliches Werkzeug nach § 224 Abs. 1 Nr. 2 StGB (bis 10 Jahre) und einem gefährlichen Eingriff nach §§ 315b Abs. 1 Nr. 3, Abs. 3, 315 Abs. 3 Nr. 1 StGB (ebenfalls bis zu 10 Jahre) kein Unterschied. Der Unterschied liegt aber darin, dass § 224 StGB ein Verletzungserfolgsdelikt ist, § 315b StGB dagegen ein Gefährdungserfolgsdelikt, sodass im Vergleich aufgrund der Vorverlagerung der Strafbarkeit der Strafrahmen des § 315b StGB schon die Gefährdung unter schärfere Strafe stellt. § 315b StGB kann auch dann greifen, wenn ein Verletzungserfolg ausbleibt.
Gelangt man zu dem Ergebnis, dass § 315b StGB in den hier problematisierten Fällen anwendbar ist, so wirkt sich dies aufgrund fehlender Gesetzeskonkurrenz (unterschiedlicher Rechtsgüterschutz) spürbar auf die verwirkte Strafe aus (klarstellende Idealkonkurrenz, § 52).
Ist der Täter auf die Tötung der Person aus und gelingt ihm dies, so macht es keinen bedeutenden Unterschied, ob zu einem eventuellen Heimtückemord oder Mord mit gemeingefährlichem Mittel mit lebenslanger Freiheitsstrafe noch ein Straßenverkehrsdelikt verwirklicht wird. Kommt es aber nicht zu einer derartigen Verurteilung mit dem Höchstmaß der Freiheitsstrafe, so hängt das Strafmaß doch messbar von der Anwendbarkeit der Straßenverkehrsdelikte ab.

die konkrete Gefährdung eines tauglichen Gefährdungsobjekts in den Grenzen des öffentlichen Straßenverkehrs eintreten muss. Denn es ist widersinnig, wenn dieses zufällige Moment über die Anwendbarkeit des § 315b StGB entscheidet. Die Anwendbarkeit des § 315b StGB hinge dann davon ab, ob sich die abstrakte Gefahr für das anvisierte Gefährdungsobjekt noch im öffentlichen Straßenverkehr oder erst knapp hinter dessen Grenze konkretisiert.[853] Doch besteht das identische Zufallsmoment auch dann, wenn man zwar den Eintritt einer konkreten Gefährdung außerhalb des öffentlichen Straßenverkehrs zulässt, aber mit der neuen Rechtsprechung voraussetzt, dass sich das Opfer im Zeitpunkt des unmittelbaren Ansetzens zur Eingriffshandlung noch in demselben bewegt. Das Zufallsmoment wird hierdurch nur zeitlich vorverlagert. In Bezug auf das Unmittelbarkeits- bzw. Gefährdungskriterium des unmittelbaren Ansetzens i.S.v. § 22 StGB lässt sich ein solches nämlich kaum absolut bestimmen: Wie viele Meter darf ein Täter von einem anvisierten Opfer noch entfernt sein (räumliche Dimension) oder wie schnell muss der Täter auf dieses zufahren (zeitliche Dimension und Gefährdungsaspekt), damit ein unmittelbares Ansetzen zur Eingriffshandlung mit zumindest abstrakter Gefährdung des Straßenverkehrs bejaht werden kann? – Diese Fragen bergen eine Zufälligkeit in sich, die entsteht, wenn man den Aufenthaltsort des (mobilen) Gefährdungsobjekts an den öffentlichen Straßenverkehr bindet.[854] Neben das zufällige Opferverhalten[855] tritt das auf Seiten des Täters bestehende Zufälligkeitsmoment, das an sein unmittelbares Ansetzen zum Versuch i.S.v. § 22 StGB geknüpft ist.

Als letzte Kontrolle dient folgende Überlegung zu einer Vorsatz-Fahrlässigkeits-Kombination: Geht es dem Täter darum, ein außerhalb des Straßenverkehrs befindliches Objekt zu schädigen und setzt er dazu im Straßenverkehr zu einem verkehrsfremden Inneneingriff an, so scheitert eine Strafbarkeit nach § 315b Abs. 1 Nr. 3 StGB mit der Auffassung des BGH an der fehlenden zu schaffenden Verkehrsgefahr, weil das anvisierte Objekt sich nicht im Verkehrsraum befindet. Wenn nun aber auf dem Weg zum anvisierten Opfer ein Dritter unvorhergesehen den Weg im Straßenverkehr kreuzt und konkret gefährdet wird (Beiseitespringen in letztem Moment), so läge in diesem Fall doch eine Strafbarkeit nach § 315b Abs. 1 Nr. 3, Abs. 4 StGB vor. Eine gegenüber diesem zufällig dazwischentretenden Dritten begründete

853 In diese Richtung auch LK-*König*, § 315b Rn. 61.

854 Zudem wäre zu hinterfragen, ob das unmittelbare Ansetzen mit seiner Unmittelbarkeitskomponente dem für eine konkrete Gefahr erforderlichen Beinaheunfall vorverlagert ist oder beides ineinander aufgeht. Letzteres wird nicht zwingend sein, da das unmittelbare Ansetzen zum Versuch nach § 22 StGB auf der Tätervorstellung beruht und die Unmittelbarkeit der Gefährdung nach der Maßgabe dieser Vorstellung zu bestimmen ist. Eine konkrete Gefahr (Beinaheunfall) für das Gefährdungsobjekt wird dagegen rein objektiv bestimmt. Sie kann abweichend von der Tätervorstellung, je nach Gelingen der Tatplanumsetzung, also tatsächlich erst später oder zufällig schon früher gegeben sein.

855 Zur aufgeführten Kritik auch *Hörtz*, S. 13–15.

abstrakte Verkehrsgefahr würde dann auch gegenüber dem außenstehenden anvisierten Objekt wirken, sodass mit dessen konkreter Gefährdung eine zusätzliche Strafbarkeit nach § 315b Abs. 1 Nr. 3 StGB gegeben sein könnte? – Mit der hier vertretenen Auffassung kommt es für eine Strafbarkeit in letzterem Fall nicht auf diesen beschriebenen Zufall an. Denn abgestellt wird allein auf die Tathandlung mit ihren möglichen abstrakten Auswirkungen, die nach dem typischerweise gestalteten Verkehrsraum und gerade nicht nach der konkreten Verkehrssituation zu bestimmen sind. Durch das Eingriffsverhalten wird eine abstrakte Verkehrsgefahr geschaffen, weil es zu dem genannten Zwischenfall kommen *könnte* und nicht weil es tatsächlich zu einem solchen *kam*.

(c) Generelle Einbeziehung von Gefährdungsobjekten außerhalb des Straßenverkehrs

Die Rechtsprechung bewertet die Tatsituation bei gezieltem Zufahren allein nach der „Täter-Opfer"-Beziehung. Der für § 315b StGB maßgebliche Gesichtspunkt, eine durch die Eingriffshandlung bedingte Gefährdung für die unbeteiligte Allgemeinheit zu unterbinden, wird ausgeblendet. Mit der Rechtsprechung werden sich außerhalb des öffentlichen Straßenverkehrs bewegende oder dort befindliche (immobile) Gefährdungsobjekte per se ausgeschlossen. Damit wären das im obigen Fall eigentlich anvisierte Bürogebäude, der viel zitierte pflügende Bauer, aber auch der im Vorgarten arbeitende Anlieger sowie die auf einer Caféterrasse[856] oder in einem angrenzenden Biergarten sitzenden Besucher keine tauglichen Gefährdungsobjekte. Diese wären allein über die Verletzungsdelikte nach §§ 211, 212, 222, 223 ff. StGB geschützt.

Zu befürworten ist aber ein Gleichlauf mit § 315c StGB, der gerade auch diese Gefährdungsobjekte erfassen soll. Zwischen einem bloß fehlerhaften und sogar verkehrsfremden Verhalten ist nicht zu unterscheiden. Außenstehende Personen und Sachwerte sind in gleichem Maße vor Gefahren aus dem Straßenverkehr zu schützen.[857] Zwar bedarf es in den Fällen des § 315c StGB keiner kanalisierten Verkehrsgefahr durch gezieltes Anvisieren des Gefährdungsobjekts. Das Bedürfnis, den Außenbereich zu erfassen, ergibt sich jedoch aus dem Pflichtwidrigkeitszusammenhang zwischen der fehlerhaften Verkehrsteilnahme und dem eingetretenen Gefährdungserfolg, d.h. dem Erfordernis, dass der konkrete Gefährdungserfolg Ausdruck der mit dem Fehlverhalten verbundenen abstrakten Verkehrsgefahr ist.[858]

Noch einmal: Zwar konnte der Gesetzgeber für § 315c StGB zur Klarstellung das Merkmal „im Straßenverkehr" verwenden, um verkehrsexterne Personen und Sachwerte erfassen zu können. Eine solche Klarstellung war dem Gesetzgeber indes im Wortlaut des § 315b StGB nicht möglich, denn § 315b StGB ist naturgemäß für

856 Diese gehört wohl nicht zum öffentlichen Straßenverkehr, vgl. BGH NStZ 2006, 167.
857 Siehe noch einmal D.IV und D.VII.2.
858 Genauer hierzu sogleich die Einleitung unter D.VIII.

Außeneingriffe vorgesehen, fußt also im Regelfall auf einem Verhalten außerhalb des Straßenverkehrs. Mit der in § 315c StGB gewählten Formulierung hätte man gerade diese Außeneingriffe aus dem Anwendungsbereich des § 315b StGB gestrichen. Aus der semantischen Divergenz der beiden Vorschriften der §§ 315b und 315c StGB lässt sich aber eine abweichende Interpretation für die Inneneingriffe im Anwendungsbereich des § 315b StGB gegenüber der klassischen Straßenverkehrsgefährdung mit Außenwirkung nach § 315c StGB nicht ableiten.[859] Für klassische Außeneingriffe, aber auch verkehrsfremde Inneneingriffe ist der Außenbereich also in gleicher Weise geschützt, sofern die Tathandlung schon im öffentlichen Straßenverkehr ansetzt, der Eingriff von außen oder innen schon *dort* eine Verkehrsgefahr begründet.[860]

Richtigerweise nimmt die Rechtsprechung in Fall 5[861] eine Strafbarkeit nach § 315b Abs. 1 Nr. 3 StGB an, wenn die konkrete Gefährdung eines tauglichen Objekts erst außerhalb des Straßenverkehrs eintritt. Eine Strafbarkeit muss aber auch dann gegeben sein, wenn sich das anvisierte Gefährdungsobjekt wie in Fall 6 von vornherein außerhalb des Straßenverkehrs befindet, das Täterverhalten aber Eingriffsqualität in der Form hat, dass es nicht nur eine reine Individualgefahr, sondern eine abstrakte Verkehrsgefahr (auch) für Dritte begründet.[862] Maßgeblich ist nicht der Aufenthaltsort des später gefährdeten Objekts, sondern allein die Qualität des Eingriffsverhaltens. Die Voraussetzung der Schaffung einer abstrakten Verkehrsgefahr ist zu trennen von der Frage, ob ein taugliches Objekt durch seine konkrete Gefährdung in verkehrsspezifischer Weise betroffen ist. Die Fälle 7 und 8 sind dagegen als klassische Außeneingriffe (ggf. über die mittelbare Täterschaft) zu lösen.

---

859 Zur ähnlichen Argumentation siehe LK-*König*, § 315b Rn. 61; vgl. auch *Dencker*, FS-Nehm, S. 373 (379) und *Obermann*, S. 185.

860 Vgl. *König*, DAR 2004, 656 (657). Ebenso *Geppert*, DAR 2012, 372 (374 f.). *König*, a. a. O., führt aus, dass es in den Fällen, in denen das Opfer wegen durch den Täter blockierter Steuerungsanlage oder durch einen Steinwurf von der Fahrbahn abkomme, nicht darauf ankomme, ob sich der neben der Fahrbahn arbeitende und durch das Fahrzeug erfasste Straßenbauarbeiter gerade noch im (öffentlichen) Straßenraum oder im (nichtöffentlichen) Straßengraben befinde oder ob der Baum, auf den das Opfer aufprallt auf einer nichtöffentlichen Wiese neben der Straße stehe. So sei auch beim Inneneingriff nicht erforderlich, dass der Gefahrerfolg im öffentlichen Verkehrsraum eintreten müsse.
König will also beim klassischen Außeneingriff neben dem Fahrer des Fahrzeugs auch Gefährdungsobjekte außerhalb des Straßenverkehrs erfassen, die durch das Fahrverhalten des unmittelbaren Opfers zusätzlich gefährdet werden und auch den Fall, dass eine konkrete Gefährdung erst außerhalb des Straßenverkehrs eintritt. Parallel hält er es für den Inneneingriff für unerheblich, ob der konkrete Gefahrerfolg innerhalb oder außerhalb des öffentlichen Verkehrsraums eintritt.

861 Oben D.VII.3.a.

862 Siehe oben D.IV.

d. *Grenzfall als weitere Diskussionsgrundlage*

Um das Verhältnis von §§ 315b und 315c StGB und deren hier zu bestimmenden Schutzbereich zu verbildlichen, soll zunächst über folgenden Grenzfall nachgedacht werden: Kommt man hier mit der aktuellen Rechtsprechung zu einem sachgerechten Ergebnis?

> Das Gartenlokal des Gastwirts A liegt an einer Anhöhe einer Landstraße unmittelbar an einer unübersichtlichen Linkskurve. Die Außenterrasse ist der Straßenseite zugewandt und nur unweit von der Straße gelegen. Die Geschwindigkeit im Kurvenbereich ist auf 60 km/h beschränkt. B hat dieses Lokal für seine Amokfahrt ausgewählt. Mit überhöhter Geschwindigkeit rast B mit seinem Pkw, den er als Rammbock einsetzen will, auf die Kurve zu mit dem Ziel, geradeaus aus dem öffentlichen Straßenverkehr auszubrechen und auf die Außenterrasse zu gelangen. Dort will er Personen und/oder Sachwerte schädigen. Als er seinen Plan entsprechend ausführt, ist die Außenterrasse mit zahlreichen Besuchern besetzt. B beschleunigt auf 120 km/h, fährt auf die Kurve zu und bricht aus dem öffentlichen Straßenverkehr aus. Sein Fahrzeug verliert den Bodenkontakt und „fliegt" geradewegs auf die Außenterrasse des Gartenlokals zu, wo es landet und schließlich an der Außenwand des Lokals zum Stehen kommt. Dabei wird nicht nur das Fahrzeug erheblich beschädigt, sondern auch Gäste verletzt, Inventar zerstört und die Fassade des Lokals beschädigt. B überlebt seine Attacke. Hat B sich nun wegen eines Straßenverkehrsdelikts nach den §§ 315b oder 315c StGB strafbar gemacht?[863]

(1) Straßenverkehrsgefährdung nach § 315c Abs. 1 Nr. 2d StGB

In Betracht kommt eine Strafbarkeit nach § 315c Abs. 1 Nr. 2d StGB. B ist an einer unübersichtlichen Stelle (Linkskurve) zu schnell gefahren. Diesem regelwidrigen Verhalten ist eine abstrakte Gefährdung der Sicherheit des Straßenverkehrs immanent. Auch ein konkreter Gefährdungserfolg an der körperlichen Unversehrtheit von Personen und bedeutenden Sachwerten (Inventar und Fassade) ist eingetreten, der sich sogar weiter zu einem Schädigungserfolg verdichtet hat. Dennoch liegt der Tatbestand des § 315c Abs. 1 Nr. 2d StGB nicht vor. Dabei scheitert die Tatbestandsmäßigkeit des Handelns nicht etwa daran, dass der Gefährdungserfolg außerhalb des Straßenverkehrs eingetreten ist, denn diese Fallkonstellation ist nach der gesetzlichen Klarstellung unstreitig erfasst.

Der objektive Tatbestand ist hier deshalb nicht erfüllt, weil der notwendige Pflichtwidrigkeitszusammenhang nicht besteht. Dieser bestünde nur dann, wenn B dem Straßenverlauf gefolgt wäre und sich deshalb die seinem Verhalten immanente abstrakte Beeinträchtigung der Sicherheit des öffentlichen Straßenverkehrs (zu schnelles Fahren an einer unübersichtlichen Stelle) zu einer konkreten Gefahren-

863 Auf einen möglicherweise versuchten Mord (in mehreren Fällen) mit dem Fahrzeug als gemeingefährliches Mittel und eine heimtückische Begehung wird hier nicht eingegangen.

situation verdichtet hätte. Die hier herbeigeführte konkrete Gefahr steht aber nicht im inneren Zusammenhang mit den Risiken, die von der unübersichtlichen Stelle typischerweise ausgehen. Dass der Gefahrerfolg nur gelegentlich des zu schnellen Fahrens eintritt, genügt insoweit für die Anwendbarkeit des § 315c Abs. 1 Nr. 2d StGB nicht. Der nach dem Gesetz strafwürdige und strafbedürftige Bereich ist nur dann erreicht, wenn der Täter die spezifischen Risiken der Gefahrenstelle missachtet oder sich gerade diese in der Gefährdung fremder Rechtsgutsobjekte realisieren. Daran fehlt es, wenn die besondere Gefahrenlage nicht zum Eintritt der konkreten Gefahr beigetragen hat.[864] Wenn die unübersichtliche Gefahrenstelle hinweggedacht werden kann, ohne dass hierdurch der Gefahrerfolg entfiele[865], so fehlt der Pflichtwidrigkeitszusammenhang.

In den Fällen des gezielten Zufahrens auf Gefährdungsobjekte an unübersichtlichen Stellen – so hier – fehlt es folglich an dieser inneren Verknüpfung zwischen Tathandlung und Gefährdungserfolg.[866] Das Lokal hätte genauso gut neben einer gerade verlaufenden Straße liegen können, sodass B seitlich aus dem öffentlichen Straßenverkehr hätte ausbrechen müssen. Dass sich das Lokal hier in der Nähe einer unübersichtlichen Stelle befindet, ist für das konkrete Tatgeschehen unerheblich, wenngleich die Lage die Eingriffsbedingungen begünstigt.

(2) Gefährlicher verkehrsfremder Inneneingriff in den Straßenverkehr

Die vorliegende Fallkonstellation kann also nur unter § 315b StGB fallen.[867] Dies lässt sich bejahen, wenn der Täter nicht nur verkehrswidrig gefahren ist, sondern das Fahrzeug vielmehr, ohne durch die Verkehrslage oder durch vernünftige Erwägungen dazu veranlasst zu sein, auf eine Person als Gefährdungsobjekt zufuhr, um dieses möglicherweise anzufahren und körperlich zu verletzen, auf jeden Fall aber zu erschrecken.[868]

Bejaht man hier in dem Beschleunigungsvorgang zum Ausbrechen aus dem öffentlichen Straßenverkehr eine grobe Einwirkung von einigem Gewicht und damit einen Pervertierungsvorgang, der getragen ist von einer absichtlichen Zweckentfremdung des Fahrzeugs und einem bedingten Schädigungsvorsatz zur Gefährdung eines tauglichen Objekts, so muss begründet werden, dass hierdurch die Sicherheit des Straßenverkehrs abstrakt gefährdet wird.

Dadurch, dass sich hier sämtliche sodann konkret gefährdeten (sogar geschädigten) Gefährdungsobjekte im Zeitpunkt, in dem B zu einer Eingriffshandlung unmittelbar ansetzt, aber *außerhalb* des Straßenverkehrs befinden, würde die Rechtsprechung eine notwendige abstrakte Verkehrsgefahr verneinen. Denn für

864 Vgl. LK-*König*, § 315c Rn. 113.

865 Vgl. LK-*König*, § 315c Rn. 113 m.w.N.

866 So LK-*König*, § 315c Rn. 113, 171 a.E.

867 BGH VRS 48 (1975), 28 zum zielgerichteten Zufahren (absichtliches Beschleunigen auf einen Fußgänger an einer Straßeneinmündung).

868 BGH VRS 48 (1975), 28 m.w.N.

die Rechtsprechung ist der Aufenthaltsort des Gefährdungsobjekts im maßgeblichen Zeitpunkt des Versuchsbeginns für eine Strafbarkeit nach § 315b Abs. 1 Nr. 3 StGB konstitutiv. Weder die Besucher des Lokals, die auf der Außenterrasse sitzen, noch Inventar von bedeutendem Wert, geschweige denn die Immobilie wären in den Anwendungsbereich des § 315b Abs. 1 Nr. 3 StGB einbezogen.

Anders, wenn wie hier vertreten die Qualität der Eingriffshandlung entscheidet.[869] Diese muss nach dem hier vertretenen Verständnis im Zeitpunkt der Schaffung einer abstrakten Verkehrsgefahr nicht mit einem (konkreten) Gefährdungsobjekt verknüpft sein. Gerade durch die unübersichtliche Stelle ist es hier abstrakt gesehen nicht ausgeschlossen, dass auch andere als die anvisierten Gefährdungsobjekte (noch im Straßenverkehr, z. B. ein die Straße zum Lokal überquerender Fußgänger oder ein die Kurve schneidender Pkw-Fahrer) verkehrsspezifisch betroffen werden könnten.[870] Eine Verkehrsgefahr läge damit vor.

(3) Kritischer Vergleich zu § 315c Abs. 2 Nr. 2d StGB und dem klassischen Außeneingriff

Im Vergleich mit anderen Fallkonstellationen ist deshalb zu hinterfragen, ob die aktuelle Rechtsprechung nicht einen zu engen Maßstab für die Einbeziehung des Außenbereiches anlegt. Besteht im Hinblick auf ein Strafbedürfnis ein Unterschied, ob der Täter zu schnell in eine Kurve fährt und deswegen aus dieser herausgetragen wird (Fall des § 315c Abs. 1 Nr. 2d StGB) oder ob der Täter bewusst durch Zweckentfremdung des Fahrzeugs aus dem Straßenverkehr ausscheren will? – In beiden Fällen wird im Straßenverkehr durch zu schnelles Fahren eine Bewegungsenergie aufgebaut, die für die Sicherheit des Straßenverkehrs nachteilige Auswirkungen haben kann.

Während in den Fällen des § 315c Abs. 1 Nr. 2d StGB Gefährdungsobjekte im Außenbereich generell einbezogen sind, genießen diese im Rahmen von § 315b StGB über den verkehrsfremden Inneneingriff nach der Rechtsprechung nur dann Schutz, wenn sie sich zu Beginn dieses Versuchs im öffentlichen Straßenverkehrs aufgehalten haben (ergänze: oder sich im Laufe der Tat einmal im öffentlichen Straßenverkehr bewegen). Der Anwendungsbereich ist daher erheblich enger gefasst, schließt er doch sich außerhalb des Straßenverkehrs bewegende und immobile Objekte per se aus.[871]

Eine Art Schnittmenge beider Fallkonstellationen stellt ein klassischer Außeneingriff dar, etwa in der Konstellation, dass ein Außenstehender[872] auf die Reifen eines

---

869 Zur Begründung der Verkehrsgefahr bei gezieltem Eingriffshandeln oben D.IV.

870 Zum verkehrsspezifischen Zusammenhang zwischen konkreter Gefährdung und der hier begründeten abstrakten Verkehrsgefahr siehe sogleich unter D.VIII.

871 Vgl. schon D.VII.3.c(3)(c).

872 Zu beachten ist, dass es im Hinblick auf den Schutzzweck der Vorschrift nach der Rechtsprechung gleichgültig ist, ob der Täter sich [bei der Abgabe des Schusses] außerhalb des eigentlichen Verkehrsraumes befindet oder ob er selbst am Verkehr, sei es als Fahrer, sei es als Mitfahrer, teilnimmt. Die Ein-

schnell fahrenden Fahrzeugs schießt, damit dieses (in der nächsten Kurve) aus dem öffentlichen Straßenverkehrs ausbricht. Für diesen klassischen Außeneingriff stellt die Rechtsprechung keine einschränkende Bedingung gegenüber externen Gefährdungsobjekten auf; diese scheint sich auf einen pervertierten Verkehrsvorgang im Sinne eines Inneneingriffs zu beschränken. Im Fall eines Außeneingriffs ist es ja so, dass sich der Eingriff von außen auf den Verkehr und seine Teilnehmer richtet, sodass die Rechtsprechung hier in aller Regel schon an ein taugliches Gefährdungsobjekt *im* öffentlichen Straßenverkehr anknüpfen kann, zumindest nämlich an den Führer des vom Außeneingriff Eingriff betroffenen Fahrzeugs[873]. Offen bleibt aber, wie die Fälle zu bewerten sind, in denen ein angegriffener Verkehrsteilnehmer nicht selbst konkret gefährdet wird, sondern erst – bedingt durch sein Ausweichverhalten – ein externes Gefährdungsobjekt. Oder der Fall, dass neben einer konkreten Gefährdung des Verkehrsteilnehmers durch dessen Reaktionsverhalten auch *zusätzlich* ein externes Gefährdungsobjekt konkret gefährdet wird. Zeigt nicht auch dieses *mittelbare* externe Gefährdungsobjekt durch (auch) seine Gefährdung das (erhöhte) Maß der Sicherheitsbeeinträchtigung an und kann damit nicht nur eine strafbegründende, sondern auch eine strafzumessungsrelevante Funktion erfüllen.[874]

Dass hier durch den beschädigten Reifen bei hoher Geschwindigkeit eine abstrakte Verkehrsgefahr geschaffen wird, die sich auf ein Gefährdungsobjekt zu konkretisieren hat, erscheint unzweifelhaft. Das Gefährdungspotential einer durch einen Außeneingriff bewirkten Verkehrsgefahr, die dann vom öffentlichen Straßenverkehr ausgeht, wirkt bildlich gesehen aber auch gegenüber dem externen Gefährdungsobjekt. Warum soll dann aber die Tatmodalität (Inneneingriff oder Außeneingriff) über eine mögliche Strafbarkeit entscheiden? – Einmal ignoriert der Täter selbst das Risiko einer Gefahrenstelle (§ 315c Abs. 1 Nr. 2d StGB), einmal durchbricht er selbst durch missbräuchliche Nutzung des Fahrzeugs den Straßenverkehr (§ 315b Abs. 1 Nr. 3 StGB als Inneneingriff), was von noch höherer krimineller Energie zeugt, auch wenn der Täter die Ausstrahlungswirkung der

---

schränkung durch die Rechtsprechung, dass der Führer eines im fließenden Verkehr befindlichen Fahrzeugs grundsätzlich nur dann gegen § 315b Abs. 1 Nr. 3 StGB verstößt, wenn sein Verhalten eine bewusste Zweckentfremdung des Fahrzeugs zum Inhalt hat, die ein verkehrsfeindliches Verhalten bedeutet, ist für Fälle dieser Art ohne Bedeutung. Ein Außeneingriff liege auch dann vor, wenn der Schuss aus einem sich bewegenden Pkw abgegeben werde, vgl. BGHSt 25, 306 (307 f.). Denn der Eingriff, der genauso von außen hätte vorgenommen werden können, werde bei Gelegenheit im Straßenverkehr bzw. „anlässlich" der Verkehrsteilnahme begangen, sodass nicht von einem nach § 315c StGB privilegierten Verhalten gesprochen werden könne, so für die Annahme eines Außeneingriffs *Obermann*, NStZ 2009, 539 (541).

873 Zur Tauglichkeit des Fahrzeugs selbst in Abhängigkeit der Tathandlung, siehe schon zuvor unter D.V.2.b.

874 In diese Richtung *König*, DAR 2004, 656 (657), siehe Fn. 860. Siehe auch zu den Konkurrenzen unter C.III.2.b.

Verkehrsgefahr kanalisiert. Im Fall des Außeneingriffs kann der Täter noch einmal seine kriminelle Energie steigern, indem er seinen schädigenden Plan durch unbeteiligte Verkehrsteilnehmer als Werkzeuge gegen sich (und andere) selbst verwirklicht (§ 315b Abs. 1 Nr. 3 StGB als Außeneingriff, ggf. in mittelbarer Täterschaft).

e. Ergebnis

Mit dem herausgearbeiteten Rechtsgut der Sicherheit des Straßenverkehrs und dem damit verbundenen Schutzzweck ist unter Einbeziehung des Vertrauensgrundsatzes[875] ein einheitlicher Schutzbereich zu gewährleisten, der nicht durch die Tatmodalität (Straßenverkehrsgefährdung, Innen- oder Außeneingriff) bestimmt wird; sondern über das Tatbild einer durch die Tathandlung geschaffenen Verkehrsgefahr, die sich gegenüber einem tauglichen Objekt zu einer konkreten Gefahr zu verdichten hat.

Hierbei können Objekte innerhalb, aber auch außerhalb des Verkehrsraums taugliche Gefährdungsobjekte sein, die über ihre konkrete Gefährdung bestätigten, dass es eine abstrakte Verkehrsgefahr gab und dass diese die Sicherheit im und vor dem Verkehr sogar tatsächlich beeinträchtigt hat. Dies kann ein Gefährdungsobjekt nicht nur über seine unmittelbare Gefährdung im Verkehrsraum anzeigen, sondern in gleicher Weise auch bei einer unmittelbaren oder nur mittelbaren Gefährdung erst außerhalb des Verkehrsraums. Die Eigenschaft, taugliches Gefährdungsobjekt zu sein, beschränkt sich nicht auf Verkehrsteilnehmer, sondern umfasst sämtliche mobile und immobile Objekte im und außerhalb des Verkehrsraums, die von den im Straßenverkehr wirkenden oder aus ihm herrührenden Kräften betroffen werden können, d.h. der im öffentlichen Verkehrsraum befindliche Bauarbeiter, ein am Sicherungskasten arbeitender Techniker, ein auf einem Grünstreifen laufender Fußgänger oder auf einer angrenzenden Wiese auf einer Bank sitzender Rentner, aber auch der im Vorgarten sitzende Anlieger oder der Besucher eines Straßencafés sowie abgestellte Fahrzeuge und angrenzende Immobilien.

So ist eine vollendete – und nicht ggf. nur eine versuchte – Strafbarkeit nach § 315b Abs. 1 (ggf. aber i.V.m. Abs. 4) StGB auch dann gegeben, wenn der angegriffene Verkehrsteilnehmer, bedingt durch einen Schuss, aus dem Straßenverkehr ausbricht und erst dort nur ein anderes Objekt verkehrsspezifisch konkret gefährdet wird (vgl. Bild 4 oben). Entsprechend ist beim verkehrsfremden Inneneingriff nicht entscheidend, wo sich das spätere Opfer befindet (vgl. Bild 5 und 6 oben). Maßgeblich ist allein die im Folgenden noch zu untersuchende *verkehrsspezifische* Betroffenheit des tauglichen Gefährdungsobjekts.

875 Oben D.VII.3.c(3)(a).

VIII. Verkehrsspezifischer Gefahrverwirklichungszusammenhang

Ist nun die Tauglichkeit der Gefährdungsobjekte und die Reichweite des Anwendungsbereichs der §§ 315b, 315c StGB geklärt, so ist zuletzt noch sicherzustellen, dass sich in der konkreten Gefährdung eines tauglichen Gefährdungsobjekts auch eine abstrakte Verkehrsgefahr verdichtet hat.

Für ein Verhalten im Sinne des § 315c Abs. 1 StGB wird hierzu verlangt, dass die konkrete Gefährdung nicht nur gelegentlich der konkreten fehlerhaften Verhaltensweise eintritt.[876] In der konkreten Gefahr als Verdichtung einer abstrakten Verkehrsgefahr muss sich gerade die typische (abstrakte) Gefahr des unter Strafe gestellten verkehrswidrigen Verhaltens realisieren, sog. Pflichtwidrigkeitszusammenhang.[877]

An diesem Zurechnungszusammenhang fehlt es, wenn nicht – mit an Sicherheit grenzender Wahrscheinlichkeit – ausgeschlossen werden kann, dass die konkrete Gefährdung – infolge anderer Umstände – auch ohne Fahrunsicherheit bzw. Verkehrsverstoß eingetreten wäre.[878] Zudem muss es gerade Zweck der untersagten Verhaltensweise sein, solche Gefahren zu vermeiden, die in der konkreten Gefährdung sichtbar werden, sog. Schutzzweckzusammenhang.[879]

Schließlich ist erforderlich, dass der Gefahrerfolg in einem unmittelbaren zeitlichen und räumlichen Zusammenhang mit dem regelwidrigen Fahrvorgang eintritt, sodass der Zurechnungszusammenhang regelmäßig nicht vorliegt, wenn das tatbestandsmäßige Fehlverhalten zu einer Gefährdung führt, die erst nach Beendigung des Fahrvorgangs eintritt.[880] Anknüpfungspunkt für den Gefahrverwirklichungszusammenhang ist also das konkrete verkehrswidrige Verhalten mit seinen möglichen verkehrsspezifischen Auswirkungen.

Für den genereller formulierten § 315b Abs. 1 StGB ist dieser Gefahrverwirklichungszusammenhang hinsichtlich des vorausgesetzten Eingriffsverhaltens schwieriger zu bestimmen. Denn hier ist Anknüpfungspunkt nicht ein verkehrswidriges bzw. fehlerhaftes *im* Straßenverkehr vorzunehmendes Verhalten eines Verkehrsteilnehmers, sondern ein Eingriffsverhalten, das gerade nicht zwangsweise im Straßenverkehr vorgenommen wird, aber eben Auswirkungen auf dessen Sicherheit haben kann. Tritt hierbei ein konkreter Gefahrerfolg nur außerhalb des Straßenverkehrs ein, so ist besonders genau zu untersuchen, ob die Sicherheit des Straßenverkehrs abstrakt beeinträchtigt war.

---

876 B/H/H/J/J-*Burmann*, § 315c Rn. 30; LK-*König*, § 315c Rn. 171.

877 BGH NStZ 2007, 222 (223); BeckOK-*Kudlich*, § 315c Rn. 57–57.3; L/K-*Heger*, § 315c Rn. 27; LK-*König*, § 315c Rn. 171; MK-*Pegel*, § 315c Rn. 103; SK-*Wolters*, § 315c Rn. 20; S/S-*Sternberg-Lieben/Hecker*, § 315c Rn. 35 mit Beispielen; S/S/W-*Ernemann*, § 315c Rn. 23.

878 S/S-*Sternberg-Lieben/Hecker*, § 315c Rn. 34 mit Beispielen.

879 MK-*Pegel*, § 315c Rn. 103. Zur Gefährdung von Insassen und Tatbeteiligten oben D.V.1.

880 LK-*König*, § 315c Rn. 184 mit Beispielen; S/S-*Sternberg-Lieben/Hecker*, § 315c Rn. 36.

Kommt es nach dem Vertrauensgrundsatz und dem Sicherheitsinteresse der Allgemeinheit für die Anwendbarkeit des § 315b StGB nicht darauf an, *wo* sich ein Gefährdungsobjekt befindet, der Außenbereich also grundsätzlich einzubeziehen ist, so ist *Mindestvoraussetzung* zwischen der abstrakten Gefährdung der Sicherheit des Straßenverkehrs und dem konkreten Gefährdungserfolg ein unmittelbarer Ursachenzusammenhang. Da von einem Vertrauen, den Gefahren des Straßenverkehrs nicht ausgesetzt zu sein, aber nur dort gesprochen werden kann, wo tatsächlich die Möglichkeit besteht, dass sich Gefahren, die aus dem öffentlichen Straßenverkehr herrühren, auch verwirklichen können, bedarf es auch hier eines straßenverkehrsspezifischen Gefahrverwirklichungszusammenhangs. Dabei bedarf es für die hier problematisierten Grenzfälle, das ein Fahrzeug als Tatmittel aus dem öffentlichen Straßenverkehr heraus verkehrsfremd eingesetzt wird, eines einschränkenden Kriteriums. Denn die Tatsache, dass ein Verhalten im Straßenverkehr *begonnen* hat, also dort seine Ursache findet, verliert an Bedeutung, wenn durch das (gestreckte) Verhalten (etwa durch längere Verfolgung) nicht zugleich die Gefahren des Straßenverkehrs mit nach außen getragen werden.

1. Überblick über unzureichende Ansätze der Literatur

Da § 315b StGB zahlreiche Fälle erfassen kann, die einen irgendwie gearteten ursächlichen Zusammenhang zum öffentlichen Straßenverkehr haben, wurden verschiedene Vorschläge zur Einschränkung des Anwendungsbereichs des § 315b vorgebracht.[881] Inwiefern sich diese eignen, auch den Anwendungsbereich auf Gefährdungen im Außenbereich sinnvoll zu beschreiben, ist im Folgenden zu untersuchen.

a. Räumliche Beschränkung auf den öffentlichen Verkehrsraum

Als untauglich erwiesen hat sich mit den obigen Ausführungen eine enge räumliche Begrenzung auf den öffentlichen Verkehrsraum.[882] Neben den dargelegten Argumenten ist schon unklar, auf welches Merkmal sich eine örtliche Beschränkung zu beziehen hätte. Auf die Tathandlung kann nicht abgestellt werden, denn während

881 Im Detail nicht diskutiert werden Vorschläge, die einen verkehrsfremden Inneneingriff gänzlich ablehnen (oben D.III.1.e mit Fn. 545), denn diese sind für die zu lösende Problematik nicht weiterführend. Siehe hierzu *König*, FS-Geppert, S. 259 (261 f.): „Natürlich könnte man § 315b StGB in einem glatten Schnitt auf Außeneingriffe beschränken und wäre dennoch aller insoweit bestehenden Differenzierungslasten enthoben. Eine derart radikale Reduktion lässt sich allerdings aus dem Gesetz nicht überzeugend ableiten und läuft dem Willen des Gesetzgebers (BT-Drucks. IV/651 S. 28) eindeutig zuwider. Empfindliche Strafbarkeitslücken wären die Folge. ... Dass endlich ein Angriff, der sich die Eigendynamik namentlich des Täterfahrzeugs zunutze macht, nicht tatbestandsrelevant sein kann, erscheint als kaum begründbare Behauptung." – Zum abzulehnenden Vorschlag des Ausschlusses gezielter Gefährdungen siehe schon unter D.IV mit Fn. 647 und Fn. 654.

882 Hierzu und zur nachfolgenden Argumentation siehe *Obermann*, S. 181–187 m.w.N.

sie im Ausnahmefall des verkehrsfremden Inneneingriffs zumindest im Straßenverkehr beginnt, wird die Tathandlung doch im Regelfall des klassischen Außeneingriffs gerade außerhalb des öffentlichen Verkehrsraums vorgenommen. Ebenfalls ist nicht entscheidend, ob der Tathandlungserfolg i.S.v. § 315b Abs. 1 Nr. 1 StGB (Beschädigung/Zerstörung) im öffentlichen Straßenverkehr eintritt: Ein Fahrzeug im Sinne des § 315b Abs. 1 Nr. 1 StGB muss nicht zwangsläufig im Straßenverkehr beschädigt werden.[883] Wenn das schon außerhalb beschädigte Fahrzeug aber sodann unwissentlich oder wissentlich im Verkehr benutzt wird, kann dort eine abstrakte Verkehrsgefahr geschaffen werden. Umgekehrt begründet nicht jede Beschädigung eines Fahrzeugs im öffentlichen Straßenverkehr eine abstrakte *Verkehrs*gefahr oder führt zu einer darüber hinaus erforderlichen verkehrsspezifischen konkreten Gefährdung eine tauglichen Objekts.[884] Aber auf für den konkreten Gefahrerfolg ist nach dem hier gefundenen Ergebnis[885] dessen Eintritt im öffentlichen Straßenverkehr[886] nicht entscheidend. Die Gefährdungslage, die von einer zu schaffenden abstrakten Verkehrsgefahr ausgeht, ist gegenüber einem Fußgänger oder anderen Verkehrsteilnehmern die gleiche wie gegenüber einem sich unmittelbar außerhalb des öffentlichen Verkehrsraums befindlichen Gefährdungsobjekt. Tritt eine konkrete Gefährdung außerhalb des Straßenverkehrs wegen eines Innen- oder Außeneingriffs ein, so ist eine Strafbarkeit nach § 315b StGB ebenso angemessen.[887]

b. Ausnutzen der besonderen Verhältnisse im Straßenverkehr, § 316a StGB

Ein Eingrenzungsmerkmal lässt sich auch nicht aus § 316a StGB entnehmen. Zwar könnte tatbestandseinschränkend verlangt werden, dass der Täter mit seinem Eingriff – wie auch beim Angriff auf einen Kraftfahrer – die besonderen Verhältnisse des Straßenverkehrs ausnutzt.[888]

---

883 *Obermann*, S. 182 f. mit dem Beispiel, dass an einem auf privatem Grund geparkten Fahrzeug die Bremsschläuche durchtrennt werden und der Eigentümer deshalb bei der Fahrt gefährdet wird. Auch dieser Fall soll von § 315b StGB erfasst sein.

884 *Obermann*, S. 182 mit dem Beispiel, dass ein im öffentlichen Straßenverkehr geparktes Auto angezündet und dadurch das benachbarte Haus gefährdet wird. Hier sei nicht von Bedeutung, dass der öffentliche Verkehrsraum betroffen ist.

885 Oben D.VII.3.c(3)(c).

886 So aber BGH VRS 61 (1981), 122 (123) und OLG Düsseldorf NJW 1982, 2391 oben D.VII.3.c(1).

887 Vgl. *Obermann*, S. 185 mit Fn. 668 dort – wobei Obermann nur von Außeneingriffen ausgeht.

888 Ein Täter nutzt die *besonderen Verhältnisse des Straßenverkehrs* aus, wenn er eine dem fließenden – den *verkehrsbedingten Halt* einschließenden – Straßenverkehr eigentümliche Gefahrenlage, die den Kfz-Führer oder Mitfahrer in seinen Flucht- und Gegenwehrmöglichkeiten beeinträchtigt, in den Dienst seines Angriffs stellt, S/S-*Sternberg-Lieben/Hecker*, § 316a Rn. 12. Dabei ergeben sich die Gefahren für den Fahrer aus der Beanspruchung durch das Führen des Fahrzeugs, für den Mit-

Selbst wenn man für § 315b StGB das Ausnutzungskriterium von seiner Anbindung an den Führer eines Kraftfahrzeuges und den Mitfahrer löst und es auf alle Verkehrsteilnehmer erstreckt, die sich im Straßenverkehr bewegen und sich auf diesen konzentrieren bzw. sich von diesem ablenken lassen, so wird der Täter die Verhältnisse des Straßenverkehrs bei Außen- und Inneneingriffen gegenüber sich (bewegenden) Verkehrsteilnehmern ausnutzen können. Das Kriterium deckt damit aber nur einen Teil des Anwendungsbereichs des § 315b StGB ab. Außer Acht bleiben Nichtverkehrsteilnehmer im Verkehrsraum und Objekte außerhalb des Straßenverkehrs, denn diese sind in die besonderen Verhältnisse des Straßenverkehrs nicht involviert.[889]

Das für § 316a StGB spezifische Merkmal, das sich auf den fließenden Verkehr beschränkt, sollte deshalb nicht „in einen anderen Regelungskontext exportiert" werden.[890]

c. *Unfall im Straßenverkehr, § 142 Abs. 1 StGB*

Auch liefert das Merkmal des „Unfalls im Straßenverkehr" i.S.v. § 142 StGB kein (zusätzliches) taugliches Eingrenzungskriterium, zumal § 142 Abs. 1 StGB als abstraktes Vermögensgefährdungsdelikt mit dem dahinterstehenden Beweissiche-

---

fahrer namentlich aus der Erschwerung von Flucht, Gegenwehr oder fremder Hilfeleistung aufgrund ihrer Isolierung im Fahrzeug, *Küper/Zopfs*, Rn. 30. Eine verkehrsspezifische Gefahr besteht, wenn die verkehrsbedingte Ablenkung des Verkehrsteilnehmers für den Eingriff eine Rolle spielt, *Obermann*, S. 206 f.

889 Zudem ist ein „abgelenkter" Verkehrsteilnehmer zwar besonders anfällig für Angriffe i.S.v. § 316a StGB. In gleichem Maße ist er auch anfällig für Eingriffe in den Straßenverkehr, weil er mit diesen ebenso wenig rechnet. Wird der Eingriff aber „verübt" und kommt es deshalb zu einer abstrakten Sicherheitsbeeinträchtigung, die sich zu einer konkreten Gefahr verdichtet, so ist es eben der Eingriff, der ursächlich für diese dann entstandene eingriffs- und reaktionsbedingte Verkehrsgefahr ist, und nicht die Konzentration des Fahrzeugführers auf den Straßenverkehr. Die Ablenkung des Fahrzeugführers oder sonstigen Verkehrsteilnehmers ist somit lediglich ein die Verkehrsgefahr erhöhendes (ggf. verzögerte Reaktion), nicht aber begründendes Moment; dies ist allein der Eingriff selbst, so *Isenbeck*, NJW 1969, 174 (175). Denkbar sei aber der Fall, dass allein durch die Ablenkung des Kraftfahrzeugführers (etwa durch auffällige Reklame) ein gefährlicher (Außen-)eingriff in den Straßenverkehr vorliegt. Unter einem Eingriff versteht *Isenbeck* dabei ein Verhalten, das „die äußeren Verkehrsverhältnisse verschlechtert und dadurch schon die an sich gegebene Gefährlichkeit des vorhandenen Verkehrs erhöht." Ebenso dann auch *Fabricius*, GA 1994, 164 (170): „Es geht immer darum, daß die ohnehin schon mit dem motorisierten Verkehr verbundenen Risiken durch den Eingriff erhöht werden." In der Ablenkung der „Aufmerksamkeit des Kraftfahrers vom Verkehrsgeschehen" sieht *Isenbeck* die verkehrsspezifische Gefahr. In einer sodann eintretenden Gefährdungslage wirke sich letztlich die (reaktionsverzögerte) Dynamik des Straßenverkehrs aus.

890 Vgl. *Brand/Albrecht*, ZStW 126 (2014), 669 (691).

rungsinteresse ein von den Straßenverkehrsdelikten abweichendes Schutzinteresse hat. Auch setzt § 142 StGB tatbestandlich keine Beeinträchtigung der Sicherheit des Straßenverkehrs voraus. Daraus folgerte das OLG Düsseldorf[891] zutreffend, dass die Grundsätze, die für den Unfall im Straßenverkehr gelten, nicht auf § 315b StGB zu übertragen sind. Nach BGHSt 47, 158 (159) ist

> „ein Unfall [im Straßenverkehr] jedes schädigende Ereignis, das mit dem Straßenverkehr und seinen Gefahren ursächlich zusammenhängt. Unter dieser Voraussetzung hat es die Rechtsprechung stets als unbeachtlich angesehen, daß ein daran Beteiligter das Schadensereignis vorsätzlich herbeigeführt hat, wenn nur einem anderen ein von diesem ungewollter Schaden entstanden ist, weil es sich dann zumindest für diesen anderen um ein ungewolltes, ihn plötzlich von außen her treffendes Ereignis handelt... Doch genügt nicht *jedwede ursächliche Verknüpfung* des Schadensereignisses mit einem Verkehrsgeschehen. Nicht jeder Unfall ist schon deshalb ein „Unfall im Straßenverkehr" i.S. des § 142 StGB, weil er sich im öffentlichen Verkehrsraum ereignet. Vielmehr setzt die Annahme eines „Verkehrsunfalls" nach dem Schutzzweck der Norm des § 142 StGB einen *straßenverkehrsspezifischen Gefahrenzusammenhang* voraus... Die Rechtsprechung ist deshalb dahin zu verstehen, dass sich in dem „Verkehrsunfall" gerade *die typischen Gefahren* des Straßenverkehrs verwirklicht haben müssen... Dass sich in dem Schadensereignis ein *verkehrstypisches Unfallrisiko* realisiert hat, kann jedenfalls dann nicht angenommen werden, wenn ein Verhalten schon nach seinem äußeren Erscheinungsbild keine Auswirkung des allgemeinen Verkehrsrisikos, sondern einer deliktischen Planung ist... Allein der Umstand, dass der Täter... dabei aus einem fahrenden Fahrzeug heraus handelt, vermag den notwendigen Zusammenhang mit den typischen Gefahren des Straßenverkehrs nicht herzustellen."[892]

§ 142 StGB beinhaltet damit einen anders ausgerichteten Schutzzweckzusammenhang zur Sicherung des Beweisinteresses, auch wenn es die verkehrstypischen Unfallrisiken in den straßenverkehrsspezifischen Gefahrenzusammenhang einstellt. Zwar ist es hier nicht von Bedeutung, *wo* letztlich der unfallbedingte Schaden eintritt, doch kann der einschränkende Umstand der deliktischen Planung für § 315b StGB nicht angeführt werden. Denn gerade der verkehrsfremde Inneneingriff ist mit seinen subjektiven Anforderungen (zumindest in Bezug auf den Eingriff) auf vorsätzliches verkehrsfremdes Handeln beschränkt, sodass es sich gerade in den zu erfassenden Fällen um deliktisch geplante Verhaltensweisen handelt, die nicht aus dem Anwendungsbereich des § 315b StGB auszuschließen sind.

d. Betroffenheit als Verkehrsteilnehmer

Ein verkehrsspezifischer Zusammenhang soll nur dann bestehen, wenn das konkrete Gefährdungsopfer gerade in seiner Eigenschaft als Verkehrsteilnehmer betroffen

891 OLG Düsseldorf NJW 1982, 2391, oben D.VII.3.c(1).
892 Hervorhebungen durch den Verfasser.

sei.[893] Diese Einschränkung erfasst aber nur einen geringen Teil tatsächlich relevanter Fälle und ist als zu eng gefasstes Kriterium abzulehnen, denn es wird dem hier vertretenen umfassenden Schutzzweck nicht gerecht. So stellt auch der BGH nicht auf die Verkehrsteilnahme ab. Mit der in BGHSt 27, 40 (43) gewählten verkehrsspezifischen Formulierung des „Sich-Einbringens" ist die mögliche Betroffenheit weiter zu verstehen. Auf eine freiwillige oder gezwungene Verkehrsteilnahme kommt es nicht an.[894] So hatte die ältere Rechtsprechung auch den kontrollierenden Polizisten als Verkehrsteilnehmer angesehen.[895] Taugliches Gefährdungsobjekt war auch die am Straßenrand in eine tätliche Auseinandersetzung verwickelte Person.[896] In den Anwendungsbereich fallen aber auch sämtliche Nichtverkehrsteilnehmer[897] (etwa ein Techniker, der eine Laterne repariert). Schließlich können auch Objekte außerhalb des Straßenverkehrs taugliche Gefährdungsobjekte sein, da sie der Gefahr, die aus dem Eingriff erwächst, ebenso ausgesetzt sein können.[898]

Dies bestätigt sich gerade bei einem klassischen Außeneingriff, für den § 315b StGB vornehmlich geschaffen ist. Werden an einem Fahrzeug die Bremsschläuche durchtrennt und gelingt es dem Fahrer dennoch sein sabotiertes Fahrzeug zum Stehen zu bringen, ohne zumindest sich selbst zu gefährden, so ist es widersinnig, danach zu differenzieren, ob dabei Dritte als Verkehrsteilnehmer (etwa Spaziergänger oder Radfahrer), ein Nichtverkehrsteilnehmer im Straßenverkehr (reparierender Techniker) oder aber außerhalb des Straßenverkehrs spielende Kinder oder Bauarbeiter konkret gefährdet werden.[899] Zum anderen würden damit auch hier (im)mobile Sachwerte aus dem Schutzbereich – etwa an den Straßenverkehr angrenzende Häuser oder außerhalb abgestellte Fahrzeuge – ausgegrenzt, denn diese lassen sich schwerlich als Verkehrsteilnehmer begreifen.

Die Verkehrsteilnahme müsste, um die aufgezeigten Wertungswidersprüche zu beheben, von der Gefährdung her bestimmt werden. Verkehrsteilnehmer wäre damit jeder, der den verkehrstypischen Gefahren ausgesetzt ist. Dies ist zirkulär, da

---

893 In diese Richtung etwa *Ranft*, Jura 1987, 608 (611: ein Halt gebietender Polizist werde nicht in seiner Eigenschaft als Verkehrsteilnehmer gefährdet, sondern als Person, die selbst „von außen" auf den Verkehrsablauf einwirke).

894 Dazu oben D.V.1.c.

895 BGHSt 22, 6 (8: „[Der Polizeibeamte] befand sich zwar nur zu dem Zweck auf der Fahrbahn, um dem Angeklagten – berechtigterweise – die Durchfahrt zu sperren und ihn anzuhalten; dieses von dem üblichen Verkehrsverhalten eines Fußgängers abweichende Verhalten ändert aber nichts daran, daß er auch insoweit als Teilnehmer am öffentlichen Straßenverkehr anzusehen und ihm der Schutz des § 315 b StGB zu gewähren ist").

896 BGH DAR 1985, 258 (259): Ausreichend sei, dass sich im Anschluss an BGH VRS 61 (1981), 122 ff. der Vorgang im Straßenverkehr abgespielt habe. Dieses Merkmal entfalle nicht deshalb, weil das Opfer in eine Schlägerei verwickelt war.

897 Hierzu oben D.VI.

898 Hierzu oben D.VII.3.c(3).

899 Vgl. hierzu *Obermann*, S. 196.

eine verkehrsspezifische Gefahr an einen Verkehrsteilnehmer geknüpft wird, der seinerseits über die Reichweite einer verkehrsspezifischen Gefahr definiert wird. Im Gleichlauf mit § 1 StVO gilt vielmehr, dass ein Anderer weder Verkehrsteilnehmer sein muss, noch sich im Straßenverkehr bewegen muss.[900]

e. *Arglose Verkehrsteilnahme*

Abzulehnen ist damit auch das Erfordernis einer „arglosen" Verkehrsteilnahme. Einschränkend wird von *Dencker* vorgeschlagen, dass im Hinblick auf das „Ähnlichkeitskriterium" § 315b StGB nur solche Handlungen unterbinden soll, die „negativ auf das Grundvertrauen in die Integrität von Fahrzeugen und des Verkehrsraums einwirken, indem sie diese Integrität selbst verletzen". Dies bedeute, dass ein Eingriff nur dann vorliegt, wenn ein Verkehrsteilnehmer bei *argloser* Verkehrsteilnahme aufgrund des Eingriffs in Gefahr gerate.[901] Diese einschränkende Ansicht bezieht sich aber ausdrücklich auf Verkehrsteilnehmer und Eingriffe von außen. Für außen stehende Nichtverkehrsteilnehmer oder Sachwerte ist das sich aus dem Wortlaut nicht ergebende Strukturelement der Arglosigkeit nicht weiterführend.[902]

2. Ansätze der Rechtsprechung

Auch in der Rechtsprechung gibt es unterschiedliche Ansätze zur Einschränkung des Anwendungsbereichs des § 315b StGB.

a. *Unmittelbarkeitszusammenhang*

Das LG Bonn[903] hatte die Auffassung vertreten, dass es für die Anwendbarkeit des § 315b StGB ausreiche, wenn das Ereignis [außerhalb des Straßenverkehrs] mit dem Straßenverkehr in unmittelbarem Zusammenhang, d.h. in zumindest räumlichem und zeitlichem Zusammenhang mit der Teilnahme am Straßenverkehr stehe.

> So war der Angeklagte „auf einen Fußgänger, den er erschrecken wollte, zugefahren. Der Fußgänger war 5 Meter tief rechtwinklig von der Straße in ein Getreidefeld ge-

---

900 Vgl. *Obermann*, S. 196 f. Siehe zum Begriff des „Anderen" nach § 1 StVO schon oben D.V.1.c, D.VI. und D.VII.3.e.

901 *Dencker*, FS-Nehm, S. 373 (381 f.).

902 Ablehnend auch *König*, FS-Geppert, S. 259 (262); LK-*König*, § 315b Rn. 57c: Gerade für den strukturgleichen § 315 StGB ergäben sich Ungereimtheiten in Bezug auf angekündigte oder durchgeführte terroristische Anschläge, nach denen niemand sich arglos in den Straßenverkehr begeben könne. Die Kritik gelte aber etwa auch für Fälle des Stalkings (im Straßenverkehr). Siehe auch *Brand/Albrecht*, ZStW 126 (2014), 669 (691), auch wenn sie zur Rechtfertigung eines kinetischen Ansatzes als Restriktionskriterium auf die Gefahr abstellen, die durch die kinetische Energie des Verkehrsteilnehmers und die *Schreckreaktion* verursacht wird.

903 LG Bonn NStZ 1983, 223 mit Anm. *Landsberg*.

treten. Der Angeklagte ließ daraufhin, ohne abzubremsen, mit dem auf der Straße genommenem Schwung, sein Fahrzeug im Bogen auf das Feld hinter dem Zeugen her rollen und verletzte ihn mit der Stoßstange."[904]

Dass diese Feststellungen eine Verurteilung nach § 315b Abs. 1 Nr. 3 StGB rechtfertigen, wird damit begründet, dass sowohl § 315c StGB als auch § 315b StGB dazu dienten, die Verkehrssicherheit zu erhöhen, indem gefährdendes Verhalten unter Strafe gestellt wird. Dies sei bei § 315b StGB auch in den Fällen gegeben, in denen der Täter den öffentlichen Verkehrsraum mit seiner Funktion, den Verkehrsteilnehmern eine Ortsveränderung zu ermöglichen, als Ausgangsbasis für einen Angriff nutze und für andere Kraftfahrer unerwartet sein Fahrzeug als Waffe oder Nötigungsmittel missbrauche. Die Tat sei daher auch im Straßenverkehr begangen, wenn zu einem Angriff außerhalb des Straßenverkehrs noch im Straßenverkehr angesetzt werde. Zudem seien Verkehrsvorgänge einheitlich zu betrachten und es sei kein Grund ersichtlich, warum nicht ein „nur" verkehrsbezogenes Verhalten wie bei § 315c[905] StGB oder auch § 142[906] StGB ausreichen sollte. Letztlich sei es kriminalpolitisch bedenklich, dass es z. B. wegen der Länge des Tatfahrzeugs oder der Fluchtrichtung des Bedrohten vom Zufall abhänge, ob sich der *Täter* mit seinem Fahrzeug nicht wenigstens teilweise noch auf öffentlichem Verkehrsgrund befand, als es zur [Gefährdung bzw.] Verletzung kam. Zum anderen würde die Hartnäckigkeit eines Täters belohnt, der seinen Angriff von der Straße her auf Privatgrundstücke ausdehne, indem eine Sanktion nach § 315b StGB unterbliebe. Ein unmittelbarer, zumindest zeitlich-räumlicher Zusammenhang mit der Teilnahme am Straßenverkehr fehle aber dann, wenn der Täter mehrere hundert Meter durch den Straßengraben auf einen Passanten[907] zufahre. Ebenso, wenn der Täter sein Fahrzeug nachts auf einem Feld abstelle und morgens noch tiefer in den Acker fahre, um sein Opfer zu verfolgen. Denn dann nehme er nicht mehr am Straßenverkehr teil.[908] Welche Handlungen letztlich noch einen Bezug zum öffentlichen Straßenverkehr hätten, hinge von den Umständen des Einzelfalls ab. So sei hier zu berücksichtigen, dass nicht nur die Entschlussfassung, sondern auch das Ansetzen zur Tat durch das Schwungholen im öffentlichen Verkehrsraum erfolgte.[909]

Der Entscheidung ist nach den bisherigen Ausführungen mit Einschränkungen zuzustimmen. Wenn der Angeklagte mit dem „Schwungholen" im öffentlichen Straßenverkehr tatsächlich zu einem verkehrsfremden Inneneingriff unmittelbar angesetzt hat,

904 So die Sachverhaltswiedergabe von *Landsberg* in NStZ 1983, 223.

905 Hier genügt, dass das Fehlverhalten im Straßenverkehr stattfindet (abstrakte Gefährdung). Der konkrete Gefährdungserfolg kann hier auch außerhalb des Straßenverkehrs auf nichtöffentlichen Flächen eintreten; LK-*König*, § 315c Rn. 3.

906 Siehe hierzu oben D.VIII.1.c und D.VII.3.c(1).

907 Vgl. OLG Hamm VRS 39 (1970), 270 (271).

908 In diesem Fall des zuvor abstellten Fahrzeugs fehlt es nicht erst am Gefahrzusammenhang, sondern bereits an einer abstrakten Verkehrsgefahr, da das Verhalten im maßgeblichen Zeitpunkt außerhalb des Straßenverkehrs liegt.

909 So die Argumentation von Landsberg, NStZ 1983, 223.

dann hat er im öffentlichen Straßenverkehr eine abstrakte Gefahr für die Sicherheit des Straßenverkehrs geschaffen, da sich diese zu Missbrauchszwecken gewonnene Energie abstrakt auch auf andere Gefährdungsobjekte auswirken könnte, auch wenn sie konkret auf ein außen stehendes Angriffsobjekt gerichtet ist.[910] Der unmittelbare Zusammenhang mit dem Straßenverkehr besteht in der beschriebenen Weise. Neben einem örtlich und zeitlich unmittelbaren Zusammenhang besteht hier aber auch ein verkehrsspezifischer (energetischer) Gefahrenzusammenhang. Denn der Täter hat nicht nur im öffentlichen Straßenverkehr durch den missbräuchlichen Gebrauch seines Fahrzeugs Bewegungsenergie aufgebaut und zur Eingriffshandlung unmittelbar angesetzt, sondern gerade und nur diese im öffentlichen Straßenverkehr gewonnene Energie (Schwung) hat sich im Gefährdungserfolg realisiert. Der Angeklagte hatte das Fahrzeug (bloß) aus dem öffentlichen Straßenverkehr herausrollen lassen, nicht aber weitere, abseits des öffentlichen Straßenverkehrs gewonnene Energie einsetzen müssen.

Ein straßenverkehrsspezifischer Gefahrenzusammenhang wäre demgegenüber zu verneinen, wenn der Angeklagte das Opfer längere Zeit auf dem Feld verfolgt und dabei neue Energie benötigt, sich also die im Straßenverkehr gewonnene Energie im tatbestandsmäßigen Gefährdungserfolg nicht mehr niederschlägt.

In der Entscheidung wird der aufgestellte Unmittelbarkeitszusammenhang allerdings nicht auf einen derartigen energetischen gefahrenspezifischen Zusammenhang hin konkretisiert. Vielmehr wird auf die Umstände des Einzelfalls verwiesen. Gerade dies lässt aber einen Unmittelbarkeitszusammenhang, der über den bloßen Ursachenzusammenhang hinausgeht, zwar als taugliches, aber unzureichendes Kriterium erscheinen, da dieses zu einer unbestimmten Einzelfallkasuistik[911] führt.

b. Schutzzweck und Zurechnungszusammenhang

Eine Abgrenzung lässt sich auch ortsunabhängig dadurch vornehmen, dass die konkrete Gefahr auf einer durch den Täter erhöhten Verkehrsgefahr „beruht“ und nicht auf einer unabhängig davon begründeten Gefahr, die sich im Verkehrsraum realisiert. In der konkreten Gefahr muss sich danach zum einen die vom Eingriffserfolg ausgehende Gefährlichkeit verwirklichen und zum anderen muss zwischen konkreter Gefahr und dem Straßenverkehrsgefahren ein innerer Zusammenhang stehen.[912] So formulierte *Cramer*[913]: Der Zusammenhang kommt „dadurch zum Ausdruck, daß nach der geltenden Regelung die in § 315b StGB vorausgesetzte

910 Vgl. hierzu oben D.IV und D.VII.3.c(3)(a) mit Fn. 845.

911 Vor der engeren genannten Rechtsprechung – BGH VRS 61 (1981), 122 (123); BGH NStZ 2005, 625; NZV 2012, 394 – wurde § 315b StGB etwa für einen Angriff auf eine neben der Straße auf dem Grünstreifen gehende Person bejaht, obwohl sich diese Person schon bei Beginn des Angriffs auf dem Grünstreifen befand – BGH VRS 59 (1980), 185 (186) – oder beim Rollenlassen eines führerlosen Lkw in ein Tankstellengebäude – OLG Saarbrücken v. 24.6.2004 – SS 10/04.

912 Vgl. *Obermann*, S. 197 f.

913 *Cramer*, JZ 1983, 812 (814).

Individualgefahr durch ein Verhalten herbeigeführt werden muß, das die Verkehrssicherheit beeinträchtigt. Im Gesetzestext wird diese Verknüpfung mit dem Wort ‚dadurch' gekennzeichnet. Die Gefährdung einer Person oder bedeutender Sachwerte muß folglich ihre Ursache in einer Tathandlung finden, die generell geeignet ist, die Sicherheit des Straßenverkehrs zu beeinträchtigen."

Ausgeschlossen werden damit Verhaltensweisen, die sich ohne Verkehrsbezug in einer Gefährdung von grundsätzlich tauglichen Objekten erschöpfen.[914] Insoweit ist ein Verhalten innerhalb oder außerhalb des Straßenverkehrs gleich zu behandeln.[915] Da der Wortlaut des § 315b StGB verlangt, dass eine Beeinträchtigung der Sicherheit des Straßenverkehrs auf der Eingriffshandlung beruht („dadurch"), bedarf es eines typisch verkehrsgefährdenden Merkmals als notwendige Bedingung für die Sicherheitsbeeinträchtigung und die daraus folgende konkrete Gefahr.

So wie bei § 315c StGB der Pflichtwidrigkeitszusammenhang die verkehrsspezifische Verknüpfung sicherstellt und konkrete Gefährdungserfolge ausschließt, die nur bei Gelegenheit eines Verkehrsverstoßes eintreten[916], bedarf es auch eines Zusammenhangs bei § 315b StGB. Den Eingriffshandlungen sind – wie den spezifischen Verkehrsverstößen („Todsünden") – bestimmte Risikofaktoren einer abstrakten Gefahr immanent, die nach Ansicht des Gesetzgebers als gefährliche Eingriffe in den Straßenverkehr unter Strafe gestellt worden sind.[917] Zur Eingrenzung des Anwendungs- und Schutzbereiches müssen gerade diese verkehrsspezifischen Risikofaktoren herausgearbeitet werden.

c. *Rückführung auf die für Verkehrsvorgänge typischen Fortbewegungskräfte*

Den Gefahrverwirklichungszusammenhang konkretisierte die Rechtsprechung in BGHSt 48, 119 in restriktiver Auslegung des § 315b StGB als *verkehrsspezifischen Zusammenhang*. Dieser ist – allerdings speziell für den Außeneingriff – wie folgt formuliert:

> Eine verkehrsspezifische Gefahr ist gegeben, „wenn die konkrete Gefahr – jedenfalls auch – auf die Wirkungsweise der für Verkehrsvorgänge typischen Fortbewegungskräfte zurückzuführen ist. Dies kann durch *Ausnutzung der Eigendynamik* des vom Täter selbst benutzten Fahrzeugs (beispielsweise beim Einsatz eines Fahrzeugs als „Waffe"), durch die *Fremddynamik* eines von einem anderen Verkehrsteilnehmer genutzten Fahrzeugs (beispielsweise durch Hindernisbereiten) oder durch das *Zusammenwirken beider Kräfte erfolgen.* Bei *Außeneinwirkungen*, die ... nicht durch eine vom Täter ausgenutzte Eigendynamik

---

914 So in Fällen einer reinen Individualgefahr, dazu D.II.1.

915 Vgl. *Obermann*, S. 198; zur Abgabe von Schüssen auf Verkehrsteilnehmer als Beispiel siehe BGHSt 25, 306 (307 f.); BGHSt 48, 119 (124) = NZV 2003, 196 (198); BGH NZV 2009, 155 (155) und BGH NZV 2016, 40 (41) sowie oben D.VII.3.d(3).

916 Hierzu schon oben D.VII.

917 Vgl. *Obermann*, S. 198 f.

seines Fahrzeugs gekennzeichnet sind, ist eine verkehrsspezifische konkrete Gefahr zu bejahen, wenn durch den Eingriff die sichere Beherrschbarkeit eines im fließenden Verkehrs befindlichen Fahrzeugs beeinträchtigt und dadurch – mit der Folge eines „Beinahe-Unfalls" – unmittelbar auf den Fahrvorgang eingewirkt wird. Dem sind die Fälle gleichzustellen, in denen der Fortbewegung des Fahrzeugs mittels eines Hindernisses oder eines anderen, ebenso gefährlichen Eingriffs in der Weise entgegengewirkt wird, daß eine konkrete Gefahr für Fahrzeuginsassen oder Fahrzeug entsteht. An einer verkehrsspezifischen Gefahr fehlt es nur dann, wenn der Eingriff zwar zu einer abstrakten Gefährdung des Straßenverkehrs führt, die sich hieraus entwickelnde konkrete Gefahr aber in keiner inneren Verbindung mit der Dynamik des Straßenverkehrs steht."[918]

Will man nun den Außenbereich – sowohl für den Innen- als auch für den Außeneingriff – generell einbeziehen, so ist gerade diese *innere Verbindung* mit der Dynamik des Straßenverkehrs (Eigen- und/oder Fremddynamik) näher zu bestimmen.

3. Die straßenverkehrsbezogene kinetische Energie als maßgeblicher Risikofaktor

Eine innere Verbindung des konkreten Gefährdungserfolgs mit der Dynamik des Straßenverkehrs setzt voraus, dass der durch den Eingriff beeinträchtigte Straßenverkehr zur Erklärung des Eintritts oder des Ausmaßes gerade der eingetretenen konkreten Gefahr erforderlich ist. Es ist der Verkehrsvorgang des Täters beim Inneneingriff oder aber der Verkehrsvorgang des Opfers oder eines Dritten beim Außeneingriff[919], der zur konkreten Gefährdung eines tauglichen Gefährdungsobjekts beigetragen haben muss.

Obermann etwa formuliert den speziellen Gefahrverwirklichungszusammenhang für § 315b StGB folgendermaßen:

„Die Verkehrssicherheitsbeeinträchtigung hat sich ... in der Gefahr verwirklicht, wenn ein Verkehrsvorgang des Täters, des Eingriffsopfers oder Dritter nicht hinweggedacht werden kann, ohne dass der Gefahrerfolg in seiner konkreten Gestalt entfiele."[920]

---

918 BGHSt 48, 119 (124) = NZV 2003, 196 (198). Im konkreten Fall hatten die Täter Lackfarbe auf fahrende Kraftfahrzeuge gegossen und dabei deren Frontscheibe getroffen bzw. dadurch den Fahrzeuglack beschädigt. Trotz dieser Tathandlung konnten die Fahrer ihre Fahrzeuge nach kurzer Weiterfahrt ohne weitere Gefahren rechts zum Stehen bringen. Für diesen Fall hat der Bundesgerichtshof den verkehrsspezifischen Zusammenhang verneint. Dagegen hat er ihn in der gleichen Entscheidung für einen Steinwurf bejaht, der zwar die Frontscheibe beschädigte, aber keine konkrete Gefahr eines weiteren Unfallgeschehens bewirkte.

919 Vgl. hierzu *Obermann*, S. 200, mit einem Bremsschlauchfall als Beispiel: Komme der sabotierte Wagen von der Straße ab, sei es unerheblich, ob der Fahrer oder das Fahrzeug oder aber ein außen stehender Dritter [oder bedeutende Sachwerte] konkret gefährdet werden.

920 *Obermann*, S. 200.

Auch wenn hier sprachlich auf den *Verkehrsvorgang*[921] abgestellt wird, so ist in der Sache die mit den „typischen Fortbewegungskräften" und der „Dynamik des Fahrzeugs"[922] des Täters, des Opfers oder des Dritten verbundene kinetische Energie entscheidend. Durch diese werden potentielle Gefährdungsobjekte der Sicherheit des Straßenverkehrs als Rechtsgut einer über die allgemeine Betriebsgefahr hinausgehenden Verkehrsgefahr aussetzt. Den Grund für den Strafrechtsschutz bilden damit „die im Straßenverkehr freigesetzten Kräfte".[923] Der Täter eines Außeneingriffs wirkt auf die im „System" des Straßenverkehrs herrschenden Kräfte gefährdend ein. Beim verkehrsfremden Inneneingriff setzt der Täter die mit seinem Fortbewegungsvorgang im öffentlichen Straßenverkehr freigesetzten Kräfte bzw. die dort bezogene kinetische Energie – wie im obigen Beispiel des LG Bonn[924] (D.VIII.2.a) beschrieben – gegen ein Gefährdungsobjekt ein.

a. *Der energetische Ansatz von Fabricius*

Einen – allerdings auf Außeneingriffe beschränkten – energetischen Ansatz hatte vor BGHSt 48, 119 ff. schon *Fabricius*[925] vertreten:

> „Zerstört wird nicht durch die Energie, die der Täter aufwendet, sondern durch jene, über die der Gegenstand oder das Opfer verfügt. Das spezifische Risiko besteht darin, dass die Energie, die die Verkehrsteilnehmer durch ihre Maschinen freisetzen, sich von solcher, die zur Fortbewegung dient, in solche verwandelt, die zerstörerisch wirkt. Die Gefährdung des Straßenverkehrs kommt über die Umlenkung der Energie der anderen Verkehrsteilnehmer zustande. Es geht nicht um einen gefährlichen Eingriff ‚im Straßenverkehr', sondern um den Straßenverkehr. Es geht nicht um Angriffe auf Menschen, sondern spezifischer um Handlungen, bei denen sich die von anderen Menschen eingesetzte Energie gegen sie oder weitere Dritte verwandelt."

Dieser Ansatz verbildlicht die Wirkungsweise eines Außeneingriffs unter Einbeziehung aller wirkenden Kräfte. Richtigerweise werden über § 315b StGB damit unmittelbare Gefährdungen anderer Verkehrsteilnehmer erfasst, aber auch mittelbare Gefährdungen von Nichtverkehrsteilnehmern oder Sachwerten (also aller

921 Siehe hierzu die Fälle zu Schüssen in den Straßenverkehr. Hier ist nicht der Verkehrsvorgang hinwegzudenken, sondern entscheidend ist die dadurch mit der Dynamik verbundene spezifische Verkehrsgefahr.

922 Vgl. bereits BGHSt 48, 119 (124).

923 So formuliert bei *Obermann*, S. 205.

924 Oben unter D.VIII.2.a am Ende.

925 *Fabricius*, GA 1994, 164 (170). Den Tatbestand des § 315b StGB schränkt *Fabricius* (S. 169) aber aufgrund des „transitiven Charakters" der *Eingriffs*handlung dahingehend ein, dass § 315b Abs. 1 Nr. 3 StGB schon nur *von außen kommende Eingriffe* erfasst, sodass der hier diskutierte verkehrsfremde Inneneingriff nach dessen Ansicht generell nicht tatbestandsmäßig ist.

tauglichen Gefährdungsobjekte), die durch das Reaktionsverhalten des betroffenen Verkehrsteilnehmers einer Gefährdungslage ausgesetzt sind, vgl. Fall 3 und Fall 4.

b. Der energetische Ansatz von Brand/Albrecht

Im Nachgang zu BGHSt 48, 119 ff. wird zur Eingrenzung des Anwendungsbereichs des § 315b StGB auch folgender energetische Ansatz vorgeschlagen:

> „Die kinetische Energie des beeinträchtigten Verkehrsteilnehmers darf nicht hinweggedacht werden können, ohne dass die Gefährlichkeit entfiele".[926]

Dieser Ansatz beschränkt sich jedoch auf die Fremddynamik des *beeinträchtigten* (motorisierten?)[927] *Verkehrsteilnehmers.* Ausgeblendet bleiben Fälle, in denen das Täterfahrzeug als Schädigungswerkzeug eingesetzt wird und allein die *Eigendynamik* des Täters eine Wirkung entfaltet. Denn um den § 315b StGB zu aktivieren, sei weder der Einsatz des Fahrzeugs zu Schädigungszwecken noch das Agieren im öffentlichen Verkehrsraum das entscheidende Moment.[928]

Gegen die „kaum begründbare Behauptung", dass die Eigendynamik des Täterfahrzeugs nicht tatbestandsrelevant sei, hat *König* eingewendet, dass sich ein Widerspruch auftue, wenn ein Täter mit seinem bewegten Fahrzeug ein Hindernis im Sinne des § 315b Abs. 1 Nr. 2 StGB bilden könne und somit eine Verminderung der eigenen Energie durch Abbremsen tatbestandsrelevant sei, mangels „Ähnlichkeit" aber ein ähnlicher, ebenso gefährlicher Eingriff nach § 315b Abs. 1 Nr. 3 StGB bei vollem Einsatz (etwa durch Anfahren des Opferfahrzeugs mit gerade hierzu erhöhter Geschwindigkeit, um dieses abzudrängen) dagegen ausscheide.[929]

---

926 *Brand/Albrecht*, ZStW 126 (2014), 669 (684 f., 693). Da auf die kinetische Energie des beeinträchtigten Verkehrsteilnehmers abgestellt wird, fallen Eingriffe gegen Fußgänger, die mit unerheblicher Energie ausgestattet seien, aus dem Anwendungsbereich heraus. Der Fußgängerverkehr sei § 315c StGB zugeordnet (S. 687 f. mit Fn. 89 dort).

927 Zumindest der Fußgängerverkehr soll nach dieser Ansicht mangels relevanter kinetischer Energie der Fußgänger ausgenommen sein. Aber auch der mit Schritttempo fahrende Radfahrer, der zu Boden gerissen wird, *Brand/Albrecht*, ZStW 126 (2014), 669 (694).

928 *Brand/Albrecht*, ZStW 126 (2014), 669 (683 f.). Dieser, da nicht weiterführend, abzulehnende Ansatz setzt an *Dencker*, FS-Nehm, S. 373 (385) an, der ebenso die Eigendynamik des Täterfahrzeugs als nicht tatbestandsrelevant ansieht (fehlende Ähnlichkeit i.S.v. § 315b Abs. 1 Nr. 3 StGB), oben Fn. 545. Siehe auch den auf Außeneingriffe beschränkten Ansatz von *Fabricius*, Fn. 925.

929 *König*, FS-Geppert, S. 259 (262 f.). Der Fall kann auch unter § 315b Abs. 1 Nr. 1 StGB gefasst werden, wenn die Beschädigung eine abstrakte und konkrete Gefahr nach sich zieht, H/K/D-*König*, § 315b Rn. 6.
Widersinnig wäre es aber auch, ein im öffentlichen Straßenverkehr *quergestelltes* Auto als tatbestandsrelevanten Außeneingriff (Hindernisbereiten) im Sinne des § 315b Abs. 1 Nr. 2 StGB zu erfassen (so wohl *Brand/Albrecht*, ZStW 126 [2014],

In beiden Fällen wird im Straßenverkehr wirkende Energie mit möglichen Folgen für die Sicherheit des Straßenverkehrs umgeleitet. Danach ist der Inneneingriff ebenso tatbestandsrelevant, wenn Eigendynamik und Fremddynamik zusammenspielen; aber auch wenn das Gefährdungsobjekt selbst über keine nennenswerte kinetische Energie verfügt (immobile Gefährdungsobjekte oder stehende bzw. sich langsam bewegende Gefährdungsobjekte wie etwa Fußgänger oder Radfahrer).

Zur Begründung des restriktiven, auf die die Fremddynamik beschränkten Ansatzes[930] werden aber Risikofaktoren und Besonderheiten des Straßenverkehrs angeführt, die nicht nur der Beschreibung einer Verkehrsgefahr, sondern auch der Rechtfertigung eines kinetischen Ansatzes als Bindeglied zur konkreten Gefährdung als deren Verdichtung dienen:

- Ein Unterschied zum Einsatz des Fahrzeugs als Schädigungswerkzeug liege darin, dass der Täter beim Außeneingriff die kinetische Energie des Verkehrsteilnehmers zu dessen oder zur Schädigung unbeteiligter Dritter ausnutze und dabei typischerweise eine geringere Hemmschwelle zu überwinden habe, als der Täter, der sein Opfer mit einer beliebigen „Waffe“ (hier durch das eingesetzte Kfz) schädigen wolle.
- Der Geschwindigkeitsaspekt spiele allgemein im Verkehrsstrafrecht eine nicht zu unterschätzende Rolle und rechtfertige z. B. den erhöhten Regelstrafrahmen von § 315 gegenüber § 315b StGB.[931]
- Der klassische Außeneingriff werde aus einer *anonymen* Situation heraus begangen. Bei nur geringem Entdeckungsrisiko könne der Täter mit nur geringem Aufwand enorme Schäden anrichten.[932]
- Das potentielle Opfer der Beeinträchtigung befinde sich oftmals in Situationen mit limitierter Ausweichmöglichkeit und der Täter nutze die besonders stark ausgeprägte Abhängigkeit der Verkehrsteilnehmer von der Sicherheit der Fahrbahn zur Tatbegehung aus. Die eigene kinetische Energie hohen Ausmaßes bedinge eine Abhängigkeit vom ordnungsgemäßen Verhalten anderer.[933]
- Das Überraschungsmoment, das den phänotypischen Tathandlungen des § 315b Abs. 1 StGB anhafte, sei nicht zu unterschätzen, da es seine besondere Gefährlichkeit erst mit der kinetischen Energie des Opfers voll entfalte. Die Überrumpelungssituation verursache die Gefahr erheblicher Schäden infolge des Zusammenwirkens von kinetischer Energie und Schreckreaktion beim beeinträchtigten Verkehrsteilnehmer.

---

669 [693]), das bewegte Fahrzeug als Schädigungswerkzeug (Ausbremsen) dagegen auszunehmen.

930 *Brand/Albrecht*, ZStW 126 (2014), 669 (688–692).

931 *Brand/Albrecht*, ZStW 126 (2014), 669 (689) m.w.N. in Fn. 96 dort.

932 *Brand/Albrecht*, ZStW 126 (2014), 669 (690) mit Hinweis auf *Kühn*, S. 30 ff., 170 f., 201.

933 Vgl. zu diesem Argument auch D.VIII.1.b zum Ausnutzen der besonderen Verkehrsverhältnisse und die Argumentation mit dem Vertrauensgrundsatz D.VII.3.e.

Für Inneneingriffe auf sich bewegende Verkehrsteilnehmer lässt sich die Begründung des energetischen Ansatzes insoweit übertragen. Es ist hier nur die abweichende Tatmodalität, die auf andere Verkehrsteilnehmer wirkt. Für die hier zu klärende Frage, wie ein energetischer Ansatz für einen zu akzeptierenden verkehrsfremden Inneneingriff gegenüber Nichtverkehrsteilnehmern und mit Außenbereichsbezug zu bestimmen ist, führt dieser Ansatz dagegen nicht weiter. Es muss für die entsprechenden Fälle ergänzt werden.

c. *Der verkehrsspezifische Zusammenhang zwischen Eingriff und konkreter Gefährdung beim verkehrsfremden Inneneingriff*

Der gegenwärtigen Rechtsprechung ist nach alledem insoweit zuzustimmen, als die Eingriffshandlung beim verkehrsfremden Inneneingriff im öffentlichen Straßenverkehr zu beginnen hat. Durch die Tathandlung muss abstrakt die Sicherheit des Straßenverkehrs gefährdet werden. Diese Sicherheitsbeeinträchtigung muss sich zu einer konkreten Gefährdungslage für ein taugliches Objekt verdichten. Irrelevant ist hierbei der Aufenthaltsort eines Gefährdungsobjekts. Entscheidend ist allein die Frage, *wie weit sich die Eigendynamik des Täters im konkreten Fall auf verkehrsspezifische Weise im Straßenverkehrsraum selbst oder bis in den Außenbereich und auf die dort befindlichen Gefährdungsobjekte auswirken kann.*

Bezieht man mit dem verkehrsspezifisch-energetischen Ansatz den Außenbereich ein, so sind sämtliche Gefährdungsobjekte erfasst, die der Täter mit seiner im Straßenverkehr gewonnen kinetischen Energie erreichen *könnte.* Umgekehrt ist zu ermitteln, wann die im Straßenverkehr gewonnene Energie des Täterfahrzeugs sich nicht mehr auf die Gefährdung eines tauglichen Objekts außerhalb des öffentlichen Straßenverkehrs ausgewirkt haben kann.

Setzt der Täter mittels weiterer Beschleunigung seine bereits im Straßenverkehr in die Versuchsphase getretene Eingriffshandlung außerhalb des Straßenverkehrs fort, so bedarf es einer Feststellung des tatbestandsrelevanten Außenbereichs im Einzelfall. Will man hier nicht mit Sicherheitsabschlägen oder Pauschalen hantieren oder mit Richtwerten eine absolute Grenze des relevanten Außenbereichs bestimmen, so müssen – ggf. über ein Sachverständigengutachten – konkrete Feststellungen zum Eingriffsverhalten und dem Tatverlauf getroffen werden.

- In Fällen, in denen der Täter sein Fahrzeug schlicht im Straßenverkehr ausrollen oder aus dem Straßenverkehr *herausrollen* lässt und seine gewonnene Bewegungsenergie für seinen Eingriff verwendet, geht der straßenverkehrsspezifische energetische Zusammenhang spätestens mit dem (erstmaligen) Stillstand des Fahrzeugs verloren. Zu berücksichtigen sind hierbei aber auch die Voraussetzungen, die an einen Inneneingriff gestellt werden. Diese müssen bis zum Zeitpunkt der konkreten Gefährdung des tauglichen Objekts noch vorliegen. Denn sonst hat sich die begründete Verkehrsgefahr quasi wieder aufgelöst. Im Gefährdungserfolg verwirklicht sich sonst keine abstrakte Verkehrsgefahr mehr. Das jeweilige Objekt muss danach in einem Zeitpunkt vor dem erstmaligen Stillstand konkret gefährdet werden, in dem objektiv noch eine grobe Einwirkung von einigem Gewicht (Mindestgeschwindigkeit als Erheblichkeitsschwelle[934]) vorliegt.

- Verliert das Fahrzeug beim Ausbruch aus dem Straßenverkehr die Bodenhaftung, so tragen Bewegungsenergie (und Höhenenergie) das Fahrzeug nicht nur bis zu dem Ort, an dem es wieder Bodenkontakt gewinnt, sondern auch hier endet der Verkehrsbezug, wenn der Ausrollvorgang die Qualität eines Eingriffs verliert, spätestens also mit Stillstand des Fahrzeugs. Ein erneuter *An*griff außerhalb des Straßenverkehrs (und damit kein *Ein*griff!) hat dann keinen verkehrsspezifischen Bezug mehr.
- Praktische Schwierigkeiten bereiten aber die *Verfolgungsfälle und sonstigen Fälle des Zufahrens auf (im)mobile Gefährdungsobjekte*, in denen der Täter seine Eingriffshandlung im öffentlichen Straßenverkehr beginnt, aber nach Verlassen des öffentlichen Verkehrsraums weiter (positiv) beschleunigt, um sein anvisiertes Gefährdungsobjekt erreichen zu können. Hier muss der Punkt bestimmt werden, an dem der Täter seine (erhebliche) Bewegungsenergie aus dem Verkehrsraum „verbraucht" hat (Ende des Eingriffs) und ein weiterer (erheblicher) Angriff allein aus dem weiteren, außerhalb des öffentlichen Verkehrsraums begonnenen oder fortgesetzten Beschleunigungsvorgang herrührt.

So lässt sich in den drei dargestellten Beispielen sagen, wann das *Eingriffs*verhalten im öffentlichen Straßenverkehr und die damit verbundene Energie nicht mehr (mit)ursächlich für den konkreten Gefahrerfolg waren. Die missbräuchlich im öffentlichen Straßenverkehr gewonnene und zunächst für die Verkehrssicherheit abstrakt gefährliche Bewegungsenergie kann sich im späteren konkreten Gefährdungserfolg – ggf. nur mangels Erheblichkeit – nicht mehr widerspiegeln.

Damit besteht zwar eine fließende, aber dennoch bestimmbare Grenze zu den dann allein anwendbaren Verletzungsdelikten ohne notwendigen Straßenverkehrsbezug. Spielt die erhebliche Bewegungsenergie aus dem Straßenverkehr für den konkreten Gefährdungserfolg keine Rolle mehr, so ist das Fahrzeug nur noch ein (gefährliches) Werkzeug/Mittel im Sinne von § 224 Abs. 1 Nr. 2 Alt. 2 StGB oder § 211 Abs. 2 StGB.[935]

---

934 Schafft der Täter etwa eine tatbestandliche abstrakte Verkehrsgefahr erst, wenn er mit mehr als 20 km/h auf sein Opfer zurollt, so besteht diese Verkehrsgefahr nicht mehr, wenn er diese Mindestgeschwindigkeit wieder unterschreitet. Glaubt der Täter aber, dass seine gewonnene Geschwindigkeit ausgereicht hätte, um das anvisierte Objekt noch erheblich gefährden zu können, so liegt ein untauglicher Versuch vor.

935 Siehe hierzu *Brand/Albrecht*, ZStW 126 (2014) 669 (688 f.), die einen Einsatz des Täterfahrzeugs als Schädigungswerkzeugs wegen der Kontrollierbarkeit für § 315b StGB nicht ausreichen lassen. – Für § 211 StGB ergibt sich die Besonderheit, dass auch hier von einem gemeingefährlichen Mittel die Rede ist, doch bezieht sich diese Gemeingefährlichkeit allein auf die mangelnde Kontrollierbarkeit des Tatmittels, das *jederorts*, also ohne besonderen Straßenverkehrsbezug, eingesetzt

Nimmt man die Einordnung der Straßenverkehrsdelikte als gemeingefährliche Delikte beim Wort, so muss deren Reichweite auch nach dem Wirkungsbereich der die Gefahr begründenden Kräfte bestimmt werden. Eine absolute örtliche Grenze (etwa 100 m) lässt sich hier schwerlich annehmen. Eine Grenze kann allenfalls über empirische Versuche[936] angenähert werden, doch entscheidend sind die Umstände des Einzelfalls. Das Eingriffsverhalten und die äußeren Umstände bis zum Zeitpunkt der konkreten Gefährdung sind daher zu rekonstruieren, um die wirkenden Kräfte und deren mögliches Ausmaß beurteilen zu können. Dies führt zwar dazu, dass der Täter einer vollendeten Strafbarkeit nach § 315b StGB entgeht, wenn er während des Eingriffs im Außenbereich durch einen Stillstand eine „Pause" einlegen muss (ggf. nur Strafbarkeit aus untauglichem Versuch). Dies ist aber logische Konsequenz, die sich aus dem energetischen Gefahrverwirklichungszusammenhang ergibt. Andererseits wird ein Täter es meiden, seine kinetische Energie freiwillig zu vermindern. Dann ist aber die straßenverkehrsspezifische Energie von der außerhalb des Straßenverkehrs gewonnenen Energie zu unterscheiden.

4. Konsequenzen für die beispielhaften Fallkonstellationen

Allgemein beschrieben erfasst § 315b StGB alle Fälle, in denen durch die Eingriffshandlung abstrakt die Sicherheit des Straßenverkehrs beeinträchtigt wird und hierdurch über eine verkehrsspezifisch-energetische Verknüpfung innerhalb oder außerhalb des Straßenverkehrs ein taugliches Gefährdungsobjekt durch den Eingriff und den mit diesem wirkenden Kräften konkret gefährdet wird.

Die eingangs vorgestellten Fälle[937] sind daher wie folgt zu lösen.

- Befindet sich das Gefährdungsobjekt durchgehend im öffentlichen Straßenverkehr, liegt ein unproblematischer Fall vor. Einer besonderen Begründung, dass der Strafzweck der Norm tangiert ist, bedarf es hier nicht (klassischer Schutz *im* Straßenverkehr), vgl. Fall 1 und Fall 2.
- Hat sich das konkrete Gefährdungsobjekt bei Vornahme des Eingriffs einmal im öffentlichen Straßenverkehr befunden, wird aber erst außerhalb des Verkehrsraums konkret gefährdet, so ist festzustellen, ob diese konkrete Gefährdung noch Ausdruck der Eigendynamik (Inneneingriff) bzw. der Fremddynamik (Außeneingriff) ist, Fall 5 und Fall 3.

---

werden kann. So ist nicht jeder Einsatz eines Mittels im Straßenverkehr zu Eingriffszwecken zugleich ein gemeingefährliches im Sinne des § 211 Abs. 2 StGB.

936 Zu berechnen wäre etwa die hypothetische Ausrollstrecke. Diese ist aber von mehreren äußeren Faktoren abhängig, etwa dem Bewegungsprofil des Fahrzeugs, dem Höhenprofil der Umgebung (diese beeinflusst ein Ausrollen bergab positiv und bergauf negativ, ist aber nicht straßenverkehrsspezifisch), den wirkenden Reibungskräften (Motorreibung, untergrund- und reifenabhängiger Rollwiderstand, Luftwiderstand).

937 D.VII.3.a.

- Befindet sich das konkrete Gefährdungsobjekt durchgehend außerhalb des Straßenverkehrs, aber im Einflussbereich der wirkenden verkehrsspezifischen Energie, dann bedarf der verkehrsspezifische Zusammenhang besonderer Beachtung (Schutz *vor* dem Straßenverkehr). Erfasst sind hierbei sowohl unmittelbare als auch mittelbare konkrete Gefährdungen, vgl. Fall 4 und Fall 6.
- Nicht erfasst sind Fälle, in denen das Geschehen im Hinblick auf die Eingriffshandlung gar keinen Straßenverkehrsbezug (mehr) hat, sich *Täter und Opfer* also durchgehend außerhalb des Straßenverkehrs befinden, sodass das Rechtsgut der „Sicherheit des Straßenverkehrs" nicht (mehr) abstrakt gefährdet werden kann. Ebenso, wenn die Eingriffsenergie, die aus dem öffentlichen Straßenverkehr herrührt, etwa bedingt durch einen Halt, (nahezu) abgebaut war (Anwendbarkeit nur noch der Individualdelikte).
- Verfolgt der Täter sein Opfer (ohne eigenverantwortliche Selbstgefährdung) in den Straßenverkehr hinein, wo dieses von Dritten gefährdet wird, so liegt ein Außeneingriff vor, für den der Täter das Opfer als Tatmittel instrumentalisiert, Fall 7 und Fall 8.

Der kinetische Ansatz, über den auch konkrete Gefährdungserfolge außerhalb des Straßenverkehrs erfasst werden, führt aber nicht dazu, dass dem Begriff des öffentlichen Straßenverkehrs keine Bedeutung mehr zukommt. Dieser bleibt weiterhin Anknüpfungspunkt für die Fragen, *ob* der Täter im öffentlichen Straßenverkehr[938] zu einem verkehrsfremden Inneneingriff ansetzt, der abstrakt die Sicherheit des Straßenverkehrs gefährdet, *wann* der Täter mit seinem zweckentfremdeten Fahrzeug den öffentlichen Verkehrsraum verlässt und *über welche kinetische Energie* das Fahrzeug in diesem Zeitpunkt verfügt.

Nach § 315b Abs. 1 Nr. 3 StGB macht sich beispielsweise strafbar, wer im öffentlichen Straßenverkehr zu einem verkehrsfremden Inneneingriff unmittelbar ansetzt, um ein stehendes Fahrzeug zu rammen, ein Gebäude zu schädigen (Vorbereitung einer weiteren Tat wie etwa eines Diebstahls durch „Einbruch" in ein Juweliergeschäft oder eine Bank) oder eine Person zu überfahren. Vorausgesetzt ist dabei, dass nicht lediglich eine Individualgefahr vorliegt, sondern zumindest eine kanalisierte Verkehrsgefahr.[939] In der konkreten Gefährdung eines tauglichen Objekts

---

938 Vgl. hierzu BGHSt 49, 128 ff. zum Zufahren auf eine Angehörige auf einem Betriebsgelände. Da nicht festgestellt wurde, dass dieses zum öffentlichen Straßenverkehr gehört, war § 315b StGB nicht einschlägig. Nach dem hiesigen Ansatz könnte aber § 315b StGB gegeben sein, wenn der Täter aus dem öffentlichen Straßenverkehr auf ein (nicht öffentliches) Betriebsgelände fährt, dieses Fahrverhalten im öffentlichen Straßenverkehr schon als Ansetzen zu einem verkehrsfremden Inneneingriff (grobe Einwirkung von einigem Gewicht in Zweckentfremdungsabsicht und mit bedingtem Schädigungsvorsatz) zu bewerten ist und sich diese aus dem öffentlichen Straßenverkehr stammende Energie im konkreten Gefährdungserfolg widerspiegelt.

939 Siehe das Piktogramm unter D.IV.1.

muss sich die mit der Verkehrsgefahr verbundene Energie, d. h. die Fremddynamik des betroffenen Gefährdungsobjekts oder die Eigendynamik des vom Täter eingesetzten Tatmittels niederschlagen. Der Täter lenkt beim Außenengriff also von anderen Menschen eingesetzte Energie gegen diese oder andere taugliche Gefährdungsobjekte um oder nutzt beim Inneneingriff seine eigens gewonnene Energie zu Schädigungszwecken.

Im Fall von BGH NZV 2012, 394 stand der Aufenthaltsort der Mitarbeiterinnen einer Strafbarkeit nicht entgegen. Auch hätte das Bürogebäude als taugliches Gefährdungsobjekt Berücksichtigung finden müssen. Entscheidend ist, ob die konkrete Gefährdung des Bürogebäudes oder der Mitarbeiterinnen eine kanalisierte Verkehrsgefahr hätten indizieren können. Die äußeren Umstände um das Eingriffsverhalten hätten daher genauer festgestellt werden müssen. Beim Zufahren auf ein Bürogebäude, das von Kunden aufgesucht wird und vor dem sich Mitarbeiter bewegen, erscheint es abstrakt nicht ausgeschlossen, dass sich die Gefahr noch im Verkehrsraum auf unbeteiligte dritte Rechtskreise erstreckt, sodass keine reine Individualgefahr, sondern aufgrund des gezielten verkehrsfremden Verhaltens – sofern bejaht – eine kanalisierte Verkehrsgefahr vorlag.

E. Zusammenfassung der wesentlichen Ergebnisse

Die historische Untersuchung[940] hat ergeben, dass die Straßenverkehrsdelikte der §§ 315b, 315c StGB als konkrete Gefährdungsdelikte aus den früheren Verkehrsübertretungen als lediglich abstrakte Gefährdungsdelikte erwachsen sind. Unter Beachtung der Unterscheidung nach Rechtsgut und Rechtgutsobjekt (hier Gefährdungsobjekt[941]) liegt den Straßenverkehrsdelikten der §§ 315b, 315c StGB als gemeingefährliche Tatbestände das allgemeine Rechtsgut der Sicherheit des Straßenverkehrs zugrunde.[942] Geschützt wird damit die Funktionseinheit des Straßenverkehrs als Kollektivrechtsgut, die unter dem Aspekt der Gemeinschädlichkeit und Gemeingefährlichkeit vor Störungen mit ihren Auswirkungen auf diverse gesellschaftliche und individuelle Interessen freizuhalten ist.[943]

Als untauglich hat sich hierbei die Verwendung des schwerlich bestimmbaren Begriffs der „Gemeingefahr"[944] erwiesen, weshalb auf diesen Begriff zugunsten einer konkreten Gefährdungsklausel verzichtet wurde. Dieser Gefährdungsklausel kommt eine Auslesefunktion zu, mit der Aufgabe, die Strafbarkeit auf solche Fälle zu beschränken, in denen sich eine strafwürdige abstrakte Verkehrsgefahr zu einem strafbedürftigen Maß an konkreter Gefährdung für ausgewählte individuelle Objekte verdichtet hat. (Lackmustest).[945] Die eigentlichen Straßenverkehrsdelikte im engeren Sinn schließen mit ihrer Aufwertung damit die Lücke zwischen den Verkehrsordnungswidrigkeiten und den Straßenverkehrsdelikten im weiteren Sinne und dabei insbesondere zu den im Straßenverkehr begangenen (individuellen) Verletzungsdelikten.[946]

Das Kollektivrechtsgut der Sicherheit des Straßenverkehrs ist nicht disponibel, sodass eine Einwilligung in eine konkrete Gefährdung nicht wirksam erklärt werden kann.[947]

Mit der Sicherheit des Straßenverkehrs als Rechtsgut beschränkt sich der Schutzbereich der Straßenverkehrsdelikte weder auf Verkehrsteilnehmer selbst noch auf den öffentlichen Verkehrsraum (Schutz im Verkehr[948]). Der Schutzbereich reicht bis

940 Siehe B.III. mit den dortigen Verweisen auf das jeweilige Zwischenfazit.
941 Siehe C.I.4.
942 Siehe zur historischen Entwicklung B.III und zur rechtsphilosophischen und rechtsdogmatischen Begründung sodann C.II.2.d.
943 Siehe C.I.2.b
944 Siehe B.II.6.c.
945 Zur konkreten Gefahr als Verdichtung einer abstrakten Verkehrsgefahr siehe neben den historischen Ausführungen insbesondere D.I.
946 Siehe unter C.II.2.d und D.I.
947 Siehe C.III.1.
948 Siehe D.VI.

in den Außenbereich hinein (Schutz vor dem Verkehr[949]). Einzubeziehen ist jedes Gefährdungsobjekt, auf das sich eine abstrakte Verkehrsgefahr[950] – in Abgrenzung zu einer reinen Individualgefahr – erstrecken kann.

Das betroffene Gefährdungsobjekt ist ein *taugliches*, wenn es durch seine konkrete Gefährdung eine allgemeine Verkehrsgefahr, d. h. eine Sicherheitsbeeinträchtigung widerspiegeln kann. Insoweit muss eine – über einen Kausalzusammenhang hinausgehende – verkehrsspezifische Verknüpfung zwischen der abstrakt (gemein)gefährlichen Verkehrsgefahr und der konkreten Gefährdung im Sinne eines Beinaheunfalls gegeben sein (*verkehrsspezifische Betroffenheit*).[951]

Dabei ist zwischen den Tathandlungen der §§ 315b und 315c StGB zu unterscheiden. Die Verkehrsteilnahme ist gegenüber verkehrsfremdem Verhalten insoweit *privilegiert*, als an ein strafbares verkehrswidriges Verhalten – in Abgrenzung zu verkehrsfremden Verhalten – verschiedene Anforderungen gestellt werden und von der bloß verkehrswidrigen Teilnahme am Straßenverkehr im Grundsatz eine Sperrwirkung ausgeht, die erst bei einer Pervertierung dieser Verkehrsteilnahme durch verkehrsfremdes Verhalten durchbrochen wird.[952]

Dem ausgesuchten verkehrswidrigen Verhalten nach § 315c Abs. 1 StGB ist eine abstrakte Verkehrsgefahr immanent. Für ein verkehrsfremdes Verhalten im Sinne des § 315b Abs. 1 StGB, sei es als Außen- oder Inneneingriff, ist dagegen die Wirkungsweise des Eingriffsverhaltens als abstrakte Sicherheitsbeeinträchtigung im Einzelfall zu bestimmen. Der Täter kann eine Verkehrsgefahr mit unbestimmter Ausstrahlungswirkung schaffen oder aber eine Gefahr durch sein (Eingriffs)verhalten gezielt kanalisieren. Eine abstrakte Gefährdung Dritter kann aber auch gänzlich ausgeschlossen sein. Letztere reine Individualgefahren ohne verkehrsspezifischen Bezug und einer abstrakten Verkehrsgefahr als Anknüpfungspunkt fallen nicht in den Anwendungsbereich der §§ 315b, 315c StGB.[953]

Ob ein Tatbeteiligter oder aber ein Tatmittel taugliches Objekt einer konkreten Gefährdung sein können, wurde ausführlich erläutert.[954] Ein dem Schutzzweck der Straßenverkehrsdelikte gerecht werdender Strafbarkeitssauschluss nach §§ 315b und 315c StGB lässt sich hier nur über eine teleologische Reduktion der tauglichen Gefährdungsobjekte vornehmen. Für Tatbeteiligte kommt es dabei auf deren *konkrete* Betroffenheit an, nämlich auf deren „Inanspruchnahme des Straßenverkehrs als Rechtsfriedensbereich" an.[955] Sachwerte (insbesondere das für den Eingriff eingesetzte fremde Fahrzeug) scheiden als taugliche Gefährdungsobjekte aus, sofern sie

949 Siehe B.II.6.b und D.VII.
950 Zur Einbeziehung eines gezielten Eingriffs und den verschiedenen Gefahrenarten siehe D.IV.
951 Hierzu im Überblick D.I, sowie ausführlich unter D.VII und D.VIII.
952 Hierzu insbesondere D.III.1 und D.III.2.
953 Zur Einstufung der Gefahren siehe unter D.IV.
954 Siehe D.V.
955 Siehe D.V.1.

als Tatmittel eingesetzt werden. Ein gefahrschaffendes Objekt kann nicht zugleich dadurch gefährdetes Objekt sein.[956]

Bei § 315c StGB werden abstrakte Verkehrsgefahr und konkrete Gefährdung über einen Pflichtwidrigkeitszusammenhang verknüpft. Bei § 315b StGB ist ein *energetischer* verkehrsspezifischer Gefahrverwirklichungszusammenhang festzustellen, der auf die typischen Fortbewegungskräfte zurückzuführen ist.[957] Je nach Gestaltung als Innen- oder Außeneingriff ist nicht nur die vom Täter ausgehende Eigendynamik, sondern auch die Fremddynamik der betroffenen Objekte oder sogar das Zusammenspiel beider maßgeblich. Entscheidend ist, wie weit die konkreten Fortbewegungskräfte wirken können, welche Objekte durch diese also verkehrsspezifisch unmittelbar oder mittelbar betroffen werden könnten. Nur in diesem *relativen*, d. h. im Einzelfall zu bestimmenden Gefahrenbereich – der über den öffentlichen Straßenverkehr hinausgehen kann – vermag ein Objekt durch seine konkrete Gefährdung noch eine abstrakte Verkehrsgefahr mit unbestimmter oder kanalisierter Ausstrahlungswirkung widerzuspiegeln.[958]

Gerade für die Fälle des verkehrsfremden Inneneingriffs, z. B. durch gezieltes Zufahren auf taugliche Personen außerhalb des Straßenverkehrs, ist die verkehrsspezifische, d. h. energetische Betroffenheit des Gefährdungsobjekts besonders festzustellen. Das Gefährdungsobjekt muss sich dazu – entgegen der aktuellen Rechtsprechung des BGH[959] – im Zeitpunkt des unmittelbaren Ansetzens zur Eingriffshandlung nicht im öffentlichen Straßenverkehr befinden.[960] Denn ob der Täter durch den Eingriff eine abstrakte Verkehrsgefahr schafft, die unabhängig von den tatsächlichen Gegebenheiten zu bestimmen ist, ist eine Vorfrage zu der späteren tatsächlichen und konkreten Gefährdung eines tauglichen Objekts (außerhalb des Straßenverkehrs), das diese Verkehrsgefahr durch seine Betroffenheit widerspiegeln kann. Da sich der Schutzzweck auf die Sicherheit vor dem Verkehr erstreckt, ist auch jedes sich nicht am Verkehr beteiligende oder im Verkehrsraum bewegende Objekt, das nicht mit der Gefährdung durch den Verkehr zu rechnen braucht (Vertrauensaspekt), im Grundsatz ein taugliches.[961] Die für einen Innen- und Außeneingriffe relevanten Fallkonstellationen wurden dabei beispielhaft besprochen.[962]

Dass die Schutzbereiche der §§ 315b und 315c StGB parallel laufen, folgt dabei heute nicht mehr eindeutig aus Wortlaut und einheitlicher Struktur (so noch bei § 315a StGB a. F.[963]), sondern unter Berücksichtigung des Rechtsguts der Sicherheit des Straßenverkehrs mit seinen diversen Komponenten aus dem Sinn und Zweck der Norm, also aus der unverändert fortbestehenden Schutzrichtung.[964]

---

956 Siehe D.V.2 .
957 Siehe D.VIII.3.c und D.VIII.4.
958 Hierzu D.VIII.3.
959 Hierzu D.VII.3.c(2).
960 Hierzu D.VII.3.c(3).
961 Hierzu D.VII.3.e.
962 Siehe D.VII.3.a mit D.VIII.4.
963 Hierzu B.II.6.b.
964 Hierzu D.VII.1 und D.VII.2.

Schriften zum Verkehrsstrafrecht

Herausgegeben von Jan Zopfs

Band 1 Sven Henseler: § 142 IV StGB. Ist eine tätige Reue des Gesetzgebers erforderlich? 2011.

Band 2 Martin Hörtz: Die Gefährdung von Tatbeteiligten im Anwendungsbereich der §§ 315 b, 315 c StGB. 2016.

Band 3 Sebastian Tauber: Konkrete Gefährdungen außerhalb des Straßenverkehrs. Zur Gefahr für die Sicherheit des Straßenverkehrs insbesondere beim verkehrsfremden Inneneingriff (§ 315b StGB). 2018.

www.peterlang.com

www.ingramcontent.com/pod-product-compliance
Ingram Content Group UK Ltd.
Pitfield, Milton Keynes, MK11 3LW, UK
UKHW021841290926
8980IPUK00005B/578